北京高校优质本科教材
北京高等教育精品教材
高等院校国际经济与贸易专业系列教材

# 国际商法

## 第4版

主　编　田东文
副主编　屠世超　高　泉
参　编　李蔚娅　戚　淳　张学慧　李爱华
主　审　陈昌柏

机械工业出版社

本教材立足于国际商事交易过程中所需要的相关法律知识，系统、科学地阐述了国际商法的基本理论和基本制度。全书包括国际商法总论、国际商事主体法、国际商事行为法、国际知识产权法和国际商事救济法共五篇十一章，内容涵盖国际商事交易的各主要环节。在保持原有知识框架的基础上，根据国内外法律和司法实践的发展，针对相应章节的内容进行了修订和更新。

本教材力求做到：在内容上充分反映国际商法学科及商事交易实践发展的最新动态；将国际商法的基本理论、判例及司法实践与国际商事交易实践相结合，在阐释理论的同时注重实务能力培养；通过案例分析和举例说明，配合阐释各章的关键知识点，章后附有复习思考题，便于读者学习使用。

本教材可作为高等院校经济学、管理学、法学等学科相关专业本科生、研究生的教学参考书，亦可作为从事国际经济贸易、国际商务、法律事务及跨国企业管理人员的学习用书。

**图书在版编目（CIP）数据**

国际商法 / 田东文主编. -- 4 版. -- 北京：机械工业出版社, 2024.10. --（北京高校优质本科教材）（北京高等教育精品教材）（高等院校国际经济与贸易专业系列教材）. -- ISBN 978-7-111-76951-4

Ⅰ. D996.1

中国国家版本馆 CIP 数据核字第 2024R7L817 号

机械工业出版社（北京市百万庄大街 22 号　邮政编码 100037）
策划编辑：常爱艳　　　　　　　责任编辑：常爱艳
责任校对：曹若菲　王　延　　　封面设计：鞠　杨
责任印制：邓　博
北京盛通印刷股份有限公司印刷
2025 年 1 月第 4 版第 1 次印刷
184mm×260mm・19.25 印张・473 千字
标准书号：ISBN 978-7-111-76951-4
定价：64.80 元

电话服务　　　　　　　　　　网络服务
客服电话：010-88361066　　　机 工 官 网：www.cmpbook.com
　　　　　010-88379833　　　机 工 官 博：weibo.com/cmp1952
　　　　　010-68326294　　　金 书 网：www.golden-book.com
**封底无防伪标均为盗版**　　机工教育服务网：www.cmpedu.com

# 高等院校国际经济与贸易专业系列教材

## 编审委员单位名单

（排名不分先后）

| | |
|---|---|
| 北京师范大学 | 北京理工大学 |
| 北京航空航天大学 | 河南财经政法大学 |
| 南京财经大学 | 江苏大学 |
| 哈尔滨工业大学(威海) | 安徽财经大学 |
| 浙江工商大学 | 北京外国语大学 |
| 大连民族大学 | 中央民族大学 |
| 河海大学 | 南京理工大学 |
| 天津工业大学 | 汕头大学 |
| 浙江农林大学 | 绍兴文理学院 |
| 上海应用技术大学 | 北华航天工业学院 |
| 浙江外国语大学 | |

# 序

　　摆在读者面前的这套"高等院校国际经济与贸易专业系列教材"是一项凝聚了众多高校教师辛勤劳动的集体性成果。我们编写这套教材主要是基于以下两大背景：

　　1. 在经济全球化条件下，国际贸易作为一国参与经济全球化和国际分工的重要途径之一，其作用和重要性都大大加强

　　20世纪90年代以来，在经济全球化浪潮的推动下，国际资本流动得到迅猛发展。在这种情况下，有人认为国际贸易对经济增长的作用会被削弱，其实不尽然。通过以下分析可以看出，国际贸易对一国经济增长的作用不但没有被削弱，反而在加强。

　　首先，在经济全球化条件下，国际分工的日益细化不但使越来越多的消费品具有了可贸易性，而且使越来越多的中间产品和劳务进入了国际交换领域，从而不断扩大贸易的范围。

　　其次，在经济全球化条件下，社会化生产以及市场经济的本质并未发生根本性变化，市场交换依然是扩大再生产的前提，国际贸易仍是各国在世界范围内进行交换的主要方式和彼此间经济关系的"晴雨表"。

　　最后，在经济全球化条件下，虽然国际直接投资的规模越来越大，跨国公司的作用越来越显著，但是它们并不排斥国际贸易，更不能取代国际贸易；相反，资本和生产的国际化不仅为国际贸易提供了更加便利的条件，而且增添了新的贸易方式和贸易动力。因为跨国资本流动规模的扩大，特别是产业资本的国际化，不仅使国际贸易的规模和发展呈现出某些新特点，而且使国际贸易出现了内部化现象，推动了以要素禀赋差异为基础的产业间贸易模式逐步向以竞争优势为基础的产业内贸易模式转变，世界范围内产业内贸易的比重不断加大。规模巨大的跨国公司在世界各地组织生产，在"全球战略"的指导下，企业内部贸易和产业内贸易发展迅速，成为世界贸易的重要组成部分。不仅如此，第二次世界大战后国际资本的流动还促使了新的贸易方式的产生，如加工贸易、补偿贸易、国际租赁业务、国际分包等。这些贸易方式是为适应资本的流动而出现的，它们与传统的商品贸易方式有很大的差别。比如补偿贸易，就是引进方首先引进国外的先进技术和设备，然后再用生产的产品直接或间接地给予技术和设备提供者补偿，这实际上已起到了国际直接投资的作用。

　　2. 我国加入世界贸易组织之后，对国际经济与贸易人才的培养提出了更高的要求

　　众所周知，我国于2001年正式加入了世界三大经济组织之一的世界贸易组织，从而标志着我国已全方位地融入经济全球化的浪潮中。"入世"不仅给我们的社会经济生活带来了巨大的影响，而且对传统的国际经济与贸易专业教育也提出了深层次的挑战。20世纪80年代，当改革开放大潮刚刚涌动之时，很多学校开设了国际经济与贸易专业，似乎只要沾上涉外的字眼，就可以"通吃天下"，但这种低层次的量的扩张在20世纪90年代中后期就遇到了"瓶颈"，许多学生毕业后找不到心仪的工作。"入世"之后，涉外色彩浓重的国际经济与贸易专业再次引起了世人的关注和青睐，但是这一次并不是上一次的简单重复，它不仅要求涉外人才量的增加，更要求涉外人才质的提升。具体来说，现在需要的涉外人才是能系统掌握现代经济学基本原理，通晓国际经济与贸易知识及惯例，同时能熟练运用外语和计算机

等现代工具的高层次的复合型人才。

经济全球化和"入世"的大背景要求我们在国际经济与贸易专业的教材编写、课程设置、人才培养等方面进行相应的变革，这套"高等院校国际经济与贸易专业系列教材"就是为响应这种变革所做的一项尝试。

目前，市场上国际经济与贸易方面的教材品种较多，其中不乏优秀之作，前人的优秀成果是我们编写这套教材的重要参考来源和写作基础。当然，相比较而言，我们这套教材无论在内容的编写上还是在写作的体例和形式上，都具有自身的一些重要特色。

1. 在内容的编写上

过去，人们普遍注重国际经济与贸易专业的应用性特色，而相对忽视了这个专业所具有的理论性和素质培养功能。随着我国加入世界贸易组织、更深入地融入经济全球化浪潮中，对经贸人才的需求已从简单的操作型人才转变为高素质的复合型人才，显然，传统的教学模式和方法已很难适应时代发展的要求。我们编写的这套教材在保持传统教材重视应用性和操作性的基础上，力求吸纳和反映当代国际经济与贸易领域的最新发展实践和理论成果，凸显教材的基础性、理论性和前沿性，并与时俱进，使之更加贴近我国的改革开放实践，加强为建设和完善我国社会主义市场经济体制服务的功能，挖掘各门课程对学生素质培养的潜能，从而赋予国际经济与贸易专业新的活力和意义。

2. 在写作的体例和形式上

我们借鉴国外流行教材的经验，在内容有关之处增加了为数不少的专栏，这些专栏或者是时代背景，或者是作者小传，或者是案例，或者是对有关问题的进一步阐述，有助于拓宽学生的视野，让其更深入地了解和掌握书中内容。所列复习思考题也力求灵活多样，以启发学生做进一步的思考。另外，章中所列关键术语、学习要点、小结以及荐读书目等，不仅方便学生总领教材内容，也为其做进一步研讨提供了文献参考。

当然，作为尝试性的成果，这套教材也难免有不尽如人意之处，特别是每本教材的作者均来自不同院校，因此在编写风格方面可能会存在一些差异，这些都需要我们在以后的修订过程中进一步完善，我们真诚地期待广大读者多提宝贵意见！

北京师范大学教授、博士生导师
编审委员会主任委员　　赵春明

# 前　　言

经济数智化、商事交易平台化、国际商务电子化激发交易模式迭代创新，国际商法的内容和规则正在发生深刻变化，成为不断发展演进的法学学科。在大国科技竞争、创新地缘化、经济区域化等背景下，为应对迅速演变、日趋复杂的国际商事交易环境对商法理念和范式变革带来的挑战，满足国际商法教学与研究的现实需要，我们修订了本教材，并做如下说明。

一、国际商法的体系及本教材的内容安排

国际商法涉及范围广泛，包括商事组织法、合同法、国际货物买卖法、产品责任法、知识产权法、代理法、票据法、运输法、保险法以及商事程序法等。其中每个部门法都可作为一门独立的学科进行学习与研究，而有些部门法已经分离出来成为独立的学科。技术因素和内涵的不断增加、交易模式的迅速更新，对国际商法的传统规范和立法理念带来了空前挑战。一直以来，国内外法学界关于国际商法学的理论体系，特别是其与国际经济法的范围界分争议不断，而传统的国际商法已无法完全满足国际商事交易的现实需要。本教材对于此类争论不做阐述，重在对具体规则的理解和对相关理论的阐释，在编写上，力求跟踪当代与数智经济、信息科技交叉融合的国内外商事法律新规则、司法实践新案例、商法学研究与教学前沿成果，并将其充分反映于国际商法各主要分支，使读者系统了解和掌握国际商法的基本理论、知识、方法，满足新文科建设人才培养目标及商法教育数智化的要求。本教材由国际商法总论、国际商事主体法、国际商事行为法、国际知识产权法和国际商事救济法五部分内容构成。

二、国际商法的研习方法

国际商法的学习须以民商法、国际经济学、国际商务理论与实践作为知识背景，以必要的跨学科研究方法为辅助手段。首先，运用比较法的研究方法，了解主要法律体系以及有关国际商事交易的国际条约与惯例，在学习中注意总结归纳其间的异同及产生原因，有助于更加深入地掌握国际商法的内涵。其次，注重学以致用，培养理论联系实际的学习习惯，方能扎实掌握国际商事交易的规则框架。最后，跟踪研究动态发展中的国际商法的学科前沿及创新实践，随时更新现有知识体系。

三、本教材的修订理念与编写逻辑

本教材编者坚持以习近平新时代中国特色社会主义思想为科学指引，把握教材建设的正确政治方向和价值导向，注重站在发展中国家立场，从中国参与国际经济贸易活动的实际出发，博采国内外商事法律教学、研究的新知识、新成果，加以鉴别、吸收和创新，努力构建反映中国特色和时代特征的国际商法学理论体系。编者将当代国际商法教学研究主流框架与国际商事交易具体实践有机结合（相关文献来源均列于每章之后的"本章参考文献"之中），将价值塑造、知识传授和能力培养融为一体，对一些重要及有一定难度的知识点通过案例或举例进行了补充阐释，以满足人才培养目标及商法课程教学的要求，体现法治建设信息化对人才培养模式创新的需求，推动商法学与科技革命交叉融合，努力激发学生的学习兴趣和创新潜能，提高学生服务经济社会发展的能力。

本教材第 1 版由田东文担任主编并负责统稿，由陈昌柏担任主审。编写人员分工如下：田东文编写第一、四章；李蔚娅编写第二章；高泉编写第三、十一章；张学慧编写第五章；李爱华编写第六、七章；屠世超编写第八、九章；戚淳编写第十章。

本教材第 2 版分工如下：田东文修订第一、四章；李蔚娅修订第二章；高泉修订第三、十一章；张学慧修订第五章；李爱华修订第六、七章；屠世超修订第八、九章；戚淳、田东文修订第十章。

本教材第 3 版分工如下：田东文修订第一、四章；李蔚娅修订第二章；高泉修订第三、十一章；张学慧修订第五章；李爱华修订第六、七章；屠世超修订第八、九章；戚淳、田东文修订第十章。

本教材第 4 版由田东文担任主编，由屠世超、高泉担任副主编。修订工作分工如下：田东文修订第一、四、五、十章；李蔚娅修订第二章；高泉修订第三、十一章；李爱华修订第六、七章；屠世超修订第八、九章。

我们为选择本教材作为授课教材的教师免费提供电子课件（PPT）、教学大纲及课后习题答案，可登录机工教育服务网（www.cmpbook.com）索取。

田东文<br>
2024 年 4 月于北京

# 目　　录

序
前言

## 第一篇　国际商法总论

### 第一章　国际商法总论 ……… 2
本章提要 ……………………… 2
第一节　国际商法概述 ………… 2
第二节　国际商法与相关法律部门的关系 ……………… 6
第三节　主要国家及中国商事法律体系 …………………… 8
复习思考题 …………………… 13
本章参考文献 ………………… 14

## 第二篇　国际商事主体法

### 第二章　独资企业法及合伙企业法 …… 16
本章提要 ……………………… 16
第一节　独资企业法 …………… 16
第二节　合伙企业法 …………… 19
案例讨论题 …………………… 24
复习思考题 …………………… 26
本章参考文献 ………………… 26

### 第三章　公司法 ………………… 27
本章提要 ……………………… 27
第一节　公司与公司法概述 …… 27
第二节　公司的一般制度 ……… 32
第三节　公司组织机构与公司治理 … 38
第四节　公司股份 ……………… 48
第五节　公司债 ………………… 55
第六节　公司财务与会计 ……… 61
第七节　公司变更、解散和清算 …… 66
案例讨论题 …………………… 69
复习思考题 …………………… 70
本章参考文献 ………………… 71

## 第三篇　国际商事行为法

### 第四章　合同法 ………………… 74
本章提要 ……………………… 74
第一节　合同及合同法概述 …… 74
第二节　合同的成立 …………… 81
第三节　合同的履行、违约及救济 … 94
第四节　合同的变更、转让、终止 … 108
案例讨论题 …………………… 122
复习思考题 …………………… 129

本章参考文献……………………… 129

**第五章　国际货物买卖法**……………… 131
　　本章提要………………………………… 131
　　第一节　概述…………………………… 131
　　第二节　买卖双方的义务……………… 135
　　第三节　违约及救济…………………… 142
　　第四节　货物所有权与货物损失的
　　　　　　风险…………………………… 146
　　案例讨论题……………………………… 151
　　复习思考题……………………………… 156
　　本章参考文献…………………………… 157

**第六章　国际货物运输法**……………… 158
　　本章提要………………………………… 158
　　第一节　国际货物海上运输法………… 158
　　第二节　国际铁路货物运输法………… 169
　　第三节　国际航空货物运输法………… 171
　　第四节　国际货物多式联合
　　　　　　运输法………………………… 174
　　案例讨论题……………………………… 176
　　复习思考题……………………………… 178
　　本章参考文献…………………………… 178

**第七章　产品责任法**……………………… 179
　　本章提要………………………………… 179
　　第一节　产品责任法概述……………… 180
　　第二节　产品责任法的归责原则……… 181
　　第三节　产品责任案中的赔偿及
　　　　　　抗辩…………………………… 183
　　第四节　关于产品责任的国际统一
　　　　　　规则…………………………… 185
　　案例讨论题……………………………… 187
　　复习思考题……………………………… 188
　　本章参考文献…………………………… 188

**第八章　国际商事代理法**……………… 189
　　本章提要………………………………… 189
　　第一节　代理、代理权的产生………… 189
　　第二节　代理法律关系………………… 195
　　第三节　代理关系的终止……………… 200
　　第四节　国际代理法的统一…………… 201
　　案例讨论题……………………………… 202
　　复习思考题……………………………… 205
　　本章参考文献…………………………… 205

**第九章　票据法**…………………………… 206
　　本章提要………………………………… 206
　　第一节　票据功能、票据类型及票据
　　　　　　法律关系……………………… 206
　　第二节　票据行为……………………… 209
　　第三节　票据权利……………………… 214
　　第四节　票据分论……………………… 218
　　案例讨论题……………………………… 221
　　复习思考题……………………………… 226
　　本章参考文献…………………………… 226

## 第四篇　国际知识产权法

**第十章　知识产权法**……………………… 228
　　本章提要………………………………… 228
　　第一节　知识产权、知识产权的国际
　　　　　　保护…………………………… 228
　　第二节　专利法………………………… 234
　　第三节　商标法………………………… 241
　　第四节　著作权法……………………… 247
　　第五节　其他知识产权的法律保护…… 250
　　案例讨论题……………………………… 263
　　复习思考题……………………………… 270
　　本章参考文献…………………………… 270

## 第五篇　国际商事救济法

**第十一章　国际商事争端解决机制** …… 274
　本章提要 …………………………………… 274
　第一节　替代性争端解决机制之一：
　　　　　协商与调解 ………………… 274
　第二节　替代性争端解决机制之二：
　　　　　仲裁 ……………………………… 277
　第三节　国际商事诉讼 ……………… 287
　案例讨论题 ………………………………… 293
　复习思考题 ………………………………… 294
　本章参考文献 ……………………………… 294

# 素材二维码

| 名　　称 | 图　形 | 名　　称 | 图　形 |
|---|---|---|---|
| 1.1 国际商法概述.mp4 | | 4.2 合同的成立.mp4 | |
| 1.2 国际商法与相关法律部门的关系.mp4 | | 4.3 合同的履行、违约及救济.mp4 | |
| 1.3 西方及中国商事法律体系.mp4 | | 4.4 合同的变更、转让、终止.mp4 | |
| 2.1 独资企业法.mp4 | | 5.1 国际货物买卖法概述.mp4 | |
| 2.2 合伙企业法.mp4 | | 5.2 买卖双方的义务.mp4 | |
| 2.3 公司法.mp4 | | 5.3 违反买卖合同的救济.mp4 | |
| 4.1 合同法概述.mp4 | | 5.4 货物所有权与货物损失的风险.mp4 | |

# 第一篇

# 国际商法总论

# 第一章
# 国际商法总论

**本章提要**

- 国际商法的概念及渊源
- 两大法系的特点及其商事法律
- 中国的商事法律

国际商事交易是一个较为复杂的过程,其中难免涉及一系列问题,诸如:商事组织的设立;国际货物买卖合同的签订;如何安全、准时地将货物从一国运抵另一国;不同国家的交易商如何进行双方均可信赖的结算和支付活动;与贸易有关的知识产权问题;在国际商事交易过程中如何委托代理人代办交易事务;商事交易中各方之间的纠纷通过何种途径予以解决等。凡此种种问题,均需借助于相应的商事交易规则予以规范、协调和处理。为了更加安全、便捷地开展国际商事交易活动,各类商事交易主体及其组织、各国立法及司法机关、国际社会、国际及地区组织,在国际经济贸易发展过程中不断研究、探索、实践,在继承和发展的基础上持续创新,逐步丰富和完善着国际商事主体、国际商事交易以及国际商事救济等国际商事法律体系。

## 第一节 国际商法概述

### 一、国际商法的概念及其特征

国际商法(International Business Law),是指调整国际商事交易主体在其交易过程中所形成的各类商事法律关系的法律规范的总称。这一概念涉及以下三项要素:

(1) 国际商法的调整对象和范围是国际商事交易(International Business Transactions)活动中形成的各类商事法律关系。伴随国际贸易的不断发展,国际商事交易主体及其行为的多样化、复杂化、技术化趋势明显,便有了传统国际商法与现代国际商法之分。传统国际商法涉及范围比较狭窄,通常仅包括商行为法、商主体法、代理法、票据法、海商法、保险法等内容。而现代国际商法则在内容上较传统国际商法广泛得多:商主体多元化;商行为不仅涉及有形的货物买卖,还涉及无形的国际技术转移、知识产权保护、服务提供、国际投融资、租赁、担保等新型国际商事交易与贸易实践活动;交易场景亦由线下向线上、线上线下相结合等转移。

(2) 国际商事交易主体。商事主体包括个人、合伙、公司等商事组织形式。国际商法中的商事交易主体主要是指跨国经营的企业,特别是跨国公司。跨国公司是当代国际货物及服务贸易、国际投资、国际知识产权贸易的主体。

（3）国际商法由规范国际商事交易活动的国际商事条约、国际商事交易习惯法规则、主要国家的国内商事法律规范等构成。

国际商法的特征主要有：①调整对象的特定性。②商主体及商行为的营利性。③商法规范的技术性和同源性。④国际性和统一性。㊀

## 二、国际商法发展简史

古代社会，即使在罗马法高度发达的时代，亦未能形成现代意义上的商法，调整商事关系的法律属于私法范畴。尽管罗马法中无特殊的商法部门，但由于罗马法本身是规范商品经济的法律，普遍适用于西欧，加之罗马通商至大西洋与北海、波罗的海一带、非洲东岸、印度洋甚至中国，具有国际意义，故成为中世纪中后期欧洲各国商法兴起的历史渊源。

近代商法起源于中世纪地中海沿岸的商业城市和海上贸易，这一时期调整商业活动的成文法和习惯法相继出现，商法从普通私法体系中分离出来并迅速发展。由商人同业行会自治规则为主要内容的商人习惯法（Merchant Law），成为现代商法中一些重要原则、特征及制度形成的基础。随着中世纪后期资本主义的兴起和统一民族国家的形成，商品贸易的发展和国家统一市场的建立推动了商事成文法的出现，其早期形式主要是对商人习惯法的确认。

19世纪初至第一次世界大战，近现代商法逐步发展，其体系渐趋形成并成熟，产生了大陆法系中的法国商法法系、德国商法法系和英美商法法系。法国商法法系以法国商法为核心，由《法国商法典》及相关商事法律构成。效仿法国，希腊、西班牙、荷兰、土耳其、比利时、意大利、葡萄牙、埃及、波兰、前南斯拉夫、罗马尼亚等国纷纷制定了各自的商法典，巴西、智利、阿根廷等国的商法亦受其影响，共同构成法国商法法系。德国商法法系以德国商法为核心，由《德国商法典》及相关商事法律构成。直接或间接参照德国商法制定本国商法的国家包括奥地利、瑞士、瑞典、挪威、丹麦、日本以及清末的中国等，构成德国商法法系。

英美商法法系起源于英国，以英美商法为代表，以习惯法和判例法为渊源，自19世纪中开始出现商事成文法，其法律的二元性结构表现为普通法（Common Law）与衡平法（Equity Law）。承袭英国普通法的美国商事立法19世纪后开始出现，各州独立的商事立法权造成商法内容的不统一。19世纪末开始的统一商事立法活动，至1952年美国《统一商法典》的颁布宣告完成，其间还制定了洲际通商法、破产法、公司法、反托拉斯法等商事法律。受英美商法法系影响的国家有澳大利亚、加拿大、印度、新加坡、马来西亚等。

1960年以后，伴随国家间经济联系日益紧密、贸易依赖程度不断加深，长期的经贸交往实践中逐步形成了为各国普遍接受的商事交易习惯法规则，大量国际商事实体法及程序法纷纷颁布，对商法国际性和统一性的逐步恢复提供了客观上的要求和实践上的可能。国际商法在体系、结构、部门划分等方面多元化的同时，在概念、原则、术语、程序、功能上不断协调统一。

不同于19世纪商法对国家统一进程的促进，20世纪国际商法在推动国内、国际市场统一方面作用巨大。在一些国家、国际组织和机构的努力下，大批国际性、区域性商事法律规范得以制定。21世纪信息技术、互联网与电子商务的发展，拓展交易空间、创新交易模式、丰富交易场景甚至改变交易习惯的同时，迅速且持续不断地为现代国际商法注入新的技术内涵。

---

㊀ 范健主编，《商法》，高等教育出版社，北京大学出版社，2000年版。

### 三、国际商法的渊源

商法的渊源是指商法规范的具体表现形式。国际商法有两类渊源：一类是与国际商事交易活动相关的国际条约和习惯法规则；另一类是对国际商事交易行为具有约束力的国内法规范，包括成文法、判例法、习惯法和学说。

#### （一）国际条约或公约

国际条约或公约（Treaties or Conventions）是国际法主体之间就国际商事交易等相关方面确定其相互权利与义务而缔结的书面协议，是国际商法的主要表现形式。其特征是：①主体是国家或类似于国家的政治实体，国家与自然人、法人及其他实体间就商事活动达成的协议不构成条约。②国际条约或公约是缔约主体双方或多方协商谈判的结果。③书面形式，仅对缔约国（方）或参加国（方）具有约束力，实践中可能得到非缔约国（方）的承认和遵守。

作为国际商法渊源的国际条约包括国际商事公约和含有商事条款的一般国际条约，以前者为主，其数量众多、内容广泛且通常参加方较为普遍，包括国际商事实体法、国际商事程序法以及国际商事冲突法，其中主要的国际公约见表1-1。

表1-1 作为国际商法渊源的主要国际公约、示范法和合约性规则

| |
|---|
| 1. 国际货物买卖 |
| 1964年《国际货物买卖合同成立统一法公约》 |
| 1964年《国际货物买卖统一法公约》 |
| 1974年《国际货物买卖时效期限公约》 |
| 1980年《联合国国际货物销售合同公约》 |
| 1983年《关于不履约情况下商定应付金额的合同条款的统一规则》 |
| 2. 国际货物运输 |
| 1924年《海牙规则》 |
| 1929年《华沙公约》 |
| 1955年《海牙议定书》 |
| 1961年《瓜达拉哈拉公约》 |
| 1968年《维斯比规则》 |
| 1978年《汉堡规则》 |
| 1980年《联合国国际货物多式联运公约》 |
| 1991年《联合国国际贸易运输港站经营人赔偿责任公约》 |
| 2008年《鹿特丹规则》 |
| 2022年《联合国船舶司法出售国际效力公约》（《船舶司法出售北京公约》） |
| 3. 产品责任 |
| 1977年《产品责任法律适用公约》 |
| 4. 代理 |
| 1983年《国际货物销售代理公约》 |
| 5. 国际票据和支付 |
| 1930年《日内瓦统一汇票本票法公约》 |
| 1930年《解决汇票和本票的若干法律冲突的日内瓦公约》 |
| 1931年《日内瓦统一支票法公约》 |
| 1931年《解决支票的若干法律冲突的日内瓦公约》 |
| 1988年《联合国国际汇票和本票公约》 |
| 1992年《联合国国际贸易法委员会国际贷记划拨示范法》 |
| 1995年《联合国独立担保和备用信用证公约》 |

(续)

| | |
|---|---|
| 6. 担保权益 | |
| 2001 年《联合国国际贸易应收款转让公约》 | |
| 2016 年《联合国国际贸易法委员会担保交易示范法》 | |
| 7. 企业破产 | |
| 1997 年《联合国国际贸易法委员会跨国界破产示范法》 | |
| 2018 年《联合国国际贸易法委员会关于承认和执行与破产有关判决的示范法》 | |
| 2019 年《联合国国际贸易法委员会企业集团破产示范法》 | |
| 8. 知识产权 | |
| 1883 年《保护工业产权巴黎公约》 | |
| 1886 年《保护文学和艺术作品伯尔尼公约》 | |
| 1891 年《商标国际注册马德里协定》 | |
| 1952 年《世界知识产权组织版权公约》 | |
| 9. 国际商事仲裁、调解、投资人与国家间争端解决 | |
| 1923 年《仲裁条款议定书》 | |
| 1927 年《关于执行外国仲裁裁决的公约》 | |
| 1958 年《承认与执行外国仲裁裁决公约》("纽约公约") | |
| 1976 年《联合国国际贸易法委员会仲裁规则》(2010 年修订;2013 年版;2021 年版) | |
| 1980 年《联合国国际贸易法委员会调解规则》(2021 年修订) | |
| 1985 年《联合国国际贸易法委员会国际商事仲裁示范法》(2006 年修订) | |
| 2002 年《联合国国际贸易法委员会国际商事调解示范法》 | |
| 2014 年《联合国国际贸易法委员会投资人与国家间基于条约仲裁透明度规则》 | |
| 2014 年《联合国投资人与国家间基于条约仲裁透明度公约》(《毛里求斯透明度公约》) | |
| 2018 年《联合国关于调解所产生的国际和解协议公约》(《新加坡调解公约》) | |
| 2018 年《联合国国际贸易法委员会国际商事调解和调解产生的国际和解协议示范法》 | |
| 2021 《联合国国际贸易法委员会快速仲裁规则》 | |
| 2023 《联合国国际贸易法委员会国际投资争端调解示范条文》 | |
| 2023 《联合国国际贸易法委员会国际投资争端调解准则》 | |
| 10. 电子商务 | |
| 1996 年《联合国国际贸易法委员会电子商务示范法》 | |
| 2001 年《联合国国际贸易法委员会电子签字示范法》 | |
| 2005 年《联合国国际合同使用电子通信公约》 | |
| 2017 年《联合国国际贸易法委员会电子可转让记录示范法》 | |
| 2022 年《联合国国际贸易法委员会关于使用与跨境承认身份管理和信任服务的示范法》 | |

注：未完全列出的公约、示范法及规则详见相关章节。

### (二) 国际习惯法规则

国际习惯法规则又称国际商事习惯法规则，是在国际商事交往过程中，由长期、反复的国际实践活动逐步形成、并为各国普遍承认和遵守的国际商事交易行为规范。此类规范以不成文形式出现，多为一些国际性商人组织整理、编纂，并伴随国际商事交易活动的发展适时加以修改完善。其基本要素是：①内容确定，包含国际商事交易活动中当事人的权利、义务规则。②为各国当事人在长期实践中重复、一致适用。③为各国普遍接受，具有拘束力。影响较大的国际商事习惯法规则有：2020 年《国际贸易术语解释通则》；2020 年《国际商事合同通则》；2007 年《跟单信用证统一惯例》；1932 年《华沙—牛津规则》；1975 年《联合运输单证统一规则》等。

不同于国际条约，国际商事习惯法规则并非由国际法主体谈判产生，而是商事主体在国际商事交易实践中约定俗成的不成文规范。其本身并不具有法律约束力，国际商事交易当事人可依"意思自治"原则全部或部分地选择适用。不过，此类规则一经选择适用，则构成对当事人具有约束力的法律规范，受诉法院或仲裁机构可据此解释当事人之间的合同，或作为解决其纠纷的准据法。

国际商事习惯法规则不当然具有法律约束力、不涉及主权等特征的存在，给当事人提供了灵活地选择适用的空间，为商事谈判、交易达成及争议和纠纷的解决提供了便利，其适用范围因而更加广泛，许多此类规范为国际法主体及各国商事主体承认和接受，或被纳入国内法范畴。

### （三）关于国际商事交易的国内法规范

关于国际商事交易的国际条约的订立和国际习惯法规则的形成，经常滞后于国际商事交易实践的发展，既无法全面覆盖各类交易方式、交易行为、交易环节，亦未被所有国家普遍承认和接受，在许多情况下，源于主权国家的属地管辖或属人管辖、国际私法冲突规范的指引，仍需借助各国国内商事法律（包括商制定法、商判例法、商习惯法、商法学说）作为调整国际商事法律关系的依据，使各国关于商事交易的国内法成为国际商法的重要渊源，其中尤以发达国家的国内商法对国际商法的影响最大。㊀

## 四、国际商法的内容

国际商法的内容伴随国际商事交易技术手段的迅速发展随时更新，具有开放性、易变性的特点及复杂化、广泛化的趋势。

（1）关于国际商事交易主体（Subject）的组织的法律规范：国际商事主体的类型（个人独资企业、合伙企业、公司等）、特征、主体资格的取得及其治理等。

（2）关于国际商事交易行为（Conduct）的法律规范：合同法、国际货物买卖法、国际货物运输及保险法、国际商事代理法、票据法、国际贸易支付与结算法等。

（3）关于国际商事交易主体权利（Right）保护的法律规范：物权、债权、知识产权法等。

（4）对于国际商事交易及竞争行为进行干预的法律规范：产品责任法、竞争法等。

（5）关于国际商事救济（Remedy）的法律规范：国际商事诉讼法、国际商事仲裁法等。

## 第二节　国际商法与相关法律部门的关系

作为一个独立的法律部门，国际商法与国际公法、国际私法、国际经济法之间存在着密切联系，却又有所区别。

### 一、国际商法与国际公法

**1. 区别**

国际公法调整国家、国际组织之间的政治、军事、外交、经济关系，其主体是国家、国际组织、类似国家的政治实体，法律渊源主要表现为国际条约、国际习惯法规则等实体法规

---

㊀ 屈广清等编著，《国际商法学》，法律出版社，2003年版。

范。国际商法调整国际经济和商事交易关系，其主体是自然人、法人等商事组织，法律渊源包含国际条约、国际习惯法规则等统一实体规范、各国国内法规范、程序规范、冲突规范。

**2. 联系**

国际公法的一般原则（国家主权、国家及其财产豁免、条约必须遵守等）亦调整国际商事法律关系。国际条约及习惯法规则中调整商事行为的规范应属国际商法范畴。国际商法具有公法性质。

## 二、国际商法与国际私法

**1. 区别**

国际私法的内容以冲突规范为主，范围扩展至包含统一实体规范、国际民事诉讼和仲裁等程序规范，其中调整国际商事关系的冲突规范、统一实体规范、国际商事诉讼及仲裁规范属国际商法范畴；作为国际私法的核心规范，冲突规范的作用在于选择确定国际民商事关系所适用的国内法，故国际私法对国际商事法律关系的调整以间接方法调整为主。国际商法的内容以实体规范为主，既包括国际实体规范，亦包括国内实体规范；对国际商事法律关系以直接调整方法为主。

**2. 联系**

两者关系密切：主体均为自然人、法人等商事组织；均调整涉外法律关系；国际商法具有较强的私法特征。

## 三、国际商法与国际经济法

**1. 区别**

国际商法的主体是从事国际商事交易的自然人、法人等商事组织；调整商事主体之间私法层面的商事交易行为；法律渊源以国际商事条约及习惯法规则、主要国家的国内商事法律为主；强调商自治，具有传统意义上的私法属性。国际经济法的主体是国家、国际组织及具有独立国际法律人格的其他实体；调整主体之间公法层面的国际经济关系；法律渊源由关于国际经济交往的国际条约、习惯法规则等国际法规范、各国涉外经济法律等国内法规范构成；强调国家、国际社会对国际经济活动的干预，具有现代意义上的公法特征。

**2. 联系**

两者均调整国际经济商事交往关系，联系密切互为补充，并非泾渭分明。

## 四、国际商法与国内商法

**1. 区别**

国际商法调整的是国际商事交易主体之间的各类商事法律关系，该商事法律关系的要素——主体、客体、内容之中至少有一项含有国际因素，即商事交易主体的国籍不同，或住所地、营业地位于不同国家；或者商事交易标的位于另一国家；抑或是产生、变更、消灭商事交易关系的法律事实发生于另一国家，均可构成含有国际因素的商事法律关系。国内商法调整的是不含有国际或者涉外因素的本国当事人之间的商事交易法律关系。

**2. 联系**

经济全球化与区域化、交易手段平台化、交易技术数智化，以及交易安全、信息共享、交易机会公平等背景下，通过商事交易实践，或双边、诸边、多边等安排，国际商法规范与各国国内商法规则互为补充、协同演进、共同发展。

## 第三节　主要国家及中国商事法律体系

对许多国家法律及大多数国际法律框架（联合国、世界贸易组织、国际商会等）影响最大的是大陆法系和英美法系。两大法系风格、结构迥异，典型地反映在各自的商事法律中。

### 一、大陆法系

大陆法系（Civil Law System，又称罗马法系、民法法系、成文法系）形成于 13 世纪的西欧，以罗马法为基础，以法国和德国为代表。许多欧洲国家（瑞士、意大利、比利时、卢森堡、荷兰、西班牙、葡萄牙等）、整个拉丁美洲、亚洲的诸多地区以及非洲的一部分地区均属大陆法系。曾经是法属殖民地的普通法系国家的个别地区（美国路易斯安那州、加拿大魁北克省）、英国的苏格兰亦属大陆法系。中国、日本在 19 世纪末 20 世纪初改良了大陆法系的法典及其他机制。大陆法系对国际组织法律制度及国际法亦有较大影响。[一]

#### （一）大陆法系的形成与发展

13 世纪由于罗马法的复兴，大陆法系得以形成：这一时期，欧洲各大学均讲授罗马法，各国法学家均承认注释法学派的权威；法调整社会关系的统一观念在西欧各国得以确立；欧洲普通法（拉丁文为 Jus Commune）得以形成，它们拥有共同的、源于罗马法的法律思想、法律体系，共同的术语、概念、范畴，共同的法律教学和著述方式，并通过司法实践对各国法律产生了巨大影响；多数国家接受了以普通法为表现形式的罗马法，并使之成为国内法的组成部分。

18、19 世纪之后，伴随资产阶级革命在西欧各国先后完成，大陆法系发生了重大变化：性质上从封建主义法律制度转变为资本主义法律制度；实践中开始划分公法、私法，作为启蒙思想和资产阶级革命产物的公法取得较大发展，且在法律体系中的地位得以提高；通过将分散的法律纳入国家法律体系，各国相继完成了本国法典的编纂，实现了法律统一；俄国及东欧各国加入民法法系，伴随欧洲民法法系各国的对外扩张，其范围向欧洲之外的美洲、非洲和亚洲的许多国家和地区扩展。

20 世纪后，伴随各国社会政治、经济的发展，大陆法系产生了新的变化：国家干预经济活动造成公法、私法相互渗透，并且出现了经济法、劳动法、土地法等公私混合的法律部门；分权原则开始动摇，判例的作用大大提高，立法、司法机关的权力和地位开始发生某种程度的交叉；随着欧洲一体化的发展，各国法制趋于统一，特别是普通法系国家（英国、爱尔兰等）的加入使欧盟法的普通法倾向更加明显，并使西欧各大陆法系国家的法律更加接近普通法。[二]

---

[一] 约翰·亨利·梅利曼、罗格里奥·佩雷斯·佩尔多莫著，《大陆法系》（第三版），法律出版社，顾培东、吴荻枫译，2021 年版。
[二] 由嵘主编，《外国法制史》，北京大学出版社，1992 年版。

### （二）大陆法系的结构、渊源及特点

大陆法系各国法律的许多原则和制度是在罗马法的基础上发展起来的，特别是直接或间接与保护私有财产和调整商品所有者关系相关的罗马私法。大陆法系继承了罗马法学者进行法学研究并推动法律发展的一整套技术方法，包括法律术语、概念、范畴及推理方式。继承罗马法的结构分类方法，将法律分为公法与私法两个部分，并进一步将公法分为宪法、行政法、刑法、诉讼法与国际公法；私法则分为民法与商法等。各国在这些法律领域中使用相同的法律制度与法律概念。㊀

大陆法系的突出特点是强调成文法的作用，各国均以法典编纂作为法律统一和法制建设完成的标志，并建立了除宪法外以法典（民法、商法、刑法、民诉法、刑诉法）为主、若干单行法作为补充的完整的成文法体系㊁，结构上强调系统性、确定性、逻辑性、内部统一性。这种结构上的特点，在法学和立法中均有不同程度的反映。在法典所涉及的问题上，原有法律失去效力，其缺点则是无法与社会政治、经济关系的发展保持同步的变革和修正，法典之外的单行法成为补充法典的主要方法，并迅速形成新的部门法。

立法与司法分工明确，强调制定法的权威，否定法官造法。大陆法系的法律渊源包括制定法（包括宪法、法律、行政法规等）、条约及习惯，其中制定法效力优先。法官解释法律、司法机关适用法律仅限于探求立法者的本意，法官审案只能依据法律，不能"遵循先例"，尽管在司法实践中判例的作用大为提高，但判例仍不具备正式效力，仅具有"说服力"。

学理虽不是法的渊源，但在推动法律发展中发挥着重要作用：提供法典编纂和立法的理论基础，决定了法典编纂的内容、体系、风格及立法所用的概念、术语；法官解释法律、分析与评论判例受学理支配；法学家的作用积极，引导法律适应社会发展的需要。

各国法律规范以高度抽象性及概括性为特点，法官审案表现为三段论式的逻辑过程：认定案件事实，寻找适用的法律条款，联系两者后做出判决。各国法院组织结构相似（初审、上诉及最高法院三级），普通法院与专门法院独立、并存。

### （三）大陆法系的商法

大陆法系各国的私法包含民法和商法，前者属于调整一切私法关系的普通私法，后者为仅调整商人之间与商业活动有关的私法关系的特别私法。各国在法典编制体例上存在着民商合一与民商分立的形式上的区别。

大陆法系商法的渊源主要是商法典及商事成文法。19世纪初中期，多数西欧大陆国家根据16、17世纪各国商法典和海商法典、国王敕令、商业航海惯例等编纂了商法典。其中，法国资产阶级革命以后开创了商法典编纂的民商分立体制，之后私法结构的变革因受私法统一化观点的影响，自《意大利民法典》制定时起，民商分立的历史结束了。随着商法规则的不断扩大发展，分工越来越细，划分出许多不同分支，商法典本身事实上成为商法的通则。从国际上看，随着19世纪末20世纪初国际贸易的发展，运输、通信等技术的进步，以及关于国际贸易各领域国际公约的制定，国际商法的统一化、标准化发展使各国国内商事法律逐渐趋同。

---

㊀ 冯大同主编，《国际商法》，对外经济贸易大学出版社，1991年版。
㊁ 同上。

## 二、英美法系

英美法系（Anglo-American Law System）以英格兰普通法为基础，以英美为代表，又称普通法系（Common Law System）。"普通法"一词具有多重含义：泛指以英格兰法为基础、以判例法为主要渊源的法律体系，相对于以制定法尤其是法典化为特征的大陆法系；广义上是指12世纪后中央集权下形成、国王领导下的国家法院统一适用的英格兰法律，区别于领主法院等适用的习惯法及仅适用于特殊阶层与行业的商人法；狭义上是指12世纪后英格兰皇家法院创立、适用并发展的判例法，形成途径及形式有别于立法机关的制定法，适用主体有别于衡平法院适用的衡平法。○

### （一）英美法系的形成与发展

普通法形成于英国，后扩展至美国及其他曾受英国殖民统治的国家和地区，包括英国（除苏格兰）、爱尔兰、美国（除路易斯安那州）、加拿大（除魁北克省）、澳大利亚、新西兰、印度、巴基斯坦、马来西亚、新加坡、冈比亚、尼日利亚、加纳、肯尼亚、乌干达、赞比亚等国家以及中国香港地区。此外还有许多国家和地区法律制度不同程度地受普通法影响。

早期的宪政与近代英国法的民主、法治精神及对经济发展的适应性，能够满足法律欠发达的英国殖民地的需要。作为殖民政策的重要组成部分，英国法的域外传播随英国殖民贸易、殖民统治而发生。与大陆法系的传播方式相比，英美法系的传播更具强制性。因各殖民地社会条件、文化传统迥异，英国法输出方式的差异产生了普通法形成中的不同类型：对于文化、法律相对发达的印度、加拿大，采取逐渐渗透的形式；原有社会发展水平相对落后，但已有自身法律制度的非洲，在接受英国法的同时，保留了不与英国法相抵触的传统习惯法；对于社会发展水平较低、尚未进入文明时代，处于国家、法律产生前的原始状态的澳大利亚、新西兰、美国，英国法的进入除在适用过程中根据当地条件进行某些修改外，未有太大阻力。相较于大陆法系的形成，英美法系的判例体系、推理方式、复杂程序及独特法律术语，构成其对外传播的主要障碍，接受以判例法为特征的英国法并非如接受大陆法般容易。

（1）英国法的发展。普通法曾经是议会用于反对王权的重要武器，衡平法的主要原则和精神符合资产阶级发展商品经济的需要，两者于英国资产阶级革命后均得以保留。工业革命时期，工商业迅速发展，契约自由等原则通过立法和法院判例得以确立，通过审判实践，商法并入普通法成为其组成部分。19世纪30年代始，英国通过立法对法院组织和诉讼程序进行了简化式改革，制定法增加，一些商业领域的重要法律如1890年《合伙法》、1893年《货物买卖法》等相继出现。20世纪后，制定法不断增加，且作用加强，委托立法大量出现，英国法发生了许多重要变化。

（2）美国法的形成发展。殖民时期的美国在17世纪并未大规模接受英国法，至18世纪各殖民地开始大量采用英国法。普通法在美国独立战争后面临严重危机，然而至19世纪中叶得到初步确立。美国内战后，经济迅速发展，州际贸易急剧增加，各州法律逐步趋于统一，1952年问世的《统一商法典》，1968年被除路易斯安那州外的所有州采用；公司空前发展，垄断组织迅速出现在所有生产部门，19世纪末20世纪初美国成为世界上最早制定反

---

○ 由嵘主编，《外国法制史》，北京大学出版社，1992年版。

垄断法的国家。1930 年后，委托立法增加，行政裁判机构涌现，美国的行政法得到很大发展。

### （二）英美法系的结构、渊源及特点

以判例法（Case Law）为特征的狭义普通法，是英美法系最主要的法律渊源，19 世纪后期形成的"遵循先例"原则，伴随普通法的传播被其他普通法系国家和地区接受。衡平法出现于商品货币关系进一步发展、社会及法律关系更为复杂的 14 世纪的英国，是英美法系的另一渊源，且为普通法的重要补充。其主要内容之一是在缺乏普通法保护或其不能提供适当保护时对新权利加以确认，在普通法能够提供适当救济的情况下衡平法并不介入。衡平法院法官根据"公平、正义、平等"的原则审理案件并做出裁决，拥有自由裁量权且不受普通法约束，其判决构成衡平法。

衡平法与普通法的主要区别是：两者拥有不同的法院系统（互不隶属，衡平法院如认为普通法院的案件处理不公正或不适当，可进一步补救；普通法院对衡平法院处理的案件则不能进一步处理）、不同的诉讼程序（衡平法院不设陪审团，程序较为灵活）、不同的管辖权（衡平法院管辖普通法院不予管辖的、予以管辖但无法提供公正适当救济的、予以管辖且能够提供适当救济但因程序缺陷无法执行的案件）、不同的调整对象（普通法调整所有法律领域，衡平法主要调整民商事私法关系）、不同的救济方式（普通法院对民事案件通常以损害赔偿为救济手段，衡平法院则可使用实际履行、禁令等特殊救济手段）。此外，衡平法对人，普通法对物；普通法注重形式，衡平法更注重人的真实意思。○

管辖权合并、统一的法院体系建立后，普通法与衡平法在所有法院具有同等效力、适用同样的诉讼程序，同一问题上两者有分歧时衡平法优先。此后两者相互吸收并由制定法予以确认，但并未融合，仍存普通法权利与衡平法权利之分。普通法包括刑法、合同法、侵权行为法等，并适用衡平法发展出的禁止虚假陈述（Misrepresentation）、不正当的影响（Unjust Influence）及禁止反言（Estoppel）等原则；衡平法则涉及不动产、商事组织、信托、破产、遗嘱与继承等，衡平法禁令还被用于知识产权等的保护。○

制定法作为普通法系国家法律的重要渊源，包括国会立法和从属性立法。国会立法是近现代最主要的制定法形式，以制定法为主的公法范畴法律大部分属此类，一些私法关系亦由其进行调整；从属性立法包括委托立法和地方或自治团体立法，均受司法部门监督。

制定法与判例法的关系为：制定法优于判例法，但法官对制定法的解释往往受到判例法规则的限制；制定法由国会或经国会授权制定颁布，多对某一领域法律关系进行横向调整，判例法由法官审理个案创制发展，以对同类法律关系纵向调整为主；制定法为逻辑性和系统性较强的成文法，便于实现大规模的法律变革，判例法则是不成文法，通过法官创设先例实现变革。

习惯与学理作为法律渊源的地位次于普通法、衡平法、制定法。普通法形成于习惯，先例原则的确立往往需要求诸习惯。学理通常不具有拘束力，仅具有说服力，但在缺乏制定法和判例法、确定或解释先例存在困难的情况下，学理根据其权威性亦可成为法律渊源。

---

○ 由嵘主编，《外国法制史》，北京大学出版社，1992 年版。
○ 冯大同主编，《国际商法》，对外经济贸易大学出版社，1991 年版。

### (三) 美国法与英国法的区别

居英美法系主要地位的英、美两国的法律在法的渊源结构、基本制度原则、概念术语、法律职业的地位作用等方面具有许多类似之处，但两国法律在各自发展过程中形成了一些不同特点。

（1）由于社会发展历史及传统的差异，相较于英国法，美国法律中封建因素较少；且由于法官在适用先例和解释制定法时持较开明态度，美国法的发展较英国法更具灵活性。

（2）由于国家的结构形式不同，美国除联邦法外，各州均有自己的宪法和法律，许多法律领域由州法调整，各州之间法律的较大差异和相互竞争使美国法律制度极不统一。

（3）从产生之初至后来的发展过程中，美国始终较英国更重视制定法，其制定法无论在数量上还是作用上均超出英国。

### （四）英美法系的商法

商事习惯法、判例法与商事制定法作为英美商法的渊源并存，其中商事判例法居重要地位，商事制定法多是对判例法规则的归纳，是源于判例法并服务于判例法的第二位法律渊源。

英美两国法律的差异反映在商事法律上，表现为各自独特的体系。

英国由中世纪发展而来的商法因被普通法所吸收，只是普通法的组成部分，而不具有独立地位。19世纪以来，作为判例法的补充，英国在商事组织、破产、票据、保险等领域制定了一些商事制定法，其中在公司和票据制度上以成文法为主。

美国自19世纪末以来为增强商事法律的明确性和统一性，产生了大量关于商事交易的制定法，突出了商法的重要性，伴随《统一商法典》的制定和采用，商法作为一个独立法律领域发展的趋势越发明显，但商法中的许多其他内容在《统一商法典》中并无反映。

## 三、英美法系与大陆法系的差异

两大法系在现代发展过程中逐渐靠拢，差异逐步缩小，但由其各自历史传统、社会文化、政治经济等因素决定的不同特征仍显著存在。

（1）从法律构成来看，英美法系将以遵循先例为原则的判例法作为主要法律渊源，是其区别于大陆法系的最突出特征。当然，现代大陆法系国家亦开始具有重视司法先例的倾向，法院判决确立的原则甚至可以调整某些特殊领域的法律关系，但其并不构成普通法意义上的判例法（由法典引申而来；仅为制定法的补充；未确立遵循先例原则）。另外，自19世纪末以来，英美法系国家制定法大量增加、地位日趋重要，但却显著区别于大陆法系国家的法典（多为现有制定法的汇编，缺乏系统性、逻辑性，且同领域先前存在的法律并不同时失效；其适用受法官解释的限制）。

（2）在立法技术上，大陆法系国家通常将法律划分为公法和私法，采用法典化立法。英美法系体系庞杂，各具体法律门类在概念上缺乏逻辑联系，在结构上缺乏系统分类。

（3）从司法上看，大陆法系国家由于强调法律的确定性和权威，法官仅有适用法律的义务，无创设法律的权力，大范围的法律变革通过立法机构制定和颁布法律得以实现。英美法系国家，尤其在英国，传统法律制度被保留较多，法官保守地遵从先例使法律变革相对缓慢，但同时却更加强调司法独立，法官的自由裁量权、个案的衡平权使之在司法实践中可以创制和发展法律，作用突出。

（4）在程序上，英美法系注重程序法（以抗辩制为主要特征）而轻视实体法的倾向明显，尽管伴随程序法的改革和制定法的增加，实体法越来越受到重视，但程序法至今仍决定着法律的发现和适用。大陆法系实体法居主导地位，程序法（以纠问制为主要特征）附属于实体法，仅为法院适用实体法的工具。

（5）从两大法系的形成过程看，英美法系是以英国普通法为中心、呈放射状向全球传播的，明显区别于大陆法系的欧洲大陆本土的连锁式、欧洲以外的多中心式传播方式。

（6）在概念术语上，由于法学教育及学者作用的不同，大陆法系更重视逻辑和抽象的概念和原则；而英美法系正相反，更强调经验和法律的实际应用，许多概念术语独创于法官的司法实践。从判决书的技术风格看，大陆法系法院判决通常使用演绎推理形式，判决书简明扼要，以法院名义做出；英美法系法院判决传统上采用归纳法，现在亦使用演绎法，判决书冗长，以法官个人名义做出。

（7）从法院系统看，英美法系国家拥有类似于金字塔结构的统一法院系统，单一的最高法院位于塔尖，无论法院种类、何种诉讼、管辖权如何分配，每个案件均潜在受制于最高法院的终审审查。大陆法系国家通常具有两个或以上在司法管辖权、审级、法官、程序制度等方面各自独立且同时并存的法院体系，无论初审或上诉审，属于某一法院系统管辖的案件，其他法院系统通常不再行使管辖权。

## 四、近现代中国商法体系

中国古代社会长期奉行诸法合体，不存在独立的商法部门和制度，由于重农抑商，商品经济极不发达，导致商法亦难以发展，商法的主要形式是借助于国家权力调整商业活动的行政法。近现代意义上的商法始于清末，辛亥革命后在大清商事法律的基础上重新制定了一批商事法律。中华人民共和国成立后的很长一段时期，计划经济体制下的立法中心在于强化国家对经济活动的调控和对经济行为的干预，缺乏商法存在和发展的客观需要和条件，商法极不发达。1993年起中国开始较大规模的商事立法活动，全国人大陆续制定颁布了一系列商事法律，商法作为一个独立的法律部门由此逐步形成。㊀

中国法律渊源为成文法，不承认判例的法律效力。但最高人民法院拥有法律解释权，其司法解释及审判指导意见具有一定法律效力，所做判决对下级法院同类案件的审理具有指导作用。

中国商事法律包括：总则性的及调整商事主体行为及财产关系的《民法典》；关于商主体的《公司法》《合伙企业法》《个人独资企业法》及《企业破产法》等；关于商主体知识产权保护的《专利法》《商标法》《著作权法》等；调整商事交易行为的《反不正当竞争法》《产品质量法》《消费者权益保护法》等；关于商事救济的《民事诉讼法》《刑事诉讼法》《行政诉讼法》《仲裁法》《调解法》等；中国签署参加的国际商事条约等。

## 复习思考题

### 一、名词术语

国际商法　　国际公法　　国际私法　　大陆法系　　英美法系

---

㊀ 范健、王建文著，《商法的价值、源流及本体》，中国人民大学出版社，2004年版。

## 二、问答题

1. 简述国际商法的概念和法律特征。
2. 国际商法的法律渊源有哪些？
3. 国际商法与其相关法律部门的关系是什么？
4. 试述大陆法系与英美法系的主要区别。

## 本章参考文献

［1］梅利曼，佩尔多莫．大陆法系［M］．顾培东，吴荻枫，译．北京：法律出版社，2021.
［2］由嵘．外国法制史［M］．北京：北京大学出版社，1992.
［3］赵承璧．国际贸易法律［M］．北京：中国对外经济贸易出版社，1988.
［4］屈广清，等．国际商法学［M］．北京：法律出版社，2003.
［5］王传辉．新编商法教程［M］．北京：清华大学出版社，2005.
［6］范健．商法［M］．北京：高等教育出版社，2002.
［7］冯大同．国际商法［M］．北京：对外经济贸易大学出版社，1991.
［8］范健，王建文．商法的价值、源流及本体［M］．北京：中国人民大学出版社，2004.
［9］曹祖平．新编国际商法［M］．7版．北京：中国人民大学出版社，2022.
［10］张旭．国际商法理论与实务［M］．北京：科学出版社，2005.
［11］马奇林．新编国际商法［M］．广州：暨南大学出版社，2004.
［12］左海聪．国际商法［M］．3版．北京：法律出版社，2023.
［13］韩玉军．国际商法［M］．4版．北京：中国人民大学出版社，2023.
［14］姜作利．国际商法：双语版［M］．4版．北京：法律出版社，2020.
［15］中华人民共和国民法典［DB/OL］．国家法律法规数据库，https：//flk.npc.gov.cn/detail2.html?ZmY4MDgwODE3MjlkMWVmZTAxNzI5ZDUwYjVjNTAwYmY%3D，2020-05-28/2021-01-01.

# 第二篇

# 国际商事主体法

# 第二章
# 独资企业法及合伙企业法

**本章提要**
- 独资企业法
- 合伙企业法

在市场经济环境下，独资企业与合伙企业在各种商事组织中占有相当大的比例。本章分别讨论独资企业和合伙企业的概念、特征以及设立、事务管理、解散与清算等一般法律规定，使学习者对独资企业和合伙企业的法律制度有所认识和理解。

## 第一节 独资企业法

### 一、独资企业的概念与特征

#### （一）独资企业的概念

独资企业（Enterprise of Sole Proprietorship），亦称个人独资企业，是指由一名出资者单独出资兴办，企业财产完全归投资人个人所有及经营管理，同时投资人对企业债务承担无限责任的企业。依其投资人国籍的不同，独资企业包括由本国公民设立的个人独资企业以及由外商单独出资设立的外商独资企业。在许多国家和地区，二者虽然同为独资企业，但却由不同的法律规范进行调整。例如，中国境内中国公民设立的个人独资企业由《个人独资企业法》进行调整，而中国境内的外商设立的独资企业则主要由《外商投资法》进行调整。

#### （二）独资企业的特征

由于规模较小、易于成立、管理简便，独资企业是最为简单、出现最早的企业形式，也是各国中数量最多的企业形式。与其他商事组织比较，独资企业具有以下特征：

（1）独资企业由一名投资人单独出资设立。投资人应依其国内法的规定，具备相应的条件。例如中国《个人独资企业法》规定，个人独资企业的投资人应为自然人，仅限于中国公民，且不得为法律、行政法规规定的禁止从事营利性活动的人。

（2）独资企业由投资人对企业享有完全的控制与支配权利。投资人的意愿直接决定着独资企业的存在与经营管理，因此独资企业采用的是所有权与经营管理权合一的资产经营方式，即独资企业完全处于投资人的控制与支配之下。在这种经营方式下，企业的内部机构设置十分简单，管理方便、灵活。

（3）独资企业是非法人型企业，投资人对企业债务承担无限责任。独资企业可以拥有自己的名称或者商号，作为独立的民事主体以其自身名义从事民事活动。但是独资企业的全部财产均为投资人所有，企业的权利、义务与投资人个人的权利、义务融为一体，因此独资企业并不具有法人资格，企业不能独立承担责任，投资人将以个人全部财产对企业的债务承担无限责任。

应该着重指出的是，独资企业与一人公司是不一样的。一人公司是指投资人只有一人，公司的全部股权由该投资者拥有的公司。虽然独资企业与一人公司的投资人均为一人，但是一人公司属于法人型企业，具有法人资格，拥有独立的财产，独立对外承担责任；而独资企业属于非法人型企业，并不具有法人资格，投资人将以个人财产对企业债务承担无限责任。此外，一人公司具有独立的人格，公司成立后独立地享有权利及承担义务，公司投资人的变动不会必然引起公司人格的变化；而独资企业的人格是依附于投资人的，随投资人的人格变化而发生改变。

## 二、独资企业的设立

### （一）独资企业的设立条件

各国法律对独资企业的设立都规定了一定的条件。由于独资企业属于非法人型的企业，规模一般较小，设立条件都较为宽松。例如，普遍没有关于企业出资额的规定。中国的《个人独资企业法》规定，申请设立个人独资企业应具备下列条件：

（1）投资人为一个具有中国国籍的自然人，但法律、行政法规规定禁止从事营利性活动的人，如国家公务员、党政机关领导干部、警官、法官、检察官、商业银行工作人员等，不得作为投资人申请设立个人独资企业。

（2）有投资人申报的出资。设立个人独资企业可以以货币出资，也可以以实物、土地使用权、知识产权或者其他财产权利出资；投资人可以以个人财产出资，也可以以家庭共有财产出资。以家庭共有财产出资的，投资人应当在设立或变更登记申请书上予以注明。

（3）有合法的企业名称。个人独资企业的名称应与其责任形式及从事的经营项目相符合，不得使用"有限""有限责任"或者"公司"等易引起混淆的字样，可以叫作厂、店、部、中心、工作室等。

（4）有固定的生产经营场所和必要的生产经营条件。生产经营场所包括企业的住所和与生产经营相适应的处所。住所是企业的主要办事机构所在地，是企业的法定地址。

（5）有必要的从业人员。设立个人独资企业，要有与其生产经营范围、规模相适应的从业人员。

### （二）独资企业的设立程序

独资企业的设立程序相对简单，各国法律的规定一般为提交设立申请文件、进行企业注册登记。例如，中国的《个人独资企业法》规定，在中国申请设立个人独资企业，应首先由投资人或者其委托代理人向个人独资企业所在地的登记机关提出设立申请，并提交设立申请书、投资人身份证明、企业住所证明和生产经营场所使用证明等文件；如果是委托代理人申请设立的，还应提交投资人的委托书和代理人的身份证明或者资格证明。登记机关在收到设立申请文件之日起15日内，对符合《个人独资企业法》规定条件的予以登记，颁发营业执照；对不符合《个人独资企业法》规定条件的不予登记，并应当给予书面答复说明理由。营业执照签发日期即为独资企业的成立日期。

独资企业可以设立分支机构。设立分支机构的，应当由投资人或者其委托的代理人向分支机构所在地的登记机关申请登记，领取营业执照。分支机构经核准登记后，应将登记情况报该分支机构隶属的独资企业的登记机关备案。分支机构的民事责任应当由设立该分支机构的独资企业承担。

### 三、独资企业的事务管理

鉴于独资企业完全由投资者一人投资建立，企业的全部资产归投资者所有，特别是投资人还将对企业债务承担无限责任，因此投资者应当对企业拥有完全的控制和支配权利，独资企业的事务由投资者进行管理。投资者也可以根据需要委托或者聘用其他符合法律规定的人代为管理企业事务。

投资人委托或者聘用他人管理个人独资企业事务，应当与受托人或者被聘用的人员签订书面合同，明确委托的具体内容和授予的权利范围。但是投资人对受托人或者被聘用的人员职权的限制，不得对抗善意第三人。受托人或者被聘用的人员应当履行诚信、勤勉义务，按照与投资人签订的合同负责个人独资企业的事务管理。

根据中国《个人独资企业法》的有关规定，个人独资企业投资人委托或者聘用的管理个人独资企业事务的人员不得有下列行为：

（1）利用职务上的便利索取或收受贿赂。
（2）利用职务或工作上的便利侵占企业财产。
（3）挪用企业的资金归个人使用或借贷给他人。
（4）擅自将企业资金以个人名义或者以他人名义开立账户存储。
（5）擅自以企业财产提供担保。
（6）未经投资人同意，从事与本企业相竞争的业务。
（7）未经投资人同意，同本企业订立合同或进行交易。
（8）未经投资人同意，擅自将企业商标或其他知识产权转让给他人使用。
（9）泄露本企业的商业秘密。
（10）法律、行政法规禁止的其他行为。

### 四、独资企业的解散与清算

#### （一）独资企业的解散

独资企业的解散是指独资企业终止活动使其民事主体资格消灭的行为。各国关于独资企业解散情形的规定大致相同。在中国，根据《个人独资企业法》的规定，个人独资企业有下列情形之一的，应当解散：

（1）投资人决定解散。
（2）投资人死亡或者被宣告死亡，无继承人或者继承人放弃继承权。
（3）被依法吊销营业执照。
（4）法律、行政法规规定的其他情形。

#### （二）独资企业的清算

独资企业在企业解散时应当依法进行清算，了结债权债务关系。中国的《个人独资企业法》对个人独资企业清算进行了如下规定：

（1）通知和公告债权人。个人独资企业解散，由投资人自行清算或者由债权人申请人民法院指定清算人进行清算。投资人自行清算的，应当在清算前15日内书面通知债权人；

无法通知的，应当予以公告。债权人应当在接到通知之日起 30 日内，未接到通知的应当在公告之日起 60 日内，向投资人申报其债权。

（2）财产清偿顺序。个人独资企业解散的，财产在优先拨付清算费用之后，应当按照下列顺序清偿：①所欠职工工资和社会保险费用；②所欠税款；③其他债务。个人独资企业财产不足以清偿债务的，投资人应当以其个人财产承担无限责任。

（3）清算期间对投资人的要求。清算期间，个人独资企业不得开展与清算无关的经济活动，在按前述财产清偿顺序清偿债务前，投资人不得转移、隐匿财产。

（4）投资人的持续偿债责任。个人独资企业解散后，原投资人对个人独资企业存续期间的债务仍应承担偿还责任，但债权人自个人独资企业解散之日起 5 年内未向债务人提出偿债请求的，该责任消灭。

（5）注销登记。个人独资企业清算结束后，投资人或者人民法院指定的清算人编制清算报告，并于清算结束之日起 15 日内向原登记机关申请注销登记。经登记机关注销登记，个人独资企业终止。个人独资企业办理注销登记时，应当缴回营业执照。

## 第二节 合伙企业法

### 一、合伙企业的概念与特征

#### （一）合伙企业的概念

合伙企业（Enterprise of Partnership）一般是指两个或者两个以上的合伙人为经营共同事业，共同出资、合伙经营、共享收益、共担风险而组成的企业。

大陆法系国家的法律制度中，根据经营的规模化与专门化的不同，将合伙分为民事合伙和商事合伙两种，分别适用民法典和商法典或有关的商事法规。其中，商事合伙是指达到一定的经营规模并专门从事营利性活动的合伙企业。在《德国民法典》中，对民事合伙的规定是"根据合伙契约，合伙人彼此间有义务实现由契约方式而确立的共同目的，特别负履行约定出资义务"。对商事合伙，《德国民法典》则规定了无限公司、两合公司及隐名公司三种合伙类型。而法国、日本等国家的法律制度则更加强调合伙的团体性，法国在其法律中规定隐名合伙以外的合伙自登记之日起享有法人资格，日本的法律则认可无限公司和两合公司的法人资格。

英美法系对合伙的规定和大陆法系的规定有所不同。美国的《统一合伙法》中将合伙分为普通合伙与有限合伙，而且均不承认其具有法人地位。据此有美国学者认为，就合伙的债务承担来讲，个体户可以作为单人合伙。但在英国的合伙法中，普通合伙是从事共同经营的人之间为盈利而存在的一种关系。英国法律制度为合伙限定了企业的地位，并限于商事合伙，突出了合伙的团体性。

在中国，合伙企业是指自然人、法人和其他组织依照中国《合伙企业法》在中国境内设立的普通合伙企业和有限合伙企业。其中，普通合伙企业由普通合伙人组成，合伙人对合伙企业债务承担无限连带责任（《合伙企业法》对普通合伙人承担责任的形式有特别规定的，从其规定）；有限合伙企业则由普通合伙人和有限合伙人组成，普通合伙人对合伙企业债务承担无限连带责任，有限合伙人以其认缴的出资额为限对合伙企业债务承担有限责任。

### （二）合伙企业的特征

与其他商事组织比较，合伙企业具有以下特征：

（1）合伙企业的设立基础是合伙人之间的合伙协议。合伙人应当以符合法律规定的形式订立合伙协议，规定各合伙人在出资、利润分配、风险及责任分担、合伙企业的经营管理等方面的权利和义务，以此作为连接合伙人之间关系的纽带。

（2）合伙企业是人合性质的商事组织。合伙企业是基于合伙人之间的信任而建立的，合伙人的死亡、破产以及退出都将对合伙企业产生重大影响。

（3）合伙企业由合伙人共同出资、共同经营、共享收益、共担风险。合伙企业既是人的联合，也是财产的联合，合伙企业必须拥有主要由合伙人出资构成的企业财产。对于合伙企业的事务，普通合伙人拥有平等的决策权。除合伙协议另有规定外，普通合伙人都有权代表合伙企业从事业务活动，有权参与合伙企业的经营管理。有限合伙人因其责任承担不同，各国法律大多规定其对外不得代表合伙企业，也不参与合伙企业的事务管理。在面对利益与风险时，各合伙人也将共同承担。

（4）合伙企业的合伙人对合伙企业的债务一般承担无限连带责任。普通合伙人以个人所有的全部财产作为合伙企业的债务担保，一旦合伙企业的财产不足以清偿其债务，债务人有权向任何一个合伙人请求偿还其所有债务。但有限合伙人责任承担形式有别。

（5）合伙企业一般不具有法人资格。世界各国法律制度大都对合伙企业的性质加以明确规定，一般认定合伙企业是不具有法人资格的非法人型企业。但在部分国家，如法国、荷兰、比利时等，则规定合伙企业具有法律人格，是法人型企业。在中国，合伙企业是典型的非法人企业。

## 二、合伙企业的设立

### （一）合伙企业的设立条件

各国法律对合伙企业的设立都规定了一定的条件。相较于个人独资企业，因为投资人数量的增加以及连带责任的引入，合伙企业的设立条件要相对复杂些。中国《合伙企业法》规定，申请设立合伙企业需要满足下列条件：

**1. 有符合法律要求的合伙人**

普通合伙企业的合伙人至少为2人，但无上限要求；有限合伙企业的合伙人至少为2人，最多50人，且其中至少应当有一个普通合伙人。

关于合伙人的资格，合伙人可以是自然人、法人和其他社会组织。国有独资公司、国有企业、上市公司以及公益性的事业单位、社会团体不得成为普通合伙人；合伙人为自然人的，该自然人应当具有完全民事行为能力。

**2. 有书面的合伙协议**

合伙协议是合伙企业各合伙人通过协商，共同决定相互间权利和义务而达成的具有法律约束力的文件。合伙协议是合伙企业设立的基础，是规范合伙企业内部关系的文件。合伙企业应当依法由全体合伙人协商一致，以书面形式订立，并载明下列事项：

（1）合伙企业的名称和主要经营场所的地点。

（2）合伙目的和合伙企业经营范围。

（3）合伙人的姓名或者名称、住所。

（4）合伙人的出资方式、数额及缴付期限。
（5）利润分配、亏损分担方式。
（6）合伙事务的执行。
（7）入伙与退伙。
（8）争议解决办法。
（9）合伙企业的解散与清算。
（10）违约责任。

如果是有限合伙企业，合伙协议还应当载明专门针对有限合伙人的相关规定，如有限合伙人和普通合伙人相互转变的程序及法律后果等。

合伙协议经全体合伙人签名盖章后生效。合伙人依照合伙协议行使权利、履行义务。合伙协议生效后，全体合伙人可以在协商一致的基础上，对合伙协议加以补充或者修改。

### 3. 有各合伙人认缴或者实际缴付的出资

合伙人应当按照合伙协议的规定如期缴纳出资，出资形式可以为货币、实物、土地使用权、知识产权或者其他财产权利。经全体合伙人协商一致，普通合伙人也可以以劳务出资，并在合伙协议中载明。合伙人对于自己用于缴付出资的财产或者财产权利，应当拥有合法的处分权，合伙人不得将自己无权处分的财产或者财产权利用于缴付出资。

### 4. 有合伙企业的名称

合伙企业依其类型不同，应当分别在名称中注明"普通合伙"与"有限合伙"；在其名称中不得使用"有限责任""公司"等字样。

### 5. 有营业场所和从事经营的必要条件

经营场所是指合伙企业从事生产经营活动的所在地，合伙企业一般只有一个经营场所，即在企业登记机关登记的营业地点。

从事经营的必要条件是指根据合伙企业的业务性质、规模等因素而需具备的设施、设备、人员等方面的条件。

## （二）合伙企业的设立程序

设立合伙企业应当满足一定的程序要求。各国对于合伙企业的设立程序规定不一。在中国设立合伙企业，应当向企业登记机关提出登记申请，提交登记申请书、合伙协议书、合伙人的身份证明等文件，经核准方可取得营业执照。而美国的《统一合伙法》则规定，合伙有合法目的即可依合伙协议组成合伙企业。德国法律的要求与中国法律类似，合伙企业必须进行登记注册，合伙人应当事先提出注册申请，包括合伙人的姓名、职业、住所、企业名称、地点、开业日期等具体事项。

## 三、合伙企业的事务管理

### （一）合伙企业事务执行的形式

合伙企业事务的管理方式比较灵活。因各合伙人对合伙企业事务的执行享有同等权利，所以合伙企业事务的执行既可以采用由全体合伙人共同执行合伙事务的形式，也可以采用由合伙协议约定或全体合伙人决定，委托一名或者数名合伙人执行合伙企业事务的形式，以及委托或聘用第三方管理者的形式。但在中国及大多数国家法律中，有限合伙企业中的有限合伙人是不允许参与合伙企业事务的执行的，也不得对外代表有限合伙企业。

全体合伙人共同执行合伙企业事务时，各个合伙人都直接参与经营，处理合伙企业的事务，对外代表合伙企业。而委托一名或者数名合伙人执行合伙企业事务时，则由受托的合伙人执行合伙企业事务，对外代表合伙企业。未接受委托执行合伙企业事务的其他合伙人，不再执行合伙企业的事务。但是这并不意味着接受委托的合伙人可以执行所有合伙企业的事务，一些重要的合伙企业事务的执行是有所限制的。例如，中国《合伙企业法》明确规定，除合伙协议另有约定外，下列事务的执行必须经全体合伙人一致同意：

（1）改变合伙企业的名称。
（2）改变合伙企业的经营范围、主要经营场所的地点。
（3）处分合伙企业的不动产。
（4）转让或者处分合伙企业的知识产权和其他财产权利。
（5）以合伙企业名义为他人提供担保。
（6）聘任合伙人以外的人担任合伙企业的经营管理人员。

### （二）合伙人在执行合伙企业事务中的权利和义务

合伙人在执行合伙企业事务中享有如下权利：

（1）各合伙人平等享有合伙企业事务的执行权。在普通合伙企业中，全体合伙人均享有此项权利；在有限合伙企业中，全体普通合伙人享有此项权利，而有限合伙人在大多数国家法律中是不允许参与合伙企业事务执行的。

（2）执行合伙企业事务的合伙人对外代表合伙企业。无论是全体合伙人共同执行合伙企业事务，还是一名或者数名合伙人执行合伙企业的事务，作为执行人，均可以对外代表合伙企业，以合伙企业的名义依法从事民事行为。

（3）不参加事务执行的合伙人有权监督执行事务的合伙人，检查其执行合伙企业事务的情况。这既是对合伙企业的管理负责，也是对全体合伙人负责。

（4）各合伙人有权查阅合伙企业的账簿和其他有关文件。账簿及相关文件可以直接反映合伙企业的经营状况，而企业的经营状况又与合伙人的合法权益直接挂钩。因此，作为合伙人，赋予其账簿及相关文件的查阅权利是十分必要的。

（5）合伙人有提出异议权与撤销委托执行事务权。由合伙协议约定或者经全体合伙人决定，合伙人分别执行合伙企业事务时，合伙人可以对其他合伙人执行的事务提出异议。当异议提出时，应当立即暂停该项事务的执行。如果就此发生争议，可以由全体合伙人共同决定。被委托执行合伙企业事务的合伙人如果未按照合伙协议或者全体合伙人的决定执行合伙企业事务的，其他合伙人可以决定撤销对该执行人的委托。

合伙人在执行合伙企业事务中承担如下义务：

（1）合伙企业事务的执行人向不参加事务执行的其他合伙人报告合伙企业事务的执行情况以及合伙企业的经营状况与财务状况。

（2）普通合伙企业的合伙人以及有限合伙企业的普通合伙人不得自营或者与他人合作经营与本合伙企业相竞争的业务。但除合伙协议另有约定外，有限合伙企业的有限合伙人可以自营或者与他人合作经营与本合伙企业相竞争的业务。

（3）普通合伙企业的合伙人以及有限合伙企业的普通合伙人不得同本合伙企业进行交易，合伙协议另有约定或者经全体合伙人同意的除外。但除合伙协议另有约定外，有限合伙企业的有限合伙人可以同本合伙企业进行交易。

(4) 合伙人不得从事损害本合伙企业利益的活动。

### 四、合伙人的责任

作为合伙企业的设立者与拥有者,合伙人对于合伙企业的设立及存续期间的一切行为及行为所产生的后果均应承担责任。而这种责任的典型形式即普通合伙企业中的合伙人以及有限合伙企业中的普通合伙人对合伙企业的债务所承担的无限连带责任。

合伙企业存续期间因合伙企业的经营活动而产生的债务,应当首先以合伙企业的财产即合伙人在合伙企业设立时所缴付的出资及经营过程中以合伙企业名义所取得的财产进行清偿。当合伙企业的财产不足以清偿债务时,普通合伙人应以其个人财产继续承担无限连带责任。作为合伙企业的债权人,可以向一名或者数名或者全体普通合伙企业中的合伙人以及有限合伙企业中的普通合伙人提出清偿要求,直至债务完结。而上述合伙人不得以任何理由拒绝清偿要求,更不能以合伙人之间关于亏损分担的约定对抗债权人,因为多数国家的法律制度认定合伙人之间的亏损分担比例对于合伙企业的债权人无约束力。

### 五、合伙企业的解散与清算

#### (一) 合伙企业的解散

合伙企业的解散是指各合伙人解除合伙协议,合伙企业终止活动,合伙企业的民事主体资格消灭的行为。各国法律制度中关于合伙企业解散情形的规定,主要体现在自愿解散和依法解散两种形式上。其中,自愿解散是指依合伙企业全体合伙人的决定或者约定而解散;依法解散则是指合伙企业依照有关法律规定而解散。中国《合伙企业法》规定,合伙企业有下列情形之一的,应当解散:

(1) 合伙期限届满,合伙人决定不再经营。
(2) 合伙协议约定的解散事由出现。
(3) 全体合伙人决定解散。
(4) 合伙人已不具备法定人数满30天。
(5) 合伙协议约定的合伙目的已经实现或者无法实现。
(6) 依法被吊销营业执照、责令关闭或者被撤销。
(7) 法律、行政法规规定的其他原因。

而有限合伙企业如果仅剩有限合伙人的,也应当依法解散。

#### (二) 合伙企业的清算

合伙企业解散时,应当进行清算,通过清算盘点合伙企业财产、处理与清算有关的合伙企业未了结的事务、清理债权债务关系以及处理合伙企业清偿债务后的剩余财产等。

中国《合伙企业法》规定,合伙企业解散时,应当进行清算并通知和公告债权人。合伙企业可以由全体合伙人担任清算人,或者由全体合伙人过半数同意,自合伙企业解散事由出现后15日内指定一名或数名合伙人或者委托第三人担任清算人。清算人在清算期间负责清理合伙企业财产,处理与清算有关的合伙企业未了结的事务,清理债权债务关系以及处理合伙企业清偿债务后的剩余财产等。

合伙企业财产在支付清算费用后,应当按照下列顺序清偿:①所欠职工工资、社会保险费用和法定补偿金;②所欠税款;③其他债务。合伙企业财产按上述顺序清偿后仍有剩余的，按合伙协议的约定进行分配；合伙协议未约定或者约定不明确的，由合伙人协商决定；协商不成的，由合伙人按照实缴出资比例分配；无法确定出资比例的，由合伙人平均分配。

清算结束后，清算人应当向企业登记机关报送清算报告，办理合伙企业的注销登记，合伙企业解散。原普通合伙企业的普通合伙人以及有限合伙企业的普通合伙人对合伙企业存续期间的债务继续承担无限连带责任。

## 案例讨论题

1. 赵某依法以家庭共有财产设立了一家个人独资企业 A，并聘请了张某为其管理企业，同时约定：张某可以独立以企业 A 的名义签订标的额不超过 10 万元的合同。经营中，张某因企业业务需要，在赵某到国外旅游、无法与其取得联系的情况下，以企业 A 的名义与 B 公司签订了一份 20 万元的货物买卖合同。

赵某回国后得知张某签订的上述合同数额巨大，考虑自身经济实力有限，遂以自己不知情、张某无权签订为由通知 B 公司合同无效。B 公司声称并不知道签订合同时张某已超越管理权限，合同应当有效。双方无法取得意见统一，于是 B 公司将企业 A 诉至法院，要求企业 A 履行合同，并就合同履行迟延造成的损失进行赔偿。

（1）投资人赵某是否可以以家庭共有财产出资设立个人独资企业？

提示：

赵某可以以家庭共有财产进行出资。

根据中国《个人独资企业法》的规定，个人独资企业的投资人既可以以个人财产进行出资，也可以以家庭共有财产进行出资。

（2）赵某是否可以对聘用的管理者张某进行管理权力的限制？

提示：

赵某可以对聘用的管理者张某进行管理权力的限制。

根据中国《个人独资企业法》的规定，个人独资企业的投资人对受托或聘用的企业管理者可以在法律允许的范围内进行管理权力的限制，以更好地防范管理者管理行为的风险、维护个人独资企业及其投资人的合法权益。

（3）企业 A 与公司 B 之间的合同是否有效？

提示：

企业 A 与公司 B 之间的合同是否有效取决于公司 B 对于张某合同签订权力受合同标的额限制一事是否知情。

根据中国《个人独资企业法》的规定，个人独资企业的投资人对受托或聘用的企业管理者在管理权力方面进行的限制不能对抗善意第三人。本案中如果公司 B 对于张某超越管理权限签订合同一事不知情，则企业 A 与公司 B 之间的合同有效，企业 A 应当按照合同约定履行合同，合同履行完毕后赵某可以向张某进行追责；如果公司 B 对于张某超越管理权限签订合同一事知情，则企业 A 与公司 B 之间的合同无效，企业 A 无须履行合同。

（4）如果法院判决企业 A 进行赔偿，且数额超出企业现有全部资产，赔偿应当如何实现？

提示：

根据中国《个人独资企业法》的规定，企业 A 应当首先以其名下的企业财产进行清偿，不足的部分由该企业的投资人赵某以其个人财产及家庭共有财产继续承担清偿责任。

2. 2023年1月，甲乙丙共同设立一普通合伙企业A，并在合伙协议中约定：甲以现金人民币5万元出资，乙以房屋作价人民币8万元出资，丙经甲、乙一致同意以劳务作价人民币4万元出资；各合伙人按相同比例分配盈利、分担亏损。

企业A成立后，于2023年2月向银行贷款人民币5万元，期限为1年。

2023年8月，甲经乙、丙一致同意退出企业A，并办理了退伙结算手续。

2023年10月，丁入伙，乙、丙在其入伙时履行了如实告知义务，且入伙协议中未对其权利义务做特别规定。

2024年1月，乙丙丁因亏损决定解散企业A，并将企业A现有价值人民币3万元的财产予以分配，但对未到期的银行贷款未予清偿。

2024年2月银行贷款到期后，银行找企业A清偿债务，发现企业A已经解散，遂向各个合伙人要求偿还全部贷款：甲称自己早已退伙，不负责清偿债务；乙表示只按照合伙协议约定的比例清偿相应数额；丙表示自己是以劳务出资的，不承担偿还贷款的义务；丁称该笔贷款是在自己入伙前发生的，不负责清偿。

(1) 甲、乙、丙、丁四个人的说法是否合法？

提示：

甲的说法不合法。根据中国《合伙企业法》的规定，普通合伙企业中已退伙的合伙人对其退伙之前合伙企业的债务继续承担无限连带责任。

乙的说法不合法。根据中国《合伙企业法》的规定，普通合伙企业中合伙人内部确定的亏损分担比例对于债权人没有约束力。

丙的说法不合法。根据中国《合伙企业法》的规定，普通合伙企业中各合伙人均以个人财产对企业承担无限连带责任，责任承担不因出资方式不同而有所区别。

丁的说法不合法。根据中国《合伙企业法》的规定，普通合伙企业中新入伙的合伙人对其入伙之前合伙企业的债务承担无限连带责任。

(2) 银行的贷款应当如何偿还？

提示：

根据中国《合伙企业法》的规定，普通合伙企业的债务应首先以企业财产进行清偿，不足的部分由各合伙人共同承担无限连带责任。

3. 普通合伙企业A共有甲、乙、丙三名合伙人。合伙协议约定由甲执行合伙企业事务，对外代表合伙企业。但是甲必须每季度向其他合伙人报告一次合伙企业事务的执行情况以及合伙企业的经营状况、财务状况。甲在长达一年的时间内没有召开合伙人会议报告合伙企业的相关情况，并且自行聘请了合伙人以外的丁担任合伙企业的经理。甲还自行以合伙企业的名义为戊提供担保，后因戊丧失还债能力，导致合伙企业A被追究担保责任。请问：甲有哪些行为违反了法律规定？应承担什么法律责任？

提示：

根据中国《合伙企业法》的规定，甲的行为违反法律规定的有：未按时向其他合伙人报告合伙企业的相关情况；未经其他合伙人同意、自行聘请合伙人以外的人担任合伙企业的经理；未经其他合伙人同意、自行以合伙企业的名义为他人提供担保。

对于上述违法行为，甲应当对有可能发生以及实际发生的损失依法进行赔偿；其他合伙人还可以进一步依法向甲追究其违背合伙协议的责任。

## 复习思考题

### 一、名词术语

独资企业　　合伙企业

### 二、问答题

1. 独资企业的法律特征是什么？
2. 合伙企业的法律特征是什么？
3. 简述合伙企业事务执行的相关制度。

## 本章参考文献

[1] 沈四宝，王军，沈健. 国际商法［M］. 4版. 北京：对外经济贸易大学出版社，2022.
[2] 沈四宝，刘刚仿. 国际商法［M］. 5版. 北京：中国人民大学出版社，2021.
[3] 曹祖平. 新编国际商法［M］. 6版. 北京：中国人民大学出版社，2020.
[4] 张学森. 国际商法：中英文双语版［M］. 上海：复旦大学出版社，2011.
[5] 冯大同. 国际商法［M］. 北京：对外经济贸易大学出版社，1991.

# 第三章

# 公 司 法

**本章提要**
- 公司与公司法
- 公司组织机构与公司治理
- 公司股份与公司债

公司是最重要的一种商事组织。公司是依照公司法的规定设立的、以营利为目的的法人组织。各国法律都规定公司具有独立的法人资格,享有权利和承担义务。公司与股东的身份与财产在一定意义上是分离的,股东通常只对公司负有限责任。公司设立自己的组织机构,形成科学合理的法人治理结构,由专门的经营管理人员负责公司的经营活动。现代在各国,以股份公司为代表的公司制企业已成为国民经济的主要支柱,对社会经济生活产生着重大而深远的影响。所以各国都以公司立法来规范公司的组织与行为,调整公司的内外关系。本章主要讨论公司的概念、特征、种类以及公司的一般法律规定,公司的组织机构与公司法人治理制度,公司股份与公司债的发行、交易与上市制度,公司的财务会计制度以及公司的变更、解散与清算等相关的法律问题,使学习者对各国、包括中国的公司法律制度有所认识和理解。

## 第一节 公司与公司法概述

### 一、公司的概念与法律特征

#### (一) 公司的概念

公司是在商品经济发展到一定程度而出现的一种企业组织形式。关于公司的概念,有的国家立法上并不做明确的规定,只就各种公司分别做出规定,中国也是如此,例如,中国《公司法》第二条规定:"本法所称公司,是指依照本法在中华人民共和国境内设立的有限责任公司和股份有限公司。"有的国家和地区则在立法中做明确的规定,例如,日本《商法》第五十二条规定:"(一) 本法所谓公司,是指以经营商行为目的而设立的社团。(二) 依本编㊀规定设立的以盈利为目的的社团,虽不以经营商行为为业者,亦视为公司。"第五十四条第一款规定:"公司为法人。"总之,不论在大陆法系国家还是英美法系国家,公司在法律上的概念都可以总括为:公司是依照(各国的)公司法所组成并登记的以营利为目的的企业法人。各国(地区)对公司的定义都集中在三个内容上,即法定性、营利性和法

---

㊀ 日本《商法》第二编,即公司编。

人资格。

### (二) 公司的法律特征

公司是企业的一种组织形式，它具有各种企业所共有的属性，如都是营利性的经济组织。它与一般商事组织的不同之处在于：它是依照公司法设立的，由股东共同出资设立并经营的具有法人资格的经济组织。公司作为企业法人，具有以下几个基本的法律特征：

**1. 公司是依照公司法设立的经济组织**

任何公司必须依照所属国的公司法设立并登记。公司要依照公司法设立，符合公司法规定的设立程序与条件。因此，第一，只能设立该国公司法所准许的形式或种类的公司。第二，有关公司的一切事项，均须遵守公司法的规定。第三，公司依法登记后始为成立。

**2. 公司由法定数量的股东共同出资形成并对公司承担有限责任**

公司股东以其出资额形成对公司的股权，这在法律上体现为一种股权式的联合。各股东以其出资的金额与比例，共同享受利润、承担风险。公司的股东以其出资额或股份数额为限，对公司承担有限责任，这是各国公司法的共同规定，也是公司区别于其他企业形式的关键。例如，《美国标准公司法》第 6.22 条规定："公司股东就其购买的股份，除了支付发行股份的对价外，或支付其认缴协议中规定的对价外，对公司及其债权人不承担额外的责任。"中国《公司法》也规定："有限责任公司的股东以其认缴的出资额为限对公司承担责任；股份有限公司的股东以其认购的股份为限对公司承担责任。"

**3. 公司是具有法人资格的经济组织**

有的国家（如日本、中国）立法上明文规定凡公司均为法人，如中国《公司法》第三条规定："公司是企业法人，有独立的法人财产，享有法人财产权。"有的国家，如英美法系国家，没有明确规定公司为法人，但是规定公司有种种权利，而且规定公司成员的有限责任，因而在学说上和判例上均承认公司是法人。

公司为法人，主要表现在以下几点：

（1）公司具有独立的财产权。公司的初始财产来源于股东的投资，但一旦股东将投资的财产移交给公司，这些财产从法律上便属于公司法人财产，而股东则丧失了直接支配、使用这些财产的权利，他们所换来的则是一系列股东的权利。公司具有直接的法人财产使用权和处置权，并以公司的全部资产对公司的债务承担责任。

（2）公司独立地享有民事权利和承担民事义务。例如，当公司与他人发生商事纠纷时，以法人的名义充当诉讼当事人，公司有权以自己的名义在法院起诉或进行应诉，以行使其诉讼权利。同时公司以其全部财产对公司的债务承担责任，在一般情况下，公司的债权人只能对公司的财产请求强制执行，不能直接对公司股东的财产请求强制执行。

（3）公司具有永久存续性。个人独资企业和合伙企业往往随投资人个人的生死、个人的意志而存废。而公司制企业是法人，公司强调的是资本的联合，能够脱离个人（成员）而永久存在，因此股东股份的转让、股东的死亡或破产都不影响公司企业的存续。

公司制度最重要的贡献之一就是确立了公司的独立法人地位以及公司股东对公司承担有限责任。但是，在现实的商业活动中，处在公司身后的股东等在其自身利益的驱动下，有可能利用公司的法人地位进行各种规避法律甚至违法的行为，从而发生违反正义和公平的结果。因此，在特定的具体案件中，可以否定公司的独立法人地位，而对其背后的实体进行法律上的处理，直接探究公司与股东的真实关系，这就是所谓"否认公司法人人格"的理论。

在英美法系中也有与之类似的理论，名曰"揭开公司的面纱"。即如果法庭认为成立公司的目的在于利用公司作为手段，从事妨碍社会利益、欺诈或逃避个人责任的活动，法院将不考虑公司的法人资格，直接追究股东或其他行为人的民事责任。中国《公司法》第二十三条也规定了该制度："公司股东滥用公司法人独立地位和股东有限责任，逃避债务，严重损害公司债权人利益的，应当对公司债务承担连带责任。股东利用其控制的两个以上公司实施前款规定行为的，各公司应当对任一公司的债务承担连带责任。只有一个股东的公司，股东不能证明公司财产独立于股东自己的财产的，应当对公司债务承担连带责任。"

## 二、公司的种类

依据不同标准可对公司做出不同分类。

### （一）无限公司、两合公司、有限公司、股份公司、股份两合公司

这是依照公司股东的责任形式来划分的，是最常见和最基本的分类。但无限公司、两合公司和股份两合公司数量很少，正日渐消失。这里重点讨论有限公司和股份公司。

**1. 无限公司**

无限公司是全部由无限责任股东组成的公司，无限责任股东除对公司负有一定的出资义务外，还对公司债权人负直接无限的责任，而且各股东相互间又是连带责任。无限公司有如下特点：原则上公司股东都执行公司业务并都代表公司（股东大会兼执行机构与代表机构），决定公司的重大事项需全体股东的同意，非经其他股东全体同意，股东不得转让其股权。

**2. 两合公司**

两合公司是由无限责任股东与有限责任股东两种成员组成的公司。它是一部分股东对公司债务负无限连带责任，而另一部分股东对公司债务仅负有限责任的公司。两合公司有如下特点：有限责任股东没有业务执行权和代表权，只有一定的检查权，决定公司的重大事项需（两种）股东的同意；有限责任股东出让其股权要经全体无限责任股东同意而不必经其他有限责任股东同意。

**3. 有限公司**

有限公司亦称有限责任公司，由定额的股东组成，股东人数较少，不发行股票，股权不得随意转让，股东对公司承担有限责任，即股东只对公司负一定的出资义务而对公司债权人不负责任。有限公司有如下特点：

（1）股东人数有限制。公司法一般对有限责任公司的股东人数有限制。例如，英国《公司法》规定有限责任公司股东人数不得超过50人；美国特拉华州《公司法》规定不得多于30人；法国《公司法》规定不得高于50人，如果超过50人，则必须转变成股份有限公司，否则股东人数须降到50人，或者解散该公司。中国《公司法》也规定有限责任公司由50个以下股东出资设立。

（2）禁止向公众招募股本。与股份公司不同，有限公司不得向公众招募股本，各个股东所认购的股权比例通常由股东们相互协商而定。之后，由公司向其出具股份证书，以证明其在公司内部享有的权益和承担的风险比例。

（3）股东的股权不得任意转让。公司法通过公司章程及内部细则规定，任何股东转让其一部分或全部股权，都有一定的限制。在同等条件下，其他股东对被转让的股权具有优先购买权，因而股东之间的关系比较稳定。中国《公司法》也规定有限责任公司的股东之间

可以相互转让其全部或者部分股权。股东向股东以外的人转让股权的，应当将股权转让的数量、价格、支付方式和期限等事项书面通知其他股东，其他股东在同等条件下有优先购买权。

（4）有限公司的组织与管理较股份公司简易。例如，有的国家规定股东人数较少的公司一般不设立股东大会和监事会，董事会是最高权力机构，主要股东一般都是董事会成员，并直接参加公司管理。中国的《公司法》也规定规模较小或者股东人数较少的有限责任公司，可以不设董事会，设一名董事，行使本法规定的董事会的职权。该董事可以兼任公司经理。

另外，有限责任公司的设立和解散程序也相对比较简单。公司的财务报告不予公开，只需按照公司章程规定的期限送交给各股东审阅即可。

### 4. 股份公司

股份公司亦称股份有限公司。它是由有限责任股东组成，全部资本分为等额股份，其股份以股票形式依法公开发行和自由转让，股东仅以其认购的股份为限对公司的债务承担责任的公司。股份有限公司的基本法律特征为：

（1）全部资本分为等额股份。股份有限公司的注册资本都是以股份为计量单位的，即每一股股份在注册资本中所代表的金额是一致的、相等的。从某种意义上说，整个注册资本也可以用股份数来表示。

（2）股份以股票形式公开发行并可以流通。股份有限公司可以通过发行股票来向社会公众筹集资本，而且股份（股票）的转让和买卖原则上是自由的，一般不做限制。在股份有限公司中获准上市的公司，又称上市公司（Listing Corporation），其股票可依法在证券交易所进行流通。

（3）组织与管理上体现所有权和经营权相分离。股份有限公司的股东作为公司的所有权人并不一定直接管理公司，负责股份有限公司的决策和管理活动的主要是董事会和管理层。通常，股东在股东大会上行使表决权，公司的重大事项由股东大会以多数形成公司决定。股东不直接负责业务的执行，业务的执行交给由股东大会选任的董事会，董事会再选任执行董事（或经理），执行董事管理日常事务，并代表公司。

（4）公司的财务必须公开。股份有限公司，特别是上市公司，必须公告其财务会计报表。财务会计报表主要包括资产负债表、损益表、股东权益变动表、现金流量表、财务情况说明书及利润分配表等。中国《公司法》也规定上市公司应当依照法律、行政法规的规定披露相关信息。

（5）股份有限公司的规模较大。股份有限公司，尤其是上市公司一般是资金雄厚、股东人数众多、内部管理机构权责分明、效益高、竞争力强的公司，是适合于大企业的公司形式。因此公司的设立程序与解散程序相对更为复杂。

### 5. 股份两合公司

它是由无限责任股东与有限责任股东组成的股份公司，其中一部分股东对公司债务负无限责任，另一部分股东仅以其认购的股份对公司债务负责。

在上述几种公司中，无限公司和两合公司是比较古老的公司形式。但无限公司和两合公司逐渐减少，股份公司逐渐增多。在有些国家和地区，股份两合公司因数量少，已被废除。例如，日本的股份两合公司于1950年从商法中废除，我国台湾省的股份两合公司于1980年从"公司法"中废除。在德国,有限公司于1892年因《有限责任公司法》之公布而诞生,以后逐渐为欧洲各国所采用。日本亦于1938年制定《有限公司法》(1940年施行)。我国台湾省于1946年在"公司法"中增设了有限公司。现代国家中,数量多而且在经济中起重要作用的是股份公司和有限公司。中国《公司法》第二条明确规定:"本法所称公司,是指依照本法在中华人民共和国境内设立的有限责任公司和股份有限公司。"因此,中国法律只规定了有限责任公司和股份有限公司这两种类型的公司。

(二)母公司、子公司

持有另一公司的股份的公司为持股公司(Holding Company)。持有股份达到一定程度时,持股公司可以支配与控制另一公司,此时前者名为母公司(Parent Company),后者名为子公司(Subsidiary)。例如,日本《商法》规定:持有另一股份公司已发行的股份总数的过半数,或持有另一有限公司的资本过半数的,为母公司。母公司与子公司在法律上互相独立,为各具人格的法人。中国《公司法》规定:"公司可以设立子公司,子公司具有法人资格,依法独立承担民事责任。"也就是说,所谓子公司就是指受母公司控制,但在法律上是独立的法人组织,它本身是一个完整的公司。

(三)外国公司与本国公司

这是以公司的国籍来划分的。如何决定公司的国籍,现代多数国家和地区以其成立之准据法为标准(如日本等),一般不问股东的国籍,如依据中国《公司法》设立的中外合资经营企业具有中国法人资格。

(四)本(总)公司与分公司

本公司与分公司是同一公司在内部组织系统上的不同,并非各具法人资格互相独立的两个公司。本公司是指领导、管理整个公司事务的总机构,具有法人资格;分公司为受总公司管理的分支机构,不具有独立的法人资格。例如,中国《公司法》规定:"公司可以设立分公司。分公司不具有法人资格,其民事责任由公司承担。"

(五)人合公司和资合公司

这是一种理论上的分类。人合公司是指那种在对内、对外关系上公司成员(股东)比较重要的公司,公司的物的因素(公司财产)比较重要的称为资合公司。人合公司的典型是无限公司,资合公司的典型是股份公司。

## 三、公司法

公司法是指规定公司制企业的设立、组织、经营、解散、清算以及调整公司对内、对外关系的法律规范,即公司法主要是规定公司的组织与活动的法律。

各国原来都只在商法典中规定公司,后来大多数国家把商法中的规定移出来扩充为单行法。这表明公司在法律中已从一般商法的范围中分化出来。现代公司法逐渐演变为企业法,再进而有公法化的趋势。例如,法国《商法典》(1807年公布,1808年1月1日施行)第一编第三章为"公司",规定了无限公司、两合公司、股份有限公司与股份两合公司,1867年7月24日颁布了新的《公司法》,主要对股份有限公司和股份两合公司做了详细的规定,但商法中的规定并未全部废止。此后直到20世纪60年代,各种有关公司的单行法陆续公布,不胜枚举。另外,1925年制定了《有限责任公司法》。1966年7月24日公布了《公司法》,代替了所有以前关于公司的法律。1967年以后,这部《公司法》又经过一些修改，不过这部《公司法》现在仍是一部有效的完整的公司法典。日本在《商法》（1899年）第二编"公司"中规定无限公司、两合公司、股份公司。其中股份两合公司部分（第五章）于1950年删除。另外重要的单行法有《有限公司法》（1938年）、《公司重整法》（1952年）、《企业担保法》（1958年）、《关于商法中股份公司的监督的特别规定的法律》（1974年）等。2005年日本正式制定了《公司法》，并于2006年5月起施行。英国现在主要的关于公司法的制定法是1943年、1967年、1980年和2006年的《公司法》。美国的公司法只有各州有制定法，没有联邦的制定法。1940年美国全国律师协会拟订了一个《标准公司法》，作为提供给各州采用的范本，这一范本的内容已为多数州所采用。

1993年12月29日第八届全国人民代表大会常务委员会第五次会议通过的《中华人民共和国公司法》，是新中国第一部公司立法。该法分别于1999年、2004年、2005年、2013年、2018年、2023年多次修正、修订。现行的公司立法是2023年12月29日第十四届全国人民代表大会常务委员会第七次会议修订的《公司法》，自2024年7月1日起施行。

## 第二节 公司的一般制度

### 一、公司的设立

公司的设立是公司法中的一个重要组成部分。公司法对公司设立的法定程序与条件一般都做了较为详细的规定。公司为由一定成员以其自由意志组成的社团法人，所以必须有一定的成员（公司的创办人）以一定的手续进行组织才能成立。这些成员为组成公司所做的一系列行为就是设立行为。组织公司的成员完成设立行为后，依法办理登记，经主管机关发给执照（英美法系为"法人证书"）后，公司取得法人资格，公司成立。

**（一）国家对设立公司的管理原则**

（1）自由设立主义。自由设立主义即放任主义，准许自由设立，不加限制。认为设立是个人间的合同行为，适用合同自由原则。在历史上，只在中世纪末公司兴起的初期以及法国大革命时期对无限公司等实行过这种办法，以后没有国家实行过。

（2）特许主义。公司成立须经国家元首特许或由立法机关制定专门法律。例如，英国于1720年制定《反金融诈骗和投机法》（俗称"泡沫法"），不许滥设公司，规定具有法人资格的公司须经国会许可始得成立。近代各国，除对某些特殊公司外，对一般公司不用此种办法。

（3）许可主义。公司成立须经行政机关逐个批准。1807年的法国《商法典》对股份组织的公司（股份公司和股份两合公司）采取这种办法。

（4）准则主义。公司法律规定各种要件，设立公司只要符合所定要件，国家给予登记，赋予法人人格，公司即可成立，无须行政机关逐个批准。英国于1825年废除"泡沫法"才放宽公司设立，到1844年才实行准则主义。法国于1867年才对股份公司实行准则主义。现代各国对一般公司大都实行准则主义。到垄断资本主义时期，对设立公司又逐渐严格起来。一方面对某些种类的公司（如银行等）实行许可制，另一方面对一般公司规定许多比较严格的条件（如资本最低额等）。有人称之为"严格的准则主义"。

中国《公司法》第二十九条规定："设立公司，应当依法向公司登记机关申请设立登记。法律、行政法规规定设立公司必须报经批准的，应当在公司登记前依法办理批准手续。"第三十一条规定："申请设立公司，符合本法规定的设立条件的，由公司登记机关分别登记为有限责任公司或者股份有限公司；不符合本法规定的设立条件的，不得登记为有限责任公司或者股份有限公司。"所以我国实际上是以准则主义为原则，但辅助实行许可主义。

### （二）公司的创办人

成立公司必须要有公司创办人。这是公司法的一项最基本的规定。公司创办人也可称为公司发起人，是指公司初始章程的签名者。西方国家的公司法普遍规定：创办人必须具有行为能力，无行为能力或限制行为能力者不得充当创办人。

在公司成立前，创办人之间的关系是一种共担风险的关系，对设立公司的全部费用和债务负连带责任。一旦公司成立，他们的关系被股东间的合作关系所代替。创办人还应该为公司忠诚地办理设立事务，其在公司中的全部利益必须公开，承担设立公司的责任。创办人除对公司负有责任外，在股东和债权人受到公司创办人欺骗等情况下，还直接对公司股东和债权人负责。例如，中国《公司法》第九十三条规定："股份有限公司发起人承担公司筹办事务。发起人应当签订发起人协议，明确各自在公司设立过程中的权利和义务。"第一百零五条规定："公司设立时应发行的股份未募足，或者发行股份的股款缴足后，发起人在三十日内未召开成立大会的，认股人可以按照所缴股款并加算银行同期存款利息，要求发起人返还。发起人、认股人缴纳股款或者交付非货币财产出资后，除未按期募足股份、发起人未按期召开成立大会或者成立大会决议不设立公司的情形外，不得抽回其股本。"

对于创办人的数量及其资格问题，西方国家的公司法一般都没有公司创办人必须具有所在国国籍的规定，但也有个别国家做了一些限制性的规定。例如，意大利《公司法》规定，公司创办人不一定是具有意大利国籍的公民，但外国人占意大利公司 30% 以上股份时须经意大利财政部同意批准。公司创办人不一定是自然人，法人也可以充当发起人，一般股份公司的设立对发起人的数量有要求。例如，美国《标准公司法》规定："一人或数人，本州公司或外州（国）公司，一经签署并向州务卿递交公司章程，都可以充当发起人。"中国《公司法》则规定："设立股份有限公司，应当有一人以上二百人以下为发起人，其中应当有半数以上的发起人在中华人民共和国境内有住所。"

### （三）公司的设立登记

公司创办人为设立公司而进行的一系列行为都属于设立行为。公司是法人，设立公司要满足三条要求：第一要确定股东及其出资，第二要确定公司的章程，第三要确定公司的机关。其中确定章程最为重要，因为其他两点也可以包括在章程之中。设立行为因公司种类而有繁简的不同，设立无限公司最简单，设立股份公司最繁难。但一般都先要开会讨论并通过章程，然后股东进行出资。

设立行为完成后，公司要取得法人资格须经过登记，登记是国家为赋予公司以法人资格而进行的一种行政行为，是公法性质的行为。在准则主义制度下，公司只要具备公司法所规定的要件，登记机关即应登记。与批准不同，登记机关对登记申请只进行形式审查。公司设立登记具有创设的效力，即创设一个具有法人资格的公司，国家发给公司各种证明文件。同时各国公司法均规定：公司登记后才能对外以公司名义进行活动，如未经登记而使用公司名称进行各种法律行为，则行为人应自负一切责任。中国《公司法》也规定："依法设立的公司，由公司登记机关发给公司营业执照。公司营业执照签发日期为公司成立日期。公司营业执照应当载明公司的名称、住所、注册资本、经营范围、法定代表人姓名等事项。公司登记机关可以发给电子营业执照。电子营业执照与纸质营业执照具有同等法律效力。"

## 二、公司名称及住所

公司的名称为章程内必须规定的事项，也是必须登记的事项。公司的名称必须标明公司的种类。中国《公司法》第六条规定："公司应当有自己的名称。公司名称应当符合国家有关规定。公司的名称权受法律保护。"第七条规定："依照本法设立的有限责任公司，应当在公司名称中标明有限责任公司或者有限公司字样。依照本法设立的股份有限公司，应当在公司名称中标明股份有限公司或者股份公司字样。"至于公司的名称不得使用的文字，各国法律有各种不同的规定，对于公司名称的使用规定最严的是英国1948年的《公司法》，该法的第17条规定："贸易部认为公司的名称不适当时，不予登记，贸易部根据此条可以有广泛的拒绝登记的权利。"各国一般规定，同类业务的公司不得使用相同的或类似的名称。

公司的住所为公司的总公司所在地，亦即主营业机构所在地，或公司一切活动的中心。例如，中国《公司法》规定："公司以其主要办事机构所在地为住所。"公司的住所为必须登记的事项。如不登记或以后有变更而不为变更登记时，不得对抗善意第三人。公司住所登记后在法律上即成为确定公司审判管辖的依据，又是向公司送达一切文件的法定地址。

## 三、公司的能力

公司既然是法人，就有各种能力，包括权利能力与行为能力，这是公司从事其经营活动的基础。公司的能力是法律授予的。世界各国公司法对公司的基本权力（Power）或权利（Right）的规定一般采取两种方法：一种方法是在公司法中列举公司的各种权力；另一种方法就是公司法中不做具体规定，但规定"公司享有法人可享有的一切权力"。例如美国的《标准公司法》第四条列举公司的"一般权力"达17项之多，而其最后一项为"具有为实现公司宗旨的一切必要的与有利的权力"，并指出："除了在公司章程另有规定之外，每个公司有权永久性存在并以公司名义继承，并且具有如个人从事业务活动所必需的同样权力去从事其商业活动和其他事务。"中国《公司法》"总则"的第三条（公司是企业法人，有独立的法人财产，享有法人财产权。公司的合法权益受法律保护，不受侵犯。）、第十三条（公司可以设立子公司，公司可以设立分公司）及第十四条（公司可以向其他企业投资）等条款中规定了公司的权利。从公司的行为能力上看，公司机关对外代表公司所为的行为，如构成侵权行为，即为公司的侵权行为，在此情形下，公司当然应负侵权行为的责任。另外公司有诉讼上的当事人能力，可以为原告或被告。

公司的能力当然也受到一些限制，主要体现在以下几方面：

（1）专属于自然人的权利，公司不能享有。例如生命权、健康权、抚养权等，公司当然不能享有。

（2）法律上的限制。法律有明文规定对公司的能力加以限制时，公司在此范围内不能享有权利。例如，日本《商法》与《有限公司法》规定，公司不得为其他公司的无限责任股东。中国《公司法》规定："公司从事经营活动，应当遵守法律法规，遵守社会公德、商业道德，诚实守信，接受政府和社会公众的监督。""公司从事经营活动，应当充分考虑公司职工、消费者等利益相关者的利益以及生态环境保护等社会公共利益，承担社会责任。"还规定："公司可以向其他企业投资。法律规定公司不得成为对所投资企业的债务承担连带责任的出资人的，从其规定。"

（3）公司章程中目的事业或营业范围的限制。这即公司只能在其章程所规定的经营目的范围内活动，如超出此范围，其行为无效（无权利能力）。在这个问题上，大陆法系国家和英美法系国家都在原则上抽象地承认应受限制，而实际上逐渐放宽这种限制，其结果是基本上否定了这种限制。其原因是限制公司的能力，有碍交易安全与第三人利益。要求与公司进行交易的人每进行一次交易时都去查阅公司章程，实际上是不可能的。而且某种行为究竟是否在目的范围之内不易判断，易生纠纷，承认这种限制的办法，反而可以给公司推卸责任的机会。那么公司章程中所定的目的范围还有什么作用呢？一般认为，章程中的规定只是公司内部关系的准则，是对公司机关权力的限制，公司机关如违反此种规定，只发生对公司的损害赔偿义务。

### 四、公司章程

公司章程（Articles of Corporation）[①]，是指规范公司的宗旨、业务范围、资本状况、经营管理以及公司与外部关系的公司准则。公司章程是组建公司的必备的和核心的法律文件，必须提交政府的登记部门核准并备案。根据英国和德法等国的公司法，公司章程里还应包括内部细则，在向注册登记部门递交公司法律文件时，必须同时提交公司章程和内部细则。应该说，公司章程是公司据以内部运作和对外经营的基本原则，它是公司存在的基石，也是政府依法管理公司的基本依据，更是外界了解公司的主要途径。例如中国《公司法》规定："设立公司应当依法制定公司章程。公司章程对公司、股东、董事、监事、高级管理人员具有约束力。"

公司章程是公司发起人或股东在管理公司问题上共同的意思表示，但是它们必须合法，即必须符合公司法的要求。各国的公司法对公司章程的内容都有具体的规定。但是，大陆法系国家与英美法系国家对章程内容的规定方式是不同的。

**1. 大陆法系国家对公司章程内容的规定**

大陆法系国家，如德国、法国及意大利等国的公司法都明确地以条款形式列举公司章程必须包括的内容。当然大陆法系国家并没有排斥在章程中根据需要另外应加入的内容。例如，德国《公司法》就规定了有限责任公司的章程中必须包括公司名称、地址、法定代表人、公司经营范围、股本数额、各位股东的出资额、公司组织机构等项内容。此外，德国《公司法》还对股份有限公司章程的内容做出了强制性的规定，即作为股份有限公司的公司章程，除了有限责任公司的章程必须包括的上述几项内容外，还必须包括其他有关该类公司发行股票所必需的五项内容。

**2. 英美法系国家对公司章程内容的规定**

作为英美法系的主要国家，美国和英国的《公司法》对公司章程的规定都是采取强制

---

[①] 美国称之为"Articles of Corporation"，在英国习惯称为"Memorandum of Association and Articles of Association"，在其他欧洲国家通常称之为"Status"。

性和灵活性相结合的方式，主要采取下述三种方式：一是必须记载的事项，就是强制性的必须要规定的（must Set Forth）内容；二是任意记载事项，也就是在上面的基础上，规定章程可以选择与公司法不相冲突的（may Set Forth）内容；三是在公司法上明确规定了章程不需要规定的（need not Set Forth）内容。

### 3. 中国《公司法》对公司章程内容的规定

中国《公司法》第四十六条规定了有限责任公司章程应当载明的事项，包括公司名称和住所、公司经营范围、公司注册资本等8项；第九十五条规定了股份有限公司章程应当载明的事项，一共是13项。不管是有限责任公司还是股份有限公司章程，最后一项都是概括性的规定，即股东会认为需要规定的其他事项。这显示了《公司法》在对公司章程内容做出严肃的明确性规定的同时，也表现了其灵活性的另一面。从《公司法》对公司章程内容的规定上看，中国的做法更接近于大陆法系国家公司法的通常规定。

除了公司章程以外，还有一个公司内部细则或称公司章程细则㊀，是指由公司制定的规定和调整公司业务活动以及公司的股东、董事、管理人员及雇员的权利和义务关系的文件。西方国家的公司法一般规定，公司内部细则须经公司董事会通过，董事会有权对其修正和废止，但须股东大会批准。初始内部细则由公司创办人起草，但须经董事会通过决议追认。中国《公司法》没有明确规定公司内部细则的问题，但并不禁止公司依照公司章程确定的原则制定公司内部细则。

## 五、公司资本

### （一）公司资本的概念

公司资本的概念，有广义与狭义之分，广义的公司资本是指公司从事生产经营和开展业务活动所有的资金和财产，包括公司自有资本和借贷资本。狭义的公司资本则仅指公司自有资本。公司法上所称的公司资本一般是指狭义的公司资本。对于股份有限公司的资本来讲，主要是通过向社会公开发行股票而募集的，因此一般称为股份资本（Stock Capital），简称股本。

公司的资本是公司开展业务的物质基础，同时也是公司对外承担债务责任的物质基础，还是公司对第三人的最低财产担保。公司是法人，可以拥有自己的财产，并以自己的全部财产对债权人承担责任。公司的财产独立于股东的财产而存在，股东对公司的责任仅以出资额为限。因此，公司的资本对股东和债权人以及公司自身的发展均有十分重要的意义。为了保护公司股东及债权人的利益，各国公司法对公司资本都做了具体的规定，主要是：

（1）公司设立必须拥有一定数量的资本，任何公司的资本都不得低于法定最低资本额，但这一要求有逐步放宽的趋势。例如，中国2013年修改前的《公司法》规定有限责任公司注册资本的最低限额为人民币三万元，股份有限公司注册资本的最低限额为人民币五百万元。2013年修正《公司法》，废除了法定注册资本最低限额的规定。

（2）公司资本不得随意增减。资本一经章程确定，并经公司登记机关登记，即不得随意变更，如需增加或减少，必须严格按法定程序进行。

（3）公司必须经常维持与公司资本额相当的实际财产。公司在其存续过程中，必须经

---

㊀ 美国称之为 by Laws，英国称之为 Articles of Association。

常保持与其资本额相当的财产。例如在公司成立后，股东不得抽回出资；公司弥补亏损之前，不得向股东分配股利等。

### （二）公司资本制度

公司资本制度（Capital System）是指公司资本的形成、维持、退出等方面的制度安排，侧重于出资、资本的增减与资本的退出三个方面所涉及的问题。世界各国的公司立法实践确立了三种各具特色的公司资本制度：法定资本制、授权资本制和折中资本制。

**1. 法定资本制**

法定资本制（Statutory Capital System）又称为确定资本制，是指公司在设立时，必须在章程中对公司的资本总额做出明确规定，并须由股东全部认足，否则公司不能成立。在公司成立后，要增加资本时必须履行一系列的法律手续，即由股东（大）会做出决议，变更公司章程中的资本数额，并办理相应的变更手续。法定资本制由法国、德国首创，后为意大利、瑞士、奥地利等国家所继受，成为大陆法系国家公司法中的一种典型的资本制度。

**2. 授权资本制**

授权资本制（Authorized Capital System）是指在公司设立时，资本总额虽然记载于公司章程，但并不要求发起人全部发行，只需发行其中的一部分，公司即可成立；未发行的部分可授权董事会根据公司经营发展的需要随时发行，不必经股东会决议，也无须变更章程。授权资本制为英国、美国的公司法所创设，其中美国是典型的实行授权资本制的国家。

**3. 折中资本制**

折中资本制（Compromise Capital System）又称为认可资本制或许可资本制，是指公司资本总额在公司设立时仍由章程明确规定，但股东只需认足一定比例的资本数额，公司即可成立；其余部分授权董事会在一定期限内发行，其发行总额不得超过法律限制的资本制度。折中资本制是介于法定资本制和授权资本制之间的一种新型资本制度，是两种制度的有机结合。目前，德国、日本的公司法以及中国台湾省的"公司法"中在一定程度上实行了这一制度，以德国和日本最为典型。

总的来说，法定资本制具有确保公司资本真实、可靠，从而保障债权人利益和交易安全的优点，但缺点是比较僵化，影响公司的效益。授权资本制则具有更大的灵活性，更符合现代经济发展的要求，但容易造成公司滥设和公司资本虚空；同时，将新股发行权赋予董事会，对股东利益的保护欠缺周全。折中资本制吸收了法定资本制和授权资本制的优点，而克服了两者的弊端。随着现代公司法的发展，一些英美法国家（英国、澳大利亚、美国大多数州）逐步废除授权资本制，转而采用声明资本制（Statement of Capital），即公司在设立申请时声明实际发行的资本，公司章程中不再规定授权资本数额，在公司运营过程中董事会有权自主决定资本的发行。从某种意义上讲，法定制本制体现了公司治理的股东大会中心主义，声明资本制体现了董事会中心主义，而授权资本制则是两者的折中。[1]

中国 1993 年首次颁布的《公司法》对公司资本制度采取了严格的法定制，不仅规定了注册资本最低限额，而且规定了注册资本的实缴制。2005 年修正《公司法》，降低了注册资本的最低限额，同时也改革了注册资本的缴纳制，由一次性足额实缴制改为分期缴纳制，但依然维持了法定资本制。2013 年修正《公司法》，废除法定注册资本最低限额，公司资本由

---

[1] 黄辉著，《现代公司法比较研究——国际经验及对中国的启示》（第二版），清华大学出版社，2020 年版。

实缴制改为认缴制，不再限制股东或者发起人首次缴纳数额以及分期缴纳期限，并对设立与登记制度做出了相应的修改。2023年修订的《公司法》第四十七条规定："全体股东认缴的出资额由股东按照公司章程的规定自公司成立之日起五年内缴足。"规定了有限责任公司股东的最长认缴期限。第九十八条规定："发起人应当在公司成立前按照其认购的股份全额缴纳股款。"对发起人全额缴纳股款做出了强制性规定。另外，第一百五十二条规定："公司章程或者股东会可以授权董事会在三年内决定发行不超过已发行股份百分之五十的股份。"引入了授权资本制，提高了股份有限公司股份发行的灵活性和便利性。上述修订对中国公司资本制度进行了进一步的优化和调整。

## 第三节 公司组织机构与公司治理

### 一、公司治理概述

公司作为一个独立的法律主体，与自然人相比，其最大的特征就在于它是一个组织体，其权力必须由自然人所组成的公司机关来行使。因而公司机关不仅是公司得以创立的前提，也是公司持续从事业务经营的不可缺少的基础。不少国家的公司立法仿照三权分立的模式，规定了股份公司的最高权力机关（股东大会）、业务执行机关（董事会及其聘任的经理等）和监督机关（监事会等）所组成的公司法人治理结构。从理论上讲，股东作为公司的出资者，只有他们组成的股东大会这一公司机关才有权经营整个公司，但是，现代公司法的一个重要特征就是企业所有与企业经营的分离，并由此导致公司机关的权力分配由股东大会中心主义向董事会中心主义的变迁。其主要原因：一是随着股份公司规模的日益扩大以及小额股票的大量发行，股东人数不断增加，由于股权过于分散，股东很难联合起来发挥作用；二是随着科学技术的进步，现代化的公司制企业管理的技术性、专业性极强，也十分复杂，绝大多数股东由于自身在知识、能力和时间等方面的局限性，没有能力承担公司的管理任务；三是许多股东只追求自身的投资利润，并不热衷于公司的管理。

当然，在不同的法律制度下，公司机关的构造各不相同，如英美法系国家的公司机关构造的基本特征是没有独立的监事会这一公司机关，但有股东会任命的独立的审计员（Auditor）或公司的非执行董事（Non-executive Directors），由他们履行监督职能。各国的公司治理结构各不相同，大体上有3种模式：

（1）日本模式。该模式下公司治理结构由股东大会、董事会、经理、监察人组成。股东大会决定董事、监察人的人选。其特点是经营阶层（董事会、经理）决策的独立性强，基本上不受股东的直接影响，但容易导致内部人控制，因此，设监察人制度以抗衡。

（2）美国模式。该模式的治理结构由股东大会、董事会和高层经营人员（首席执行官）组成的执行机构、审计员三部分组成。董事会是公司的法定代表机关和最高决策机关，特点是股权十分分散，一般股东与公司关系比较淡化。管理层有较大的独立性，但仍要受到股东强有力的制约。审计员由股东大会任命，对董事会、首席执行官的行为进行审核、监督，是对管理层控制权的监督。

（3）德国模式。在该模式下，股东、董事会阶层和员工共同决定公司重大政策、目标和战略；监事会对董事会成员有任免权，决定公司的经营方针、投资方案等，监事会作用大，员工参与性强。其特点是关注股东与利益相关者的共同利益。

3种模式各有优缺点，但三者都体现了决策权、经营控制权、监督权三种权力配置，只不过权力配置的方式、分权的组织形式、侧重点及权力的行使方式不同而已。中国《公司法》也规定了公司的治理模式，即由股东组成股东大会，并由其选举董事组成董事会，董事会代表公司经营公司法人财产，并聘请经理等高级管理人员具体执行，同时股东大会与职工民主选举产生监事，组成监事会，由其监督董事会、经理行使职权。

## 二、股东（大）会

### （一）股东的权利与义务

股东是公司的出资人，拥有公司股份（票）。股东可以是个人，也可以是法人，或者是其他企业或社会团体。在西方国家，股东除包括公司、各类基金、银行等营利性机构外，还包括学校或其他社会团体等非营利性机构，股东的范围十分广泛，法律对股东的资格几乎没有限制。

各国公司法中对股东的权利都有明确的规定。股东的权利通常可作以下划分：

（1）财产权和管理参与权。其中财产权是核心，是股东出资的目的所在，管理参与权则是手段，是保障股东实现其财产权的必要途径。财产权主要包括股息红利分配请求权、公司剩余财产分配请求权、股份转让权、发给出资证明或股票请求权等；管理参与权则主要包括出席股东大会并表决权、对公司董事等管理人员的任免权、对公司财务的审计监督权等。

（2）自益权与共益权。自益权是指股东专为自己利益行使的权利，如发给股票或其他股权证明请求权、股份转让权、股息和红利分配请求权、公司剩余财产分配请求权等；共益权是指股东为自己利益同时也为公司利益而行使的权利，如出席股东会并表决权、请求法院宣告股东会决议无效权、请求召集股东临时会或自行召集权等。

中国《公司法》第四条概括规定："公司股东依法享有资产收益、参与重大决策和选择管理者等权利。"中国《公司法》同时也细化了有关股东权利的规定，具体如下：

（1）知情权。股东有权查阅、复制公司章程、股东名册、股东会会议记录、董事会会议决议、监事会会议决议和财务会计报告。上市公司应当依照法律、行政法规的规定披露相关信息。

（2）股东会召集权。有限责任公司董事会不能履行或者不履行召集股东会会议职责的，由监事会召集和主持；监事会不召集和主持的，代表1/10以上表决权的股东可以自行召集和主持。股份有限公司董事会不能履行或者不履行召集股东会会议职责的，监事会应当及时召集和主持；监事会不召集和主持的，连续90日以上单独或者合计持有公司10%以上股份的股东可以自行召集和主持。

（3）提案权。单独或者合计持有公司1%以上股份的股东，可以在股东会会议召开10日前提出临时提案并书面提交董事会。临时提案应当有明确议题和具体决议事项。董事会应当在收到提案后2日内通知其他股东，并将该临时提案提交股东会审议。

（4）质询权。股东会要求董事、监事、高级管理人员列席会议的，董事、监事、高级管理人员应当列席并接受股东的质询。

（5）异议股东股份回购请求权。有下列情形之一的，对股东会该项决议投反对票的股东可以请求公司按照合理的价格收购其股份，公开发行股份的公司除外：公司连续5年不向股东分配利润，而公司该5年连续盈利，并且符合本法规定的分配利润条件；公司转让主要财产；公司章程规定的营业期限届满或者章程规定的其他解散事由出现，股东会通过决议修改章程使公司存续。

相应的，公司股东作为出资者，负有相应的义务，概括有以下几种：

（1）出资的义务。公司股东有按法律及公司章程规定的数额、期限、方式出资的义务，并按投入公司的资本额对公司承担责任。公司成立后，股东不得抽逃出资。

（2）不得滥用股东权利的义务。依法行使股东权利，不得滥用股东权利损害公司或者其他股东的利益；不得滥用公司法人独立地位和股东有限责任损害公司债权人的利益。

（3）损害赔偿义务。股东没有履行出资义务或滥用股东权利等情况下，对公司、其他股东或债权人造成损害时，应当依法承担赔偿责任。

### （二）股东（大）会的组成与权限

股东大会由股东组成，大多数国家仍然认为，股东大会是股份有限公司的最高权力机构，但实际上，现代各国公司股东大会的地位和作用日益下降。许多国家的公司法都以不同的方式把公司的经营管理权交给董事会或高级管理人员处理。股东大会分为定期股东大会和临时股东大会。定期股东大会每年召开一次，又称为股东年会；临时股东大会由董事会认为必要时，应超过股本总额一定百分比的股东的请求而召开，因此也叫作股东特别大会。

关于股东大会的权限，各国公司法的规定不完全相同。股东大会的权限主要有以下几项：选任和解任董事；决定红利的分派；变更公司的章程；增加或减少公司的资本；审查董事会提出的营业报告书、资产负债表及其他表册和决定公司的合并或解散等。但是，在某些国家，选任与解任公司董事的权力已不再属于股东大会，而属于监察会。例如，德国《股份有限公司法》规定，股份有限公司设有监察会与董事会两重机构，监察会的成员由股东大会选任与解任，而董事会的成员则由监察会选任与解任，股东大会不能直接干预。法国1966年的《公司法》规定，股份有限公司可以采取董事会制，也可以采取监察会和执行会制。如采取董事会制，则由股东大会选任与解任董事会的成员；如采取监察会和执行会制，则股东大会只能任命和解任监察会成员，而不能参与执行会成员任命，执行会成员由监察会任命。但执行会成员的解任权属于股东大会，股东大会有权根据监察会的建议解任执行会的成员。

还有的国家不在公司法中规定股东大会的具体职权。例如日本《商法典》第230条之10（全会的权限）规定："股东全会以本法及章程所定事项为限，可做出决议。"又如韩国在《商法典》第361条（大会权限）规定："股东大会只能对本法与章程中规定的事项进行决议。"中国《公司法》则在第五十九条规定了有限责任公司股东会行使选举和更换董事、监事等9项职权，在第一百一十二条规定了关于有限责任公司股东会职权的规定，适用于股份有限公司股东会。

### （三）股东（大）会的表决

**1. 表决权行使的前提条件与生效条件**

按照各国公司法的规定，股东大会必须达到法定人数才能召开。按照资本多数表决的原则㊀，在符合开会的法定人数的前提下，股东大会的决议必须由出席大会有表决权的股东的

---

㊀ 根据资本多数表决的原则，股东拥有的表决权与其出资额或所持股份成正比。股东出资或持股比例越高，其表决权越大。法律将股东（大）会中出资或持股占多数的股东的意思推定为公司的意思。

过半数或 2/3 同意才能通过。例如日本《商法典》第 239 条之 1 规定："除本法及章程另有规定者外，股东全会的决议，应有代表已发行股份总数过半数的股东出席，并经出席股东表决权的过半数通过方能形成。"美国大多数州公司法规定，股东年会必须要有全体股东的 50%人数出席，才能开会。依照中国《公司法》的规定，有限责任公司的股东会做出决议，应当经代表过半数表决权的股东通过。股东会做出修改公司章程、增加或者减少注册资本的决议，以及公司合并、分立、解散或者变更公司形式的决议，应当经代表 2/3 以上表决权的股东通过。股份有限公司的股东会做出决议，应当经出席会议的股东所持表决权过半数通过。股东会做出修改公司章程、增加或者减少注册资本的决议，以及公司合并、分立、解散或者变更公司形式的决议，应当经出席会议的股东所持表决权的 2/3 以上通过。

**2. 表决权行使的原则**

股东有权参加股东大会，普通股的股东一般都有表决权，原则上是一股有一个表决权，优先股没有表决权。例如中国《公司法》规定："股东出席股东会会议，所持每一股份有一表决权，类别股股东除外。公司持有的本公司股份没有表决权。"为了维护少数股东的利益，有些国家的公司法允许股东大会在选举董事会成员时，可实行累积投票制。例如中国《公司法》第一百一十七条规定："股东会选举董事、监事，可以按照公司章程的规定或者股东会的决议，实行累积投票制。本法所称累积投票制，是指股东会选举董事或者监事时，每一股份拥有与应选董事或者监事人数相同的表决权，股东拥有的表决权可以集中使用。"这即允许股东按应选董事的人数，把全部票数集中，以使少数股东能选出一名他们认为能够代表他们利益的董事参加董事会。

**3. 表决权行使的限制与例外**

股东出席股东大会会议，原则上每一股份有一表决权。但是，为防止股东滥用权利，很多国家的公司法对公司股东表决权的行使做了限制与例外的规定。有的国家的公司法规定：与表决事项所涉及的企业有关联关系的股东不得行使表决权。

**4. 表决权的行使方式**

为了适应社会发展的变化形势，鼓励股东关心公司、积极行使表决权，公司法除规定股东本人亲自出席股东大会行使表决权外，还规定其他多种表决权行使方式，以便使股东享有的表决权更好地得以实现。例如中国《公司法》规定："股东委托代理人出席股东会会议的，应当明确代理人代理的事项、权限和期限；代理人应当向公司提交股东授权委托书，并在授权范围内行使表决权。"又如日本《关于股份公司监察的商法特别法》第 21 条之 3 规定了表决权的书面行使：有表决权的股东在 1000 人以上的公司，不出席股东大会的股东可以书面行使表决权。另外，日本法务省 2003 年 10 月公布的《关于公司法制现代化的纲要试案》还规定了电子投票行使表决权的方式。

### 三、董事会

董事会是公司的业务管理机构，负责处理公司的经营管理。随着董事会地位和作用的加强，董事会是公司的最重要的决策和领导机构，是公司对外进行业务活动的全权代表。各国的公司法都专门对董事和董事会的基本问题做出了规定。

**（一）董事会的组成**

一般来说，董事是由股东在股东大会上选举产生的、代表他们对公司的业务进行经营活动的人。所有董事组成的一个集体就是董事会。

**1. 董事的人数**

各国公司法对董事的人数有不同的规定,即使同一国家的不同类型的公司,也不尽一致。董事会人数太少或太多都不利于公司和股东的利益。因此,各国公司法的立法者都对这个问题做出弹性较大的规定。一般只规定最高和最低人数,具体人数由各公司章程或内部细则予以决定。

中国《公司法》规定公司董事会成员为3人以上,其成员中可以有公司职工代表。在美国,大多数州的公司法规定,董事会人数至少为3人,但也有些州规定,董事会可以只由1人或2人组成。美国《标准公司法》第36条也明确规定:"公司的董事会应由一个或更多的成员组成,董事的人数应依公司内部细则的规定来决定。"西欧各国的情况是,凡股份有限公司,董事最低人数一般都在3人以上。例如德国、法国和比利时等国的公司法都明确规定,董事会人数在3人以上。法国、德国规定了董事会人数的最高限额。

**2. 董事的资格**

关于董事的资格,各国的公司法都有规定。但各国的规定有多有少,各不相同。法国《公司法》要求董事必须由股东出任;但是英、美等国允许由非股东担任董事,其目的是为了让擅长企业管理的专家充当董事。大多数国家的公司法还规定,董事可以由自然人出任,也可以是公司或法人,由公司或法人担任董事时,应当指定有行为能力的自然人作为其代理人。中国《公司法》第八章"公司董事、监事、高级管理人员的资格和义务"中专门规定了董事、监事、高级管理人员的资格问题。其中第一百七十八条规定了有无民事行为能力或者限制民事行为能力等5种情形之一的,不得担任公司的董事、监事、高级管理人员。

**3. 董事的任期**

大多国家公司法对于董事的任期没有限制性的规定。任期的长短一般都由公司内部细则予以规定。但根据各国的实践,董事任期一般为3年左右。例如中国《公司法》规定:"董事任期由公司章程规定,但每届任期不得超过3年。董事任期届满,连选可以连任。董事任期届满未及时改选,或者董事在任期内辞职导致董事会成员低于法定人数的,在改选出的董事就任前,原董事仍应当依照法律、行政法规和公司章程的规定,履行董事职务。"在某些西方国家,尤其在美国,在决定董事任期的问题上,公司法往往有董事分组(Classification of Directors)的规定。所谓董事分组,就是指从公司初始董事会开始,把整个董事会成员分成若干人数相等的组,每组规定不同的任期,任期届满则改选。采用这种任期交错的做法,尽管每年董事会成员有变化,但董事会总人数保持不变,保持了董事会成员的相对稳定性和公司政策的连续性,使公司在不断吸收新成员、更换旧成员的过程中始终保持整个董事会应有的行政效率。对于公司董事的分组,美国各州的公司法都有具体规定。

**(二)董事会的权限**

现代公司法的一个重要特征就是公司机关权力分配由股东大会中心主义向董事会中心主义的变迁。董事会在公司治理结构中地位显赫,作用非凡,权力庞大,可以说它是公司治理的中枢和管理权的中心。董事会在行使其职权时必须是以一个集体来行使的,而且通常是通过董事会会议上进行表决来具体实行的。至于单个的董事,如果他不兼任公司高级职员,则是不能单独进行活动的。

许多国家的公司法规定,除公司法和公司章程规定的应由股东大会决议的事项外,公司的全部业务均可由董事会执行，如美国《标准公司法》第35条规定："除本法或公司章程另有规定外，公司的一切权力都应由董事会行使或由董事会授权行使。公司的一切业务活动都应在董事会的指示下进行。"欧洲许多国家也有类似的规定，例如德国《股份有限公司法》明确规定，董事会是股份有限公司的领导机关，董事会应以自己的责任领导公司。在英国，公司法对董事会的权限没有明确的规定，董事会的权限主要由公司章程予以规定。因为英国《公司法》规定，除了若干重要事项外，其他有关股东大会与董事会之间权限的划分，均可由公司章程予以规定，但大多数公司的公司章程总的趋势是朝着加强董事会权限的方向发展。中国《公司法》第六十七条明确规定了董事会行使召集股东会会议、执行股东会的决议等10项职权，但最后一项职权是"公司章程规定或者股东会授予的其他职权"，具有一定的灵活性。

但是，董事会的权限都要受一定的限制。一是董事会一般不得从事整个公司业务活动范围和目的事业以外的活动，否则无效。二是董事会在权限之内行使职权时，不得超出公司授予他们的具体权限范围。否则，此类活动所造成的损失概由董事会集体负责。另外，如果股东大会的决议和董事会的决议有冲突，一般以前者为准，股东大会可以否决董事会的决议直至解散董事会。例如中国《公司法》规定："董事应当对董事会的决议承担责任。董事会的决议违反法律、行政法规或者公司章程、股东会决议，给公司造成严重损失的，参与决议的董事对公司负赔偿责任；经证明在表决时曾表明异议并记载于会议记录的，该董事可以免除责任。"

#### （三）董事会会议

董事会拥有对公司业务的领导权和决策权。但这些权力的行使，是由董事会这个集体来实现的。因此董事会会议就成为董事会对公司行使领导权和决策权的主要方式。董事会会议和股东大会一样，也分成普通会议（Regular Meeting）和特殊会议（Special Meeting）。公司法一般规定，召开董事会会议前，必须给全体董事发出会议通知。至于何时发出通知为好，各国公司法的规定不同。有的要求会前半个月，也有的要求会前一个星期。英国的《公司法》则比较灵活，规定："应在足够的时间内送达董事手中，以便他们能准时出席会议。"中国《公司法》规定："董事会每年度至少召开两次会议，每次会议应当于会议召开十日前通知全体董事和监事。代表十分之一以上表决权的股东、三分之一以上董事或者监事会，可以提议召开董事会临时会议。董事长应当自接到提议后十日内，召集和主持董事会会议。董事会召开临时会议，可以另定召集董事会的通知方式和通知时限。"

至于董事会会议的法定人数，就是由法律规定的参加董事会会议的最低董事人数。不满法定人数的董事会会议通过的决议无效，对公司无拘束力。例如美国特拉华州《公司法》第41条B款规定："除公司章程和内部细则另有更高人数要求外，董事总人数的多数应构成从事交易活动的董事会的法定多数，除公司章程另有规定外，公司内部细则可以规定低于董事简单多数的人数为法定人数，但无论如何法定人数不得低于董事总人数的1/3。仅有一人为董事的董事会，该董事应成为当然的法定人数。"中国《公司法》第一百二十四条也规定："董事会会议应当有过半数的董事出席方可举行。董事会作出决议，应当经全体董事的过半数通过。"

董事会决议的表决，实行一人一票，这与股东在股东大会时的按股份多少表决是不同的。通常股东可以委托他人投票。但在董事会会议上，董事一般不得委托他人投票，但可以弃权，也可以不出席会议。但中国《公司法》第一百二十五条规定："董事会会议，应当由董事本人出席；董事因故不能出席，可以书面委托其他董事代为出席，委托书应当载明授权范围。"董事会在通过决议时，只需出席会议的董事法定人数的简单多数同意就有效。在投票时，万一出现僵局，董事长往往有权行使裁决权。还要注意的是，一般来说，董事会决议的表决过程中，禁止与决议有利害关系的董事参加对该决议的表决。例如中国《公司法》第一百三十九条规定："上市公司董事与董事会会议决议事项所涉及的企业或者个人有关联关系的，该董事应当及时向董事会书面报告。有关联关系的董事不得对该项决议行使表决权，也不得代理其他董事行使表决权。"

要将董事会会议的进程和实质性内容做成会议记录。会议记录一旦被会议主席签署，就作为会议已经召开、记录在案的决议就是已被通过的证明。会议记录应公开，随时接受董事的审查和检阅。中国《公司法》也规定董事会应当将会议所议事项的决定做成会议记录，出席会议的董事应当在会议记录上签名。

### （四）董事的义务与责任

董事作为公司业务的决策者和管理者，拥有公司法和公司章程赋予其经营管理公司的各项权力，同时董事又拥有享有公司为其提供的报酬和各种福利的权利。正是董事拥有的权力和享有的权利，法律为其设定了相应的义务和责任。董事必须履行这些义务，否则就要承担由此引起的法律责任。

通常在学理上把董事的义务分为谨慎/注意义务（Duty of Care）和忠实义务（Duty of Loyalty）。

**1. 董事的谨慎/注意义务**

董事的谨慎/注意义务，是指董事有义务对公司履行其作为董事的职责，履行义务必须是诚信的，行为的方式必须是为了公司的最佳利益并尽普通谨慎之人在类似的地位和情况下所应有的合理的谨慎和技能来为公司服务。

从各国有关董事注意义务的立法、学说与判例来看，尽管各国对注意义务及其衡量标准的立法模式和具体表述方式有所不同，但随着经营权向董事会集中的趋势不断加强，大多数国家都对董事的注意义务及其衡量标准做出了明确的界定。在英美法系国家中，董事义务还经历了从判例法到公司法典直接确定其行为标准的过程。1986年，英国颁布统一了《破产法》，该法第214条第4款规定："公司董事须具备合理勤勉之人（a Reasonably Diligent Person）所具有的：（a）人们可以合理地期待于履行同样职能之人的一般知识、技能和经验；（b）该董事所实有的一般知识、技能和经验。"美国《标准公司法》第35条规定："董事应忠诚地，以他有理由认为是符合公司最高利益的方式，并以一位处于同样地位和类似情形的普通人处事的谨慎态度来履行其作为董事的职责。"德国《股份公司法》第93条1款规定："董事会成员在领导业务时，应当具有一个正直的、有责任的业务领导人的细心。有关公司的机密数据和秘密，特别是那些他们在董事会工作中了解到的经营或商业秘密，他们必须做到守口如瓶。"中国《公司法》第一百八十条规定："董事、监事、高级管理人员对公司负有勤勉义务，执行职务应当为公司的最大利益尽到管理者通常应有的合理注意。"这里的"勤勉义务"可以理解为对注意义务的规定。

有必要简单说明一下经营判断原则（Business Judgment Rule）。经营判断原则是美国法院发展出来的关于董事免于就合理性的经营失误承担责任的一项法律原则。其含义是：董事的经营决策只要是出于善意,并且已尽合理的注意,即根据合理信息(Reasonable Information)和合乎理性的判断(Rationality)做出的商业决议,股东不得仅仅因为董事们的经营决策失误而主张损害赔偿或主张董事的决策无效。即使这样的决议从公司的角度来看是有害的,甚至是带有灾难性后果的。在此种情况下,董事会的决议仍是有效的,具有拘束力的。而且股东不能因为决议对公司不利而不承认该决议,并以此为由要求董事承担责任。总之,经营判断原则是对注意义务,尤其是谨慎责任的完善和补充。

### 2. 董事的忠实义务

董事的忠实义务,是指董事在经营公司业务时,忠诚于公司利益,积极保护公司的利益,始终以最大限度地实现和保护公司的利益作为衡量自己执行董事职务的标准,其自身利益(包括与自己有利害关系的第三人的利益)一旦与公司利益发生冲突,董事必须以公司的最佳利益为重,不得将自身利益或与自己有利害关系的第三人的利益置于公司利益之上。董事的忠实义务的具体表现是多种多样的,通常来说,主要包括以下几种义务类型:

(1)自利/自我交易之禁止。董事的自利/自我交易是指作为公司经营管理者董事与自己所任职的公司之间进行的交易。法律为了保护公司的利益,往往禁止或者限制董事进行自我交易,这就是所谓的自我交易之禁止。早期的公司法对于董事的自我交易持严格禁止的态度,现代各国公司立法普遍对董事与公司的交易规定了有条件的许可,而不是绝对禁止。日本《商法典》第265条关于"董事与公司间的交易、利益相反的交易"规定:"董事受让公司的制品和其他财产、向公司转让自己的制品和其他财产、由公司借出金钱、其他为自己或第三者与公司进行的交易,须得到董事会的同意。"中国《公司法》也规定:"董事、监事、高级管理人员,直接或者间接与本公司订立合同或者进行交易,应当就与订立合同或者进行交易有关的事项向董事会或者股东会报告,并按照公司章程的规定经董事会或者股东会决议通过。"

(2)竞业禁止。竞业禁止就是禁止或限制董事在与所任职公司具有竞争性业务的其他公司或企业任职。各国法律对董事的竞业行为大都给予了禁止或限制,只不过禁止或限制的范围和程度不同。日本《商法典》第264条关于"董事的避免、停止营业竞争义务"规定:"董事为自己或为第三人进行属于公司营业范围的交易时,须在董事会公开出示该交易的重要事实,并取得同意;进行前项交易的董事,须立即就该交易的重要事实向董事会报告;董事违反规定进行为自己的交易时,董事会可将该交易视为公司所作。"我国台湾省的"公司法"、德国《股份公司法》都做了竞业禁止的规定。中国《公司法》也规定:"董事、监事、高级管理人员未向董事会或者股东会报告,并按照公司章程的规定经董事会或者股东会决议通过,不得自营或者为他人经营与其任职公司同类的业务。"

(3)篡夺公司商业机会之禁止。篡夺公司机会之禁止是指公司董事等经营管理人员不得利用职务便利为自己或他人侵占或接受本应属于公司的商业机会。公司机会理论(Corporate Opportunity Doctrine)本来是英美法系公司法中的一个重要理论,英美法系国家也有大量的判例援引公司机会理论并有逐步法典化的趋势。随着法律制度的相互融合,公司机会理论逐渐也被大陆法系国家所接受,现在已成为大多数国家公司法律制度中对董事义务的一项基本要求。中国《公司法》也规定:"董事、监事、高级管理人员,不得利用职务便利为自己或者他人谋取属于公司的商业机会。但是,有下列情形之一的除外:(一)向董事会或者股东会报告,并按照公司章程的规定经董事会或者股东会决议通过;(二)根据法律、行政法规或者公司章程的规定,公司不能利用该商业机会。"

(4) 滥用公司财产之禁止。董事忠实义务要求董事支配公司财产只能是为了公司及股东的最大利益,不得利用在公司的地位和职权为自己牟取私利。因此法律有必要规定较为具体的董事滥用公司财产的禁止义务。中国《公司法》规定了比较全面的禁止滥用公司财产的义务,例如:不得侵占公司财产、挪用公司资金;不得将公司资金以其个人名义或者以其他个人名义开立账户存储;不得利用职权贿赂或者收受其他非法收入;不得接受他人与公司交易的佣金归为己有等。

(5) 保守公司秘密。必须保守公司秘密也是董事的一项忠实义务。所谓公司秘密,通常是指董事在任职期间所获得的涉及本公司的商业秘密。为了保护公司利益,维护社会公正,法律规定董事未经公司同意不得泄露公司秘密。董事违反这一忠实义务应当对公司承担民事责任,赔偿因其行为给公司造成的经济损失。中国《公司法》也把擅自披露公司秘密看作违反对公司忠实义务的行为。

### 3. 董事的责任

董事的责任源自于董事对公司所负的各种义务,当董事不能履行法律规定的义务而没有适当的免责事由时,董事就必须承担法律规定的相应责任。董事违反法定义务的法律责任主要有民事责任、行政责任、刑事责任三种。这里主要讨论民事责任。

董事的民事责任可分为赔偿责任、连带赔偿责任、恢复财产状态责任等。赔偿责任是指公司经营者不履行法定义务,给公司或权利相对人造成损害时,以其个人财产予以赔偿的一种财产责任方式。例如中国《公司法》规定:"董事、监事、高级管理人员执行公司职务时违反法律、行政法规或者公司章程的规定,给公司造成损失的,应当承担赔偿责任。"中国《证券法》中还明确规定了经营管理者的连带赔偿责任,如规定:信息披露义务人未按照规定披露信息,或者公告的证券发行文件、定期报告、临时报告及其他信息披露资料存在虚假记载、误导性陈述或者重大遗漏,致使投资者在证券交易中遭受损失的,信息披露义务人应当承担赔偿责任;发行人的控股股东、实际控制人、董事、监事、高级管理人员和其他直接责任人员以及保荐人、承销的证券公司及其直接责任人员,应当与发行人承担连带赔偿责任,但是能够证明自己没有过错的除外。恢复财产状态责任是指公司经营者对其通过违法行为所实现的财产状态,必须予以纠正,使其恢复到行为之前的状态之下。例如,董事违反前述的忠实义务规定所得的收入应当归公司所有。

对于董事民事责任的追究,直接关系着公司的切身利益,也间接关系着股东的合法权益。董事违反其义务造成公司利益的损害,就应当承担相应的民事责任,若董事拒绝向公司承担责任,公司可以决定对该董事提起诉讼。在公司作为原告起诉时,应有监事会的成员或者股东大会决议指定的人员代表公司。若公司怠于通过诉讼追究董事责任,具备法定资格的股东还可以依法行使代表诉讼提起权——即所谓的股东代表诉讼或者叫作股东代位诉讼(Derivative Suit)。股东代表诉讼是指当公司的正当权益受到他人侵害,特别是受到有控制权股东(包括母公司)、董事和管理人员的侵害,公司拒绝或怠于行使诉讼手段来维护自己的利益时,法律允许股东以自己的名义为公司的利益(代位公司)对侵害人提起诉讼,追究其法律责任。中国现行《公司法》也规定了股东代表诉讼制度:董事执行职务违反法律、行政法规或者公司章程的规定,给公司造成损失的,应当承担赔偿责任。有限责任公司的股东、股份有限公司连续180日以上单独或者合计持有公司1%以上股份的股东,可以书面请求监事会向人民法院提起诉讼;监事会收到前款规定的股东书面请求后拒绝提起诉讼,或者自收到请求之日起 30 日内未提起诉讼，或者情况紧急、不立即提起诉讼将会使公司利益受到难以弥补的损害的，前款规定的股东有权为公司利益以自己的名义直接向人民法院提起诉讼。

### 四、监事会

随着股份有限公司董事会权力的不断扩大，各国公司法都采取不同形式加强对公司业务执行机构的检查与监督，防止他们滥用职权，危及股东和第三人的利益。因此现代公司便产生了专门行使监督权的机关——监事会（监察会）和监事（监察人）。在英、美国家公司立法上并无独立的监事会机关设立的规定，但实质上也通过外部董事或审计员充当监事会的作用。

英、美两国并没有实行监事会（监察会）或监事（监察人）制度。在美国，大公司的会计账目审查由一名高级职员负责，公司的监督主要由股票与交易所委员会从外部监督。在英国，对股份有限公司的会计监督职能主要由审计人担任。审计人的地位属于合同性质，只向公司负责，其任务纯属会计审核，主要是审查公司账目是否符合事实，是否反映公司的真实情况。

在德国、法国、意大利等西欧国家，存在着一种双重董事会制度。所谓双重，是指在股东大会下面设有监察委员会和董事会（执行会）两个机构。前者的职责是监督董事会对公司行使管理权，而董事会则作为一个专门委员会来执行监察委员会的决议，从而具体地管理公司业务。因此，公司的主要决策权在监察委员会。法国则规定，在采用监察委员会和执行会制度的公司，监察委员会的成员由 3~12 人组成，由股东大会选举产生并对股东大会负责，其成员必须是股东。执行会的成员由 2~5 人组成，其资格不限于股东，外国人也可担任，但必须是自然人。监察委员会的主要任务是选任执行会的成员，并对执行会的工作进行监督。监察委员会的成员不得兼任执行会的成员。在法国，监察委员会的成员中，1/3 是雇员，2/3 是股东，总人数最低 3 人，最多 12 人。这里要说明的是，有的西欧国家的公司法规定，一个公司是采取双重董事会制度还是单个董事会制度，一般是可以自己做出选择的。例如法国《公司法》就有这方面的规定，即由公司章程明确规定该公司应适用何种领导体制。不仅如此，上述两种体制还可以互相转换。但德国《股份有限公司法》规定，股份有限公司必须设立监察委员会。

从中国《公司法》的规定看，有限责任公司、股份有限公司设监事会。但是，规模较小或者股东人数较少的有限责任公司、股份有限公司，可以不设监事会，设一名监事，行使监事会的职权。其中，有限责任公司经全体股东一致同意，也可以不设监事。有限责任公司、股份有限公司也可以按照公司章程的规定在董事会中设置由董事组成的审计委员会，行使监事会的职权，不设监事会或者监事。监事的任期每届为 3 年。监事任期届满，连选可以连任。监事会成员为 3 人以上。监事会成员应当包括股东代表和适当比例的公司职工代表，其中职工代表的比例不得低于 1/3，具体比例由公司章程规定。董事、高级管理人员不得兼任监事。监事会行使下列职权：检查公司财务；对董事、高级管理人员执行职务的行为进行监督，对违反法律、行政法规、公司章程或者股东会决议的董事、高级管理人员提出解任的建议；当董事、高级管理人员的行为损害公司的利益时，要求董事、高级管理人员予以纠正；提议召开临时股东会会议，在董事会不履行本法规定的召集和主持股东会会议职责时召集和主持股东会会议；向股东会会议提出提案；依照法律规定，对董事、高级管理人员提起诉讼；公司章程规定的其他职权。值得注意的是，为了发挥监事会的作用，很多国家和地区的公司法都赋予监事会的公司代表权和独立诉讼权,如我国台湾省的"公司法"第213条规定:"公司与董事间之诉讼,除法律另有规定,或股东另选代表人者外,由监察人代表公司。"另外其第418条规定:"董事为自己或他人与本公司有交涉时,由监察人为公司之代表。"

### 五、独立董事

独立董事是英美法系国家,尤其是美国判例法中的一个创造,它产生的主要背景是这些国家实行单一的董事会制度,公司的实际经营管理权基本上掌握在董事会和管理层之手,股东的管理作用日趋形式主义,从而产生了如何监督董事会以及高级管理人员的问题。

独立董事(Independent Director,Outside Director),是指与公司的交易活动没有实质性的、直接的或间接的利害关系的从公司外部选聘的董事。独立董事具有如下特点:①独立董事是公司董事会中保护广大股东利益的外部人员。②独立董事必须独立于公司的管理层。③独立董事应当具有丰富的商业经验。一般独立董事都是现任的或已退职了的其他公司高层管理人员,经验丰富,与公司的经营决策没有直接的利害冲突,处理问题比较客观,确实能对内部董事起一定的监督和平衡作用。

在美国,先是由美国法院判决要求公司改变董事会结构,要求有与公司没有联系的外部董事进入董事会,此后美国的密歇根州率先在其公司法中确立了独立董事制度,美国密歇根州《公司法》第450条明确规定了独立董事的产生必须由股东大会选任,董事会无权任命。同时对独立董事的独立性做了具体规定。该法不仅规定了独立董事的标准,而且规定了独立董事的产生方法以及确定了其特殊的权利与义务。之后美国的纽约证券交易所(NYSE)和纳斯达克(NASDAQ)股票市场都明确规定凡上市公司的董事会中必须至少要有2名以上的独立董事,而且其审计委员会必须全部由独立董事组成。

英国伦敦证券交易所(LSE)于1991年专门成立了公司财务治理委员会,该委员会在其报告中建议,上市公司董事会至少要有3名外部董事,该委员会在1992年提出的"标准行为准则"(the Code of Best Practice)中建议上市公司的董事会应该包括具有足够才能、足够数量、其观点能对董事会决策起重大影响的非执行董事。

中国原来公司立法上并没有独立董事的规定,但是在上市公司实践中逐步引入独立董事制度,中国证监会于2001年8月16日制定了《关于在上市公司建立独立董事制度的指导意见》。另外,在《上市公司治理准则》中也要求上市公司应按照有关规定建立独立董事制度。2005年修订《公司法》,在"上市公司组织机构的特别规定"中规定"上市公司设独立董事,具体办法由国务院规定"。2023年修订的《公司法》将该规定修改为:"上市公司设独立董事,具体管理办法由国务院证券监督管理机构规定。"因此,中国在《公司法》中也正式确立了独立董事制度。

## 第四节 公 司 股 份

### 一、股份的概念、特点及分类

(一)股份的概念

股份是指公司全部股本划分的最基本的计量单位。在股份有限公司中,公司资本均分为股份，每一股份代表一定的金额，每股的金额相同。因此，股份也是股东在公司享有权利的单位。

股票（Certificate of Share, Stock）是股份有限公司发行的证明股东在公司中拥有权益的一种有价证券。美国《标准公司法》第 2 条第 4 款规定，股票"是指公司所拥有的权益的计量单位"。中国《公司法》规定："公司的资本划分为股份。公司的全部股份，根据公司章程的规定择一采用面额股或者无面额股。采用面额股的，每一股的金额相等。""公司的股份采取股票的形式。股票是公司签发的证明股东所持股份的凭证。"股票是代表股权的文书，也是股东身份的证明文件。合法持有公司股票的人即可根据该股票行使股东权利。股票也是一种可以转让的有价证券。在股份有限公司中，股份的转让都是以交付股票的形式进行的。从股份发行、交易以及上市的意义看，股份和股票的实质和内容是相同的，股份发行、交易以及上市也可以叫作股票的发行、交易以及上市。

（二）股份的特点

（1）股份是公司资本的最小单位，并用一定的金额表示。股份公司的特点在于将资本分为均等单位，每一单位称为股份（一股）。每一股份的最低额，有的国家（德国、日本）在法律上加以规定。每股代表的金额都是相等的，这样便于公司在股东之间分配公司的权益。因此，同次发行的股票的价格和条件应相同。

（2）股份代表着股东的权利、义务。股份代表着股东对于公司具有一定的地位、一定的权利和义务。在此意义上的股份亦即股东权。股东对公司所有的权力都依股份的多少而定。股份公司股东的地位则不因人而异，而因股东所拥有的股份而异，这是人合公司与资合公司的差异所在。

（3）股份是不可分的。股份是股东地位的表示单位，因而原则上不得分割。例如股东把一个股份分出一半转让给他人，从而把决议权、利益分配请求权都让出一半是不许可的。但在一定情形下（如继承），股份可以共有。股份共有时，必须以一人为代表而行使权利。

（三）股份的分类

**1. 记名股和不记名股**

在股票上载有股东的姓名，并记载于公司股东名册上的股份为记名股（Registered Stock）。记名股除原主外，其他持有人都不得行使其股权。凡在股票上不记载股东姓名的股票是不记名股（Stock to Bearer），只要持有股票的人，就可以享有股东资格，行使股东权利。美国大多数州不允许股份有限公司发行不记名股，但是大多数国家都允许发行不记名股。

**2. 有票面金额股与无票面金额股**

有票面金额股是指在股票票面上载明一定金额的股份。一般来说，股票原则上不得以低于票面值的价格发行。无票面金额股又称为份额股，它是以公司财产价值的一定比例为其划分的标准，股票上不载明金额。此种股票仅仅表示其占公司全部资产的比例，其价值随公司财产的增减而增减。这种股票在美国比较常见。公司法允许发行无票面金额股的国家目前为数不多，只有美国、加拿大以及卢森堡等少数国家。有些欧洲国家规定股份有限公司只能发行有票面金额股。

**3. 普通股与优先股**

普通股（Common Share），即通常的股份，它是相对优先股而言的。普通股是股份有限公司最重要的一种股份，是构成公司资本的基础，也是公司中风险最大的股份。普通股的股东在公司把红利分派给优先股股东后，有权享有公司的红利，在公司解散或清算时，也有权在公司财产满足其他债权人的请求权后，参与公司财产的分配。普通股的股东一般有表决权，可以选举公司的董事会或监事会，对公司的经营管理有一定的发言权。

优先股是指对公司资产、利润享有更优越或更特殊的权利的股份。它主要是在分派公司的红利和在公司清算时分派公司财产两方面，比普通股享有优先权。西方国家的公司法一般都规定，优先股具有以下三项特别权利：①优先获得股息权，而且其股息往往是固定的，一般在发行时予以确定。不仅如此，公司法还规定优先股可以在普通股之前分得股息。②优先获得分配公司资产权。当公司因破产或结业而被清算时，优先股将比普通股优先以票面值参加分配公司的剩余资产。③优先股往往是无表决权的，但在涉及优先权所保障的权利时，优先股可以有表决权。如果公司连续若干年（各国规定不一，一般为3～4年）不支付优先股的股息，这无表决权的优先股也可获得一股一票的权利。

根据不同的情况，优先股又可以分为：

（1）累积优先股和非累积优先股。累积优先股是指在某个营业年度内，如果公司所获的盈利不足以分派规定的股利，日后优先股的股东对往年未给的股利，有权要求如数补给。非累积的优先股，虽然对于公司当年所获得的利润有优先于普通股获得分派股利的权利，但如果该年度公司所获得的盈利不足以按规定的股利率分配时，其所欠的部分，非累积优先股的股东无权要求公司在以后获利较丰的年度中予以补发。

（2）参与优先股与非参与优先股。非参与优先股就是指优先股的股东虽然可以有优先分派红利的权利，但其获得的权利仅限于事先固定的股利率，如公司的获利超过这个数额，这种优先股无权参与再分配。为了吸引投资者认购优先股，有些公司便发行了参与优先股。参与优先股与非参与优先股的主要区别在于：参与优先股的股东除优先按规定的股利率领取股利外，还有权与普通股的股东一起以平等的比例参与分配其余的盈利，即可以取得双重的分红权。在公司获利颇丰的情况下，参与优先股所处的地位远胜于普通股，这种优先股的股东可以比普通股的股东分得更多的股利。

（3）可调换的优先股。近年来，又逐渐流行一种叫作可调换的优先股，这种股票订有一项条款，允许持有人在某种情况下要求调换为一定数额的普通股。

### 4. 回收股、发行在外股

回收股又叫作库存股（Treasury Share），是指公司收买自己的股票而把它存入公司的金库。上市公司在证券市场上发行股票之后，股票就进入了二级市场，投资者可以任意买卖股票。发行股票的上市公司，可以作为投资者购买其他公司的股票，有时也可以购买自己已经发行的股票。关于公司是否有权用公司的资本或法定公积金收买自己发行的股票的问题，各国法律有不同的规定。英国和法国原则上禁止公司买回已发行的股票，但对于优先股则不在此限。美国各州公司法原则上都允许公司在不影响其资金的正常使用的前提下，回购其已发行在外的股票，但是有两点限制：一是这种回收股没有表决权，二是不得领取红利。这类已经发行在外、后又被发行者收购回来的股票被称为库存股；而发行在外、尚未被回购的股票被称为发行在外股（Outstanding Share）。

## 二、股份发行制度

股份发行是股份有限公司向社会筹集资金的行为，与此相对应的是投资者的认购行为。

通过发行和认购，投资者承担出资义务，并且在履行出资义务的基础上取得了股东的地位和权利。

### (一) 股份发行原则

各国一般都规定，公司发行股份必须遵循股东平等原则。股东平等就是实质上的股权平等，即股东依其所持有的股份，平等地享受权利和承担义务。也即西方所提倡的"一股一权"(one Vote per Share)。中国《公司法》也不例外地对该原则予以了认可。《公司法》第一百四十三条规定："股份的发行，实行公平、公正的原则，同类别的每一股份应当具有同等权利。同次发行的同类别股份，每股的发行条件和价格应当相同；认购人所认购的股份，每股应当支付相同价额。"另外值得注意的是，2023 年修订的中国《公司法》将股份发行的原则从原来的"公开、公平、公正"修改为"公平、公正"，删除了"公开"，实际上允许非公开（私募）发行股份。

### (二) 股份发行价格

一般来说，股票的发行价格可以等于或高于票面价值，在要求票面价值的法律中，有一个非常重要的原则是禁止以低于票面价值的价格发行股份。因为，以低于票面价值的价格发行股份必然导致"掺水股"(Watered Share)。中国《公司法》第一百四十八条规定："面额股股票的发行价格可以按票面金额，也可以超过票面金额，但不得低于票面金额。"

应当注意到，一些国家的法律已经废除了票面价值这一概念，如美国《标准公司法》，在废除了票面价值的情形下，也就不存在最低的发行价格。股票的发行价格由董事会来确定，只要所有的将要发行的股份其价格相同就可以。但是，如果股份具有票面价值，则不得折价发行。

### (三) 股份发行的条件与程序

股份发行的条件与程序上各国规定不一，这取决于各国对股份公司以及证券市场的管制力度和管理方式，而且相关事项通常在公司法之外，还通过各国的证券法加以规定。以我国新股发行为例，2005 年《公司法修订案》将有关股份发行条件的规定平移到《证券法修订案》中，并降低了股份发行的条件要求。《证券法》第十二条规定了公司首次公开发行新股的条件：①具备健全且运行良好的组织机构；②具有持续经营能力；③最近 3 年财务会计报告被出具无保留意见审计报告；④发行人及其控股股东、实际控制人最近 3 年不存在贪污、贿赂、侵占财产、挪用财产或者破坏社会主义市场经济秩序的刑事犯罪；⑤经国务院批准的国务院证券监督管理机构规定的其他条件。在程序上，公司发行新股，股东会应当对新股种类及数额、新股发行价格、新股发行的起止日期等事项做出决议。公司向社会公开募集股份，应当经国务院证券监督管理机构注册，公告招股说明书。公司向社会公开募集股份，应当由依法设立的证券公司承销，签订承销协议。公司向社会公开募集股份，应当同银行签订代收股款协议。公司发行股份募足股款后，应予公告。

## 三、股份交易制度

### (一) 股份交易的自由

股份的转让包括股份的买卖、赠予、交换，即股东地位的移转，亦即其与股东地位的一切法律关系的转移。股份公司没有退股的制度，股东不能向公司要求返还股金而退出公司，但有自由转让其股份的权利。几乎各国公司法都规定，除法律有禁止或限制性规定外，公司章程一般不得禁止股份的转让。中国《公司法》第一百五十七条规定："股份有限公司的股东持有的股份可以向其他股东转让，也可以向股东以外的人转让；公司章程对股份转让有限制的，其转让按照公司章程的规定进行。"

对股票转让问题，有的国家持放任态度，股票买卖环境比较宽松；有的国家进行了较为严格的管制。不管如何，各国法律都是将保护当事人和股份公司的合法权益作为立法初衷的，只是依据各国不同国情制定相应的法律规范。

有的国家规定：公司不得以公司章程或以股东会会议来禁止或限制股份的转让，以维护股份转让的绝对自由。有的国家则允许以章程限制股份的转让。例如日本《商法》规定，章程中可以规定转让股份须经董事会许可，但如股票上市时，不得限制其转让。

股票转让的手续相当简便，不记名股票只需把股票交付给受让人，即可达到转让的效果。记名股票的转让须由出让人在股票上背书，并须把受让人的姓名、地址登记在公司的股东名册上才能生效。

### (二) 股份交易的限制

股份转让以自由为原则，以限制为例外，这是世界范围内公司法律有关股份转让的总体规则。股份有限公司的股票原则上都可以转让，但股份的自由转让不是绝对的。为了保护公司、其他股东和公司债权人的利益，法律通常要对股份的转让做必要的限制。这些限制主要体现在以下几个方面：

**1. 公司正式成立前认购股份转让的限制**

例如日本《公司法》规定，在公司设立登记前，不得转让股份有限公司的股份，其目的在于防止发起人变卖股份牟取暴利或滥用投机，保证交易的安全，以免公司万一不能成立，受让人因而受损失。

**2. 对特定持有人**（如发起人、董事、监事、经理等）**持有的股份转让的限制**

例如中国《公司法》第一百六十条规定："公司公开发行股份前已发行的股份，自公司股票在证券交易所上市交易之日起一年内不得转让。法律、行政法规或者国务院证券监督管理机构对上市公司的股东、实际控制人转让其所持有的本公司股份另有规定的，从其规定。公司董事、监事、高级管理人员应当向公司申报所持有的本公司的股份及其变动情况，在就任时确定的任职期间每年转让的股份不得超过其所持有本公司股份总数的百分之二十五；所持本公司股份自公司股票上市交易之日起一年内不得转让。上述人员离职后半年内，不得转让其所持有的本公司股份。公司章程可以对公司董事、监事、高级管理人员转让其所持有的本公司股份作出其他限制性规定。"其目的是杜绝公司负责人利用职务便利获取公司的内部信息，从事不公平的内幕交易，从而损害其他非任董事、监事、经理的股东的合法权益。

**3. 为防止垄断而对收购公司股票的限制**

这个问题还涉及各国的反垄断立法，特别是大规模的以垄断或行业控制为目的的收购公司股票的行为，一般立法上做禁止性规定。

**4. 公司回购自己的股份的限制**

对于公司取得自己股份的问题各国的立法态度有所不同，总体上分为两大类，即欧洲的限制型和美国的自由型。也就是说欧洲国家对于公司取得自己股份的行为原则上禁止，例外许可。美国《示范公司法》对于公司取得自己股份的规定，原则上是自由的，即只要法律或公司章程没有明文禁止，公司出于善意，并且是为了公司正当目的，就可以自由取得自己的股份,美国对回购股票并不是采取放任自流的态度,而是用"目的善意"进行规制。我国立法上采取"原则禁止,例外许可"的做法,中国《公司法》第一百六十二条规定:"公司不得收购本公司股份。但是,有下列情形之一的除外:(一)减少公司注册资本;(二)与持有本公司股份的其他公司合并;(三)将股份用于员工持股计划或者股权激励;(四)股东因对股东会作出的公司合并、分立决议持异议,要求公司收购其股份;(五)将股份用于转换公司发行的可转换为股票的公司债券;(六)上市公司为维护公司价值及股东权益所必需。"上市公司收购本公司股份的,应当依照《中华人民共和国证券法》的规定履行信息披露义务。

### 5. 股份转让场所的限制

转让场所的限制规定,在各国立法上极为少见。但中国原《公司法》要求"必须在依法设立的证券交易场所进行"。2005年修订后的《公司法》将股份转让从原来的"必须在依法设立的证券交易场所进行"修改为"在依法设立的证券交易场所进行或者按照国务院规定的其他方式进行"。实际上放宽了限制,这就为代办股份转让系统(三板)等场外市场建设提供了直接的法律依据。

## 四、股份上市制度

### (一)股份上市的概念及其意义

股票上市是指某种股票获准成为证券交易所交易对象的过程。股票一旦获准在证券交易所上市交易,即为上市股票。

股票上市是已发行股票进入证券交易所进行交易的前提。股票发行与上市属于不同制度。股票发行旨在使发行人募集一定数量的社会资金,股票发行成功后,股票须以适当形式进行流动,以实现投资流通性。对投资者而言,股票流通性意味着实现了投资者的投资变现能力;对股票发行人来说,实现股票上市交易,也将激发投资者的投资热情,进而提高股票的发行成功率。

股票上市也是确立证券交易所与发行公司之间自律监管关系的基础。股票上市是通过公司与证券交易所之间签署上市协议完成的,签署上市协议意味着公司自愿接受证券交易所监管。这种监管在性质上属于政府监管以外的自律监管,公司必须遵守证券交易所颁布、执行的证券交易和信息披露规则。公司违反证券交易所规则时,证券交易所有权终止其上市。

### (二)股份上市条件

股票上市条件也称股票上市标准,是由证券交易所制定的、发行申请人获得上市资格的基本条件和要求。在国外,股票上市条件一般是由证券交易所制定和颁布的。中国《公司法》规定:"上市公司的股票,依照有关法律、行政法规及证券交易所交易规则上市交易。"根据中国《证券法》,申请证券上市交易,应当向证券交易所提出申请,由证券交易所依法审核同意,并由双方签订上市协议。申请证券上市交易,应当符合证券交易所上市规则规定的上市条件。证券交易所上市规则规定的上市条件,应当对发行人的经营年限、财务状况、最低公开发行比例和公司治理、诚信记录等提出要求。

不同证券交易所确定的股票上市条件不尽相同。有些证券交易所的上市条件比较严格,有些则比较宽松,同一个国家若干证券交易所制定和颁布的股票上市条件也不尽相同。但是,随着证券交易的统一化和国际化趋势,各国股票上市条件反映的主要项目是基本相同或相似的。一般来说，上市条件主要包括：①经营年限或设立年限。②上市公司资本额（股本总额）或净有形资产。③上市公司的盈利记录或经营业绩。④上市公司的资本结构。⑤上市公司的偿债能力。⑥上市公司的股权分布状况。⑦申请上市的证券市场价值等。

需要说明的是，国外创业板市场与主板市场的上市条件是有显著差别的。一般来说，创业板的上市条件要低于主板，主要是为处于创业初期的中小企业提供股权融资的机会。例如，美国纳斯达克全国市场的三套可选择上市标准中，其第一、三套上市标准就对经营年限不做要求，第二套上市标准则规定最低经营年限为 2 年。美国纳斯达克市场、加拿大风险投资市场和日本加斯达克市场就只对最低净有形资产提出较低要求，而对最低资本额不做要求。

### 五、持续信息公开制度

#### （一）持续信息公开制度的概念和意义

上市公司持续信息公开是上市公司在其股票上市交易期间，将其经营状况及其他影响其股票市场价格的重大信息，按照法定方式予以持续公开。持续信息公开制度是上市公司为保障投资者利益、接受社会公众的监督而依照法律规定必须将其自身的财务变化、经营状况等信息和资料向证券管理部门和证券交易所报告，并向社会公开或公告，以便使投资者充分了解情况的制度。

上市公司信息公开制度，是证券市场发展到一定阶段，相互联系、相互作用的证券市场特性与上市公司特性在证券法律制度上的反映。"公开性的证券市场是形成证券公平价格的基础""公司信息公开是防止证券欺诈的重要因素"。[1]证券法将上市公司信息公开活动规范化，以确保实现证券市场信息资源分配的均衡性与公平性，从而为上市公司股票价格的形成机制构筑科学可行的法制基础，并为抑制内幕交易等不正当证券交易行为构建严格有效的制度环境。因此，上市公司信息公开制度是保障证券交易的安全、维持证券投资者的信心以及证券市场秩序的重要的证券法律制度。

#### （二）持续信息公开的基本原则

上市公司在其信息持续公开中，必须遵守的基本原则包括：

（1）真实原则，即公开的信息内容必须符合上市公司的实际经营状况，其中不得有任何虚假成分。

（2）充分原则，即必须将能够影响证券市场价格的重大信息都予以公开，不能有重大遗漏。

（3）准确原则，即公开的信息必须准确，其内容不得使人误解。

（4）及时原则，即必须遵守法律对信息公开活动的时间性要求，确保已公开信息内容的现时性。

中国《证券法》第七十八条规定："发行人及法律、行政法规和国务院证券监督管理机构规定的其他信息披露义务人，应当及时依法履行信息披露义务。信息披露义务人披露的信息，应当真实、准确、完整，简明清晰，通俗易懂，不得有虚假记载、误导性陈述或者重大遗漏。"该规定也体现这些原则的要求。

---

[1] 王保树主编，《商事法论集》第 1 卷，法律出版社，1997 年版。

### (三) 持续信息公开的立法

信息披露是投资者了解上市公司、证券监管机构监管上市公司的主要途径，信息披露制度是各国证券法律制度的重要原则。世界各国证券立法莫不将上市公司的各种信息披露作为法律法规的重要内容。信息披露制度源于英国和美国。英国的"南海泡沫事件"[一]（South Sea Bubble）导致了1720年《诈欺防止法案》（Bubble Act of 1720）的出台，而后1844年英国《合股公司法》（*The Joint Stock Companies Act 1844*）中关于"招股说明书"（Prospectus）的规定，首次确立了强制性信息披露原则（The Principle of Compulsory Disclosure）。但是，当今世界信息披露制度最完善、最成熟的立法在美国。它关于信息披露的要求最初源于1911年堪萨斯州的《蓝天法》[二]（*Blue Sky Law*）。1929年华尔街证券市场的"大阵痛"，以及"阵痛"前的非法投机、欺诈与操纵行为，促使了美国联邦政府1933年的《证券法》和1934年的《证券交易法》的颁布。在1933年的《证券法》中美国首次规定实行财务公开制度，这被认为是世界上最早的信息披露制度。

在中国，上市公司受《公司法》和《证券法》的双重规范，信息披露在这两个法律中均有所要求，但是以《证券法》最为重要和具体。例如中国《公司法》第一百六十六条规定："上市公司应当依照法律、行政法规的规定披露相关信息。"《证券法》第五章"信息披露"则具体而详细地规定了持续信息披露制度。综合来看，中国法律要求的信息披露主要内容，一是定期报告，包括年度报告和中期报告，其中的年度财务会计报告应当经会计师事务所审计。二是可能对股票交易价格产生较大影响的重大事件，包括公司的经营方针和经营范围的重大变化；公司的重大投资行为；公司订立重要合同；公司发生重大债务的违约情况；公司发生重大亏损或者重大损失；公司的董事、1/3以上监事或者经理发生变动，董事长或者经理无法履行职责；涉及公司的重大诉讼、仲裁、股东大会、董事会决议被依法撤销或者宣告无效等事项。

## 第五节 公 司 债

### 一、公司债的概念、特征及种类

#### (一) 公司债的概念

公司债是指公司企业通过发行债券或签订贷款合同的方式与特定人或非特定人之间所成立的一种金钱债务关系。公司债的形式主要分为银行贷款和公司债券两种。本节主要讨论公司债券的法律问题。

公司债券是公司通过向社会发行债券所借之债，是表明公司债的有价证券。公司债一般都规定有一定的偿还期和利息率。债券持有人可以在规定的期限届满时收回全部本金，并可按期向公司收取规定的利息，而且这项利息是固定的，不论公司盈亏如何，都必须按期付给

---

[一] "南海泡沫事件"是世界证券市场首例由过度投机引起的经济事件。"泡沫经济"或"气泡经济"一词也是源于"南海泡沫事件"。

[二] 1911年，堪萨斯州通过了一部管理证券发行的综合性法律，史称《蓝天法》。此后，各州纷纷效仿，制定了与《蓝天法》类似的法律，后来被统称为"蓝天法"。

债券持有人。

广义上的债券，是指企业或政府机构对借款承担偿付本息义务的凭证。在西方国家，工商企业、公共事业单位、政府机构、国际金融机构、国际组织包括联合国本身，都可以为筹措资金而发行债券。从公司法意义上讲，公司制企业的债券是指由公司发行的并保证支付债券持有人定期利息并在债券到期日归还本金的一种债权证书。凡债券持有人都是公司的债权人。

### （二）公司债的特征

公司债是公司企业重要的资金来源之一。发行公司债与股票是股份有限公司筹措资金的两种主要形式，但两者具有较大差别，公司债有以下几个基本特征：

（1）公司债的持有人与公司是债权、债务的关系。股份持有者是公司的股东，是组成公司的成员；而公司债的持有人仅是公司的债权人，与公司是债权、债务的关系。

（2）公司必须到期向债券持有人归还本金。股份投资是一种永久性的投资，股东不得要求公司返还股金；而公司债则有一定的清偿期，届时公司必须返还本金。所谓本金，在这里只是指债券的票面金额。公司债券持有人有权要求公司在一定期限内归还本金。应归还本金的日子叫作债券的到期日（Maturity Date）。

（3）公司债有固定的利息率。股份（普通股）通常没有固定的红利率，只有当公司盈利后才能进行分红，而且红利随盈利的多少而浮动；公司债有固定的利息率，无论公司是否盈利，公司债持有人均有权请求按时支付利息。公司定期（一般为一年，也有每半年或每季度）发放利息一次。利息也称债息（Coupon），债息率（Coupon Rate）是指债息与债券本金的比率，这种比率是固定的，因此债息也是固定的。

（4）公司债的持有人一般无权参加公司的经营。股份持有者是公司的股东，股东作为公司成员有权参加股东大会并进行投票，对公司的经营决策有参与权；而公司债的持有人一般无权参加公司的经营。

（5）当公司解散时，公司债持有人优先于股东得到清偿。因此，公司债与股份相比较，股份投资的风险远大于公司债，但股东对公司的事务有较大的发言权和影响力，其盈利的机会及幅度也较高。但是，由于优先股的出现和推广，现代股份有限公司中的公司债和股份的差别日渐缩小，而且一些公司发行"可转换公司债"更缩小了这种差别。

### （三）公司债的种类

债券的分类方法有很多种，从法律意义上讲，主要是以债券本金的担保程度和方式作为标准来进行划分。根据上述标准，债券可以划分为无担保公司债等6种形式。

**1. 无担保公司债**

这种公司债仅以公司的信用为担保，没有其他财产或人作为担保。一旦公司到期无力清偿债务，这种公司债的持有人只可以以一般债权人的身份对公司提起诉讼，要求公司清算时予以补偿。无担保公司债也称为普通债券（Ordinary Bonds），在美国，这类债券一般是指无直接担保的债券。普通债券一般根据发行者和受托人之间的协议，即发行债券协议向公众发行。

**2. 担保公司债**

担保公司债即以公司财产或保证人作为偿还本利的担保而发行的债券。这种债券比无担保权的债券更能保护持有人的利益。担保公司债主要有以下几种：

（1）抵押债券。抵押债券是通过抵押或留置债券发行者（公司企业）的财产（包括动产或不动产）作为担保而发行的债券。如果公司制企业不能如约向债券持有人还本付息，债券持有人有权要求拍卖公司的抵押品或留置品来取得本息。

（2）附属担保信托债券。这类债券是指由公司（发行者）把其拥有的动产，通常是该公司拥有的其他公司企业的有价证券（尤其是其子公司的有价证券）作为担保而发行的一种债券。

（3）保证债券。保证债券是指由一个公司（主要债务人）发行的而由另一个公司（债务保证人）来保证支付本息的债券。常见例子就是由子公司发行而由母公司作担保的有价证券。

（4）设备债券（Equipment Obligations）。设备债券是指以购买机器设备为目的，并以该设备为担保，等公司偿还全部债券本息后，设备所有权才开始归属公司的一种债务凭证。

### 3. 清算人债券

清算人债券一般是指在公司陷于财务困难境地时，根据具有管辖权的法院的指令，由该公司发行的旨在提高其必要的营业资本的一种证书。这个有价证书通常由公司资产给予高度的担保。

### 4. 可转换公司债

可转换公司债即可以转换为股票（股份）的公司债，可转换公司债是在发行时在债券上载明一项条款，明确规定债券持有人可以在一定期限内把公司债调换成若干股普通股的股票，债权人有转换请求权，故此种公司债被称为潜在的股份。由于其具有可转换性，可转换公司债的利率比普通债券的利率低。可转换公司债是介于债券和股票之间的一种中间形态的证券，因而兼备了债券的安全性和股票的风险性，很有吸引力。

### 5. 附有新股认购权的公司债

附有新股认购权的公司债是公司发行的一种附有认购该公司股票权利的债券。这种债券的购买者可以按预先规定的条件在公司新发股票时享有优先购买权。

### 6. 记名债券与无记名债券

记名债券是票面上记有债权人姓名或单位名称的债券。记名债券的所有权转移时要在债券上背书，办理过户手续。一般可挂失，与无记名债券相比，记名债券更安全、可靠，但转让时手续较烦琐，流动性较差。无记名债券是不记载债权人姓名的债券。债券上附有息票，还本付息时以债券和息票为凭证。无记名债券转让时无须背书，交付债券即完成转让，流动性较强，但安全性较差。

## 二、公司债券的发行与转让

### （一）公司债券的发行

#### 1. 发行主体

在许多国家一般有限责任公司均不得发行债券，其他类型的公司虽无明文禁止，但事实上也不发行公司债，所以公司债在很大程度上就成为股份公司特有的制度。中国1993年《公司法》规定发行公司债券的主体仅限于股份有限公司、国有独资公司和两个以上的国有企业或者其他两个以上的国有投资主体投资设立的有限责任公司，该规定导致了中国公司债绝大多数由国有大型企业发行，且发行规模很小。2005年修订的《公司法》删除了1993年

《公司法》有关公司债券发行主体限制的规定,这使得民营企业、外商投资企业等也可以通过发行公司债券进行融资,从而大大推进了中国公司债券市场的发展。

**2. 发行条件**

公司发行公司债券应当符合一定的发行条件,具体要求各国一般在证券法中做出规定。例如中国《证券法》第十五条规定:"公开发行公司债券,应当符合下列条件:(一)具备健全且运行良好的组织机构;(二)最近三年平均可分配利润足以支付公司债券一年的利息;(三)国务院规定的其他条件。"

当然,不同的公司债种类和发行方式的要求是可以不一致的。例如,公募债券的发行条件一般要比私募债券的发行条件要高,公司必须符合规定的条件方可发行公募债券。发行公募债券需印制债券,发行公募债券必须遵守信息公开制度。同时,要经过公认的资信评级机构评定资信级别,资信级别不同,债券的发行条件也不同。私募债券的发行范围很小,一般只限于与发行人有密切关系的银行、保险公司、信托投资公司等少数机构投资者。它不采用公开呈报制度,手续简便,筹款迅速。发行私募债券通常采用记名形式,一般无须印制债券。

**3. 发行的禁止**

公司并非可以任意发行公司债。法律或章程可以对发行公司债做禁止性的规定。例如我国台湾省"公司法"规定,公司对已发行的公司债或其他债务,有违约或迟延支付本息之事实,尚在继续中者,或最近3年之平均净利不足支付拟发行的公司债的一年利息的,均不得发行公司债。日本规定股份公司以前所募集的公司债尚未收足的不得再发行公司债。中国《证券法》规定:"有下列情形之一的,不得再次公开发行公司债券:(一)对已公开发行的公司债券或者其他债务有违约或者延迟支付本息的事实,仍处于继续状态;(二)违反本法规定,改变公开发行公司债券所募资金的用途。"

**4. 发行程序**

一般来说,发行公司债需要经下列程序:

(1)股东会或董事会的决议。至于是由股东会或董事会做出发行公司债的决议,各国规定不同,但目前大多数国家只需董事会决议即可。

(2)申请。许多国家规定公司发行公司债要申请许可或向政府机关登记与核准。中国《证券法》规定:"公开发行证券,必须符合法律、行政法规规定的条件,并依法报经国务院证券监督管理机构或者国务院授权的部门注册。未经依法注册,任何单位和个人不得公开发行证券。"中国《公司法》也规定:"公开发行公司债券,应当经国务院证券监督管理机构注册,公告公司债券募集办法。"

(3)办理承销、委托募集或直接招募手续。中国《证券法》规定:"发行人向不特定对象发行的证券,法律、行政法规规定应当由证券公司承销的,发行人应同证券公司签订承销协议。证券承销业务采取代销或者包销方式。"

(4)公告。主要是公告公司财务状况与公司债券募集办法,上市公司还要遵守信息持续公开的规则。中国《证券法》规定:"证券发行申请经注册后,发行人应当依照法律、行政法规的规定,在证券公开发行前公告公开发行募集文件,并将该文件置备于指定场所供公众查阅。发行证券的信息依法公开前,任何知情人不得公开或者泄露该信息。发行人不得在公告公开发行募集文件前发行证券。"

### (二) 公司债券的转让

公司债券作为一种有价证券,是可以自由转让的,转让价格按照市场价值规律由转让人与受让人约定。影响公司债券转让价格的因素很多,主要是一个国家的法定利率与市场利率、通货膨胀率等。公司有价证券本身含有风险因素,风险主要集中在诸如通货膨胀所引起的货币贬值、损失投资本金(债券的买价)等方面。

债券的特征之一就是具有固定的到期日,公司债券发行者没有提前支付本金的义务。但是,一些大公司经常会出现这样的情况,即公司在满期日之前,以回购价格,全部地或部分地回购其已发行的债券。回购价格(Redeem Price)等于债券的票面值加上回购溢价。在债券满期日之前,回购债券对公司来说也是很有利的。这主要是有利于提高公司在金融市场上和整个社会上的信誉,可以及早使抵押的公司资产解除抵押,避免高利率和减少支出等。因此,只要公司的资金状况许可,一些大公司是愿意提前回购其债券的。

在转让方式上,无记名公司债的转让交付即可生效,记名公司债转让时虽可以用交付方式,但不在债券上记名受让人姓名并在公司办理过户手续,不得对抗公司与第三人。中国《公司法》第一百九十七条规定:"公司债券应当为记名债券。"第二百零一条规定:"公司债券由债券持有人以背书方式或者法律、行政法规规定的其他方式转让;转让后由公司将受让人的姓名或者名称及住所记载于公司债券持有人名册。"

公司债券也可以在证券交易所上市交易,在证券交易所上市交易还要按照证券交易所的交易规则转让。

### 三、债权人的保护

公司债的持有人就是公司的债权人,与公司存在债权债务的关系。作为债权人来说,其有权利要求公司到期履行还本付息的义务,但任何有价证券的投资都是有一定风险的,而且公司债的债权人为多数人,一般为大额、长期的债权,法律关系复杂,就需要一定的法律制度来确保债权人的利益。

### (一) 公司信息公开披露

各国法律一般规定,凡公开发行公司债的公司,公司的资产负债表、损益计算表、盈余分配或亏损弥补决议等各项会计表册,应当置于公司,供公众查阅,并应予以公告,债权人可以要求抄录或获得有关资料。公司信息公开披露制度将公司重大事项公之于众,让社会公众了解其资信状况、责任性质、营业现状及前景等,使相对人在与之交易时对其有比较充分的了解,以减少盲目性,增加投资的安全性。

### (二) 公司债券持有人会议

这是一种从更为积极、主动的角度为债权人利益设置的保护措施。债权人可组织债权人会议,作为一个债权人集体而与公司发生关系。债权人会议有下列权限:①选任(解任)代表或执行人。②公司有违约情况时向公司起诉。③公司有不利于债权人的行为(如减资、合并等)时提出异议。特别是在可转换公司债券债权人的法律保护上,市场经济比较成熟的国家大都建立起了比较完善的债权人的法律保护制度。这种法律保护制度的立法体例世界各国有着较大的差异,在大多数大陆法系国家表现为可转换公司债券持有人会议制度,在大多数英美法系国家表现为可转换公司债券的信托制度。在部分国家和地区表现为兼采上述两种制度于一体(如日本和我国台湾省),还有一些国家是通过建立可转换公司债券持有人代表制度来保护可转换公司债券持有人利益的。在中国，随着证券市场的发展和投资者保护制度的完善，也在《证券法》和《公司法》中建立了债券持有人会议制度。《证券法》第九十二条规定："公开发行公司债券的，应当设立债券持有人会议，并应当在募集说明书中说明债券持有人会议的召集程序、会议规则和其他重要事项。"《公司法》第二百零四条规定："公开发行公司债券的，应当为同期债券持有人设立债券持有人会议，并在债券募集办法中对债券持有人会议的召集程序、会议规则和其他重要事项作出规定。债券持有人会议可以对与债券持有人有利害关系的事项作出决议。除公司债券募集办法另有约定外，债券持有人会议决议对同期全体债券持有人发生效力。"

### （三）公司合并或分立时债权人的权利保护

公司合并或分立时债权人有权请求提前清偿债务或提供相应的担保，各国公司法都有类似规定。例如法国《商事公司法》第381条和第386条规定："公司发生合并或分立时，债权人可以在法令规定的期限内就合并或分立草案向商事法院提出异议，商事法院如认为异议成立，可令公司偿还债务，或令吞并公司提供担保。"中国《公司法》也规定：公司合并，应当由合并各方签订合并协议，并编制资产负债表及财产清单。公司应当自做出合并决议之日起10日内通知债权人，并于30日内在报纸上或者国家企业信用信息公示系统公告。债权人自接到通知之日起30日内，未接到通知的自公告之日起45日内，可以要求公司清偿债务或者提供相应的担保。公司合并时，合并各方的债权、债务，应当由合并后存续的公司或者新设的公司承继。公司分立，其财产作相应的分割。公司分立，应当编制资产负债表及财产清单。公司应当自做出分立决议之日起10日内通知债权人，并于30日内在报纸上或者国家企业信用信息公示系统公告。公司分立前的债务由分立后的公司承担连带责任。但是，公司在分立前与债权人就债务清偿达成的书面协议另有约定的除外。

### （四）公司破产或解散和清算时债权人的保护

首先，债权人有优先于股东获得清偿的权利。各国公司法对此有明确规定。例如德国《公司法》规定：只有在第三次公开要求债权人申报权利时之日起一年后，股东才可分配财产。中国《公司法》也规定：公司财产在分别支付清算费用、职工的工资、社会保险费用和法定补偿金，缴纳所欠税款，清偿公司债务后的剩余财产，有限责任公司按照股东的出资比例分配，股份有限公司按照股东持有的股份比例分配。公司财产在未按前款规定清偿前，不得分配给股东。换言之，债权之实现优先于股东财产之分配，从而使公司债权人处于有利地位。

其次，在公司由于某种原因而进行清算时，为了保护公司债权人不受公司股东或清算人非法处分公司财产行为的危害，公司应当按照公司法的要求及时组成清算组织，依照有关的财产接管和清算规则开展各项清算工作。例如中国《公司法》规定：公司解散的，应当清算。董事为公司清算义务人，应当在解散事由出现之日起15日内组成清算组进行清算。逾期不成立清算组进行清算或者成立清算组后不清算的，利害关系人可以申请人民法院指定有关人员组成清算组进行清算。

最后，禁止公司在即将解散或破产前非法处分公司财产的行为。例如英国《公司法》规定，在公司破产时或公司清算开始前6个月内，公司隐匿、私分或无偿转让财产的行为，非正常压价出售财产的行为，对原无担保的债务提供担保的行为，对未到期的债务提前清偿的行为以及放弃自己的债权的行为，均为无效行为。其目的在于防止损害公司债权人利益的行为发生。中国《企业破产法》也有类似的规定。

## 第六节 公司财务与会计

### 一、公司财务会计概述

#### (一) 公司财务会计的概念

会计是运用凭证、账簿和专门报表,采用以货币为主要计算单位的各种计量方法,收集、分类、记录、报告、分析、比较和评价特定单位经济活动和经济效益的一种管理工作。

一般认为,现代会计有 4 项基本职能:①记账或簿记,即反映已经发生的经济活动。②管理,即计划、组织、控制和监督的活动,并参与经济预测和经营决策。③向与企业有利害关系的外部机构或人士提供财务会计报告。④向社会公示企业履行社会责任的情况。

现代公司财务会计制度还有 3 个分支,即财务会计、管理会计、社会责任会计。

(1) 财务会计。财务会计是以货币为主要量度,对企业已发生的交易或事项,运用专门的方法进行确认、计量,并以财务会计报告为主要形式,定期向各经济利益相关者提供会计信息的企业外部会计。财务会计的主要任务是向股东、投资者、债权人、政府等与公司有利害关系的外部利益团体提供公司的财务状况和盈利或亏损情况。

(2) 管理会计。管理会计是指为改善企业内部的经营管理,向经营管理人员提供决策所需要信息的活动。

(3) 社会责任会计。社会责任会计是从社会角度衡量企业的经济活动所产生的社会成本和社会效益,评价其对社会生活的总体影响。在此基础上,通过宏观调控,对社会资源进行最佳的配置,提高全社会的福利水平。近些年来,随着人们环境保护意识的增强,对保持经济可持续发展重要性的充分认识,世界各国普遍比较重视社会责任会计,其中法国已通过立法,要求企业必须以"社会资产负债表"的形式,以货币金额计量反映企业履行社会责任的情况。

目前,各国公司法都对公司财务和会计方面的法律问题做出了专门的规定。中国《公司法》特设"第十章 公司财务、会计",规定公司应当依照法律、行政法规和国务院财政部门的规定建立本公司的财务、会计制度。这里所讲的建立公司财务、会计制度的依据主要是指我国《会计法》等法律、法规以及规章。

#### (二) 公司财务会计制度的功能与目的

公司财务会计制度设计的目的就是给社会公众提供真实的信息资源,通过信息的交流实现社会整体资源配置最优化。而且公司财务信息披露制度是现代企业制度的重要内容,既是维护股东、投资者、债权人合法权益的基本保证,也是让社会公众了解公司承担社会责任情况的有效途径。目前,许多国家已通过立法,使企业在一定的范围内对外披露其财务会计信息成为强制性的法律义务。

公司财务、会计虽是企业内部事务,但事关股东、债权人和社会公共利益,影响甚大,因此,各国公司法做出专门规定,其具体理由可归纳如下:

**1. 保护公司股东、投资者的利益**

公司的资本皆由股东出资构成,公司经营效果的好坏直接关系到股东的收益和亏损负担,因此,公司的盈利和亏损情况为每个股东所关注,而有时股东并不直接参与经营,为防止具体业务执行者对股东权益的损害,依法建立公司财务、会计制度是十分重要的。投资者是潜在的股东,也是社会公众。他们最关注投资的风险和收益,需要全面了解公司的财务情况,考核公司资本的保值增值目标能否实现,以决定购买、保留或出售该公司的股票。

**2. 保护公司债权人利益**

公司财产之增减,与公司债权人的利益密切相关,为此,有必要通过规范的会计手段将公司财产状况清楚地予以公示,以取信于债权人。债权人关注其债权及利息能否被及时清偿,如果公司的信誉良好,债权人通常会同意公司延期偿还债务的请求;若公司信誉恶化,债权人可能会强制进行清算以解决公司拖欠债务的问题。

**3. 保护社会公共利益和职工集体利益**

公司,尤其是股份公司,比一般企业的社会影响、经济影响大得多,为了维护其稳定、健康的发展,进而维护社会秩序,有必要对公司的公积金提存等做出统一的规定。随着社会的发展和进步,公司雇员参与公司经营管理决策已成为一种趋势,妥善解决劳资纠纷是公司持续发展的根本保证。公司雇员最关注公司的稳定性及获利能力,以便评估公司支付报酬和退休金的能力,并对将来的就业机会和福利进行预测。

**4. 政府对国民经济进行宏观调控的需要**

政府负责对国民经济进行宏观调控,为此,必须了解企业的资源配置和经济效益情况。政府最关注公司的投资、利润、上缴税金及资金流动状况等方面的财务信息,以规范企业行为,制定有关的经济政策和税收政策,汇集全国的统计资料。

另外,大量的公司发行债券、股票,还有一些公司股票、债券上市流通,为便于国家对证券市场的管理和维护投资者利益,必须公开其财产、经营状况,这就要求公司建立完备的财务、会计制度。

## 二、公司财务会计报告

公司财务会计报告是反映公司财务状况和经营成果的书面文件,是各类利益群体了解公司经营情况的主要途径。但是,财务会计报告的基本目标是向股东、投资者提供他们所需要的公司财务状况信息,为其进行投资决策提供帮助。

中国《公司法》第二百零八条规定:"公司应当在每一会计年度终了时编制财务会计报告,并依法经会计师事务所审计。财务会计报告应当依照法律、行政法规和国务院财政部门的规定制作。"美国《标准公司法》强调必须披露的会计报表为:资产负债表、损益表、股东权益(变动)表、现金流量表、附加的财务信息。欧盟《公司法》相关指令,如欧共体理事会第78/660号法规也强调了欧盟各国公司应披露与美国《标准公司法》规定的相类似的上述财务报表。概括来说,公司财务会计报告主要由资产负债表等构成,但各个国家的具体情况又有所不同。

### (一) 资产负债表

资产负债表(the Balance Sheet)又称财务状况表(the Statement of Financial Position),是公司最重要的会计报表,它是用以表达一个企业在特定日期财务状况的报表。资产负债表反映了企业在特定日期的资产、负债、所有者权益及其相互关系。但是,资产负债表是静态报表,只能反映公司特定日期的财务状况(资产、负债、所有者权益的现状),无法说明形成这种财务状况的原因。

在典型的资产负债表中,资产列在其左边,负债及所有者权益列在其右边。存在于这三者之间的基本关系可以用等式来表示:

$$资产=负债+所有者权益$$

资产是企业拥有或者控制的能以货币计量的经济资源,包括各种财产、债权和其他权利。负债是企业所承担的能以货币计量、需以资产或劳务偿付的债务。所有者权益是企业投资人对企业净资产的所有权,包括企业投资人对企业的投入资本以及形成的资本公积金、盈余公积金和未分配利润等。

### (二) 损益表

损益表(the Income Statement)或称为利润表,或称为营业结果表(the Statement of Results of Operations),反映公司一定时期内的经营成果(盈利或亏损)。通过核算公司的收入总额与全部费用和支出,可以说明利润或亏损增减变动的原因,从而,可以部分解释资产负债表中财务状况形成的原因。如果说资产负债表是表明公司的资产、负债及所有者权益三者静止的财务报表的话,损益表则是一个动态的财务报表,它表述的是公司在某个时期内典型的某一年度的收益和亏损状况。

损益表的主要项目分别为收入(Revenues)、支出(Expenses)、收益(Gains)和亏损(Losses)几部分。损益表的公式主要包括:将一年的营业收入和营业外收益相加,然后减去公司在当年的所有费用和损失,从而得出该年度的业务净收入或净亏损。损益表的重要成果之一就是在该表的基础上,可以计算出公司每股所代表的收益,即每股收益(Earnings per Share)。每股收益常被用来审核公司的股票价值,而这些都是公司法和证券法方面的重要问题。

### (三) 股东权益(变动)表

股东权益表(Statement of Shareholder Equity)综合了与损益表同一时期内股东权益的变化状况,因此股东权益表又称为股东权益变动表。股东权益在初期变动的平衡是由股东们的额外投资、公司的净收入或亏损以及公司对股东的分配额来实现的。上述数额变动后又使股东权益达到新的平衡。

### (四) 财务状况变动表

财务状况变动表是综合反映一定会计期间内营运资金来源和运用及其增减变动情况的报表,综合反映公司一定期间内财务状况变动的情况,进一步解释了资产负债表和损益表的有关内容。资产负债表虽然反映了公司某一时点的财务状况,但不能说明其变动的情况和原因。损益表虽然反映了公司某一期间的盈利或亏损情况,但不能说明资金运用过程对这一结果的影响。财务状况变动表通过显示流动资金来源与运用情况及增减的变动情况,综合反映了公司经营活动、投资活动、筹资活动对公司财务状况的影响,将资产负债表和损益表有机地结合起来。

### (五) 财务情况说明书

财务情况说明书是以文字形式对公司的财务状况及经营成果等所做的总结性说明。以文字描述而不是以会计报表的方式向股东、投资者提供财务信息,是有原因的。财务会计报表是以货币为计量单位的,然而,许多会影响公司财务及盈利状况的信息无法用货币计量,不能通过会计报表反映出来。例如,重要合同的执行情况、涉及公司的重大诉讼事项、公司重大的人事变动、意外事件、不可抗力等均会对公司的财务情况产生重要影响,这些不能用货币直接计量的涉及财务的信息，只能用文字描述的方式向股东、投资者披露。

#### （六）利润分配表

利润分配表是反映企业利润分配情况和年末未分配利润结余情况的报表。此表一般作为损益表的附表。由于损益表只反映了公司一定期间内的经营成果，并未说明这些经营成果的分配（或弥补亏损）情况，因此，需要通过利润分配表对损益表做进一步的补充说明，使股东、投资者了解公司利润的使用情况。

#### （七）现金流量表

现金流量表（the Statement of Cash Flows）是指在与损益表相同的时期内关于公司现金平衡的详细变化的一个报表。由于现金流量表在某些方面具有财务状况变动表无法比拟的优势，发达国家已出现以现金流量表取代财务状况变动表的趋势。美国1987年正式宣布用现金流量表取代财务状况变动表作为企业必须对外提供的财务会计报表。英国在1992年也颁布了类似的公告。究其原因，主要是因为就客观反映公司财务状况、充分满足公司外部财务会计信息使用者的需要来说，现金流量表比财务状况变动表有明显的优越性，主要体现在：

（1）现金流量表所反映的财务会计信息更具有真实性和可比性。现金是公司最重要的资源，可以随时偿还债务或转化为各种资产。现金流量表客观反映了公司经济活动所产生的全部现金收支情况，说明了公司的经营活动、投资活动、筹资活动对公司财务状况的影响，可以合理地解释公司利润增加而财务状况变差的具体原因。

（2）现金流量表所反映的财务会计信息更加明确、具体。股东、投资者最关心公司的偿还债务能力、支付股利能力及未来获取现金的能力。现金流量表所反映的现金流量信息，能够体现公司的现金变现能力（用于偿债和分配股利的能力）和未来净现金的流入能力，充分满足了他们的信息需求。

公司财务会计信息披露的方式主要有三：一是送交股东；二是置备于本公司，供股东查阅；三是公开披露。不同类别公司可以有不同的要求。中国《公司法》第二百零九条规定："有限责任公司应当按照公司章程规定的期限将财务会计报告送交各股东。股份有限公司的财务会计报告应当在召开股东会年会的二十日前置备于本公司，供股东查阅；公开发行股份的股份有限公司应当公告其财务会计报告。"为了保证公司对外披露的财务会计信息符合规定的质量要求，充分满足用户的需要，各国法律一般通过完善立法，明确公司披露财务会计信息的范围、内容、程序、时间及质量要求。同时，年度财务会计报表还要由公司聘任的注册会计师查账，出具审计报告，作为对其质量的公证证明。

### 三、公司利润分配

#### （一）公司利润分配顺序

公司利润分配制度，是指公司利润在公司和股东之间如何分配的法律规定。根据各国公司法及会计制度的规定，为了维持公司资本完整，原则上，公司累计利润必须弥补完公司累计亏损之后仍然有剩余，才可以在公司内部分配。所以，可分配利润是公司弥补完亏损后的剩余利润，公司没有利润或虽然有利润但不足弥补亏损时，一般不得分配利润。例如，法国《公司法》规定：

可分配利润＝公司会计年度的利润－以前年度的亏损－法定或章程规定提取的公积金＋以前年度利润的结转金额

而可供股东分配的利润是指可分配利润扣除提取的法定盈余公积金和法定公益金（法律有要求的情况下）之后的余额。

各国有关法律对公司利润的分配顺序的规定大同小异。根据中国《公司法》的规定，公司分配当年税后利润时，应当提取利润的10%列入公司法定公积金。公司法定公积金累计额为公司注册资本的50%以上的，可以不再提取。公司的法定公积金不足以弥补以前年度亏损的，在依照前款规定提取法定公积金之前，应当先用当年利润弥补亏损。公司从税后利润中提取法定公积金后，经股东会决议，还可以从税后利润中提取任意公积金。公司弥补亏损和提取公积金后所余税后利润，有限责任公司按照股东实缴的出资比例分配利润，全体股东约定不按照出资比例分配利润的除外；股份有限公司按照股东所持有的股份比例分配利润，公司章程另有规定的除外。公司持有的本公司股份不得分配利润。

## （二）公积金

公积金是公司依法从公司税后利润中提取的专用基金，以弥补公司亏损或用作追加投资。公积金的基本用途有：弥补亏损、扩大公司生产经营或转增资本、特殊情况下向股东支付股利。公积金（资本公积金、盈余公积金）的用途主要是弥补亏损和增加资本。弥补公司亏损时，一般是先用任意盈余公积金，然后用法定盈余公积金，不足时再动用资本公积金弥补（法律允许时）。故弥补亏损是盈余公积金的主要用途，因为盈余公积金有经常性的来源，其累计增加的比例和数额有法律保障，应优先使用。中国《公司法》规定："公司的公积金用于弥补公司的亏损、扩大公司生产经营或者转为增加公司注册资本。公积金弥补公司亏损，应当先使用任意公积金和法定公积金；仍不能弥补的，可以按照规定使用资本公积金。法定公积金转为增加注册资本时，所留存的该项公积金不得少于转增前公司注册资本的百分之二十五。"

大陆法系国家的公司法中公积金分为盈余公积金和资本公积金两种类型。盈余公积金从公司经营利润中提取，又分为法定盈余公积金和任意盈余公积金两种，前者的提取比例、数额、用途由法律直接规定，后者则由公司章程或股东大会决议确定。资本公积金是由非经营性活动所产生的资本增值，其来源与用途也由法律直接确定。大陆法系国家和地区的公司法所规定的公积金制度具有强制性，即法定盈余公积金的最低提取比例和累计提取的数额由法律直接规定，公司不得自行变更。例如，德国、法国的《公司法》规定，公司利润弥补完亏损后，应当提取5%转为法定盈余公积金。日本和中国是税后利润的10%。此外，当公司累计提取的盈余公积金总额达到公司资本的一定比例时，可以不再提取，法国是10%，日本是25%，我国大陆是50%，我国台湾省是100%。

英美法系国家的公司法中所规定的公积金制度具有任意性，即虽然公司必须提取储备金（公积金），但提取比例及累计提取的数额并不由公司法直接规定，而是由公司章程或股东大会决议确定，或经授权由董事会根据经营情况而定。所以，英美法系国家储备金的提取比例和数额，均由公司自行决定。根据英国《公司法》的规定，公司储备金只能用于弥补亏损和转增资本，不能向股东分配。而未分配利润用途较广，可以用于向股东支付股利。所以，公司利润如果全部转入储备金，不利于公司灵活调度资金。在实践中，董事会通常是将大部分可分配利润结转到下一年，而不是列入储备金，以便公司视具体情况使用这些利润。

国外公司法中没有公益金的概念，在国外，公司也需要关注职工利益，每年拿出来一部分利润用于改善职工的福利状况。但是，这部分福利资金如何提取、如何使用由公司决定，而不是由法律强制规定。一般是由股东大会决议提取任意公积金，其中划出专门资金用于职工福利。这样，公司可以根据经营情况和福利基金的使用效果及时调整提取的数额和用途，协调公司、股东、职工之间的利益关系。中国1993年《公司法》规定，公司分配当年税后利润时，应当提取利润的5%~10%列入公司法定公益金，法定公益金用于本单位职工的集体福利。但国家强行规定其比例与用途，等于剥夺了公司的自主权利，弊大于利。因此，2005年修订的《公司法》取消了这一强制性规定。

### （三）违法分配利润的后果

违法分配利润的情形包括：公司以资本向股东支付股利；未依法缴纳税金便向股东分配股利；未按法定顺序分配利润；未按照股东大会决议分配利润等。违法分配利润必须承担相应的法律后果：①如果股东大会分配利润的决议违法，债权人可向法院申请宣告股东大会决议无效。②如果公司无盈利，但董事会支付"虚构股利"时，提出和赞成违法分配利润方案的董事应负法律责任。英国《公司法》规定，董事如果从资本中支付了股利，那他有义务连带偿还这笔金额及其利息，但只有提出和赞成该股利分配方案的董事才承担这种责任。③接受违法分配的股东应当退还不当得利。英国《公司法》规定，如果公司股东知道股利是从资本中支付的，应将分配的股利如数退还。④公司违法分配股利致使第三人遭受损害时，公司应对此承担赔偿责任。中国《公司法》规定，股东会、股东大会或者董事会违反规定，在公司弥补亏损和提取法定公积金之前向股东分配利润的，股东必须将违反规定分配的利润退还公司。公司持有的本公司股份不得分配利润。

## 第七节　公司变更、解散和清算

### 一、公司变更

广义的公司变更包括一系列公司章程事项的变化或公司登记事项的变更，如公司合并或者分立、公司解散、公司增加或者减少注册资本、公司组织形式变化等；而狭义的或者法律意义上的公司变更仅是指对公司社会整体形象以及公司与公司相对人的法律关系有重大影响的变更，主要包括公司组织变更、公司的合并与公司的分立3种形式。

#### （一）公司组织变更

公司组织变更又称公司改组，是指公司不中断其存续状态而由一种形式的公司变为另一种形式的公司。它包括无限公司变为两合公司、有限责任公司变为股份有限公司、两合公司变为无限公司、股份有限公司变为其他公司等情形。

公司组织变更因其不中断其存续状态，可以不中断公司营业活动，不经过解散、清算等程序，而只变更登记。但公司组织变更引起责任形式的变化，有可能冲击债权人的利益，法律又对其做了一定的限制。中国《公司法》只规定了有限责任公司、股份有限公司两种公司形式，所以只存在两者之间的组织形式变更。中国《公司法》第十二条规定："有限责任公司变更为股份有限公司，应当符合本法规定的股份有限公司的条件。股份有限公司变更为有限责任公司，应当符合本法规定的有限责任公司的条件。有限责任公司变更为股份有限公司的，或者股份有限公司变更为有限责任公司的，公司变更前的债权、债务由变更后的公司承继。"

### (二) 公司的合并

公司的合并是指两个或两个以上的公司合并为一个公司。公司的合并有两种方式：一种是现存的公司同时解散，共同成立一家新的公司；另一种是解散一个或一个以上公司，而将其财产转归一家现存的公司。前者称为新设合并（Consolidation），后者为吸收合并（Merger）。例如中国《公司法》规定："公司合并可以采取吸收合并或者新设合并。一个公司吸收其他公司为吸收合并，被吸收的公司解散。两个以上公司合并设立一个新的公司为新设合并，合并各方解散。"

在公司合并的问题上，各国的法律渐趋一致。大陆法系认为，公司合并的法律性质是被合并的公司把它的全部财产全面地转让给合并它的公司，或转让给合并后成立的公司，由后者总括地承受前者的权利和义务，做到债权、债务与公司现有的合同全部转让。美国法律也认为，公司的合并是公司财产的总体转移，公司的合并引起被合并公司的解散，合并公司当然承受被合并公司的债权、债务。各国法律还规定，反对合并的股东有权要求公司以公平的价格收买其持有的股份。中国《公司法》也做了类似的规定：公司合并时，合并各方的债权、债务，应当由合并后存续的公司或者新设的公司承继。如果股东因对股东大会做出的公司合并决议持异议，要求公司收购其股份的，可以作为公司不得收购本公司股份规定的例外情形之一。

关于公司合并的程序，一般由同意合并的各个公司的董事就合并的条件进行磋商。各公司董事达成合并协议后，即由各有关的公司召开股东大会做出合并的决议。股东大会做出决议后，各合并公司应编造资产负债表及财产目录，并将合并的办法公告及通知各债权人，债权人可在规定的期限内提出异议。公司对于持有异议的债权人应如数予以清偿，或向其提供适当的担保。公司合并后，应依法向有关主管部门进行登记。中国《公司法》也规定，公司合并，应当由合并各方签订合并协议，并编制资产负债表及财产清单。公司应当自做出合并决议之日起10日内通知债权人，并于30日内在报纸上或者国家企业信用信息公示系统公告。债权人自接到通知之日起30日内，未接到通知的自公告之日起45日内，可以要求公司清偿债务或者提供相应的担保。

### (三) 公司的分立

公司的分立是一个公司按照法律规定或合同约定变更为两个或者两个以上公司的法律行为，包括派生分立和新设分立两种具体形式。派生分立又称分支分立，是指从一个公司中分出新公司，原有公司的名称与人格依然存续的分立方式。派生分立与公司投资建立子公司或者持股、控股公司的区别在于：派生分立以后的各公司不再保持股份上的关联关系，公司与公司之间是完全独立的关系。新设分立又称分解分立，是指将一个公司分解为两个或者两个以上的新公司，原有公司的名称与人格不再存续的分立方式。

公司分立的法律后果与分立程序与公司合并有很多相似之处，都需要对公司的债务承担做出安排，例如中国《公司法》规定，公司分立前的债务由分立后的公司承担连带责任。但是，公司在分立前与债权人就债务清偿达成的书面协议另有约定的除外。同时，反对分立的股东也有权要求公司以公平的价格收买其持有的股份。同样的，中国《公司法》也规定，如果股东因对股东大会做出的公司分立决议持异议，要求公司收购其股份的，也可以作为公司不得收购本公司股份规定的例外情形之一。公司分立，其财产作相应的分割。公司分立，应当编制资产负债表及财产清单。公司应当自做出分立决议之日起10日内通知债权人，并于 30 日内在报纸上或者国家企业信用信息公示系统公告。

## 二、公司解散

公司的解散（Dissolution），就是公司法人资格的消灭，即公司实体不再存在。

公司解散分自愿解散和强制解散两类。自愿解散是指依照公司的章程规定或股东会的决议自动解散公司；强制解散是指政府主管机关命令解散或法院判决解散公司的法律行为。中国《公司法》规定了以下公司解散的原因：

（1）公司章程规定的营业期限届满或者公司章程规定的其他解散事由出现，但这种情况可以通过修改公司章程而存续。依照前款规定修改公司章程，有限责任公司须经持有 2/3 以上表决权的股东通过，股份有限公司须经出席股东会会议的股东所持表决权的 2/3 以上通过。

（2）股东会决议解散。

（3）因公司合并或者分立需要解散。

（4）依法被吊销营业执照、责令关闭或者被撤销。

（5）公司经营管理发生严重困难，继续存续会使股东利益受到重大损失，通过其他途径不能解决的，持有公司全部股东表决权 10% 以上的股东，可以请求人民法院解散公司。

随着公司的解散，公司就丧失了进行业务活动的能力，故公司解散时应终止一切业务经营活动。公司在解散过程中，其法人资格仍然存续，并不马上消灭。而只有在公司终止了业务活动、结束了对内对外的法律关系、清算了其全部资产以后，才能真正地解散。为了保证公司解散的顺利进行，法律对处在解散阶段的公司的权利能力进行特别规制，一般不允许其再进行积极的业务活动。例如中国《公司法》规定，清算期间，公司存续，但不得开展与清算无关的经营活动。

公司的解散涉及多方面的问题，如清理债权债务、处理公司资产、支付各类费用、纳清税款、满足债权人的要求以及分配剩余资产等。因此，公司的解散也是较为复杂的过程，而且是与清算密不可分的。

## 三、公司清算

公司清算（Liquidation）是指公司进入解散程序后，为了终结公司现存的各种法律关系，了结公司债务，而对公司资产、债权债务关系等进行清理、处分的行为。清算是终结解散公司的法律关系、消灭解散公司法人资格的必经程序。只有经过清算，公司的法人资格才完全丧失，债权人的利益才会得到公平保护，社会交易才会真正安全。

清算有法定清算和任意清算之分。法定清算是指依照法律规定的严格程序处分公司财产所进行的清算，任意清算是指依照公司章程或股东大会的决议而进行的清算。中国《公司法》规定，公司解散的，应当清算。董事为公司清算义务人，应当在解散事由出现之日起 15 日内组成清算组进行清算。清算组由董事组成，但是公司章程另有规定或者股东会决议另选他人的除外。清算义务人未及时履行清算义务，给公司或者债权人造成损失的，应当承担赔偿责任。逾期不成立清算组进行清算或者成立清算组后不清算的，利害关系人可以申请人民法院指定有关人员组成清算组进行清算。人民法院应当受理该申请，并及时组织清算组进行清算。

清算的一般做法，就是首先确定清算人，由其负责清理公司债权、债务；其次根据债权人的先后次序偿还债务；最后再在优先股和普通股之间根据发行时各类别股票所规定的条件，分配剩余资产。中国《公司法》规定，公司财产在分别支付清算费用、职工的工资、社会保险费用和法定补偿金，缴纳所欠税款，清偿公司债务后的剩余财产，有限责任公司按照股东的出资比例分配，股份有限公司按照股东持有的股份比例分配。清算期间公司存续，但不得开展与清算无关的经营活动。公司财产在未按前款规定清偿前，不得分配给股东。

经过清算，公司的法人资格丧失，应当向主管机关注销公司。中国《公司法》规定，公司清算结束后，清算组应当制作清算报告，报股东会或者人民法院确认，并报送公司登记机关，申请注销公司登记。

## 案例讨论题

1. 新加坡中华环保科技集团有限公司（简称新加坡环保公司）与大拇指环保科技集团（福建）有限公司（简称大拇指公司）股东出资纠纷案

大拇指公司是新加坡环保公司在中国设立的外商独资企业，某年6月30日，大拇指公司经批准注册资本增至人民币3.8亿元。大拇指公司随后以新加坡环保公司未足额缴纳出资为由提起诉讼，请求判令新加坡环保公司履行股东出资义务，缴付增资款4500万元。

福建省高级人民法院一审认为，新加坡环保公司未履行股东足额缴纳出资的法定义务，侵害了大拇指公司的法人财产权，大拇指公司有权要求新加坡环保公司履行出资义务，补足出资。据此，判令新加坡环保公司向大拇指公司缴纳出资款4500万元。新加坡环保公司向最高人民法院提出上诉。

最高人民法院公开开庭审理该案并做出当庭宣判。最高人民法院二审审理认为，按照《中华人民共和国涉外民事关系法律适用法》的规定，中国外商投资企业与其外国投资者之间的出资义务等事项，应当适用中国法律；外国投资者的司法管理人和清盘人的民事权利能力及民事行为能力等事项，应当适用该外国投资者登记地的法律。根据新加坡《公司法》的规定，在司法管理期间，公司董事基于《公司法》及公司章程而获得的权力及职责均由司法管理人行使及履行。因此新加坡环保公司司法管理人做出的变更大拇指公司董事及法定代表人的任免决议有效。由于大拇指公司董事会未执行唯一股东新加坡环保公司的决议，造成了工商登记的法定代表人与股东任命的法定代表人不一致的情形，进而引发了争议。根据中国《公司法》的规定，工商登记的法定代表人对外具有公示效力，如涉及公司以外的第三人因公司代表权而产生的外部争议，应以工商登记为准；而对于公司与股东之间因法定代表人任免产生的内部争议，则应以有效的股东会任免决议为准，并在公司内部产生法定代表人变更的法律效果。本案起诉不能代表大拇指公司的真实意思，裁定撤销原判，驳回大拇指公司的起诉。

（案例来源：最高人民法院——第一批人民法院为"一带一路"建设提供司法服务和保障的典型案例。）

问题：分析该案判决的法律依据及其典型意义。

提示：

新加坡环保公司作为大拇指公司的股东，享有选择管理者的权利，因此新加坡环保公司司法管理人做出的变更大拇指公司董事及法定代表人的任免决议有效。但是大拇指公司董事会未执行唯一股东新加坡环保公司的决议，造成了工商登记的法定代表人与股东任命的法定代表人不一致的情形，进而引发了争议。对于公司与股东之间因法定代表人任免产生的内部争议，应以有效的股东会任免决议为准，并在公司内部产生法定代表人变更的法律效果。因此二审法院认为起诉不能代表大拇指公司的真实意思，裁定撤销原判，驳回大拇指公司的起诉。

该案明确了外国公司的司法管理人及清盘人在中国境内民事权利能力和行为能力的认定规则，清晰界定了公司代表权争议的区分规则，增强了外商投资中国的信心。该案对于平等保护中外投资者合法权益、保障股东选择管理者的权利、优化外商投资法治环境具有重要意义。

2. Carson 与纽鑫达公司股东资格确认纠纷案

美国公民 Carson 与中国公民张某、程某约定在中国境内设立一家贸易公司。按照当时中国法律的规定，外国自然人不能与国内自然人成立合资公司，三人遂签订《股份协议书》，约定以张某、程某名义成立纽鑫达公司。后 Carson 诉请确认张某名下部分纽鑫达公司股权系其所有，纽鑫达公司配合将该部分股权变更登记到 Carson 名下。

上海市浦东新区人民法院审理认为，根据中国《外商投资法》的规定，外籍隐名股东显名的审查标准应符合以下 3 项条件：①实际投资者已实际投资；②名义股东以外的其他股东半数以上同意；③对外商投资负面清单内的限制类领域，人民法院及当事人在诉讼期间将实际投资者变更为股东，应征得外商投资企业主管机关的同意；对负面清单外的准入类领域，无须再征得外商投资企业主管机关的同意。Carson 的诉讼请求符合法律规定，故判决支持其诉请。纽鑫达公司不服，提起上诉。上海市第一中级人民法院二审判决驳回上诉，维持原判。

（案例来源：最高人民法院——人民法院服务保障自由贸易试验区建设典型案例。）

问题：分析该案股东资格确认的法律依据及其典型意义。

提示：

根据中国《外商投资法》的规定，外商投资，是指外国的自然人、企业或者其他组织直接或者间接在中国境内进行的投资活动。外商投资企业，是指全部或者部分由外国投资者投资，依照中国法律在中国境内经登记注册设立的企业。外商投资企业的组织形式、组织机构及其活动准则，适用中国《公司法》、中国《合伙企业法》等法律的规定。中国《外商投资法》对外资实施准入前国民待遇加负面清单管理制度，同时放开了国内自然人与外国投资者共同成立外商投资企业的限制。本案中，美国公民 Carson 作为隐名股东已实际投资纽鑫达公司，并符合中国相关法律关于隐名股东显名的审查标准，故一、二审法院依法确认其股东资格。本案一、二审法院根据《外商投资法》关于外资市场准入的规定，及时调整相应审查标准，依法保护外国投资者权益，有利于打造自由贸易试验区法治化营商环境。

## 复习思考题

### 一、名词术语

有限责任公司　　股份有限公司　　母公司　　子公司　　分公司　　注册资本　　股份　　股票　　优先股　　累积投票制　　公司债券　　可转换公司债券

## 二、问答题

1. 简述公司的概念和特征。
2. 简述公司法人人格否认制度。
3. 以股东的责任范围不同，公司种类有哪些？
4. 简述公司股东的权利与义务。
5. 简述公司章程的概念及其法律效力。
6. 简述授权资本制的概念及其特点。
7. 简述中国《公司法》对股份转让限制的法律规定。
8. 简述董事的注意义务与忠实义务。
9. 简述中国《公司法》对公司分立与合并的法律规定。
10. 简述中国《公司法》关于公司解散的法律规定。

## 本章参考文献

[1] 沈四宝，王军. 国际商法 [M]. 3版. 北京：对外经济贸易大学出版社，2016.
[2] 沈四宝，丁丁. 公司法与证券法论丛：第1卷 [M]. 北京：对外经济贸易大学出版社，2005.
[3] 沈四宝，刘刚仿. 国际商法 [M]. 4版. 北京：中国人民大学出版社，2015.
[4] 刘俊海. 现代公司法 [M]. 3版. 北京：法律出版社，2015.
[5] 施天涛. 公司法论 [M]. 4版. 北京：法律出版社，2018.
[6] 赵旭东，刘斌. 新公司法条文释解 [M]. 北京：法律出版社，2024.
[7] 李建伟. 公司法学 [M]. 5版. 北京：中国人民大学出版社，2022.
[8] 施天涛. 商法学 [M]. 6版. 北京：法律出版社，2020.
[9] 刘俊海. 公司法学研究：第六卷 [M]. 北京：法律出版社，2023.

# 第三篇

# 国际商事行为法

# 第四章 合 同 法

**本章提要**

- 合同及合同法的概念
- 合同的成立
- 合同的履行
- 合同的变更、转让、终止

在以契约为特征的现代社会，商事交易往往通过契约实现。契约即合同，是交易过程中当事人协商一致的结果，是含有承诺的真实意思表示一致（合意）。合同当事人对相对人就合同所做的承诺抱有合理的期待或寄予信赖，承诺各方有义务就其承诺善意履行。

契约自由是近代民法意思自治原则在合同法上的体现。当事人自由决定是否缔约、是否转让、变更或终止合同，自由选择交易对象、交易形式、确定交易内容，方可实现缔约的公平与效率；自由表达合同意思、自由交换各自意思，缔约过程信息披露充分与对称，方可获得真实合意。同时，为纠正由于交易双方地位、力量悬殊而可能产生的交易不公平，须以契约正义原则对契约自由加以限制。[一]

合同经一方发出要约、另一方相对承诺而成立。合同的订立必须合法，当事人意思表示必须真实。依法生效的合同对当事人具有约束力。诚实守信是合同履行的基本原则。

通信信息技术、数智经济迅速发展持续创造新的商业机会的同时，亦对传统合同法构成了巨大挑战。为便利和促进基于数智技术开展商事交易活动，国际电子商务法不断发展和完善，例如联合国国际贸易法委员会先后通过的首个为国际贸易电子订约提供法律确定性的《联合国国际合同使用电子通信公约》（2005 年）、《电子商务示范法》（1996 年）、《电子签名示范法》（2001 年）、《电子可转让记录示范法》（2017 年）、全球首个在线跨境确定自然人和法人身份、为电子数据提供质量保证的统一法律框架《关于使用与跨境承认身份管理和信任服务的示范法》（2022 年）等。

## 第一节 合同及合同法概述

### 一、合同的概念与特征

两大法系国家法律关于合同的定义差异较大。大陆法系认为合同是当事人合意下的法律行为。法国《民法典》第 101 条规定："合同是一人或数人对另一人或数人承担给付、作为

---

[一] 王传辉编著，《新编商法教程——理论、规则、案例》，清华大学出版社，2005 年版。

或不作为的义务的合意。"德国《民法典》则认为合同是指一切以意思表示一致为要素的法律行为。大陆法系对合同定义的核心思想是"合意之债"。英美法系强调合同不仅表示达成协议的事实，而且实质在于当事人所做的、可依法执行的一个或一系列允诺（Promises）。美国《合同法重述》就合同所做的定义是："合同是一个允诺或一系列允诺，法律对于违反这种允诺予以救济，或者法律认为某种情况下履行这种允诺是一项义务。"尽管大陆法系和英美法系关于合同概念尚存不少理论上的分歧，但通常均认为合同在本质上是当事人意思表示的一致。事实上，两大法系关于合同的概念正逐渐趋同。美国《统一商法典》第1-201条第11项规定："合同是指当事人依本法及其他法律达成的因合意而产生的全部债务。"《牛津法律大辞典》将合同定义为"两人或多人之间为在相互间设定合同义务而达成的具有法律强制力的协议"。

可以认为，合同是当事人之间设立、变更、终止权利义务关系的意思表示一致的法律行为。合同依不同标准可有不同分类，与商事交易有关的合同包括国际货物买卖、国际货物运输及保险、代理、国际技术许可、通信及信息服务、劳动合同等，不一而足。

中国《民法典合同编》第464条第1款规定："合同是民事主体之间设立、变更、终止民事法律关系的协议。"该法第465条规定："依法成立的合同，受法律保护。依法成立的合同，仅对当事人具有法律约束力，但是法律另有规定的除外。"根据中国《民法典合同编》及上述各有关国家法律关于合同的定义，合同通常具有以下法律特征：

（1）合同是双方或多方当事人意思表示一致的法律行为。合同当事人基于合意产生的缔约行为是其相互之间权利义务关系赖以存在的基础，是合同区别于基于当事人单方意志而为的单方法律行为的最本质的特征。若当事人意思无法达成一致，则合同不能成立。

（2）合同是双方（或多方）当事人的民事法律行为，作为当事人的行为主体必须是两个或两个以上，不是单方民事法律行为，单方民事法律行为不构成合同关系。

（3）合同关系中各方当事人是法律地位平等的主体，当事人意思表示一致须建立在平等、自愿的基础之上，合同的成立须经当事人平等协商达成一致。

（4）合同的内容或当事人缔约的目的，是设立、变更或终止其相互间的权利义务关系。合同是明确当事人之间权利义务关系的协议，合同关系即各方当事人的权利义务关系。

（5）合同是具有法律约束力的协议。合同关系是法律上的权利义务关系。合同作为明确当事人之间权利义务关系的协议，是具有法律约束力的。当事人的合同权利受法律保护，而其合同义务则受法律约束，当事人违反合同须承担相应的法律责任。当事人依法订立的有效合同受到法律保护，而违法订立的合同在法律上是无效的，当事人须承担因其无效行为而产生的法律后果。

（6）合同主体特定。合同关系仅发生于特定当事人之间。不同于物权关系、人身权关系，合同关系具有相对性，除法律规定或合同另有约定外，主要对特定当事人（即相对人）具有法律约束力。

## 二、合同的形式

合同的形式是合同当事人合意的外在表现形式。对于合同形式的要求存在要式原则和不要式原则。要式原则是指必须按照特定形式（如书面形式）或手续订立；不要式原则是指法律上不要求按照特定形式订立合同，可采用口头形式或其他形式。

要式原则源于早期的罗马法，早期的合同采取严格的形式主义。在商品交换不发达的古罗马，合同种类很少，订立合同须采用固定套语和行为程式，否则合同不能成立。"重形式轻意思"的原则反映了当时人们重视交易安全胜过交易效率。罗马后期商品货币关系逐步发展，在合同种类增多的同时，合同的形式与订立程序亦趋于简化。作为不要式原则来源的"诺成合同"的出现，标志着合同形式从"重形式"向"重意思"的重要转变。

在商事交易关系高度发达的现代社会，契约自由原则得到充分尊重，重视交易安全的同时更加强调交易效率，故西方各国合同法关于合同形式均倾向于不要式原则，仅要求某些合同必须采用特定形式订立，且这种合同通常数量较少，属例外情形。之所以对某些合同要求必须采用特定形式，原因在于：其一，作为合同生效的要件，若合同的订立未采用法定形式，不发生法律上的效力，即合同无效；其二，作为合同存在的证据，未采用法定形式订立的合同并非无效，但不能被强制执行，诉讼过程中仅以法定形式作为合同存在及其内容的证据。对此，西方各国法律各有所侧重，法国法偏重于作为证据要求，德国法则侧重于作为合同有效成立的条件，而英美法系对不同类型的合同要求不同。中国《民法典合同编》将合同形式分为约定形式与法定形式，以不要式原则为主、要式原则为辅。2016 版《国际商事合同通则》（以下简称《通则》）第 1.2 条规定：不要求合同、声明或其他任何行为必须以特定形式做出或以特定形式证明。无形式要求原则同样适用于当事人在合同的订立、履行过程中或其他情况下所做的意思表示，且口头证据在司法程序中可被接受。

在实践中，当事人在订约时具体采用哪种合同形式，依法律、约定或交易习惯而定，合同形式的具体类型通常包括：书面形式（各国法律大多将数据电文视为书面形式）、口头形式、其他形式（包括积极或消极行为）。2016 版《通则》第 1.11 条规定："书面"是指保存所含信息的记录并能以有形方式复制的任何通信方式。

【案例 4-1】　　　　　　　　长期服务合同

积极行为：A 雇佣 B 为其专职司机，合同履行期届满，B 继续为 A 提供服务，A 接受。

消极行为：若双方约定，试用期届满 A 未将 B 辞退，则视为 A 与 B 之间的雇佣合同成立。试用期届满 A 未辞退 B，雇佣合同推定成立。

【案例 4-2】　　　　　　　　合同的形式

汽车制造商 A 与零件供应商 B 建立了一套电子数据交换系统，一旦 A 的零件库存下降到一定水平，该系统则自动发出零件采购订单并自动完成该订单。A 与 B 同意通过该系统的运作使订单及订单的履行约束双方，即使订购与履行行为并无双方人员参与完成。○一

## 三、合同的类型

依据不同标准可将合同分为不同类型。

### 1. 单务合同与双务合同

以合同中给付义务是否由双方当事人相互承担为标准，可将合同分为单务合同（Unilateral Contract）与双务合同（Bilateral Contract），多数合同属于双务合同。单务合同中

---

○一　国际统一私法协会，《国际商事合同通则》，商务部条约法律司编译，法律出版社，2004 年版。

仅一方当事人负有给付义务，而其相对人不承担相应的给付义务（如赠予合同）。双务合同中双方当事人相互负有给付义务（如买卖合同）。除当事人特别约定或法律特别规定，双务合同当事人享有同时履行抗辩权，单务合同则不然。单务合同中的风险除对方有过失外，由所有人负担。

**2. 有偿合同与无偿合同**

根据合同当事人取得合同利益的同时是否付出相应代价，合同可分为有偿合同与无偿合同，多数合同为有偿合同。有偿合同中当事人互为给付，一方依照合同约定享有合同权利的同时，必须向另一方当事人履行相应义务或支付相应代价。无偿合同中当事人一方按照合同约定享有合同权利的同时，无须向另一方当事人支付相应代价或履行相应义务。无偿合同中债务人所负注意义务较轻。

**3. 诺成性合同与实践性合同**

根据合同的成立是否必须交付标的物或完成约定的其他给付行为，合同可分为诺成性合同（Consensual Contract）与实践性合同（Real Contract），多数合同属于诺成性合同。诺成性合同中当事人双方意思表示一致合同即成立，无须具备其他条件（如租赁合同）。实践性合同中当事人双方意思表示一致的同时，还须交付标的物或完成约定的其他给付，合同才能成立（如保管合同）。交付标的物在诺成性合同中是当事人的给付义务，对其违反构成违约责任；而在实践性合同中则是先合同义务，对其违反构成缔约过失责任。

**4. 要式合同与不要式合同**

根据合同的成立是否必须采用特定形式，合同可分为要式合同（Formal Contract）与不要式合同（Informal Contract）。要式合同是指必须按照法律规定的特定形式和程序订立的合同（如赠予合同），法定形式为合同成立或生效的要件；不要式合同是指法律无特定形式要求，可由当事人自行选择合同订立方式的合同。除法律特别规定，合同通常属于不要式合同。

**5. 主合同与从合同**

根据合同能否独立存在，或合同相互之间的主从关系或依附关系，合同可分为主合同与从合同。主合同是指不以其他合同的存在为条件、可独立存在的合同；从合同是指以其他合同的存在为前提而存在的合同。从合同依附于主合同的存在而存在（如作为主合同的借贷合同与作为从合同的担保合同）。

**6. 有名合同与无名合同**

根据法律是否设有专门规范对某类合同有特定名称要求，合同可分为有名合同与无名合同。有名合同亦称典型合同，法律规定有特定名称并以专门规范予以调整。无名合同亦称非典型合同，法律无特定名称要求，亦无专门规范加以调整。两者适用法律不同，有名合同适用关于该类合同的专门规定（如国际技术转让合同、代理合同）；无名合同适用民商法中合同法等一般规则。

**7. 束己合同与涉他合同**

根据合同的履行是否涉及第三人，合同可分为束己合同和涉他合同，区分的关键在于合同的相对性。束己合同是指当事人为自己的利益约定并承担合同的权利义务，多数合同属于此类；在特定情形下，当事人可订立为第三人设定权利或义务的涉他合同。涉他合同中第三人的法律地位可不同。为第三人设定权利的合同（如人身保险合同），若合同债务人不向第三人（受益人）履行，该第三人享有诉权。为第三人设定义务的合同须经第三人（债务人）同意，否则该第三人不承担义务；另外，该合同一经成立，若第三人不向债权人履行，债权人对该第三人享有诉权。

**8. 有效合同、无效合同、可撤销合同、不可强制执行合同**

根据合同效力的不同，可将合同分为有效合同（Valid Contract）、无效合同（Void Contract）、可撤销合同（Voidable Contract）、不可强制执行合同（Unenforceable Contract）。有效合同法律要件齐备、不存在效力瑕疵，可强制执行；无效合同在法律上不产生效力，对当事人无约束力，无法强制执行；可撤销合同存在效力瑕疵，一方或双方享有撤销权或拒绝履行抗辩权（如未成年人）；不可强制执行合同原本有效，但因某种合法抗辩理由不能被强制执行（如债务人破产导致法院免除其合同债务）。

## 四、合同法的概念及基本原则

### （一）合同法的概念

合同法（Contract Law）是调整合同关系的法律规范的总称。合同法在国际商法中具有非常重要的地位，与买卖法、代理法、产品责任法、保险法等关系密切。合同法以调整交易关系为内容，国际商事交易的各个环节都离不开合同，一次交易往往需要签订若干个合同才能完全实现。

合同法的特征：以财产关系为法律对象；法律规范具任意性和灵活性；以调整交易关系为核心；各国合同法存在趋同性。[一]

### （二）合同法的基本原则

合同法具有两类（七项）原则，前两项体现契约自由原则；后五项体现契约正义原则。

**1. 平等原则**

平等原则即合同当事人法律地位平等，一方不得将自己的意志强加给另一方。作为合同法的首要原则，平等原则具体表现为：当事人无论性质如何、经济实力强弱、组织规模大小，其法律人格相互独立；享有平等权利，履行对等义务；平等地受法律保护。合同主体在平等的基础上相互协商，实现意思表示一致方能达成合同。

**2. 自愿原则**

自愿原则即合同当事人享有一定的订约自由权，包括：订立或不订立合同的自由；选择交易对象、方式的自由；自主决定合同内容、形式的自由。契约自由并非毫无限制的绝对自由，各国法律均以不同形式对契约自由原则加以不同程度的限制：①对于自由缔结合同的限制，通过法律规定施与当事人必须缔结某种合同的义务；②为保护缔约时处于弱势地位的相对人，限制当事人关于决定合同内容的自由；③对于某些特定类型的合同，法律要求必须采取书面形式，限制当事人合同形式选择的自由；④通过法律规定或专门设立具有司法性质的行政机关，对合同进行监督、管理和控制。

**3. 公平原则**

公平原则即对于合同的订立和履行，以公正合理、利益均衡为价值标准确定当事人之间的权利义务关系。公平的本义是公正合理，公平原则要求合同当事人在合同中的权利义务对

---

[一] 张长青主编，《合同法》，清华大学出版社、北京交通大学出版社，2005年版。

等，正当行使合同权利和履行合同义务，不得利用一方的优势地位或另一方的弱势地位订立显失公平的合同，对于合同未明确约定或法律未明确规定的事项，本着公平合理的原则确定双方的权利义务。

#### 4. 诚实守信原则

诚实守信原则即合同当事人在订立合同时应当诚实，不得有欺诈行为，应当善意、自觉地履行合同义务，不得滥用权利及规避法律或合同规定的义务。在合同未作约定或约定不明的情况下，应当依据诚实守信原则对合同做出解释和补充。

诚实守信原则作为极其重要的合同法原则，具有强制性规范的性质，在大陆法中常被视为债权法中的最高指导原则，被称为"帝王规则"。各国法律均在成文法中对诚实守信原则做出规定，法国《民法典》规定："契约应当以善意履行""债务人应依诚实和信用，并参照交易商的习惯，履行给付"。美国《统一商法典》规定："本法涉及的任何合同和义务，在履行或执行中均负有遵守诚信原则之义务。"国际统一私法协会在《国际商事合同通则》中将诚实守信原则作为当事人不得排除或限制的基本原则，规定："每一方当事人在国际贸易交易中，应当依据诚实信用和公平交易的原则行事。"中国《民法典总则编》第143条规定，意思表示真实的民事法律行为有效。该法同时规定，行为人与相对人以虚假的意思表示实施的（第146条）、行为人与相对人恶意串通损害他人合法权益的（第154条）民事法律行为无效；基于重大误解实施的（第147条）、一方以欺诈手段使对方在违背真实意思的情况下实施的（第148条）、第三人实施欺诈行为（对方知道或者应当知道该欺诈行为）使一方在违背真实意思的情况下实施的（第149条）、一方或者第三人以胁迫手段使对方在违背真实意思的情况下实施的（第150条）民事法律行为，相关方有权请求人民法院或者仲裁机构予以撤销。

#### 5. 合法原则

合法原则要求合同的主体、内容、标的、形式均必须合法，合法合同受法律保护。

#### 6. 公序良俗原则

公序良俗原则即当事人在订立及履行合同的过程中，须遵守社会公共秩序与善良风俗，不得损害社会公共利益。其目的是维护交易商的权益，提供安全、有序的公平竞争环境，保障交易的顺利进行。

#### 4. 合同神圣原则

合同是当事人之间的法律，依法成立的合同受法律保护，对当事人具有法律约束力，当事人应当信守合同。

### 五、关于商事合同的国际统一法、惯例及主要国家的国内合同法

#### （一）关于商事合同的国际统一法、惯例

鉴于各国合同法内容上的差异给国际商事交易活动带来的不便，20世纪以来一些国际组织开始尝试通过协商，统一各国合同法并制定国际统一适用的合同法。作为实现这一目标的第一步，率先从制定一类合同的统一法入手，进而制定国际商事合同统一法。

联合国国际贸易法委员会历时约10年，于1978年起草完成的《联合国国际货物销售合同公约》（以下简称《公约》），是在合同法领域实现国际统一法目标的重要一步。《公约》1988年起对中国、阿根廷、埃及、法国、美国、意大利等国生效。《公约》包含四个部分

101条：第一部分为《公约》的适用范围及总则；第二部分为合同的订立；第三部分为货物买卖；第四部分为最后条款。《公约》充分顾及各国社会、经济、法律制度的差异，为减少国际商事交易的法律障碍、促进国际贸易发展产生了重要作用。然而《公约》的管辖范围仅限于国际货物买卖，且对于一些当时较难统一的问题进行了回避。

为详尽阐述合同法的国际通行规则，1980年国际统一私法协会成立特别工作组，负责起草《国际商事合同通则》（以下简称《通则》），1994年3月《通则》正式公布。为表明所含国际商事交易规则的统一性和国际性，《通则》正式文本未使用任何现存法律体系的术语，对各条款所作注释亦避免参照各国法律，正式确立了国际商事合同的基本法律原则，以通用规则（General Rules）形式适用于国际商事交易合同。1994版《通则》内容包括前言和七章共109条。《通则》作为统一的国际商事合同法，虽未采用国际公约的形式，但其对国际商事合同关系的调整影响重大。它与《公约》的关系是：就某一问题两者均有规定时，《通则》遵循《公约》的解决办法。由于《公约》的适用范围有限，而《通则》的涵盖领域更加广泛，买卖合同当事人就《公约》未涉及事项或当事人就买卖合同之外的国际商事交易，可选择适用《通则》，两者对于国际商事交易活动的调整并不存在冲突。[一]

为适应日益繁荣的国际商事活动和现代科技手段在国际贸易领域的广泛使用，国际统一私法协会于2004年对《通则》进行了全面修订，主要目的是针对国际商业社会中出现的各种利益问题提出法律上的解决途径。2004版《通则》增加了代理权、第三方权利、抵消、权利的转让、债务的转移和合同的转让、时效期间等共五章内容，并对原有章节和条款进行了部分修订。2010版和2016版《通则》均增加了第三章第三节合同违法、第五章第三节合同条件、第十一章多个债务人与多个债权人等内容，并均对序言及原有章节、条款进行了部分修订。2016版《通则》结构为：序言；第一章总则；第二章合同的订立与代理人的权限；第三章合同的效力（第三节新增）；第四章合同的解释；第五章合同的内容、第三方权利与条件（第三节新增）；第六章履行；第七章不履行；第八章抵消；第九章权利的转让、债务的转移、合同的转让；第十章时效期间；第十一章多个债务人与多个债权人（新增）。

（二）关于商事合同的主要国内法规范

在大陆法系国家，合同法采用成文法形式，多被纳入各国民法典或债务法典之中；在英美法系国家，合同法存在于以判例为主要形式的普通法中，同时各国亦有关于合同的成文法。

中国自2021年1月1日起施行的《民法典合同编》全面系统地修改和完善了合同法律制度，《民法典合同编》由通则、典型合同、准合同构成，加之《民法典总则编》中的基本规定、民商事主体、民事权利、民事法律行为，形成了基本原则、立法理念、规则术语等方面与世界各主要国家合同法相当的、体系完整的合同法律制度。同时，将保护交易安全，便利交易达成、促进经济发展作为主要立法目标，增加了保证合同、合伙合同、保理合同等典型合同类型，兼顾了公平、诚信、生态环境保护等多元价值，回应了电子合同、预约合同、民间借贷等现实需要，在诸多方面实现了合同法律制度的发展与创新。

---

[一]（意）米切尔·波乃尔著，梁慧星译，《国际商事合同通则与国际货物销售合同公约》，国家行政学院出版社，2000年版。

## 第二节 合同的成立

合同的成立（Formation of Contract）是指合同当事人经过要约与承诺的交易谈判过程，实现意思表示一致而建立合同关系。合同成立是合同法的核心内容，合同的履行、违约救济等均以此为基础。

### 一、合同生效的要件

合同的有效成立必须具备一定要件，要件齐备的合同对当事人具有法律约束力，受法律保护并可强制执行。

**1. 通过要约与承诺达成合意**

当事人的合意（Consensus）是合同成立的基础，订约过程中作为相向意思表示的要约与承诺，是实现合意、合同成立的基本步骤。通过要约与承诺实现合意，两步缺一不可。

**2. 当事人具备订约能力**

合同当事人通常包括自然人、法人及其他实体。当事人的订约能力（the Legal Capacity to Contract）属于民事能力。

**3. 合同存在对价或合法的约因**

合同必须存在对价（Consideration）或合法约因（Cause）的支持。

**4. 合同必须合法**

合同必须合法（Legality）是指合同的形式、内容、标的合法，合法性是合同产生法律效力的前提。

**5. 当事人的意思表示必须真实**

合同是当事人的合意，这种意思表示的一致必须基于自愿和真实。若当事人意思表示不真实，可依法申请撤销合同或主张合同无效。

### 二、要约

**（一）要约的概念及构成要件**

要约（Offer）是以订约为目的，希望与他人订立合同的意思表示，该意思表示内容确定，表明一经对方承诺即受该意思表示约束之意。《公约》规定："向一个或一个以上特定人提出的订约建议，若十分确定且表明发价人（要约人）在得到接受之时受其约束之意，即构成发价。"《通则》对要约的定义与之相似。

要约为法律术语，国际商事交易中称之为发盘、发价或报盘、报价。发出要约的一方称为要约人，收到要约的一方称为受要约人。要约可以采用书面、口头、行为形式做出。

要约的构成要件包括：

**1. 订约意愿明确**

订约意愿明确，表明一经受要约人承诺，要约人即受该意思表示约束。要约的发出是以订约为目的，必须表明要约人愿意就所提条件与对方订立合同的意思。若未明确表明订约意图，则不构成要约。要约的特点在于，要约人直接表明或可根据要约的内容合理推断，要约一经受要约人承诺，要约人即受其意思表示约束之意。只要受要约人对要约予以承诺，要约人就必须受其约束。

### 2. 要约的内容必须具体、确定

"具体"是指要约的内容须包含拟订立合同的主要条款;"确定"是指要约的内容必须明确,即要约应明确包含拟签订合同的主要条件,一经受要约人承诺,即构成对双方具有约束力的合同。至于哪些条款构成合同主要条款,须依合同的类别和内容加以判断,类似条款在不同种类合同中的地位或可不同。根据《公约》的规定,国际货物买卖合同应当包括货物的名称、价格、数量条款,或规定确定数量和价格的方法。此外还应包含交货及付款的方式、时间、地点等。

《通则》认为一项要约是否符合要求不能以一般性条款加以确定,即使是诸如对所交付商品的准确描述、价格、履约时间、地点等尚未在要约中确定,亦不能据此判断要约是不确定的。判断的关键是当事人是否有意达成有约束力的协议。此外,要约的确定性除根据合同主要条款确定外,还可根据当事人之间的惯常交易做法确定,当事人应受其相互间业已建立和同意的任何惯例或习惯做法约束。

在这一问题上态度同样灵活开放的还有美国的《统一商法典》。《统一商法典》规定,即使在买卖合同中对某一项或某几项条款没有做出规定,只要当事人确有订立合同的意思,并有合理与确定的依据予以相应的补救,合同仍可成立。据此,货物买卖要约的内容中最重要的是确定货物的数量或提出确定数量的方法,至于价格、交货或付款时间等内容,均可留待日后根据"合理性"原则确定。

### 3. 要约须向希望与之交易的对方发出

要约通常向特定人发出,受要约人一般应为要约人选择的交易对象。向非特定的相对人做出的意思表示通常不构成要约,而且,若以某一特定物向数量众多的对象同时发出,可能产生"一物多约"的不安全交易后果。《通则》规定,凡非向一个或一个以上的特定人发出的订约建议,应视为要约邀请,除非发出该建议的一方有明确相反的意思表示。

要约原则上向特定人发出,并非表明向非特定人发出的意思表示绝对不构成要约。特定情形下向非特定人发出的意思表示,若其内容确定,并表明受其约束,亦可构成要约,如悬赏广告以及某些商业广告(明确表示意思表示是要约而非要约邀请;表明承担向非特定人发出要约可能产生的法律后果,尤其是具有向非特定人履约的能力)。

### (二)要约邀请

要约邀请(Invitation for Offer)又称为要约引诱,是类似于要约的意思表示,其目的是为订立合同而希望他人向自己发出要约的一种意思表示。通常为一方向另一方发出信息或提议,表明订约意愿,希望对方向自己发出要约,但在内容上缺乏订立合同的关键信息,合同的基本条款不明确,或未表明一经对方承诺即受其约束。若意思表示向非特定对象发出,通常亦仅构成要约邀请。

要约邀请一般是为订约做准备,不能因相对人的承诺而达成合同,对要约邀请人不具有约束力,发出后要约邀请人可予以撤回或撤销,而无须为此承担法律责任,前提是未给相对人造成信赖利益的损失。若意思表示中甚至连订约意愿都未表达,则其仅为一般的信息传递。

商事交易过程中常见的要约邀请行为主要有:

### 1. 报价单、价目表、商品目录等

生产商或供应商为销售商品或服务，经常向非特定人寄发其可提供商品或服务的清单，其内容可能包括商品或服务的名称、价格、品质、规格等信息，表明行为人的订约意愿。尽管如此，并不能据此确定行为人具有一经对方承诺即受其约束的意思，此行为对报价单的发出者不具有约束力，故不构成要约，仅属于要约邀请，目的是希望对方向自己发出订约条件。只有当相对人收到上述报价单或价目表之后，发出订货单，确定订货数量，该订单才构成一项要约，经报价单或价目表的寄送方（特定人）承诺，合同才能成立。

### 2. 拍卖公告

拍卖是一种竞价销售方式，是指卖方通过加价或减价在竞买者中选择买主并与其订立合同的特殊买卖方式。在拍卖程序开始前的准备阶段，通常由卖方委托拍卖人发出拍卖公告，告知潜在买主拟拍出商品的信息，其中不包括订立合同的主要条件，尤其是价格条款，故这仅属于要约邀请，不构成要约，对卖方不具有约束力。在拍卖过程中，竞买者的出价构成要约，该出价经拍卖人接受，双方成交，由买主与卖方签订买卖合同。

### 3. 招标公告

招标是指招标方向非特定人发出招标公告、邀请对方向自己投标（即发出要约）的行为。发布招标公告属于订约前的准备行为，目的是吸引投标者向招标人发出要约。在招投标过程中，投标人根据招标公告中规定的标准和条件向招标人发出标书，构成要约，后由招标人在众多投标者中选择出价合理者并与其订立合同。

### 4. 招股说明书、债券募集或基金招募说明书

公开发行股份或募集债券的公司，根据证券法的要求在指定媒体公开发布法律文件，披露股票发行人或债券募集者的信息、股票发行或债券募集的目的或用途、规模、种类、价格、预期收益等信息。在股票或债券的发行过程中，招股说明书或募债说明书意在吸引投资者向发行人发出购买要约，是一种要约邀请，而投资者向发行人发出的认购申请（明确购买数量）才构成要约，经发行人接受合同方能成立。

### 5. 商业广告

商业广告是商品或服务的供应商通过媒体向消费者或潜在买主推荐、介绍其商品或服务的一种商业推广手段，其内容一般不包含出售商品或提供服务的主要条款。其受众是非特定的社会公众，而不是某个或某些特定人，故商业广告通常属要约邀请，不构成要约。但商业广告的内容明确、肯定且符合要约规定的，则视为要约。

区分意思表示属于要约还是要约邀请的法律意义在于：如果意思表示构成要约，它一经相对人承诺，合同即告成立，要约人即须受其约束；如果意思表示仅构成要约邀请，即使对方完全同意或接受（可视为要约）该要约邀请的内容，要约邀请人仍然不受之约束，除非其对此接受表示承诺或确认，否则合同仍然不成立。

【案例 4-3】                                   要约与要约邀请

A 为其一个建设项目发布招标公告。在通常情况下，该公告仅构成要约邀请，A 可以接受亦可拒绝投标人的标书。然而，若 A 的招标公告中详细说明了该项目的具体要求、技术规范，并表明合同将授予符合技术规范的、出价最低的投标人，则该公告构成要约。一旦确认了出价最低的投标者，合同即告成立。

### (三) 要约的法律效力

要约的法律效力又称要约的拘束力,是指要约生效后的法律后果。

(1) 要约通常对受要约人没有拘束力。在受要约人就要约内容做出承诺之前,要约对受要约人是没有拘束力的,受要约人享有接受或拒绝要约的选择权。受要约人收到要约后做出承诺前,仅在法律上取得承诺的权利,并不因此承担必须承诺或通知要约人其是否承诺的义务。受要约人不为承诺的结果是合同无法成立,其并不为此承担任何责任。除非法律特别规定或双方事先另有约定,受要约人并不负有通知要约人承诺与否的义务;即使要约人在要约中明确规定受要约人不为承诺与否的通知即构成承诺,该规定对于受要约人亦无拘束力。

(2) 要约对要约人是有拘束力的。要约对要约人的拘束力,是指要约人能否撤回或撤销要约的问题。为保护受要约人的利益、维护商事交易安全,通常严格限制要约人违反法律或要约规定随意撤回或撤销要约。

要约的撤回与撤销是两个概念。要约的撤回(Withdrawal of Offer)是针对未生效要约、阻止要约生效的行为。要约的撤销(Revocation of Offer)是针对已生效要约、消灭要约效力的行为。

《公约》《通则》及多数国家法律规定,要约到达受要约人生效。那么,要约人发出要约之后、要约生效之前的送达过程中,要约人能否反悔并阻止要约生效,即撤回要约? 对此,《公约》及各国法律做出了基本相似的规定:要约可撤回,但撤回要约的通知必须先于要约或与要约同时到达受要约人,方可产生撤回的效力。允许要约人撤回要约,充分体现了对要约人意志和利益的尊重,而且,由于要约被撤回时并未生效,撤回亦不会对受要约人的利益产生影响。

在要约到达受要约人并生效之后、受要约人承诺之前,要约人能否变更要约内容、使得要约失效,即撤销要约? 对此,英美法系国家和大陆法系国家的法律规定不同。大陆法系国家尽管并不完全否定要约人对要约的撤销行为,但原则上均对要约的撤销严格加以限制。德国《民法典》规定:除非要约人在要约中注明不受约束,要约人必须受其约束;若要约规定了有效期,在要约的有效期内不得更改要约的内容;若要约未规定有效期,通常在受要约人对其回复之前,要约人不得撤销或更改要约的内容。英美法认为,要约原则上对要约人无约束力,在受要约人对要约做出承诺之前,要约人任何时候都可以撤销或变更要约的内容。即使要约中规定了有效期限,要约人在法律上仍可在期限届满之前随时撤销要约。显然,英美法的此类规定不利于保护受要约人的利益,特别是当受要约人依其对要约人的信赖已为承诺做出准备,若要约人撤销要约,则受要约人的损失无法避免。当然,这种不适应现代商事交易的规定已开始发生改变,例如美国《统一商法典》就做出了相应规定:若交易商做出买卖货物的要约,并以签名的书面函件保证其有效性,在要约规定的有效期内,或若未规定期限,则在合理的期间内,要约不可撤销。但在任何情形下,均不超过3个月。[一]

为避免各国法律在此问题规定上的差异导致国际商事交易纠纷的发生,影响国际商事交易的正常进行,协调两大法系国家的法律冲突,《公约》首先以英美法规定为原则,规定要约在受要约人做出承诺之前原则上可撤销,前提是撤销通知于受要约人做出承诺之前送达受要约人,即要约人撤销要约的权利至受要约人做出承诺时终止。这种缩短撤销要约期限的做

---

[一] (美) 克劳德 D. 柔沃、乔登 D. 沙博著,《合同法》,法律出版社,1999年版。

法是基于保护受要约人的合法利益。同时，又以多数大陆法国家的规定作为例外："但下列情形下要约不得撤销：a. 要约写明承诺期限或以其他方式表明要约是不可撤销的；b. 受要约人合理信赖要约不可撤销，并已依其对该项要约的信赖行事。"第一项规定了要约包含"不可撤销"的意思表示，如声明要约是"确定的"（Firm Offer[一]），"该要约至收到贵方回复均有效"等，或从要约人的其他表示或行为中推断。第二项所述受要约人的信赖，既可源于受要约人的行为（如为做出承诺立即准备生产、购买或租用设备等），亦可源于要约本身的性质（如对某项要约的承诺需受要约人进行广泛且费用昂贵的调查，或要约意在允许受要约人继续向第三方发出要约等）。受要约人基于对要约的信赖已采取行动，而要约人若突然撤销其要约，对于受要约人则是不公平的，因有违诚实守信和公平原则而不可取。《通则》及中国《民法典合同编》对此问题的规定类似于《公约》，充分体现了商事交易的诚实守信及公平原则。

### （四）要约的生效与失效

**1. 要约生效的时间**

作为要约人订约意思表示的要约，因传达方式不同，生效时间可不同。如果要约的传达方式是即时的，即发出与到达几乎同时发生（如电话、面谈、公告），则关于要约的生效时间无差异。但如果要约采用非对话传达方式（如信函、数据电文），其发出与到达之间存在时间差，则关于要约的生效时间存在两种观点。英美法系国家规定要约经要约人发出生效，即采用投邮主义原则；大陆法系国家规定要约到达受要约人生效，即采用到达主义原则。《公约》《通则》及中国《民法典合同编》采用到达主义原则。

**2. 要约生效的法律意义**

要约生效后对要约人产生拘束力，即对于不可撤销的要约，或规定了有效期且尚未逾期的要约，要约人不能随意变更或撤销要约。受要约人于要约生效后，取得承诺要约、拒绝要约、对原要约人发出反要约（Counter Offer[二]）的选择权。若受要约人在要约的有效期内做出有效的承诺，则合同成立，要约人与受要约人因而成为受合同约束的当事人。

在要约到达生效的原则下，若要约人发出要约，要约正处于送达途中（尚未到达受要约人），而受要约人向要约人发出内容与要约内容完全相同的意思表示，则当该意思表示到达要约人时，对要约人并不产生约束力，双方并无合同成立。该意思表示称为交错的要约（Cross Offer）。

【案例4-4】　　　　　　　　　　　交错的要约

A向B发出一项要约，愿以5万元将一辆旧汽车卖给B。而B正考虑买辆二手车，并从A的朋友处得知A正准备将其一辆旧车以5万元的价格出售。在A对B的要约到达B处之前，B告知A表示愿以5万元购买该车。尽管B的意思表示的内容与A的要约的内容相同，但其并不构成承诺，不能使得双方合同成立，而只能视为一项交错的要约，只有在B收到A的要约之后，或在A收到B的交错的要约之后向对方做出承诺，双方之间的合同方可成立。

---

[一] Firm Offer，贸易中称为"实盘"。
[二] Counter Offer，贸易中称为"还价"。

### 3. 要约的有效期

要约的有效期是指要约人在要约中规定的、受要约人做出承诺的有效期限。在国际商事交易实践中，要约有效期的确定有几种情况：

（1）要约中明确规定了有效期，如"×年×月×日前回复有效"；又如"10个工作日内回复有效"。

（2）要约未明确规定有效期，若要约以对话方式做出，则要约的有效期为"即时"。

（3）要约未明确规定有效期，若要约并非以对话方式做出，则受要约人应于合理的期间内回复，即要约的有效期为"合理期间"。至于如何确定合理期间，属事实问题，需考虑双方之间所处的距离、要约及承诺的传达方式、受要约人考虑回复所需的时间、双方先前是否有类似的交易发生、先前交易的特点、本次交易的具体情况、双方或交易所在地是否存在通行的市场及商业惯例等，根据交易的具体情况而定。

### 4. 要约的消灭

要约的消灭又称要约失效，是指要约丧失法律效力，对当事人双方均不再具有约束力。要约失效后，受要约人随即丧失其承诺的权利，即使其再对要约做出承诺，亦无法导致合同成立，其意思表示只能视为一项新的要约。要约消灭的原因主要有：

（1）要约人或受要约人死亡、破产，或丧失行为能力，要约自行失效。

（2）要约人依法撤销要约。受要约人做出承诺之前，除非要约存在不可撤销的情形，要约人可以撤销要约而使之失效。

（3）要约过期。如果要约规定了承诺期限，期限届满之前若受要约人没有做出承诺，则要约自然失效。若要约未规定有效期或承诺期限，则要约于合理期限届满之后消灭。

（4）要约因受要约人的拒绝而失效。受要约人未接受要约的条件构成拒绝要约，包括受要约人拒绝接受整个要约或对要约做出实质性变更（增加、限制、修改）。受要约人对要约的实质性变更视为一项新的要约（反要约），其做出导致原要约失效。一项要约被受要约人拒绝，在拒绝通知到达要约人时，要约即告失效，即使要约规定的承诺期限尚未届满，受要约人改变主意重新接受亦不构成承诺。

## 三、承诺

### （一）承诺的概念及要件

承诺（Acceptance[一]）是指受要约人依要约指定的方式、在要约的有效期内、对要约的内容表示同意的一种意思表示，做出承诺的受要约人为承诺人。在贸易实践中承诺又称为接受。承诺是一种法律行为，通常承诺一经生效、交易达成、合同成立，即对双方产生约束力，承诺人不得随意撤回或变更承诺内容。

一项有效的承诺必须具备以下条件：

### 1. 承诺必须由受要约人本人或其代理人做出

承诺必须由受要约人本人或其代理人做出，原因是要约原则上是向特定人发出的。只有受要约人具有承诺的权利，其做出的承诺才具有法律效力，承诺人之外的任何第三人对要约的接受，不构成有效的承诺，而仅为第三人对要约人发出的另一项要约。

---

[一] Acceptance，贸易中称为"接受"。

**2. 承诺须于要约的有效期内做出**

要约的有效期即承诺期限，对此须明确几种情形：①受要约人于要约生效之前做出的、内容与要约完全相同的意思表示，不构成承诺，仅为交错的要约。②若要约采用对话方式，承诺应即时做出，除非双方另有约定。③要约采用其他方式做出的，若要约规定了有效期，承诺应于该期限内到达要约人；若要约未规定有效期，承诺应于合理期限内到达要约人。④承诺逾期构成新要约，除非要约人及时通知承诺人该承诺有效。

《通则》第2.1.7条规定："受要约人必须在要约人规定的时间内承诺。若未规定时间，则在考虑交易的具体情况的一段合理时间内做出，包括要约人所使用的通信方式的快捷程度。对口头要约必须立即做出承诺，除非表明有其他情形存在。"

关于承诺期限的起算，《通则》第2.1.8条规定："要约人规定的承诺期间，应从要约被交发的时刻起算。要约中表明的时间视为要约交发的时间，除非情况有别。"若要约以信函或电报做出，自信函载明或电报的交发之日起算；若信函未载明日期，自信函邮戳显示日期起算。计算承诺期限时，该期限内的正式假日或非营业日应计算在内。但若承诺通知未能于承诺期间的最后一日到达要约人，而该日恰逢要约人营业地的正式假日或非营业日，则承诺期限应顺延至下一个营业日。中国《民法典合同编》第481、482条关于承诺期限的规定与《通则》上述规定类似，同时还规定，若要约以电话、传真、电邮等快捷方式做出，承诺期限自要约到达受要约人时起算。

**3. 承诺的内容必须与要约的内容一致**

对要约的承诺必须是无条件的，不能做任何限制、修改或增减，否则构成反要约，即拒绝原要约而构成一项新的要约。

主张承诺内容必须与要约内容完全一致的要求，在英美法中称为"镜像规则"（the Mirror Image Rule）。但该规则的严格执行对商事交易的达成非常不便，因为在实践中，受要约人经常会在承诺中对要约做出一些非实质性的附加、修改或限制，如果因为这些非实质性内容的变更而否定承诺的有效性，许多合同是无法达成的，势必影响交易的效率。故《公约》及各国法律不再要求承诺与要约内容的严格对应，而是以实质性变更与非实质性变更来区分。若承诺实质性变更了要约的内容，则承诺无效并构成拒绝要约的反要约；若承诺非实质性变更了要约的内容，除非要约人及时表示反对，否则承诺有效。

至于对要约中哪些内容的变更构成实质性变更，须视合同的具体性质基于个案判断，通常对要约中那些可能成为未来合同主要条款的内容的变更，构成实质性变更。《公约》第19条规定："关于货物的价格、付款、数量和质量、交货时间和地点、当事人赔偿责任的范围、争端解决等的增加或改变，均视为实质上变更了要约的条件。"中国《民法典合同编》第488条有类似规定。美国《统一商法典》第2-207条规定："只要承诺的表示明确且及时，即使它对要约的内容做出了增加或更改，仍构成承诺，除非承诺中明确规定以要约人同意这些附加或更改作为承诺生效的条件。"中国《民法典合同编》第489条规定：导致非实质性变更要约内容的承诺无效的情况有二。第一，要约人及时表示反对；若要约人对非实质性变更要约内容的承诺未及时表示反对，则合理期限之后承诺有效；第二，要约表明承诺不得对要约内容做出任何变更。这些规定与《公约》及其他国家法律类似，较为合理。

## 【案例4-5】 承诺对要约的变更

情形一：A向B订购一台机器，拟于其厂房进行调试。B收到A的订单后表示接受其要约，但增加了B希望参加机器调试的条款。该添加不构成对要约的实质性变更，可作为合同内容的一部分，除非A毫不迟延地拒绝。

情形二：基本情况同上，不同的是，在对A订单的承诺中，B添加了仲裁条款。结果是，该条款构成了对要约的实质性变更，是一项反要约。

情形三：A向B订购一定数量的小麦，在对订单做出承诺时，B增加了一项仲裁条款，该条款是相关商品交易中的标准做法，A对这种条款不会感到意外。该条款不构成对要约的实质性变更，除非A毫不迟延地拒绝，否则该条款将作为合同内容的一部分。㊀

### 4. 承诺的传达方式必须符合要约的规定

承诺可采用口头、书面或行为传达。若要约指定了承诺的传达方式，受要约人必须按要约规定的方式传达承诺，否则承诺无效；若要约未指定承诺的传达方式，受要约人应采用要约的传达方式；若受要约人采用的方式比要约指定或要约采用的方式更快捷，承诺在法律上有效。

《通则》第2.1.6条规定：缄默或不行为本身不构成承诺。因为在任何情况下，都不能认可要约人在要约中单方声称的"若受要约人未做答复，视为对要约的承诺"。订立合同的动议是要约人主动提出的，受要约人对要约既有承诺或不承诺的自由，亦有不予理会的自由。但若根据要约本身，或依照当事人之间业已建立的习惯做法或依照惯例，受要约人可以通过做出某种行为表示同意，而无须向要约人发出通知，则承诺于做出该行为时生效。

## 【案例4-6】 荷兰H公司 Vs 英国E公司案

英国E公司拟向荷兰H公司出售一台设备。E公司要约如下：售×设备一台，请汇5000英镑。H公司收到后立即电复：接受你方要约，已汇出5000英镑至你方开户行，该笔货款于你方交货前由开户行代你方保管，请即交货。E公司未做答复，而以更高的价格将该设备售予第三方。H公司诉至英国法院主张E公司违约。法院判决原告H公司败诉，判决理由之一是：被告E公司在要约中规定买方无条件付款，而原告在回复中却将其变更为以卖方交货作为付款条件，故原告的回复并不构成有效的承诺，即使其使用了"接受"一词。

## 【案例4-7】 缄默或不行为是否构成承诺？

情形一：A与B之间的供货合同即将于12月31日到期。A要求B提出续展合同的条件。B于要约中规定："……最晚于11月底之前，若我方未收到你方答复，我方将推定你方同意按上述条件续展合同。"A发现B提出的条件均无法接受，故未予答复。于是，当事人之间未能达成新的合同，先前的合同到期失效。

情形二：在A与B的长期供货协议中，双方的惯常做法是，B接受A的订单不需要明确表示承诺。11月20日，A为准备新年的货源向B订购一大批货物。B收到后既未做答复，亦未按对方要求的时间发货。在此情况下，B违约了，因为根据双方间业已建立的习惯

---

㊀ 国际统一私法协会，《国际商事合同通则》，商务部条约法律司编译，法律出版社，2004年版。

做法，B 的缄默视同对 A 的订单的承诺。㊀

### （二）承诺的生效

承诺一经生效合同即告成立，合同当事人因而承受合同项下的权利与义务。在此问题上，各国合同法主要有两种不同的主张。

（1）英美法系主张投邮主义。英美法系认为，在以书信或电报做出承诺时，承诺一经投邮立即生效，合同即告成立（即使承诺信函在传递中丢失，只要受要约人能够证明已发出信函）。主要目的是缩短要约人可能撤销要约的时间，减轻对受要约人的不利，保障交易安全。

（2）大陆法系采用到达主义，即承诺到达要约人可支配的范围即生效，无论其是否知悉承诺内容。《公约》、中国《民法典合同编》规定的承诺生效时间采用了到达主义。

### （三）逾期承诺

逾期承诺又称承诺迟延，它是否具有效力，取决于要约人的反应：对于迟发迟到的承诺，若要约人立即表示接受承诺，则逾期承诺仍有效；对于非迟发而迟到的承诺（传递延迟导致逾期承诺），除非要约人立即表示反对，否则该承诺有效。《公约》第 21 条规定：①逾期承诺仍具有效力，只要要约人毫不延迟地口头或书面告知受要约人该承诺有效。②如果逾期承诺载明或其他书面文件表明，其在能及时送达要约人的情况下发出，则该逾期承诺仍具有承诺的效力，除非要约人毫不延迟地通知受要约人要约已失效。《通则》及中国《民法典合同编》第 486、487 条规定与《公约》类似。

### （四）承诺的撤回

承诺的撤回是承诺人阻止承诺发生法律效力的一种意思表示，承诺必须于合同生效前撤回，一经生效成立，撤回即构成违约。

由于英美法系主张投邮生效原则，承诺一经发出立即生效，故受要约人发出承诺后不得撤回。大陆法系主张到达生效原则，受要约人发出承诺通知后可撤回承诺，条件是撤回通知必须先于承诺或与承诺同时到达要约人。《公约》第 22 条、《通则》、中国《民法典合同编》第 485 条对承诺的撤回均做了规定。

## 四、约因与对价

两大法系国家合同法要求，一项有效的合同除合法及当事人合意外，需有约因或对价的支持。两者虽然名称不同，但本质上十分相似。约因是大陆法系对罗马法概念的沿用，是指订立合同的原因或订约当事人追求的直接目的。㊁对价是英美法系的概念，即合同当事人的相对给付。根据英美判例法所确定的法律原则，一项有效的对价必须具备以下条件：①对价必须合法；②对价必须是待履行或已履行的，但不能是过去的；③对价必须具有法律上的价值（或法律上的损失，即履行或允诺履行某种在法律上无履行义务的行为，不为或允诺不为某种在法律上有权履行的行为），但并不要求等价；④既存义务或法定义务不能作为对价；⑤用于交换的对价必须由合同当事人相互提供。现代英美法系关于对价的原则逐步放宽，但并未放弃。

---

㊀ 国际统一私法协会，《国际商事合同通则》，商务部条约法律司编译，法律出版社，2004 年版。
㊁ 杨桢著，《英美契约法论》，北京大学出版社，2003 年版。

根据《公约》第29条（1）的规定，对于当事人变更和终止国际货物销售合同，不要求有对价。《通则》第3.2条将这一规定的适用扩展至一般国际商事合同的订立、变更和终止，规定仅由双方的协议决定，无须对价或约因。

中国《民法典》虽未采用约因或对价等术语及相关规定，但《民法典总则编》第6条关于民事主体从事民事活动应当遵循公平原则，合理确定各方权利和义务的规定，以及第121条关于无因管理、第122条关于不当得利等规定，与之相当。

### 五、当事人的订约能力

合同当事人通常为自然人或法人，分别讨论其订约能力。

#### （一）自然人

自然人（Natural Person）基于自然出生而具有法律人格。大陆法系将其民事能力区分为权利能力和行为能力。前者是指自然人享有民事权利承担民事义务的资格，该资格自出生至死亡；后者是指自然人以其行为享有民事权利承担民事义务的资格，确定自然人的行为能力，通常依据其年龄和精神状态。

英美法系认为多数自然人具有订约能力，但未成年人、精神病患者、智力不健全者或酒醉者的订约能力受到限制，其订立的合同在效力上需要追认、可撤销或无效。大陆法系规定，未解除亲权的未成年人和受法律保护的成年人无订约能力。

根据自然人的年龄和精神状态，可将自然人按行为能力划分为无行为能力人、限制行为能力人和完全行为能力人。就合同的订立而言，无行为能力人、限制行为能力人除纯粹获益或与其年龄、智力水平、精神状况相当者外，其订立的合同均须经其监护人于法定时间内追认方为有效，否则为无效或可撤销。中国《民法典总则编》第19条规定，限制民事行为能力的八周岁以上的未成年人，实施民事法律行为由其法定代理人代理或经其法定代理人同意、追认，但可独立实施纯获利益的民事法律行为或与其年龄、智力相适应的民事法律行为；第22条规定，不能完全辨认自己行为、限制民事行为能力的成年人，实施民事法律行为由其法定代理人代理或经其法定代理人同意、追认，但可独立实施纯获利益的民事法律行为或与其智力、精神健康状况相适应的民事法律行为。

【案例4-8】　　　　　　　　　　限制行为能力人订立的合同

少女A今年15岁，参加某电视台主办的业余歌手大赛获三等奖，之后A与B唱片公司签订了个人专辑录制出版合同，并获得相应的报酬。应如何认定该合同的效力？

#### （二）法人

法人（Legal Person）是指依法设立，拥有独立的财产，能够以自己的名义享有民事权利承担民事义务的法律实体。法人的权利能力由法律及法人章程确定，法人的行为能力与其权利能力同始同终，需要通过法定代表人或法人机关委托的代理人实现，且活动范围不得超出法律及公司章程的规定，否则构成法人越权行为。传统上各国法律认为，法人基于越权行为订立的合同无效，由行为人承担责任。这种不利于交易安全的规定后被逐渐摒弃，各国法律一般认为，出于保护善意第三人的目的，法定代表人超越法人章程发生的代表行为有效，除非相对人对其越权行为知情或理应知情。此外，需要特别注意区分法人越权行为与自然人（法定代表人或代理人）越权行为可能产生的不同法律后果。

## 六、合同的合法性

合同的合法性要求合同的形式、目的和内容均合法。关于合同的形式前已述及，违法合同通常是指合同的标的违法或合同追求的目的违法两种情况。合同合法性原则是指合同不得违反法律、社会公共利益和善良风俗，否则一律无效，目的在于维护正常的社会秩序和交易秩序。违法合同不能被强制执行，对于导致合同非法的事实若一方当事人知情而另一方不知情，法院会对不知情一方予以救济。若合同部分合法部分违法，而合法部分具有独立性和可分性，且强制执行不致引致不公，法院通常会承认合法部分的效力。

公共秩序和善良风俗是大陆法系的概念，英美法系将非法合同分为违反法律和违反公共政策两类。违反法律的合同是指违反宪法、成文法或其他法律规则；损害公共利益，妨碍公众健康、安全、道德及社会福利的合同属违反公共政策。

中国《民法典总则编》第153条规定，违反法律、行政法规的强制性规定、违背公序良俗的民事法律行为无效；第154条规定，行为人与相对人恶意串通，损害他人合法权益的民事法律行为无效；第156条规定，民事法律行为部分无效，不影响其他部分效力的，其他部分仍然有效。

## 七、合意必须真实

合意的真实性是指当事人在缔约过程中做出独立且真实的意思表示，不存在错误、欺诈、胁迫或乘人之危、不正当影响等情形。基于不真实意思表示订立的合同，受影响的一方可主张合同无效，请求撤销，或要求更改合同中的相关内容。

### （一）错误

错误（Mistake）是指当事人对与合同相关问题的认识与事实不符。《通则》将错误定义为：对有关合同订立时的既存事实或法律的不正确假设。合同错误可能是共同或双方错误，亦可能是单方或法律上的错误。各国法律一致认为，并非所有意思表示的错误，都足以使表意人主张合同无效或撤销合同，只有重大误解才可以作为否定合同效力的条件，当事人可依法主张合同无效或撤销合同。"重大"通常界定为与合同有关的重要事项（行为性质、当事人的能力、标的物的属性等）、错误行为的后果与当事人意思相悖并造成较大损失。

英美法系认为，单方错误原则上不影响合同效力，双方错误只有在涉及合同重要条款或有关交易的其他重大事项时，方可主张合同无效或撤销合同。法国法规定，关于合同标的物本质方面的错误、涉及合同对方当事人的错误，均构成合同无效的原因。德国法强调意思表示内容及形式上的错误可产生撤销合同的后果。

**【案例 4-9】** 瑞福斯 Vs 维切豪斯案

原被告签订了一份棉花买卖合同，约定由一艘自孟买发出的"皮尔莱斯号"货轮运输。事实上，原告期望出售的是12月自孟买发出的"皮尔莱斯号"货轮装运的棉花，而被告期望购买的是当年10月自孟买发出的"皮尔莱斯号"货轮装载的棉花。原告以12月运出的棉花交付被告，却遭对方拒绝。于是原告诉至英国法院。法官认为：原被告双方之间不存在有约束力的合同，因为双方对合同的基本条款存在不同理解，属于对合同事实的共同误解。双方当事人在误解的情况下签订的合同，任何一方当事人都不受此合同约束。

《通则》将错误的后果区分为两类：错误方知情或理应知情时，会按实质不同的条款订立合同，则合同无效；由于错误方重大疏忽所致的错误，或错误的风险由错误方承担的，不产生合同无效的后果。

中国《民法典总则编》第 147 条规定：基于重大误解实施的民事法律行为，行为人有权请求人民法院或仲裁机构予以撤销。

### （二）欺诈

欺诈（Fraud）是指一方制造假象或隐瞒与合同有关的事实，致使他方发生错误或做出误判的故意行为。各国法律规定，凡因欺诈而订立的合同，被欺诈的一方可撤销合同或主张合同无效。

英美法系将欺诈称为"欺骗性的虚假陈述"，是一种侵权行为，受欺诈的一方可以主张撤销合同并要求损害赔偿。法国法规定，欺诈将导致合同无效。德国法规定，欺诈的结果导致合同撤销。关于当事人对事实保持沉默是否构成欺诈，德国、法国、英国和美国的法律均认为，只有当一方负有对某种事实做出说明的义务却未做该说明时，构成欺诈；若当事人无此义务，单纯的沉默不构成欺诈。

**【案例 4-10】 莱劳德 Vs 奥根案**

原告为一烟草商，其通过特殊途径获悉第二次独立战争的合约业已签字的消息后，乘被告对这一消息尚无所知，从被告处购进了大批烟草。几小时后，合约签字的消息公之于众，烟草价格猛涨。被告拟取消该合同，而原告不同意，遂诉至法院。法院认为：交易中的任何一方均无义务将其所掌握的情况通知对方，故判决原告胜诉。

《通则》规定，欺诈将导致合同无效。中国《民法典总则编》第 148 条规定，一方以欺诈手段使对方在违背真实意思的情况下实施的民事法律行为，受欺诈方有权请求法院或仲裁机构予以撤销；第 149 条规定，第三人实施欺诈行为，使一方在违背真实意思的情况下实施的民事法律行为，对方知道或者应当知道该欺诈行为的，受欺诈方有权请求法院或仲裁机构予以撤销。

### （三）胁迫

胁迫（Duress）是指以使对方陷入恐惧为目的的故意行为。胁迫通常可能是：对当事人人身或财产施加威胁，或对其商业或经济上施加压力；一方当事人本人直接或受其指使的第三人，对另一方当事人本人或其亲属施与压力。各国法律认为，基于胁迫订立的合同，受胁迫的一方可以主张合同无效或撤销合同。胁迫行为本身通常违法，但在考虑一方对另一方施加的行为是否构成胁迫时，需考虑：①如果不违反公共道德或政策，威胁对方采取自己有权采取的行动不构成胁迫。②在合同谈判中，一方利用对方经济上的窘迫谋求对己方更有利的条件通常不构成胁迫，除非构成不正当竞争。③居优势地位的一方利用其优势以不正当方式给对方造成极端的经济压力，使对方除接受之外无其他合理选择，构成胁迫。

法国法规定：对合同债务人实施的胁迫，构成契约无效的原因。德国法规定：因被胁迫而为意思表示者，表意人得撤销其意思表示；若法律行为系乘他人贫困、无经验、缺乏判断力或意志薄弱，使其为对自己或第三人的给付做财产上的利益的约定或担保，而此种财产上的利益比之于给付明显不相称，该法律行为无效。

英美普通法认为，胁迫是指对人身施加威胁、暴力或监禁。英美衡平法中还有"不正当影响"的概念。胁迫通常可存在于任何类型的合同当事人之间，而不正当影响存在于有特殊关系的当事人之间（父母与子女、监护人与被监护人、律师、会计师与委托人等），其中地位特殊的一方可能滥用合同的订立从中牟利，其法律后果同于胁迫。

《通则》规定，若不正当的胁迫急迫、严重至当事人无其他合理选择，其可宣布合同无效。中国《民法典总则编》第150条规定，一方或者第三人以胁迫手段，使对方在违背真实意思的情况下实施的民事法律行为，受胁迫方有权请求法院或仲裁机构予以撤销；第151条规定，一方利用对方处于危困状态、缺乏判断能力等情形，致使民事法律行为成立时显失公平的，受损害方有权请求法院或仲裁机构予以撤销。

### 八、合同成立的时间和地点

合同成立的时间：承诺生效时间为合同成立的时间。以合同书形式订立的合同，自当事人签字、盖章或按指印时合同成立。以信函、数据电文形式订立的合同，可要求签订确认书，确认书签订时合同成立。中国《民法典合同编》第491条第2款并对电子合同的订立做出了规定：当事人一方通过互联网等信息网络发布的商品或者服务信息符合要约条件的，对方选择该商品或者服务并提交订单成功时合同成立，但当事人另有约定除外。

合同成立的地点：承诺生效地点为合同成立的地点。中国《民法典合同编》第492条第2款规定，采用数据电文形式订立合同的，收件人的主营业地为合同成立的地点；没有主营业地的，其住所地为合同成立的地点。当事人另有约定的从其约定。第493条规定，采用合同书形式订立合同的，最后签名、盖章或者按指印的地点为合同成立的地点，但当事人另有约定除外。在合同履行过程中产生纠纷的情况下，可依据合同成立的地点确定管辖法院，当然当事人亦可协议选择管辖法院。

合同推定成立：在某些情况下，尽管表明合同成立的合同书或书面合同尚未签订，若一方已履行主要义务而对方对此接受，该合同事实上业已成立。

### 九、缔约过失责任

对于已成立的合同，若一方当事人违约，应就其违约行为向对方当事人承担违约责任。在缔约谈判的过程中，因一方当事人的过错使另一方当事人遭受损失，而此时合同尚未成立，违约责任无法适用，前者应对后者承担何种责任？大陆法系的一些国家、《通则》及中国《民法典合同编》为此引入了缔约过失责任制度。

缔约过失责任是指在合同订立的过程中，一方因违背向另一方所负的诚信义务而使另一方信赖利益遭受损失，应向对方承担相应的民事责任。当事人之间在交易过程中经过接触形成信赖关系，根据诚信原则，双方应相互配合、真实披露交易信息、保守对方商业秘密、谨慎交易，以使交易顺利、有效进行。此类缔约过程中的谨慎注意义务不同于基于合同的给付义务，是一种先合同义务，确立的目的在于通过约束交易各方缔约过程中的行为，以保护合法诚信的交易，促进交易效率的提高。

《通则》第2.1.15条规定：合同当事人享有谈判自由，未达成合同不承担责任。但若一方当事人恶意谈判（无缔约诚意开始或继续进行谈判）或恶意终止谈判，则应对因此给另一方当事人造成的损失承担责任。赔偿包括谈判中发生的费用及对方因此失去与第三人订立合同的机会，不包括若订立合同可能产生的预期利益。《通则》第2.1.16条规定：无论合同是否成立，谈判过程中对一方当事人提供的保密信息，另一方不得泄露或为己方目的不当使用。违反该义务的救济包括根据过失方泄露信息所获之利益予以适当赔偿。

中国《民法典合同编》第500条、第501条规定：当事人在订立合同过程中有假借订立合同恶意进行磋商、故意隐瞒与订立合同有关的重要事实或提供虚假情况、泄露或不正当使用在缔约过程中知悉的商业秘密或其他应当保密的信息、其他违背诚实信用原则的行为，给对方造成损失的，应承担赔偿责任。

【案例4-11】　　　　　　　　　　恶意谈判

A了解到B有意转让一套设备，A根本无意购买B的该套设备，但为阻止B将该设备卖给其竞争对手C，A与B进行了长期的谈判。当得知C从D处购买了另一套设备时，A终止了与B的谈判。B后来以比C的出价更低的价格将设备售予E。对此，B向A主张赔偿差价损失。B的主张应否得到支持？

【案例4-12】　　　　　　　　　　保密义务

B与C是两大主要汽车生产商，A有意与B或C设立一合资企业。在与B的谈判过程中，A收到了B关于其一种新车型设计方案的详细资料。尽管B并未明确声明该信息为秘密信息，但因为是关于一种新车型的设计方案，A在与C的谈判中则可能负有不向C披露该方案的义务。同时，只要合同尚未达成，A亦不得将该设计方案用于自己的生产之中。[一]

## 第三节　合同的履行、违约及救济

### 一、合同的履行

#### （一）合同履行的含义及各国法律规定

合同的履行（Contract Performance），是指合同当事人按照合同约定执行合同内容、获得合同权利、实现交易目的的行为过程。合同订立并依法生效后，合同当事人于合同规定的履行期限和地点，以合同约定的方式完成各自的合同义务，使合同法律关系得以终止。

合同约定了当事人之间的允诺，交易各方由此产生彼此的信赖并依其信赖行事。当事人不遵守约定使合同得不到履行即失信于对方，当事人订约的预期利益无法实现并因此遭受损失，合同履行因而是实现合同目的、保证交易效率的必要条件。各国法律均规定，依法生效的合同，在当事人之间形成相当于法律的效力，当事人必须受合同约束，履行各自的合同义务，若不按照合同的约定履行合同义务，则须承担相应的法律责任。合同履行需要合同债务人为给付合同标的采取行动（交付货物、支付价款等），而合同债权人受领义务的履行（接受行为）同样为实现合同目的所必需。

英美法认为，合同订立之后，当事人必须严格按照合同条款予以履行。若合同未规定履行期间，当事人应于合理的期间内履行。一方未于合同规定的期间内履行，或合同未规定期

---

[一] 国际统一私法协会，《国际商事合同通则》，商务部条约法律司编译，法律出版社，2004年版。

间而一方未于合理的期间内履行，构成违约，守约方可以主张赔偿。若合同明确规定履行期间对合同"至关重要"，或者合同或标的物的性质显示履行期间对于合同"至关重要"，则一方的迟延履行可导致另一方解除合同。在许多情况下，一方当事人合同义务的履行需要对方的配合，否则无法完成，故英美法强调合同履行过程中当事人做出的、旨在履行其合同义务的"提供"，以及其相对人对此是否接受。

大陆法主张，合同的履行应遵守实际履行、适当履行、协作履行、情势变更等原则。法国法将当事人之间依法订立的合同视同法律："依法成立的契约，对缔约人具有相当于法律之效力。"法国《民法典》规定：合同当事人必须受合同约束并履行合同义务。凡债务人无法证明其债务不履行系由于不能归因于其本人的外部原因时，即使本人并无恶意，债务人应就其不履行或迟延履行债务做出损害赔偿。德国《民法典》规定：债权人凭债的关系有权请求债务人给付，"债务人须依诚实与信用，并顾及交易惯例，履行其给付"。德国法将诚信作为履行合同的基本原则，若合同明确规定交货时间和地点，债务人原则上应当依照合同规定的时间和地点履行交货。若债务人提前交货，应事先通知债权人以便其做好提货准备，债务人不作事先通知违反诚实守信原则，债权人可不承担受领迟延的责任。

中国《民法典总则编》第119条规定，依法成立的合同对当事人具有法律约束力；第176条规定，民事主体依照法律规定或当事人约定，履行民事义务承担民事责任。《民法典合同编》第509条规定，当事人应当按照约定全面履行自己的义务；应当遵循诚信原则，根据合同性质、目的和交易习惯履行通知、协助、保密等义务；履行合同过程中应当避免浪费资源、污染环境和破坏生态。

### （二）合同履行的原则

合同履行的原则即合同履行过程中当事人应当遵守的行为准则。

（1）实际履行原则。当事人只能按照合同约定的标的履行合同义务，不能用其他标的替代合同标的。该原则是判断当事人是否履行合同的标准。但该原则的适用并非绝对，当实际履行成为不可能、没有必要，或经当事人同意，可无须实际履行。

（2）全面履行原则。全面履行原则又称适当履行原则。合同当事人应按照合同的约定全面、适当地履行各自的义务，使合同内容得以全部实现，包括履行标的及其数量、质量、规格、价格以及履行时间、地点、方式等均应符合合同约定，或者适当。该原则是实际履行原则的补充，是判断当事人合同义务履行是否正确的标准。[一]

（3）协作履行原则。该原则是诚实守信原则的体现。合同当事人不仅应履行己方义务，还应就对方义务的履行进行配合与协助。就配合与协助而言，合同有约定从约定；无约定，当事人依诚实守信原则给予适当协助与配合。合同履行过程中发生特定情况时当事人的及时通知义务、守约方减轻损失的义务，以及合同债权人的受领义务，均是协作履行原则的具体体现。

（4）经济合理原则。该原则亦体现了诚实守信原则。当事人履行合同义务时，应尽量选择经济的方式或途径，在尽可能降低履行成本的情况下实现合同目的、取得合同利益。该原则要求当事人在合同履行过程中既考虑己方利益，又维护对方利益，同时兼顾

---

[一] 王利明、房绍坤、王轶编，《合同法》，中国人民大学出版社，2002年版。

社会公共利益，但并不要求合同债务人以牺牲己方利益为代价来实现对方利益。

根据《通则》及各国法律的规定，合同生效后，关于合同标的的质量、价款或者报酬、履行方式、履行时间、履行地点、履行顺序等内容未做约定或约定不明时，如果不能达成补充协议，又不能按照合同有关条款或是交易习惯确定，通常按照以下原则确定：

（1）质量约定不明的，当事人有义务使履行质量合理并不低于同类情况下的平均水平，如按照国家、行业、通常标准，或符合合同目的的特定标准履行。

（2）价款或报酬约定不明的，可采用类似交易中的可比价格或合理价格确定，如按照订约时合同履行地的市场价格履行。

（3）履行地点不明的，应于合理地点履行。给付货币的，于债权人所在地履行；交付不动产的，于不动产所在地履行；其他标的，于履行义务一方所在地履行。《通则》规定，当事人应承担合同订立后因其营业地改变而给履行增加的费用。

（4）履行时间或期限不明的，应于订约后的合理时间或期限内履行，当然，债务人可随时履行，债权人亦可随时要求履行，但应当给对方留有必要的准备时间。

（5）履行方式不明的，按照有利于实现合同目的的方式履行。

（6）履行顺序不明的，能够同时履行则同时履行，除非存在其他情况。

（7）履行费用的负担不明的，由履行义务方各自承担。

中国《民法典合同编》第512条还对电子合同的履行做出了规定：通过互联网等信息网络订立的电子合同的标的为交付商品并采用快递物流方式交付的，收货人的签收时间为交付时间。电子合同的标的为提供服务的，生成的电子凭证或者实物凭证中载明的时间为提供服务时间；前述凭证没有载明时间或者载明时间与实际提供服务时间不一致的，以实际提供服务的时间为准。电子合同的标的物为采用在线传输方式交付的，合同标的物进入对方当事人指定的特定系统且能够检索识别的时间为交付时间。电子合同当事人对交付方式、交付时间另有约定的从其约定。

（三）合同履行的类型

（1）实质履行。实质履行属有效履行。当合同全面履行难以实现，只要一方履行了其大部分义务，且不影响另一方基于合同所期望的实质利益，即合同义务基本得到履行但存在瑕疵，其后果是，接受履行方不得拒绝付酬，但可将矫正瑕疵所需成本自报酬中适当扣除，即另一方不得以履行瑕疵作为拒绝履行己方义务的理由。

（2）部分履行。部分履行属无效履行。其法律后果是，债权人对于部分履行可拒绝接受，履行方不能根据合同得到补偿。《通则》规定，部分履行构成违约，债权人可拒绝部分履行的请求，不论该请求是否附有对未履行部分的担保。当然，若债权人接受部分履行，则部分履行不构成不履行，履行方可按比例获得合理报酬；债权人可同时保留其对对方违约可主张的权利，或无任何保留条件地接受部分履行。因部分履行给债权人带来的额外费用由债务人承担，且不排除债权人其他救济措施的适用。

（3）分割履行。分割履行是否有效视合同的性质而定。当合同规定了两个或两个以上可分别履行的义务，且这种义务因当事人的相对履行而相互抵消，可将此类合同视为由若干小合同组成的大合同。小合同的履行瑕疵是否影响大合同整体的效力，须视合同标的物的属性而定。

（4）提前履行。债权人可拒绝接受提前履行。若债权人接受，则并不因此而影响其自身义务履行的时间。《通则》第 6.1.5 条规定：若债权人有合法利益可拒绝提前履行，提前履行原则上构成不履行。债权人亦可接受提前履行，而保留其对该不履行的权利；若债权人毫无保留地接受提前履行，则提前履行不构成不履行。因提前履行而给债权人增加的额外费用，由提前履行当事人承担，且不排除债权人其他救济措施的适用。

## 二、违约

合同当事人未履行、未适当履行或拒绝履行其合同义务构成违约（Breach of Contract）。当事人违反合同义务，应就其违约行为承担相应的违约责任。

### （一）违约责任的构成要件

**1. 当事人存在违约行为是构成违约责任的客观要件**

违约行为可能是不履行或不完全履行、提前或迟延履行、拒绝履行等。

**2. 违约责任的归责原则**

两大法系对于违约责任的归责原则存在差异。英美法认为合同是"担保"，当事人不能达到担保的结果即构成违约，应承担违约责任。美国《合同法重述》规定：凡没有正当理由不履行合同中的全部或部分允诺者，构成违约。允诺人有无过错并非构成违约的要件，违约行为本身即表明当事人是没有正当理由的。大陆法将过错责任作为确定民事责任的基本原则，只有存在可归责于合同债务人的过错时，才承担违约责任。法国《民法典》第 1147 条规定，凡债务人不能证明其不履行债务系由于不应归于其个人的外来原因时，债务人对于其不履行或迟延履行债务应承担损害赔偿责任。此外，大陆法系国家法律有催告制度，即债权人请求债务人履约的通知。在合同未明确规定履行期的情况下，经债权人催告仍未履行的债务人承担迟延履行的责任。英美法系国家法律则无催告制度，合同未明确规定履行期的，应于合理期限内履行，否则即构成违约。

现代合同法通常采纳严格责任原则，即合同当事人发生违约行为时，若其不存在法定或约定的免责事由，应承担违约责任。中国《民法典合同编》在第一分编"总则"部分将严格责任作为一般原则，即除非存在合同约定或法定免责事由，违约方既使无过错亦当承担违约责任（第 577 条），同时以过错责任为例外原则，分别体现在第一分编总则部分的预期违约责任（第 578 条）、不可抗力（第 590 条）、减轻损失（第 591 条）、双方违约责任（第 592 条）；第二分编"典型合同"部分的出卖人未履行告知义务责任（第 618 条）、供电人责任（第 651、652、653、654 条）、赠与人责任（第 660 条第 2 款、第 662 条第 2 款）、承租人保管责任（第 714 条）、承揽人责任（第 784 条）、建设工程合同中的过错责任（第 800、801、802、803、804、805 条）、承运人责任（第 823、824 条）、托运人责任（第 825、841 条）、寄存人未履行告知义务之责任（第 893 条）、保管人责任（第 894 条第 2 款、第 897、907 条）、委托合同中的受托人责任（第 929 条）、中介人责任（第 962 条第 2 款）等。

### （二）违约的形式

各国法律及判例关于违约形式的划分存在差异，英美法强调违约的结果，大陆法注重违约形式的抽象区别。

**1. 英美法关于违约形式的规定**

英国法规定的违约形式包括：违反条件、违反担保、违反中间性条款、先期违约、履行不可能。

(1) 违反条件（Breach of Condition）。根据英国法，凡合同的主要条款称为"条件"，当事人违反条件即违反了合同的主要条款，其后果是，对方有权解除合同并要求损害赔偿。美国法中重大违约（Material Breach）的法律后果与之类似。

(2) 违反担保（Breach of Warranty）。违反担保是指违反合同的次要条款或随附条款，其后果是，守约方不能主张解除合同，只能向违约方请求损害赔偿。美国法中轻微违约（Minor Breach）的法律后果与之类似。

(3) 违反中间性条款（Breach of Intermediate Term）。违反中间性条款是对违反条件与违反担保这种传统的违约形式的区分方法的调整，是英国法院通过判例引入的。若违约方对合同中某些条款的违反后果轻微，且通过损害赔偿可予以补救，守约方则不能解除合同，该种条款可认定为中间性条款。

(4) 先（预）期违约（Anticipatory Breach）。先期违约是指合同履行期限届满之前，当事人一方明示或默示表明届时将不履行合同义务的一种特殊违约形式。先期违约确立的原则是，预期的不履行等同于履行到期时发生的不履行。一方先期违约时，守约方可解除自己的合同义务（向对方发出通知），并立即要求对方给予损害赔偿；亦可拒绝接受对方先期违约的表示，待合同履行期届满再采取措施。在后一种选项下，守约方须承担在此期间情况变化的风险（发生不可抗力或合同落空事由）。

(5) 履行不可能。履行不可能包括：订约时合同就不可能履行，如由双方错误导致则合同无效；合同成立后的履行不可能，合同可予解除，但允诺人仍须负损害赔偿责任。

**2. 大陆法关于违约形式的规定**

德国《民法典》将违约分为给付不能和给付延迟。前者是指债务人由于某种原因无法履行其合同义务，包括自始不能和嗣后不能，视债务人是否有过错决定其应否承担责任。后者是指债务人未按期履行合同义务，若债务人存在过错，则其自债权人催告时起承担迟延履行责任；若债务人无过错，则不必承担责任。

与德国法类似，法国《民法典》将违约分为不履行债务和迟延履行债务。债务人对于其不履行债务或延迟履行债务是否承担损害赔偿责任，视债务人是否有过错而定。

**3. 《公约》关于违约形式的规定**

《公约》将违约区分为根本性违约、非根本性违约、先（预）期违约。

根本性违约是指一方当事人违反合同的结果，使另一方当事人遭受损失，以致事实上剥夺了守约方基于合同所期望的利益，对于这种结果的发生，违约方事先能够预见或理应预见。其法律后果是，守约方可解除合同并要求损害赔偿。

不满足根本性违约条件的违约行为为非根本性违约，其法律后果是，守约方不能解除合同，只能要求损害赔偿。

针对先期违约，《公约》第71、72条规定：①合同订立后，一方当事人由于其履约的能力或信用存在严重缺陷；或其准备履行合同或履行合同中的行为表明，届时其将不履行大部分重要义务，另一方当事人可中止履行己方义务，但须及时通知对方，如对方为其合同义务的履行提供充分的保证，中止履行方必须恢复履行。②若合同履行期届满之前，能够明显看出一方当事人将根本性违约，另一方当事人可主张解除合同。当事人对于合同撤销权的行使应当非常谨慎，若合同履行期届满，原本预期的对方根本性违约的情事事实上并未发生，则撤销合同的一方当事人将因己方未履行合同义务而构成违约，须承担由此造成的违约后果。

**4. 中国《民法典合同编》关于违约形式的规定**

（1）实际违约（第577、531条）。实际违约包括拒绝履行、迟延履行、履行不当、部分履行等。

（2）明示及默示的先期违约（第527、528、578条）。与《公约》及英美法规定类似，需要注意的是：①对于默示的先期违约，守约方须掌握确切的证据。②先期违约方能否提供适当的履约担保，是判断其是否构成默示先期违约的重要条件。

相较于实际违约，先期违约的法律特征是：发生于合同生效之后履行期届满之前；存在明示或默示的不履行合同义务的情形；守约方立即行动——可于履行期届满之前要求对方承担违约责任，从而避免丧失商业或交易机会，并提前获得法律救济。

### 三、违约责任与侵权责任

**（一）区别**

两者均为民事责任，区别为：

（1）从性质上看，违约责任约定而侵权责任法定。违约行为侵犯的是合同设定的权利，违约责任的产生基于合同约定，可由当事人协议限制、变更、解除或免除；侵权行为侵犯的是法律设定的权利，侵权责任的产生基于法律规定，不能由当事人协议限制、变更、解除或免除。

（2）在归责原则上，侵权责任通常采取严格责任原则，而违约责任通常采取过错责任原则，这种区别的结果是，行为人赔偿责任得到免除的程度可能差异很大。

（3）从责任构成要件来看，损害事实是侵权责任成立的前提，而违约责任则不是。

（4）从免责条件看，在违约责任中，当事人对于法定的免责条件（如不可抗力）可事先约定，然而在侵权责任中，当事人对于免责条件难以事先约定或约定无效（如产品责任）。

（5）在责任形式和赔偿范围上，违约责任属财产责任，具有补偿性，责任形式包括损害赔偿、违约金、实际履行等，可事先约定并受"预见性"原则约束；侵权责任可能是或不是财产责任（如公开赔礼道歉），具有惩罚性，主要责任形式是包含财产损失、人身伤害、精神损害在内的损害赔偿，但不能由当事人事先约定。

（6）违约行为侵犯的是相对权，违约责任的主体是特定的合同当事人；侵权行为侵犯的是绝对权，侵权责任的主体是非特定的侵犯他人人身或财产权利的人，故第三人责任不同。

此外，两者在举证责任、时效期间、管辖权等方面亦存在区别。

**（二）竞合**

责任竞合是指某种法律事实的出现导致两种以上彼此之间相互冲突的责任同时产生。民法上的责任竞合主要是违约责任与侵权责任的竞合。⊖

两者可能产生竞合的情形包括：违约行为同时造成侵权后果（如卖方的瑕疵产品导致消费者人身伤害和财产损害）；侵权行为构成违约原因（如承租人依租赁合同占有出租方财产并非法使用，导致财产毁损、灭失）。

---

⊖ 王利明、房绍坤、王轶编，《合同法》，中国人民大学出版社，2002年版。

中国《民法典总则编》第186条规定,因当事人一方违约行为损害对方人身权益、财产权益的,受损害方有权选择请求其承担违约责任或者侵权责任。主张获得救济的当事人选择不同责任,对其利益的保护及对不法行为人的制裁结果可能迥异。

### 四、违约的救济

违约的救济（Remedies for Breach of Contract）,是指合同一方当事人违约时,法律对守约方因对方违约所致损害的补救,又称违约的责任形式,即当事人不履行或不适当履行合同义务所应承担的责任,包括实际履行、损害赔偿、解除合同、违约金、定金等。

#### （一）实际履行

实际履行（Specific Performance）又称依约履行、强制履行、特定履行、继续履行,是指守约方要求违约方按照合同约定履行合同,或由守约方向法院提起实际履行之诉,通过执行机关运用国家强制力,达到令违约方按照合同规定履行合同的目的。

**1. 各国法律关于实际履行的规定**

各国法律对实际履行的态度存在差异。多数大陆法系国家均将实际履行作为合同履行的首要原则,以及违约的主要救济手段,凡债务人不履行合同的,除属于作为或不作为的债务外,债权人均有权要求债务人实际履行。德国《民法典》规定:债权人根据债的关系可向债务人请求给付。法国《民法典》将实际履行作为一种可供选择的救济方法。

英美普通法不倾向采用实际履行的救济方法,而以损害赔偿为主要救济手段。在英美衡平法上,将实际履行作为一种例外的、补充的救济方法,只有当原告能证明仅损害赔偿不足以弥补其损失,且实际履行为可能、可执行时,法院方考虑以实际履行作为救济,至于是否判令实际履行,法院拥有自由裁量权。

《公约》因而在两者间做了折中,既允许守约方依《公约》规定要求违约方实际履行其合同义务,又认可受诉法院可依据其所在国法律给予相应的司法救济,目的是协调两大法系在实际履行问题上的分歧。《公约》第28条规定:若当事人一方有权要求他方履行某项义务,法院没有义务做出判决要求其实际履行此项义务,除非法院依照其本身的法律对不受本《公约》支配的类似买卖合同可以做出此类判决。

《通则》将实际履行作为一种重要的、非自由裁量的救济手段:如一方当事人有义务付款而未履行,另一方当事人可要求付款。若一方当事人负有非付款义务而未履行,另一方当事人可要求履行,除非履行不可能（法律上或事实上）、履行或执行将产生不合理的成本、有权要求履行的一方当事人可以合理地从其他渠道获得履行、具有排他性的个人特征的履行、守约方未在合理时间内主张。

中国《民法典合同编》将实际履行作为违约的救济手段,并区分金钱债务和非金钱债务两种情况,分别做出了规定。对于金钱债务,若违约方不支付价款、报酬、租金、利息或其他金钱债务,守约方有权要求对方实际履行（第579条）。对于非金钱债务,守约方可要求违约方实际履行,但存在法律上的限制条件:法律上或事实上不能履行;债务标的不适于强制履行或履行费用过高;债权人在合理期限内未请求履行（第580条）。

**2. 实际履行的适用条件**

从以上各国法律及相关规定来看,实际履行的适用须满足一定的条件:①存在违约行为;②存在必要性（由守约方于合理期限内提出请求）;③存在可能性,无论在法律或合同性质上（如基于人身信任关系的合同往往不满足这一条件），或者事实上；④存在经济上的合理性。这些条件成为法院就是否支持守约方实际履行请求做出判断的依据。

### 3. 与其他救济手段的关系

多数国家法律规定，实际履行不可与解除合同同时主张，但可与损害赔偿同时主张。

## （二）损害赔偿

损害赔偿（Damages）是指违约方不履行合同义务或履行合同义务不符合合同约定，应赔偿守约方因其违约行为而遭受的、包括直接和间接在内的损失，具体形式可以是恢复原状或金钱赔偿。

### 1. 各国法律关于损害赔偿的规定

各国法律均将损害赔偿作为违约的一种救济方法，尽管规定不尽相同。

大陆法认为，赔偿责任的产生须同时满足：有损害发生的事实；有可归责于债务人的原因，债权人的损失与损害的发生之间存在因果关系。对于损害赔偿的适用，德国法以恢复原状为主，金钱赔偿为例外。法国法关于赔偿责任的成立条件与德国法相同，但在某些情况下，即使债务人无过失也应负责。按照法国法，损害赔偿以金钱赔偿为主，恢复原状为例外。对于损害赔偿的范围，大陆法认为应包括违约造成的实际损失和失去利益。

英美法认为，只要一方当事人违约，不论其有无过错及是否发生实质上的损害结果，守约方都可提起损害赔偿之诉。即使违约未造成实质性损害，当事人仍可请求名义上的损害赔偿。对于损害赔偿之诉，英美法院通常判令违约方金钱赔偿。关于损害赔偿的范围，英美法认为，在金钱可及的范围内，损害赔偿的目的是使因债务人违约而权利遭受损害的一方，在经济上处于该合同得到履行时的同等地位。美国《统一商法典》规定，损害赔偿范围除直接损失外，还包括附带的、间接的损失。另外，一方违约时，英美法同时要求守约方负有采取合理措施减轻损失的义务。

《公约》第74条规定：一方当事人违反合同应承担的损害赔偿额，应与另一方因其违约所遭受的、包括利润在内的损失额相当，并不得超过违约方订约时，根据其当时已经或理应知晓的事实和情况，对违约可能造成的损失能够预见或理应预见的范围。《公约》第77条规定：一方违约时，守约方应及时采取有效措施尽量减少违约所造成的损失。

《通则》第7.4.1条规定：凡违约方对其违反某项合同义务应承担责任者，受损害一方即有权请求损害赔偿。《通则》第7.4.2条规定：受损害一方有权就其所受损失得到完全赔偿，此项损失应相当于因违约已经发生的实际损失，以及被剥夺的应得的一切利益，包括非物质损害（身体或精神上的痛苦）的赔偿（可采取多种形式，如声明、道歉等）。《通则》第7.4.3条规定：只有确定的损失方可要求赔偿，包括未来的损失；对机会损失的赔偿可根据机会发生的可能性程度按比例确定。《通则》第7.4.4条规定：违约方仅对订约时其能够合理预见的损失承担责任。《通则》第7.4.8条规定：受损害一方须依具体情况采取合理措施减轻损失，若非如此，应于赔偿额中扣减本应避免的损失部分；受损害一方有权对因试图减轻损失而发生的一切合理费用要求赔偿。

中国《民法典合同编》规定，违约责任没有约定、约定不明或不能确定的，受损害方根据标的性质、损失大小可选择请求对方承担修理、重作、更换、退货、减少价款或报酬等违约责任（第582条）；违约方在履行义务或者采取补救措施后，还应当赔偿守约方其他损失（第583条）。

### 2. 损害赔偿范围的确定原则

（1）多数国家法律规定，损害赔偿仅具有补偿性，而不具有惩罚性。

（2）赔偿守约方实际遭受的全部损失，包括直接的现有财产的损失，以及间接的预期利益的损失。间接的预期利益的损失是指合同若得到适当履行，受损害方当事人正常应得的利益，这种利益往往不确定，经常表现为机会的丧失。

（3）赔偿数额根据合理预见原则确定，判断依据是通常理性之人的预见能力，判断时间是订约时。该原则限制了作为间接损失的预期利益的范围。

（4）守约方减轻损失的义务。合同一方违约时，守约方有义务采取适当措施防止损失扩大；若未采取适当措施致使损失扩大的，不得就扩大的损失要求违约方赔偿。守约方因减轻损失所发生的合理费用由违约方承担。

中国《民法典合同编》规定，损失赔偿额应当相当于因违约所造成的损失，包括合同履行后的可得利益，但不得超过违约方订立合同时预见到或应当预见到的因违约可能造成的损失（第584条）；一方违约后，对方应采取适当措施防止损失扩大，未采取适当措施致使损失扩大的，不得就扩大的损失请求赔偿。因防止损失扩大而支出的合理费用由违约方负担（第591条）。

【案例4-13】　　　　　　　　减轻损失及合理费用

A承建B的一个地产项目，在工程接近完工时A突然停工。协商未果之下，B委托C公司完成工程剩余部分。其间B未采取措施保护工地上已完工部分的建筑，这些建筑因恶劣天气而受到损坏。B不能就这种损坏得到A的赔偿。若B采取了必要的措施保证建筑物得到临时保护，其因此而发生的合理费用，有权要求A加入损害赔偿之中。

### （三）解除合同

解除合同是指合同当事人依约或依法行使解除权，终止合同权利义务的行为。关于解除合同的条件及后果，各国法律均有相应规定。

#### 1. 各国法律关于解除合同的规定

（1）英美法关于解除合同的规定。英美法规定：只有当违约方违反条件或重大违约时，守约方才有权解除合同。解除合同是守约方因对方的违约行为而产生的一种权利，其实现无须经法院判决，并可与请求损害赔偿同时主张。在解除合同的法律后果上，英国法与美国法不同。英国法规定：因违约造成的解除合同，不使合同自始无效，只是在解除合同时双方尚未履行的义务不再履行；已履行的义务原则上不进行返还，但允许当事人提起"按所交价值偿还"之诉。与英国法不同，美国法则规定：解除合同的后果是恢复原状。

（2）大陆法关于解除合同的规定。法国法规定：解除权的行使是由主张解除合同的一方当事人向法院提起解除合同之诉；如果合同中存在明示的解除条款，则当事人无须向法院提出。双务合同中一方当事人不履行债务时，债权人得解除合同并请求损害赔偿。解除合同具有溯及既往的效力，未履行的债务不再履行，已经履行的债务因缺乏法律上的原因而恢复原状。德国法的规定与法国法的不同之处在于：主张解除合同的当事人只需将解除合同的意思通知对方即可，不必经法院判决；债权人只能在合同解除权与损害赔偿请求权二者之中择其一，而不能同时主张。

（3）《通则》与《公约》的规定。《通则》与《公约》的规定类似：一方当事人未履行合同义务构成根本性违约,或迟延履行且额外履行期届满之时仍未履行,另一方当事人可终止(Terminate)合同。终止合同须向对方发出通知方可生效。确定不履行是否构成根本性不履行时必须考虑:①不履行实质性地剥夺了另一方基于合同有权期待的利益。②合同实质内容是否得到严格遵守。③不履行是故意还是疏忽。④另一方当事人不能信赖不履行方的未来履行。⑤若合同终止,不履行方将因已准备或已履行而蒙受不相称的损失。

(4)中国《民法典合同编》将解除合同区分为约定解除与法定解除。当事人协商或约定、因不可抗力无法实现合同目的、先期违约、迟延履行主要债务且经催告在合理履行期内仍未履行、迟延履行债务或其他违约行为致使合同目的无法实现、法定情形下,当事人可解除合同(第562、563条)。解除合同应通知对方,合同自解除通知到达对方时解除(第565条)。合同解除后,尚未履行的义务终止履行,已履行的义务,当事人可根据履行情况及合同性质要求恢复原状或采取其他补救措施。当事人可同时行使合同解除权和损害赔偿请求权(第566条)。

**2. 解除合同的效果**

(1)合同解除后双方当事人履行和接受未来履行的义务归于消灭。
(2)解除合同并不排除对不履行要求损害赔偿的权利。
(3)合同解除并不影响合同中关于解决争议的条款,或即使在合同解除后仍应执行的其他条款,如结算和清理条款,以及履行通知、协助、保密、旧物回收等义务。
(4)解除合同的后果是恢复原状。
(5)主合同解除后,担保责任并不同时消失,除非担保合同另有约定。

**【案例4-14】　　　　　　不受解除合同影响的合同规定**

A向B出售特定的机器设备,并将生产所需的技术秘密告知B,合同约定,只要该技术秘密未成为公共知识,B就不得泄露;合同的争议解决条款约定,将合同争议提交A所在国法院。在机器设备使用过程中,其自身存在的严重缺陷导致B的装配厂停产。B主张解除合同,同时要求损害赔偿。关于该合同的争议是否须提交A所在国法院解决?合同解除后,B是否仍须承担保密义务?

**(四)违约金**

违约金(Liquidated Damages)是指为保证合同履行,依当事人约定或法律规定,违约方向守约方给付的一定数额的金钱。

**1. 各国法律关于违约金的规定**

英美法认为,应首先对当事人在合同中约定的、违约方应向守约方支付的金额进行定性,明确其属罚金还是预先约定的损害赔偿金额。若属后者,当一方违约时,对方有权取得该项金额;如约定金额过高且明显超出违约可能引起的损失,法院将认定为罚金而不予承认,守约方只能就其实际损失请求损害赔偿。

大陆法将违约金区分为惩罚性违约金和赔偿性违约金,各国立法以后者为原则,前者为例外。法国法原则上不允许债权人在请求违约金的同时,要求债务人履行主债务或损害赔偿;若违约金为履行延迟而约定,对于债务人的延迟履行,债权人可要求其支付约定违约金并继续履行。德国法认为违约金是对债务人不履行合同的一种制裁,因而具有惩罚性,对于债务人的不履行,债权人除要求支付违约金外,可同时请求损害赔偿。大陆法系国家法院或仲裁机构有权对违约金的数额做出调整。

中国《民法典合同编》规定：违约金具预先约定的赔偿性质；当事人可约定违约金的确定数额，亦可约定违约金的计算方法；约定的违约金过分高于或低于违约造成的损失，当事人可请求法院或仲裁机构予以酌减或酌增；当事人就迟延履行约定违约金的，违约方支付违约金后还应当履行债务（第585条）。

《公约》未对违约金做具体规定，联合国国际贸易法委员会制定的《关于在不履行合同时支付约定金额的合同条款的统一规则》，适用于当事人约定一方不履行合同时另一方有权取得约定违约金的国际合同，不论此约定金额属于罚金还是赔偿金。该规则的主要内容包括：①适用过错责任原则。②若违约金为迟延履行而约定，则守约的债权人在取得约定金额的同时，有权要求违约的债务人履行合同。③若违约金为迟延履行之外的违约行为而约定，守约的债权人有权要求履行合同或要求支付约定金额，若约定金额不能补偿违约造成的损失，债权人有权同时要求履行合同及支付违约金。④债权人有权取得约定金额的情况下，在该项约定金额所能抵偿的范围内的损失，债权人不得请求损害赔偿；若损失明显超过约定金额，对于约定金额不能抵偿的部分，债权人仍可请求损害赔偿。⑤除非约定金额与债权人遭受的损失很不对称，法院或仲裁机构不得调整合同约定的金额。⑥当事人可排除①②③项的适用。《通则》做出了与此类似的规定。

**2. 违约金与其他违约责任形式及相关概念的区别**

违约金与损害赔偿金：①违约金约定，事先确定赔偿数额或代称方法；损害赔偿金法定，事后补偿损失。两者原则上不可并存。②违约金的适用原则上并不以损害实际发生为前提，但当事人约定的违约金数额可能与违约造成的损失不相当，故法律有必要以实际损失额为参照标准允许对违约金予以调整。

违约金与实际履行：相互独立，可同时主张。

违约金与解除合同：可同时主张。

违约金与定金：①违约金无惩罚性；定金是合同的担保，亦可作为一种违约的责任形式，其适用不以实际损害的发生为前提，具有惩罚性。②当事人就同一违约行为同时约定违约金和定金条款，一方违约时守约方可选择适用，定金不足以弥补违约造成损失的，守约方可请求赔偿超过定金数额的损失。若合同就不同的违约行为约定违约金和定金条款，一方同时实施不同的违约行为时，两者可并用。

违约金与预付款：违约金是违约的救济手段；预付款是合同的付款方式。

**（五）《通则》关于"不履行方的补救"的规定**

《通则》第7.1.4条规定：①不履行一方当事人可自己承担费用对其不履行进行补救，但必须满足：该方当事人毫不迟疑地通知另一方当事人其准备补救的方式和时间；该补救在当时情况下是适宜的；受损害方当事人对拒绝补救无合法利益；补救立即进行。②终止合同的通知并不排除补救的权利。③在收到有效的补救通知后，受损害方当事人所享有的、与不履行方当事人的补救行为不符的权利应予中止，直至补救期限届满。④受损害方当事人在补救期间有权暂停履行。⑤尽管进行补救，受损害方当事人仍保留对因迟延补救以及因补救所造成的或补救未能阻止的损害，要求损害赔偿的权利。

补救的适当形式包括修理和更换，以及任何其他纠正不履行、并且给予受损害方当事人依合同有权期望得到的一切权益的行为。修理只有在完全弥补了先前的不履行，且未影响到标的的整体价值或质量的情况下，才构成补救。"与不履行方当事人的补救行为不符的权利"包括终止合同的通知、替代履行、要求损害赔偿或恢复原状。"终止合同的通知"的效力会因有效的补救通知而中止。若不履行得到补救，终止合同的通知则不再有效。若补救期限已过，且任何根本的不履行未得到补救，则终止合同的通知生效。受损害方当事人一旦收到有效的补救通知，应允许补救，且配合不履行方当事人进行补救。在应当进行补救时，若受损害方当事人拒绝补救，则任何终止合同的通知均将无效，且受损害方当事人不得对任何能够得到补救的不履行再寻求其他救济手段。⊖

### （六）《通则》关于"履行的额外期间"的规定

《通则》第 7.1.5 条规定：①在出现不履行的情况下，受损害方当事人可通知另一方当事人，允许其有一段额外期间履行义务。②在此额外期间内，受损害方当事人可暂停履行其相应的义务，且可要求损害赔偿，但不得采取任何其他救济手段。若受损害方当事人收到另一方当事人在此额外期限内将不会履行的通知，或在此额外期限届满时另一方当事人仍未完成对其义务的履行，则受损害方当事人可采取本章所规定的任何救济手段。③在不属根本性迟延履行的情况下，若受损害方当事人已发出通知，给予不履行方当事人一段合理的额外期间履行其义务，则受损害方当事人在该段期间届满时可终止合同……受损害方当事人可在其通知中规定，若对方当事人在此额外期间内仍不履行其义务，合同自动终止。④若未履行的义务只是不履行方当事人合同义务中的一项轻微义务，则上述第③款不适用。

## 五、违约责任的免除或限制

合同当事人违约责任免除或限制的事由包括约定（合同免责条款）事由和法定（不可抗力）事由。前者是指当事人在合同中约定排除或限制未来可能产生的违约责任；后者是指法律规定的合同当事人违约责任的免除或限制条件。当法定或约定的免责事由导致合同履行障碍时，违约责任免除或受到限制。这里主要讨论法定免责的情形，各国法律对此均有规定，此外，在英美法系国家还有"合同落空"、大陆法系国家还有"情势变更"的类似规定。

### （一）不可抗力

中国《民法典总则编》第 180 条第 2 款规定，不可抗力（Force Majeure）是指不能预见、不能避免并不能克服的客观情况。各国法律均将不可抗力作为法定免责条件。

**1. 不可抗力的构成条件**

（1）发生在合同签订之后终止之前的有效履行期间内。
（2）并非当事人的过错导致。
（3）其发生为当事人不能预见、不能避免、不能克服。
（4）合同当事人义务因此发生极端改变，强制当事人继续履行将明显有违公平原则，导致显失公平后果。

**2. 不可抗力事件的类型**

（1）自然现象：地震、台风、洪水、海啸、风灾、雪灾、火山爆发等。
（2）社会现象：罢工、骚乱、战争等。

---

⊖ 国际统一私法协会，《国际商事合同通则》，商务部条约法律司编译，法律出版社，2004 年版。

（3）政府行为：国家通过法律、行政手段干预经济活动，如政策性调价、贸易制裁或贸易限制、封锁禁运等。

在司法实践中，不可抗力范围的认定主要通过意思自治，即当事人可在合同的不可抗力条款中列明其所包含的具体类型。对不可抗力约定不明或未做约定的，通常遵循国际惯例。

**3. 不可抗力的法律后果**

当事人因不可抗力无法正常履行合同时，根据不可抗力事件影响的程度及持续的时间，部分或全部免除其违约责任，或免除其迟延履行的责任。若不可抗力发生于当事人迟延履行之后，则当事人的违约责任不能被免除。

**4. 因不可抗力原因不能履行合同的当事人的义务**

（1）及时通知对方合同不能履行、迟延履行、部分履行的事由。

（2）于合理期限内提供证明。

（3）立即采取有效措施尽力减轻或消除事件影响，减少损失。

若该方违反上述义务，仍须向对方就其违约行为承担责任。

《公约》规定：当事人因不可抗力原因不履行义务时，仅得以免除损害赔偿责任，任何一方行使其他救济手段的权利不受损害。

**（二）情势变更**

大陆法系的情势变更（拉丁语为 Clausula Rebus Sic Stantibus），是指合同成立后，作为该项法律关系存在基础的情事，因不可归责于当事人的原因，发生了非当事人订约时能够预料的根本性变化，仍坚持原法律关系的效力将有悖诚实守信原则，产生显失公平的后果，故应变更或解除原合同。德国法规定：因债的关系发生后产生不可归责于债务人的事由以致给付不能时，债务人得予免除其给付义务。法国法则将"偶然事件"作为债的关系消灭的事由。

情势变更的适用条件有：①存在情势变更的事实。②情势变更发生于合同订立之后履行完毕之前。③情势变更的发生因意外事件引起，不可归责于当事人。④对于情事的变化当事人无法预见。⑤继续原合同的履行将产生不公平后果。

中国《民法典合同编》第533条亦做此类似规定。

**（三）合同落空**

英美法系的合同落空（Frustration of Contract）是指合同成立后，并非因当事人的过失，而是由于意外情况的发生使得当事人订约时谋求的主要目标受挫，其尚未履行的义务得予免除，除非合同或情况表明相反的意思。根据英国法律和判例，可作为合同落空处理的情形通常为：①标的物灭失，合同的履行成为不可能，当事人可免除履约义务。②战争等原因使合同因违法而落空。③情况发生根本性变化，合同失去赖以存在的基础。④政府管制。美国《合同法重述》规定：凡以任何一方预期取得某种特定目标或效力的可能性作为订约的基础，若该目标或效力已经或必将落空，则对于落空无过错或受落空损害的一方，得解除其履约责任，除非当事人做出相反的意思表示。

**【案例4-15】　　　　　　　　英王爱德华三世登基典礼案**

原告同意于1902年6月26~27日将其房屋的阳台出租给被告。被告欲利用该阳台观看即将于该日举行的英王爱德华三世加冕典礼。由于国王生病，该日庆典取消。后被告拒绝支付尚未付给原告的 2/3 的租金，原告遂诉至法院。英国上诉法院判决：合同的目的因该典礼的取消而落空，合同虽然没有载明租房的目的是为了观看登基典礼，但从有关背景可以发现这是合同订立的基础，因登基典礼的取消，该合同的基础则不复存在。

【案例 4-16】　　　　　Tsakiroglou & Co. Ltd. vs Noblee Thorl GMBH

原被告双方于 1956 年 10 月 4 日订立买卖合同，卖方出售 300MT 花生，价格条件为汉堡到岸价，卖方依合同规定应于 1956 年 11~12 月间将花生从苏丹发运。1956 年 11 月 2 日，苏伊士运河因中东战争爆发而关闭，致使该批货物不能通过该运河运往目的港。当然，这批货物可以通过绕航，即从非洲南端好望角绕行运往汉堡，但将比原预期航线长 3 倍，须由卖方支付的运费将大大增加。卖方因此主张，合同因运河的关闭而落空。买方不同意并诉至法院。法院判决认为：当事人双方已预见到货物将通过苏伊士运河运输，而该运河的关闭将导致合同履行方式改变，但这种变化并非对合同义务的根本改变，因而并没有使合同受挫。卖方承担了这样一项义务，即当惯常航线（经由苏伊士运河）不能使用时，应采取合理并可行的航线来运送货物，而经由好望角航行就是这样一条航线。

（四）艰难情形

类似于情势变更与合同落空，《通则》规定了合同履行中的艰难情形（Hardship），即合同订立后，发生了根本改变双方均衡的事件，其发生为处于不利地位的当事人无法合理预见、不能控制并不应承担风险。依《通则》对艰难情形和不可抗力各自所做的定义，在实际情况下可能存在某种情形既可视为艰难情形，亦可视为不可抗力。在这种情况下，应由受这些事件影响的一方当事人决定寻求何种救济手段。如果主张不可抗力，其目的在于使其不履行获得免责；若当事人主张艰难情形，则首先是以重新谈判合同条款为目的，以便允许合同经修改某些条款后继续存在。㊀

《通则》第 6.2.3 条对于艰难情形后果的规定如下：①若出现艰难情形，处于不利地位的当事人有权要求重新谈判。但是，此要求的提出应毫不迟延，并应说明理由。②重新谈判的要求本身并不能使处于不利地位的当事人有权暂停履约。③在合理时间内无法达成协议时，任何一方当事人均可诉诸法庭。④若法庭认定存在艰难情形，只要合理，法庭可以在确定的日期并按确定的条件终止合同，或为恢复合同的均衡而调整合同。

【案例 4-17】　　　　　　　艰难情形下的重新谈判

X 国建筑公司 A 与 Y 国某公司 B 为在 Y 国建立一个工厂而订立了一项合同，合同价款为一次总付，付款货币为 Y 国货币，工厂的大部分复杂设备需要自国外进口。因未预见 Y 国货币贬值，购买机器设备的费用大幅增长。A 有权要求 B 重新商谈原来的合同价格，以使合同价格适合变化了的情况。若合同中包含有某些事项发生变化时的价格指数条款，则 A 无权要求重新谈判合同价格。又若 A 费用的大幅增长是由于 Y 国实施了新的安全法规，则即使合同中含有修改条款，只要该条款未包括本情形下所发生的艰难情事，将不能排除因艰难而进行的重新谈判。故 A 有权要求 B 重新谈判原先的合同价格，以使之适应变化了的情况。㊁

---

㊀ 国际统一私法协会，《国际商事合同通则》，商务部条约法律司编译，法律出版社，2004 年版。
㊁ 同上。

## 第四节 合同的变更、转让、终止

### 一、合同的变更

#### （一）合同变更的含义

合同变更（Modification of Contract）是指合同主体不变，合同内容改变。合同变更发生在合同成立后效力终止前。关于合同变更需要注意的是：

（1）有效合同的存在是合同变更的前提。合同变更是对有效合同内容的修改、补充、增减、限制。

（2）原合同的成立基于当事人的合意，合同的变更仍须经当事人一致同意。任何一方未经对方同意擅自变更合同内容将构成违约行为，在当事人未就合同变更达成一致之前，原合同关系仍然有效。

（3）合同变更不是合同主体的改变，而是合同权利义务内容的更改，包括：合同标的的数量、质量、产地、规格、型号、性能、款式的变更；合同价格、酬金以及运费、保险费、装卸费、保管费、报关费等额外费用的变更；合同履行方式、期限、地点的变更；合同违约责任、违约致损的计算方法、损害赔偿范围等的变更；合同担保人的改变、担保的重新设定、取消等合同担保的变更；合同争议解决方式的变更等。合同的变更因上述内容的改变，在原有权利义务关系的基础上，将产生新的债权债务，故合同变更后当事人须依据变更后的权利义务关系履行合同。

（4）合同的内容基于原有效合同，合同的变更通常应是合同内容的局部、非实质性改变，即变更后的合同关系应包含原合同的实质内容。若合同变更导致内容发生全部、实质性改变，则不属于合同变更，而是解除原合同关系的同时订立一份新的合同。

#### （二）合同变更的条件

**1. 存在有效的原有合同关系**

无原合同关系，不存在合同变更的问题。如果原来没有既存的合同关系或者合同因履行而致消灭，不发生合同的变更。无效或被撤销合同，自始没有法律效力；事后未被追认或拒绝追认的效力待定合同，不具有法律效力。在这些情况下，当事人之间通过财产返还使各自恢复到合同成立之前的状态，不存在合同变更的问题。

**2. 合同变更须依据法律规定或当事人约定**

依法成立的合同对当事人具有法律约束力，非依法律规定或当事人约定，不得擅自变更合同。合同可依据法律规定发生变更，具体可通过两类程序实现。一是基于法律的直接规定变更。例如，中国《民法典合同编》第513条规定：执行政府定价的，在合同规定的交付期限内政府价格调整的，按交付时的价格计价。此类情形下，直接产生合同变更的法律效果，而不以法院或仲裁机关的裁决或当事人的协议为必经程序。二是根据法院或仲裁机构的裁决变更，即以立法的形式赋予法官或仲裁员在某些特定情况下变更合同的权利。

合同的变更还可依当事人的约定产生，这是产生合同变更的主要原因。具体可通过两种方式实现。一是合同当事人就变更合同达成协议，该协议适用合同成立的各项规则，并满足合同生效要件。若变更合同的协议不能成立或不能生效，则当事人仍履行原合同。当事人对合同变更的内容约定不明,视为合同未变更。二是当事人亦可在订约时约定,当某种特定情况出现时当事人有权变更合同。无论哪种实现形式,当事人约定变更合同而无须司法介入,能够充分尊重契约自由原则,有利于当事人意思自治的私法精神的实现。

《通则》第 2.1.18 条规定:若书面合同要求合同的任何变更或终止必须以特定形式做出,则该合同不得以其他形式变更或终止。但若一方的行为被对方寄以信任并依此合理行事,则在此限度内,该方当事人因其行为可被拒绝主张本条款。

**【案例 4-18】　　　　　　　　书面合同的口头变更**

发包方 A 与承包方 B 签订了一项建筑承包合同,合同规定对工程进度的任何修改必须以书面形式做出并由双方当事人共同签署。合同履行过程中,B 电话通知 A 请求其同意延长合同规定的工期,A 表示接受这一请求。双方关于合同的该项修改是否有效?若 B 在电话中请求 A 同意将工期延长 1 个月,A 表示接受。若工程完成的时间比合同约定的进度晚 1 个月,A 主张 B 延期完工构成违约,拒绝全额支付工程款。A 的主张应否得到支持?

**3. 合同变更须遵循法定程序和方式**

若法律规定某些合同的成立须经特定程序(批准、登记等)或采用特定形式,通常这些合同的变更亦须经过特定程序或采用特定形式,目的是为了减少和预防不必要的纠纷,维护商事交易秩序。例如中国《民法典合同编》第 502 条第 3 款规定:法律、行政法规规定变更合同应当办理批准等手续的,依照其规定。

**4. 变更后的合同内容确定、合法**

合同当事人为更好地履行合同对合同内容予以变更,变更后的合同内容应当明确、合法,便于合同的履行。若变更不成立,原合同仍具有法律效力。中国《民法典合同编》第 544 条规定:"当事人对合同变更的内容约定不明确的,推定为未变更。"这样规定的目的是为了避免纠纷,确保合同的履行。对于合同变更的内容是否明确,主要考虑三方面因素:第一,当事人各方对变更合同内容的意思表示一致、确定。第二,变更后的合同内容具体、明确,不具有选择性。若当事人的意思仅在表面上相同,在内容上存在可能的其他选择,则不构成变更的意思表示一致。第三,变更后的合同内容应便于合同的履行。

合同变更后的内容在合法性要求上,与变更前的合同相同,即不得违反法律、行政法规的强制性规定,不得违背公序良俗损害第三方利益、社会公共利益,否则不发生合同变更的效力,这是合同订立的合法性要求在合同变更中的自然、合理延续。没有合同变更的合法性要求,则合同成立的合法性要求就无法真正实现。

**【案例 4-19】　　　　　　　　　　合同变更**

进口商 A 公司与供货商 B 公司签订了一份长期供货合同,由 B 向 A 提供货物,约定的付款币种为人民币。首批货物交付之后,A 付清了货款。第二批货物交付之前,A 向 B 提出能否用其他币种支付剩余的货款,B 方表示同意。双方遂就付款币种达成补充协议:剩余货款改由美元或日元支付。第二期货款支付之前,A 公司通知 B 公司其支付美元存在困难,要求仍以人民币支付。B 公司遂以 A 公司违约为由将其诉至法院。在本案中,尽管 A 公司和 B 公司已就变更货款币种问题达成补充协议,但该协议未明确究竟以哪一种币种支付剩余货款,而是为当事人留有选择权,导致履行中双方产生分歧,故该补充协议为约定不明的合同内容变更，双方仍须按照原合同履行。

### （三）合同变更的效力

合同的变更只涉及变更部分的内容，合同未变更部分的内容依然有效。对于未变更的合同内容，应当按原合同执行，即合同变更仅对已经变更的部分发生效力，未变更的权利、义务继续有效。合同变更的内容依法生效后，取代原合同中被变更的相应内容，后者随之失效。合同当事人应当按照变更后的合同继续履行各自义务，否则将构成违约。因合同变更亦需要满足合同订立的原则和程序，故若变更后的合同内容包含使合同无效或可撤销的事由，则变更后的合同属于无效合同或可撤销合同，即合同变更未发生法律效力。

合同变更的效力指向未来，即合同变更对合同已履行的部分不具有溯及力。合同已履行的部分基于合法、有效的原合同，应当受到法律的保护。合同变更仅对当事人尚未履行的部分，即对未来行为具有约束力，故合同当事人不能因合同的变更而否认已履行部分的法律效力，不能主张撤销已履行的部分或就已经做出的履行要求返还。

合同变更不影响当事人要求赔偿损失的权利，因合同变更对一方当事人造成损失的，应当予以赔偿；合同变更前，一方当事人的行为对另一方当事人造成损失的，不能因合同的变更而免除相应的赔偿责任。

此外，中国《民法典合同编》第 695 条规定，未经保证人书面同意，债权人和债务人协商变更主债权债务合同，减轻债务的，保证人仍对变更后的债务承担保证责任；加重债务的，保证人对加重的部分不承担保证责任。债权人和债务人变更主债权债务合同履行期限，未经保证人书面同意，保证期间不受影响。

## 二、合同的转让

### （一）合同转让的含义

合同转让（Assignment of Contract）是指合同依法成立并生效后，在合同尚未履行或未完全履行之前，根据当事人之间的协议或法律规定，合同一方当事人将其合同权利、义务全部或部分地让与第三人。区别于合同变更，合同转让的实质是合同主体改变，合同的性质、客体、内容保持不变，转让后的合同客体、内容与转让前的合同一致。

根据转让的合同权利义务的不同，合同转让可分为合同权利转让（又称债权让与或转让）、合同义务转让（又称债务承担或转移）、合同权利义务一并转让三种形式。就单务合同而言，仅可能发生合同权利或合同义务的转让；在双务合同中，则三种转让情形均有可能发生。

### （二）合同转让的要件

有效的合同转让必须满足以下要件：

**1. 合法、有效的原合同关系存在**

原合同的合法、有效存在是合同转让的前提，若原合同无效或已被撤销，则无法发生转让。即使已经转让，该转让行为也不发生法律效力，但出让人可能对受让人的损失承担赔偿责任。

**2. 须由出让人与受让人达成合同转让的协议**

合同转让必须经受让人同意，通常由出让人与受让人达成协议，在债务承担中，亦可由债权人与受让人达成协议。该转让协议应符合合同生效的一般要件，否则将影响合同转让的效力。

**3. 须经另一方同意并符合法定程序**

合同转让应符合法律规定的程序。合同权利义务一并转移的,在出让人与受让人达成转让协议后,须经另一方当事人同意方可生效。债权人转让权利的,应当及时通知债务人,未经通知,该转让对债务人不发生效力;债务人将合同义务全部或部分转移给第三人的,应当经债权人同意,否则债务承担不产生效力。此外,对于法律规定须经批准等手续生效的合同,其转让亦须经相应的批准等手续后方可生效。

### (三) 合同权利转让

**1. 合同权利转让的含义**

合同权利转让(Assignment of Contract Rights)是指合同债权人通过协议将其债权全部或部分地转让给第三人的行为,不包括由特别规则调整的商业票据(流通票据、权利凭证等)的转让。早期的英国普通法认为合同权利的转让无效,后根据实践发展的需要通过代理权授予制度调整合同的转让关系。17世纪之后,英国衡平法、成文法普遍开始承认合同权利的转让。美国《统一商法典》亦许可合同权利的转让。大陆法系国家对于合同权利转让在立法模式上存在差异:德国《民法典》设专章规定了债的移转;而法国《民法典》虽承认债权让与,但将其内容纳入"买卖合同"一章。

**2. 合同权利转让的特点**

(1) 合同权利转让不改变合同权利的内容,由原合同债权人将权利转让给第三人。权利转让的主体是债权人和第三人,转让的合同权利必须是有效的权利,无效的权利不能转让。

(2) 合同权利转让的标的是合同债权。

(3) 让与的权利可以是全部的或部分的。权利全部转让时,原合同关系消灭,新的合同关系产生,受让人取代作为原合同债权人的出让人的地位而成为新合同债权人。权利部分转让时,受让人作为第三人进入合同关系之中,与原债权人共同享有债权。

(4) 无论全部或是部分转让权利,均不得因权利的转让而增加债务人的负担,否则,应由出让人或受让人承担费用和损失。

**3. 合同权利转让的生效**

各国法律在债权让与对债务人生效的条件上规定不同。

(1) 债权让与不必通知债务人即对其生效。持此种观点的主要是德国法、美国法及英国衡平法,认为债权让与无须征得债务人的同意,亦不必通知债务人,受让人依转让合同的成立取得债权人的地位。债务人未得到通知的情况下向原债权人做出的清偿有效,但债务人在对债权让与知悉的情况下仍向原债权人的履行,不能解除其债务。

当出让人将同一债权转让给两个以上受让人时,按照债权让与的时间顺序,适用优先原则,第一受让人取得合同债权。

(2) 债权让与须通知债务人方对其生效。法国、英国、中国等国法律认为,债权人转让债权虽不必征得债务人同意,但必须将债权转让的事实及时通知债务人,否则,债权让与对债务人不发生效力。

当出让人将同一债权转让给两个以上受让人时,由最先通知债务人的受让人取得合同债权。《通则》的规定与此类同:同一转让人将同一项权利连续转让给两个或多个受让人,债

务人依收到通知的时间顺序对受让人履行义务。○

**【案例 4-20】** 　　　　　　　　　　同一债权的多次让与

6 月 5 日，出卖人 A 将其对买受人 X 的债权转让给银行 B，并又于 6 月 15 日转让给银行 C。C 于 6 月 16 日向 X 做出通知，而 B 直至 6 月 20 日才通知 X。X 向 C 履行债务即免除了其义务，尽管权利首先被转让给 B。

#### 4. 出让人的义务及受让人的权利

（1）出让人负有权利瑕疵担保义务，即保证其转让的权利有效且无权利瑕疵。《通则》规定，出让人须向受让人保证：被转让权利在转让时存续；出让人有权转让该权利；没有在先转让，并不受第三方权利或主张的限制；债务人不享有任何抗辩权；债务人或出让人没有亦不会做出有关被转让权利抵消的通知；出让人应向受让人偿还转让通知做出之前从债务人处收到的任何清偿；若出让人未就债务人的履行或偿付能力向受让人做出保证，则出让人对于债务人的不履行不承担责任。

权利转让后，因权利瑕疵而给受让人造成损失的，出让人应向受让人进行损害赔偿。权利转让时，受让人对权利瑕疵的存在如果知情，则受让人无权要求出让人承担赔偿责任。此外，《通则》还规定：出让人必须采取各种必要手段令受让人得以实现附随权利与担保权利。

（2）债务人在合同权利转让时即享有的、得以对抗原债权人（出让人）的抗辩权，在合同权利转让后仍可用以对抗新债权人，目的是保护债务人的利益。但债务人对原债权人的抗辩事由发生在债权让与之后的，则不得用以对抗受让人。各国法律规定的债务人的抗辩权通常包括：同时履行抗辩权、先予履行抗辩权、不安抗辩权、时效完成抗辩权、债权业已消灭抗辩权、债权从未发生抗辩权、债权无效抗辩权等。债务人向受让人主张抗辩权的，受让人不得拒绝。

此外，《通则》规定：债务人可以向受让人主张其在收到转让通知时可以向出让人主张的任何抵消权。

（3）出让人转让合同权利时，受让人同时取得从属于主债权的从权利，如担保权、利息债权、违约金债权等。由于权利的转让并不影响债务人义务的履行，担保在情形不变条件下仍可实现其目的。《通则》规定：权利转让中出让人将其享有的、合同项下与被转让权利相关的所有权利，以及担保被转让权利实现的所有权利转让给受让人。

中国《民法典合同编》第 547 条规定，债权人转让债权的，受让人取得与债权有关的从权利，但该从权利专属于债权人自身的除外；受让人取得从权利不因该从权利未办理转移登记手续或者未转移占有而受到影响；第 696 条规定，未通知保证人，债权人对全部或部分债权的转让对保证人不发生效力。保证人与债权人约定禁止债权转让，债权人未经保证人书面同意转让债权的，保证人对受让人不再承担保证责任。

#### 5. 不得转让的合同权利

各国及中国《民法典合同编》规定，不得转让的合同权利包括：①根据债权性质不得转让，如与人身信任相关的权利（信托权利、聘任权利、演出或出版权利等）。②按照当事

---

○ 国际统一私法协会，《国际商事合同通则》，商务部条约法律司编译，法律出版社，2004 年版。

人约定不得转让。③依照法律规定不得转让,如退休金债权、劳动保险金债权、抚养费债权、因侵权行为产生的赔偿金等。

(四) 合同义务转移

**1. 合同义务转移的含义**

合同义务转移(Transfer of Obligations)是指债务人将合同义务全部或部分转让给第三人的行为。英国普通法认为,合同债务非经债权人同意不能转让,合同债务转让只能通过合同更新实现。美国法亦认为合同债务原则上不能转让,但允许某些情况下的代为履行,即允许第三人替代原债务人履行债务。美国《统一商法典》规定:除合同当事人另有协议,或债权人对由债务人履行合同具有重大利害关系者外,债务人得通过他人代其履行义务,但替代履行并不解除债务人的履行义务或违约责任。大陆法系对于债务承担未做专门规定,但允许以债务更新的方式实现。法国《民法典》规定:债权人得解除旧债务人的债务而由新债务人代替之。

**2. 合同义务转移的类型**

合同义务转移包括合同义务的全部转让和合同义务的部分转让两种情形。前者是指债务人将合同债务全部让与第三人,由第三人代替原债务人承担债务,原债务人因而免除债务;后者是指债务人将债务部分让与第三人,原债务人并未因此免除债务,而与第三人按约定份额共同承担债务,或债务人与第三人连带承担债务。在实践中,债务部分转让通常是为保证原债务人的履行而设定的,但其不同于债的担保(从债务)之处在于:第三人亦为主债务人之一,债权人可径向其请求履行全部债务。

**3. 合同义务转移的生效**

多数国家法律规定,债务承担的生效以取得债权人的同意为必须,未经债权人同意,债务承担合同无效。债权人的同意是指原债务人或债务承担人向债权人做出债务转让通知时,债权人认可的意思表示,该种意思表示可以明示或默示做出,且无须特定方式。仅有债权人知悉债务承担事实,然未经债务人或债务承担人通知的,不能推定债权人已经同意。但债权人向债务承担人催告履行债务,或受领第三人以债务承担为目的的履行,则可推定债权人已经同意。

**4. 合同义务转移的方式**

(1) 债权人与第三人订立债务承担合同,亦可称为债的更新。在该种转让方式下,债务于债务承担合同成立并生效后移转于第三人,原债务人债务免除,债权人不得再要求其履行;债权人与新债务人亦不得以协议的形式恢复原债务人的债务,除非取得原债务人的同意。《通则》认为,债权人与新债务人之间转移债务、并解除原债务人义务的协议构成第三方利益合同,这种利益不能强加给受益人,即原债务人可拒绝债权人与新债务人之间协议解除其义务。若原债务人拒绝,新债务人不仅对债权人负有义务,并且与原债务人承担连带义务。

(2) 原债务人与第三人订立债务承担合同,亦可称为替代履行。原债务人与第三人订立的债务承担合同须经债权人同意方可生效,并由此产生债务承担的法律后果。德国《民法典》规定:第三人与债务人约定债务承担者,须经债权人追认始发生效力。债务人与第三人签订债务承担协议的行为,属于债务人处分其债务的行为,该行为对债权人的影响在于,受让债务的第三人的偿债能力和信用,直接关系到债权人的利益能否实现,从保护债权人的利益出发，债务承担合同必须经债权人同意方可生效。未经债权人同意移转的债务，债权人有权拒绝受领第三人以债务承担为由的履行，并得主张债务人不履行债务的责任。

《通则》规定：未经债权人同意，债务人可与第三人订立合同约定由第三人代为履行义务，债权人可于履行到期前拒绝接受新债务人，但若第三人的履行与债务人的履行在性质上是相同的，则债权人不得拒绝第三人的履行。除非义务的履行本质上属于人身性质，债权人保留对债务人的请求权。

### 5. 合同义务转移的效力

（1）合同债权人、原债务人、新债务人之间的权利义务关系。德国法、法国法、中国《民法典合同编》规定：债务承担成立后，原债务人的债务自然解除，由新债务人承担合同债务。而美国法则认为，他人替代原债务人履行债务，并不能因此解除原债务人的履行责任，若代其履行的一方未履行债务，原债务人仍须承担履行债务的义务或相应的违约责任。

《通则》关于原债务人义务免除的规定为：债权人可以免除原债务人的义务；新债务人不适当履行义务时，债权人亦可要求原债务人（附带债务人）履行义务；若债权人未明示解除原债务人的义务，亦未保留将原债务人作为附带债务人的权利，则原债务人与新债务人承担连带责任。

（2）与被转移义务相关的权利。由于向新债务人转移义务改变了担保设立的条件，若原债务人的义务受到第三人保证，该保证在原债务人受约束的情况下仍然有效。但若原债务人的义务解除，则该保证不能转移给新债务人，除非保证人同意继续对新债务人提供保证。若原债务人义务解除的同时允许担保随义务转移，则违约或清偿不能的风险将来自新债务人，完全改变了担保设立的目的。若原债务人就其资产设定担保，义务发生转移且原债务人义务解除的情况下，该项资产不能用于担保新债务人的义务履行，但若设定担保的资产是原债务人与新债务人交易的一部分，则情况不同。需注意的特殊情况是，保证人本人成为新债务人，在此情形下，由于债务人不得为自己义务的履行提供保证，故该保证失效。

在合同义务部分转让的情况下，原债务人以其个人财产为债权设定的担保原则上不受影响，若新债务人未履行其承担部分的债务，债权人仍可就其未履行部分行使担保权；但若债务的部分承担系由受让人与债权人约定、且未经原债务人同意，则原债务人的担保责任仅对未让与部分的债务有效；若担保系由第三人提供，则第三人对未经其同意转让的债务不再承担担保责任，但该担保权利对未让与部分的债务仍有效。

《通则》规定：债权人可向新债务人主张合同项下与被转移义务相对的权利；若原债务人的义务被免除，除新债务人提供的担保外，任何其他人对义务履行的担保同时被免除，除非同一担保人同意继续向债权人提供担保；原债务人被免除的义务还包括其对义务履行提出的任何担保，除非担保资产是原债务人与新债务人之间交易标的的一部分。

中国《民法典合同编》第 697 条规定，未经保证人书面同意，债权人允许债务人转移全部或部分债务，保证人对未经其同意转移的债务不再承担保证责任，但债权人和保证人另有约定的除外。第三人加入债的，保证人的保证责任不受影响。

【案例 4-21】　　　　　　　　担保责任与债务承担

情形一：公司 A 欠公司 X 100 万元债务，银行 S 同意保证该义务的适当履行。经 X 同意，A 将其义务转移与公司 B，且 X 同意解除 A 的义务。在此情况下，S 并不保证 B 的履行，除非 S 同意继续提供保证。

情形二：银行 X 向 A 公司提供了 100 万元的贷款，A 以其持有的股票提供质押担保。经 X 同意，A 将其还款义务转让与 B 公司，且 X 同意免除 A 的义务。在此情形下，股票质押担保失效。若 A 向 B 转让还款义务的同时，还向 B 转让了其设定质权的股票项下的股权。则在此情形下，转让后的股票仍可作为 B 还款义务的担保。

（3）债务承担后，新债务人就利息、违约金等从债务一并承担，但该从债务专属于原债务人自身的除外；并得以原债务人对抗债权人的事由对抗债权人，但不得以对抗原债务人的事由对抗债权人。

【案例 4-22】　　　　　　　　　　债务承担的范围

公司 A 须向其债权人银行 X 偿还一笔 100 万元的贷款，利息率为 5%。若 A 将其偿还本金的义务转移与 B 公司，则该转移还应包括 5% 利息部分的返还义务。若根据贷款协议，银行 X 有权在公司 A 不能支付到期利息的情况下要求 A 提前还款，则在 A 将其债务转让给 B 之后，X 亦有权对 B 主张同样的权利。

### 三、合同的终止

#### （一）合同权利义务终止的含义及类型

合同权利义务终止（Termination of Contract）是指合同当事人依法或依约使合同所设立的权利义务关系客观上不复存在，简称合同终止。合同终止，合同的法律效力也随之消灭。英美法系称之为合同消灭，大陆法系将其纳入债的消灭范畴。

合同终止的类型包括以下几种：

（1）自然终止。合同履行期届满，当事人按照合同约定履行完毕各自义务。

（2）协议终止。根据当事人的事先约定（合同附终止期限或解除条件）或事后合意，使合同效力归于终止，可能产生恢复原状的法律后果。

（3）裁决终止（仲裁、诉讼）。通常产生于一方当事人对合同义务的不履行构成根本性违约的情形下，法律后果通常溯及既往，即恢复原状。

合同终止的法律后果是：

（1）合同当事人之间的权利义务关系消灭。

（2）当事人对不履行合同请求损害赔偿的权利不因合同终止而丧失。

（3）合同中的清算及争议解决条款不因合同的终止而失效。

（4）根据诚信原则及交易惯例，合同终止后当事人应履行通知、协助、保密等义务。

#### （二）合同权利义务终止与相关概念的区别

**1. 合同权利义务终止与合同解除**

关于合同权利义务终止与合同解除存在着多种不同的解释。第一种观点认为合同终止即合同解除。第二种观点认为合同终止是合同解除的一种类型。第三种观点将合同解除作为合同终止的原因之一，中国《民法典合同编》即持此种观点。第四种观点认为合同终止与合

---

⊖ 国际统一私法协会，《国际商事合同通则》，商务部条约法律司编译，法律出版社，2004 年版。

⊜ 同上。

同解除属并列的法律概念：合同终止是一方当事人做出使合同关系自终止之日起消灭的意思表示或行为，对其先前的合同关系不产生恢复原状的后果；而合同解除通常溯及合同成立之时，产生恢复原状的后果。合同因违约而解除，但合同终止的原因不限于违约。合同可自然终止（如合同终止期届满效力自然消灭），不需要当事人做出意思表示；而合同解除通常需一方向另一方做出解除合同的意思表示，或双方合意解除合同。

**2. 合同权利义务终止与合同的中止履行**

合同终止的结果是合同权利义务关系消灭；合同中止则是指当事人暂停合同义务的履行，待条件具备恢复合同的履行，或条件不再具备情况下进而解除合同关系。

### （三）合同权利义务终止的原因

合同权利义务终止的原因，即导致合同关系消灭的事由，大致有两类：基于当事人约定（免除、合意解除等）；基于法律规定。法律规定或当事人约定的原因出现或事由发生时，当事人可终止合同。

**1. 大陆法关于债的消灭的规定**

大陆法系各国法律认为，除撤销或解除合同、履行不可能作为债的消灭的原因外，清偿、提存、抵消、免除、混同等各种具体原因亦将导致债的消灭。

（1）清偿（Payment）。清偿是指债务人按照合同约定履行债的内容，债权人接受债务人的清偿时，债权目的实现，债的关系消灭。在双务合同中，当事人双方各自的债权均得到清偿，合同才归于终止，仅一方债权实现而另一方债权没有实现或部分得到清偿，合同关系不得终止；单务合同则不存在双方履行债务的问题。

1）清偿主体。清偿通常由债务人向债权人做出，但各国法律同时又允许第三人代债务人清偿债务。第三人的代为清偿，必须满足一定的条件：①根据合同性质，非专属性的债务（如债权人与债务人之间基于特殊信任关系产生的债务、债务人以自身特定技能为内容的债务）可由第三人代为清偿，否则必须由债务人本人履行。②债权人与债务人未约定禁止第三人代为清偿。③债权人无拒绝代为清偿的理由。④代为清偿的第三人必须有代为清偿的意思表示（第三人与债权人或债务人就债务承担达成协议），或法律就第三人代为清偿做出了明确规定（代位权制度）。

2）清偿标的。清偿的标的物通常应当是合同规定的标的物，但经债权人同意，债务人亦可以其他物品代物清偿，从而使得债的关系消灭。

3）清偿费用。除非当事人在合同中特别约定，清偿费用通常由债务人负担。若因债权人住所变更引起清偿费用增加，增加的部分应由债权人负担。

4）多项债务同种给付的清偿顺序。若债务人对同一债权人负有多项同种给付的债务，但债务人的一项给付却难以清偿全部债务，在这种情形下，大陆法系各国允许债务人进行清偿时指定其清偿的债务。若债务人未指定清偿的某项债务，则需权衡债权人和债务人的利害关系，根据各项债务的具体情况采取不同的处理原则。德国《民法典》规定：债务人对于债权人基于数宗债务关系负担同种给付义务者，如债务人提出的给付不足以清偿全部债务时，债务人于给付时所指定的债务归于消灭。如债务人未做出指定，则先抵充已届清偿期的债务；若几个债务均届清偿期，则应抵充对债权人担保最少的债务；如担保相等者，应抵充债务人负担最重的债务；如负担相等者，应抵充到期较早的债务；如到期相同者，应按各项

债务数额的比例消灭债务。○

（2）提存（Deposit）。提存是指因债权人的原因使债务人无法按照合同的约定交付标的物，债务人依法将应交付的标的物交由法定提存机构以代替清偿，从而使债的关系消灭的行为。债务人为提存人，债权人为提存受领人，提存机构法定或由法院指定，在国外通常为法院，在中国主要是公证处。设计提存制度，其目的是在债权人未尽协助债务人履行义务的情况下，实现对债务人利益的保护。

1）提存的原因。导致债务人难以履行债务而将标的物提存的情形通常是：债权人无正当理由拒绝受领；债权人变更住所未通知债务人或去向不明；无法确定债权人（原债权人死亡未确定继承人或丧失行为能力未确定监护人）；债权人合并、分立等其他法定情形。

2）提存的标的物。提存的标的物必须是合同约定交付的标的物，且适于提存。若标的物不适于提存或提存费用过高，债务人可依法拍卖或变卖标的物，提存所得价款。

3）提存的效力及法律后果。对于债务人而言，提存的效力及法律后果有：①自提存之日起，债务人的债务归于消灭。②除非无法确定债权人，标的物提存后，债务人应及时通知债权人。对于债权人而言，提存的效力及法律后果有：①所有权转移。提存标的物的所有权及其孳息归债权人所有。②费用负担转移。提存费用由债权人负担。③风险转移。自提存之日起，标的物损毁、灭失的风险由债权人承担。

（3）抵消（offset）。抵消是指当事人双方互负债务，为同种给付且均届清偿期，双方皆可以各自债务与对方债务在等额的范围内予以消灭。须强调的是，抵消是在两个当事人之间同时并存至少两个债权债务关系，通过抵消可终止其中一个以上债权债务关系。这样，以抵消方式终止合同既降低了交换给付引起的交易成本，又可有效保障债权人债权的实现（一方破产时，可避免因交换履行可能产生的不公平后果）。

1）抵消的条件。抵消的条件有四：①两个当事人互负债务。②标的物为同种给付（非同种给付，经当事人同意亦可抵消）。③债权均届清偿期。④根据法律规定或合同性质，债权具有可抵消性。

2）抵消的效力。抵消使当事人双方互负债务在等额的范围内消灭。若双方债权数额相等，抵消权行使的结果是同时终止两个债权债务关系；若双方债权数额不等，一方债务全部消除，而另一方债务部分消除。抵消自通知之时起生效，抵消生效后不仅主债务得以清偿，其他相关权利（担保债权）亦相应获得清偿。

3）抵消的实现途径。①法定抵消，即法国法上的当然抵消：互负债务的当事人双方虽均无所知，依法律效力仍可发生抵消。②约定抵消。各国法律均允许互负债务的双方依合同约定抵消各自债务。③当事人单方意思表示抵消。德国、瑞士、日本、中国法律均认为，互负债务的当事人中任何一方均可通知对方抵消债务。

《通则》第8.4条关于抵消"通知的内容"规定：通知必须指明拟抵消的双方债务。通知未指明主张抵消的债务的，另一方当事人可于合理时间内向通知的一方当事人声明其被抵消的债务。未声明的，另一方当事人的所有债务按比例抵消。○

---

○ 曹祖平编著，《新编国际商法》，中国人民大学出版社，2002年版。
○ 国际统一私法协会，《国际商事合同通则》，商务部条约法律司编译，法律出版社，2004年版。

【案例4-23】　　　　　　　　　同种给付的抵消

A持有100股X公司的普通股，B拥有X公司120股的可赎回优先股。双方在早先的一个合同中规定，可用价值相等的股份支付价款。但由于A、B所持的股票并非同种类，双方债务不能抵消。㊀

【案例4-24】　　　　　　　　　抵消通知的内容

A欠B债务5000元，同时B欠A不同合同项下货款三笔：4000元；3500元；4500元。双方债务均届清偿期。若A欲以其对B的债权抵消其对B所负债务，A应于通知中指明其希望抵消的、B对其所负三项债务中的哪一项。若A未在通知中指明其希望抵消的、B对其所负的债务，B可于合理时间内向A指明，其对A所负的4500元债务将通过抵消全部清偿，且其3500元的债务将被抵消500元。抵消之后，B对A所负剩余债务合计7000元。若B未就债务抵消做出任何声明，则抵消将使第一个合同项下4000元债务中的1667元、第二个合同项下3500元债务中的1458元、第三个合同项下4500元债务中的1875元分别获得清偿。㊁

(4) 免除（Release）。免除是指债权人放弃债权从而全部或部分解除债务人义务的行为。债权免除是当事人的私行为，法律并不干涉。关于免除是否需经债务人同意，各国法律规定有所不同。受罗马法影响，法国、德国、瑞士等国法律将免除视为双方法律行为，需经债务人同意才能成立；日本法认为免除是单方法律行为，只需债权人做出免除的意思表示，债的关系即告终止，无须债务人同意。

(5) 混同（Merger）。混同是指债权债务归于一人，债的关系因而消灭。除德国《民法典》外，法国、奥地利、瑞士、日本等国的民法典均将混同作为债权债务消灭的原因之一。混同的情形包括：①民法上的继受。死亡的自然人由其债权人或债务人继承其债务或债权，债权债务因混同而消灭。②商法上的继受。作为债权人的企业与作为债务人的企业合并，债权债务因混同而消灭。③特定继受。因债权让与或债务承担使债权债务归于一人，债的关系消灭。

在某些情形下债的关系并不因债权债务混同而消灭：为保护第三人利益，债权上已设定担保权的情形下，债权债务混同并不消灭债的关系；为保证票据流通性，各国票据法均规定，票据流通过程中票据权利人与票据义务人集于一人时，只要票据尚未到期，仍可以以背书方式继续转让流通，票据权利并不因混同而消灭。

**2. 英美法关于合同消灭的规定**

(1) 合同因当事人协议而消灭。英美法认为，合同依当事人协议而成立，亦可因当事人协议而解除。若当事人协议解除其中一方当事人的合同义务，该协议必须有对价支持，或采用签字蜡封形式，否则无法强制执行；若双方协议免除彼此在尚待履行的合同中的义务，视为各自放弃了在尚待履行的合同中的权利，故不需要另外的对价而得以解除合同。

以协议方式消灭合同的实现途径包括：

1) 以新合同替代原合同。若当事人约定以一项新合同替代原合同，则新合同成立时原

---

㊀ 国际统一私法协会，《国际商事合同通则》，商务部条约法律司编译，法律出版社，2004年版。

㊁ 同上。

合同的权利义务关系消灭；若当事人协议增减或修改原合同的实质性内容，则原合同的权利义务关系因而终止。

2）更新合同。在至少有一个新的当事人加入合同的情况下，当事人可通过协议以一项新合同取代原合同而实现合同更新，合同更新后原合同消灭，新加入的当事人享有原合同权利并承担原合同义务。

3）根据合同约定的条件终止。当事人在合同中约定的条件具备，合同归于终止。

4）一方当事人放弃权利。合同一方当事人自动放弃其依据合同所享有的权利，他方当事人的履约责任因而解除，合同归于消灭。

（2）合同因履行而消灭。合同当事人依据合同约定履行各自的合同义务，双方的合同关系归于终止。依约履行是合同自然终止的主要原因。

（3）合同因违约而消灭。若合同一方当事人拒绝履行、不履行或不完全履行其合同义务，其结果构成违反条件或重大违约，他方当事人由此取得解除合同的权利，可主张解除合同。

（4）合同依法而消灭。合同依法消灭的情形主要包括：

1）合并。合并的情形之一，是以更加安全可靠的合同取代不安全可靠的合同并使之消灭；情形之二类似于大陆法的混同，即合同权利义务归于一人而使得合同消灭。

2）破产。合同当事人破产后取得法院的解除令，其一切债务与责任得以解除。

3）擅自修改书面合同。若一方当事人未经对方同意，擅自对合同的重要部分做出对其有利的重大修改，则对方当事人有权解除合同。

4）合同落空。合同当事人可因合同落空而免除其尚未履行的合同义务。

5）合同因无效或被撤销而解除。

**3. 中国《合同法》关于合同终止的规定**

中国《合同法》规定的合同权利义务终止的情形包括：①债务已履行。②合同解除。③债务相互抵消。④债务人依法提存标的物。⑤债权人免除债务。⑥债权债务归于一人。⑦法律规定或当事人约定终止的其他情形。中国《民法典总则编》规定，民事法律行为可以附条件或期限，附解除条件或终止期限的民事法律行为，自条件成就或期限届满时失效（第158、160条）。

（四）时效期间

关于时效期间（Limitation Periods），所有的法律体系均承认时间的延续会对权利产生影响。各国法律关于时效的规定虽有不同，但存在两种基本的制度：一种制度下，时间的延续将使权利和诉权归于消灭（债权人的请求权因时效届满而消灭）；另一种制度下，时间的延续只能成为在法庭上对某一诉求的抗辩（债务人可以以时效完成作为抗辩理由）。多数国家法律均将时效完成作为消灭合同及其他债的关系的原因之一。

**1. 时效制度的含义及安排**

根据法律规定，于一定期间内，由于某种事实状态的继续存在引起民事法律关系消灭或发生的法律制度，称为时效制度。法律规定的关于确认法律事实与法律文件发生或消灭法律效力的时间范围，称为时效期间。权利人请求法院或仲裁机构保护其合法权益的有效期间，称为诉讼或仲裁时效。《通则》对时效期间的定义是：《通则》规定之权利的行使，因一段时间的届满而被阻止。不同法律部门均有关于时效的规定，此处主要讨论民事法律制度中的时效安排。

作为一项非常重要的法律制度,设立时效的目的主要有二。一是保持社会经济关系的稳定、安全状态。时效的设计并非保护义务人不履行义务的行为,其主要目的在于要求权利人及时行使其请求权,防止权利义务关系长期无法实现而使得当事人的财产处于不确定、不安全状态。二是防止证据灭失情况下投机性诉讼的产生、举证的困难。法律对权利人行使权利的期间做出限制,防止因年代久远导致证据湮没,一旦涉讼,权利人证据搜集与提供的困难。若权利人怠于行使权利超过法律规定的期间,法律对其权利不再予以保护。因此,在这一制度安排下,只有在时效期间内债权人的请求权才能得到法律的保护(诉讼或仲裁时效);而善意占有他人财产的占有人于时效期间届满取得财产的所有权(占有时效)。

大陆法与英美法关于时效制度的安排如下:

(1) 大陆法的时效制度。大陆法认为时效属实体法范畴,并将时效区分为取得时效与消灭时效。前者是指财产占有人在时效期间届满可依法取得占有物的所有权;后者是指债权人于时效期间内不行使权利,其诉权归于消灭致使其债权请求权无法得到保护。

(2) 英美法的时效制度。英美法认为时效属程序法范畴,故英美法中主要有一种时效,即诉讼时效。

1974年联合国《国际货物买卖时效期间公约》定义的时效期间,是指与合同有关的权利的消灭期限,亦即各种请求权(因合同规定而产生;因违约、终止合同、合同失效而产生)的行使期限。

**2. 各国法律及国际公约关于时效期间的规定**

大陆法系各国将消灭时效期间区分为普通期间(较长)与特别期间(较短)。前者有些国家规定为30年(德国、法国),有些国家规定为20年(日本)或10年(瑞士);后者有些国家规定为6个月(法国),主要适用于根据其性质、特点必须于短期内行使的权利。

英美法系国家中,英国1939年的《时效法》规定:简式合同时效期间为6年;签字蜡封式合同时效期间为12年。关于诉讼时效,美国没有联邦统一法,由各州以成文法规定,多数州法律规定,口头合同时效期间为5年或6年;书面合同时效期间为10年。美国《统一商法典》规定:货物买卖合同诉讼时效为4年。

《国际货物买卖时效期间公约》规定:国际货物买卖中请求权的时效期间为4年,自请求权产生之日起计算。

《通则》第10.2条规定了双重时效体系:一般时效期间为3年,自权利人知道或理应知道导致其权利可行使的事由之次日起计算;在任何情况下,最长时效期间为10年,自权利可行使之次日起计算。

中国《民法典合同编》第594条规定:国际货物买卖合同和技术进出口合同的诉讼及仲裁时效为4年,自权利人知道或理应知道其权利受到损害以及义务人之日起计算。中国《民法典总则编》第188条规定:向法院请求保护民事权利的诉讼时效期间为3年。但是自权利受到损害之日起超过20年的法院不予保护。

**3. 时效期间的计算**

(1) 起算。自当事人知道或理应知道其权利受到侵害之日起计算:若合同规定有履行期,自履行期届满债务人不履行义务时起算;若合同未规定履行期,自合同成立之日起算。

《国际货物买卖时效期间公约》规定:自债权人请求权产生之日起计算。请求权产生之日的规定因情况而异，具体如下：①因违约发生的请求权，为违约发生之日。②货物与合同规定不符或存在缺陷，为实际交货之日或买方拒收之日。③对于欺诈行为，为该行为被发现或理应被发现之日。④因保证期引起的请求权，为保证期内买方将事实通知卖方之日。⑤终止合同的请求权，为做出终止声明之日。⑥对分期交货或分期付款的请求权，为每期违约行为发生之日。

中国《民法典总则编》第188条规定，诉讼时效期间自权利人知道或者应当知道权利受到损害以及义务人之日起计算。法律另有规定的，依照其规定；第189条规定，当事人约定同一债务分期履行的，诉讼时效期间自最后一期履行期限届满之日起计算；第190条规定，无民事行为能力人或者限制民事行为能力人对其法定代理人的请求权的诉讼时效期间，自该法定代理终止之日起计算。

（2）中止。在时效期间内，由于发生了不可归责于债权人的情事，使其请求权的行使受到阻碍，为保护债权人利益，法律允许于时效期间届满前的一定时期内（通常为6个月），暂停计算时效期间，待阻碍债权人行使请求权的情事消除，时效期间继续计算。

《国际货物买卖时效期间公约》规定的导致时效期间中止的情形有四种：①债权人起诉或申请仲裁。②债务人死亡或丧失行为能力。③债务人破产或无清偿能力。④法人解散或清算。

《通则》第10.5条、第10.6条规定，时效期间因下列情况中止：①权利人启动司法或仲裁程序，或在已启动的司法或仲裁程序中做出某种行为，该行为依法院地法律或仲裁庭所适用的法律被认为是向义务人主张权利。②义务人破产，而权利人在破产程序中已主张权利。③义务人进入解散程序，而权利人在解散程序中已主张权利。④中止持续至法院或仲裁庭做出最终判决或有拘束力的裁决或该程序由于其他情形而终止之时。

《通则》第10.8条规定：不可抗力、死亡或丧失行为能力均可引起一般时效期间的中止，相关障碍消除后1年内时效期间不届满。

中国《民法典总则编》第194条规定，在诉讼时效期间的最后6个月内，因下列障碍不能行使请求权的，诉讼时效中止：①不可抗力；②无民事行为能力人或者限制民事行为能力人没有法定代理人，或者法定代理人死亡、丧失民事行为能力、丧失代理权；③继承开始后未确定继承人或者遗产管理人；④权利人被义务人或者其他人控制；⑤其他导致权利人不能行使请求权的障碍。自中止时效的原因消除之日起满6个月，诉讼时效期间届满。

（3）中断。在时效期间内，法定情事的发生使已进行的时效消灭，待法定情事终结，时效期间重新计算。法定中断时效期间的情事主要有三：①债务人部分履行（包括支付债息）。②债权人通过起诉行使债权请求权，时效期间自法院判决生效之日起重新计算。③债务人向债权人承认其债务，时效期间自债权人的权利再次受到侵害之日起重新计算。

《国际货物买卖时效期间公约》规定的导致时效期间中断的情形：债务人向债权人书面承认其所负债务时，自承认之日起重新计算时效期间。

《通则》第10.4条规定：若义务人在一般时效期间届满之前承认了权利人的权利，新的一般时效期间自承认之次日起重新计算；最长时效期间不再重新计算，但可能因新的一般时效期间的开始而超期。

中国《民法典总则编》第195条规定，下列情形导致诉讼时效中断：①权利人向义务人提出履行请求；②义务人同意履行义务；③权利人提起诉讼或者申请仲裁；④与提起诉讼或者申请仲裁具有同等效力的其他情形。从中断、有关程序终结时起,诉讼时效期间重新计算。

(4) 延长或缩短。有些国家法律规定,当事人不得延长或缩短时效期间;另一些国家法律规定,时效期间虽不得延长,但可以缩短。因为延长时效期间与时效制度的设计初衷相违背,但缩短时效期间却符合时效制度的设计本意。

《国际货物买卖时效期间公约》规定:合同当事人无权以声明或协议的形式变更规定的时效期间;在任何情况下,时效期间不得超过10年。

《通则》规定:合同当事方可以更改时效期间,但当事方不能将一般时效期间缩短至1年以下,或将最长时效期间缩短至4年以下或延长至15年以上。

中国《民法典总则编》第188条第2款规定,特殊情况下,法院可以根据权利人的申请决定延长诉讼时效期间。

**4. 时效期间届满的后果**

日本等国法律规定,时效期间届满实体权利消灭;德国等国法律认为,时效期间届满当事人诉权消灭,其实体权利仍然存在。本书编者认为,时效期间届满并非意味着债务人义务的解除,债权人于时效期间届满后行使请求权时,若债务人未以时效期间届满作为抗辩理由,法院或仲裁机构不得以时效期间届满为由拒绝债权人的诉讼或仲裁请求;债务人于时效期间届满之后履行债务,其后不得以时效期间届满为由要求债权人归还其已履行的债务。

《国际货物买卖时效期间公约》规定的时效期间届满的法律后果:作为诉权的债权人对债务人的请求权消灭,非实体权利的消灭。故时效期间届满后,债权人无权提起诉讼或仲裁,但仍得以请求权作为抗辩理由或抵消债务人的请求权,有权接受债务人的清偿;而债务人不得以不知时效期间届满为由,要求退还已偿还的债务。

《通则》第10.9条规定:时效期间的届满不会消灭权利,只是阻碍其行使。时效期间的届满必须被义务人作为抗辩才能使之生效。即使对一项权利已提出时效期间届满的主张,仍可依赖该权利作为抗辩。《通则》第10.10条规定:债务人主张时效期间届满后,债权人不能行使抵消权。《通则》第10.11条规定:已履行的债务人无权仅以时效期间届满要求恢复原状。○

中国《民法典总则编》第192条规定,诉讼时效期间届满的,义务人可以提出不履行义务的抗辩。诉讼时效期间届满后,义务人同意履行的,不得以诉讼时效期间届满为由抗辩;义务人已自愿履行的,不得请求返还。

## 案例讨论题

1. 某传媒公司与未成年人洪某网络直播合同纠纷案

【基本案情】

某传媒公司与未成年人洪某于2021年3月6日签订《娱乐主播经纪全约协议》,约定洪某同意传媒公司在全世界范围内担任洪某独家的经纪公司,独家享有洪某的全部主播以及娱乐事业的经纪权,包括:互联网演艺、线下活动等;合作期限三年;传媒公司从其介绍的演艺活动及相关业务所获得的收益中收取佣金;洪某擅自终止协议,构成根本性违约,应支付

---

○ 国际统一私法协会,《国际商事合同通则》,商务部条约法律司编译,法律出版社,2004年版。

30万元违约金，或者洪某在传媒公司平台已经获取的所有收益的10倍（以较高者为准）作为违约金，不足的，应补足经济损失。协议还约定了其他事项。协议签订后，洪某利用传媒公司提供的账号在抖音平台上直播及发布小视频，共获得音浪5218800个，折算成人民币为521880元。洪某自提获取89878.42元。传媒公司向洪某转账支付109284.58元。2022年7月17日后，洪某不再在抖音平台直播，传媒公司遂以洪某违约为由诉至法院，要求洪某支付违约金30万元及律师费。

【裁判结果】

法院认为，双方签订《娱乐主播经纪全约协议》（以下简称《协议》）时，洪某未满十八周岁，且没有证据证明其以自己的劳动收入为主要生活来源，系限制民事行为能力人。协议的主要内容是通过网络直播来履行，其约定的权利义务繁杂，对于未成年人而言是较为复杂的民事法律关系，协议的签订和履行不属于限制民事行为能力人可以独立实施的民事法律行为。根据《中华人民共和国民法典》第145条的规定，洪某的签订行为须经其法定代理人同意或追认后才产生法律效力，洪某的法定代理人已明确表示对该协议不同意且不予追认，故《娱乐主播经纪全约协议》无效。法院判决驳回某传媒公司的全部诉讼请求。

【典型意义】

近年来，随着互联网科技的迅速发展，网络主播这一新兴职业不断出现在热点话题榜单，与之相关的纠纷也越来越多。本案中，某传媒公司与未成年人签订纷繁复杂的直播协议，未经过其法定代理人的同意，损害了未成年人合法权益。《民法典》针对未成年人权益保护提供了全面的法律保障。对于涉及未成年人签订协议问题，人民法院必须严格依照法律规定审查协议的效力、违约责任的约定是否公平合理，对协议效力做出正确的认定，依法维护各方的合法权益。

（资料来源：2024-01-24，海南高院：https：//mp.weixin.qq.com/s?__biz=MzU2NDQxODY2NQ==&mid=2247538938&idx=1&sn=311c59eb68a8716571cf814c56e9847e&chksm=fc4959fccb3ed0eab40a6ceeddd5da25cb74e380c2d66447786f46eb9c5e702f2d899de6c40e&scene=27.）

2. 确认为赌博提供资金而产生的债务属非法债务，维护公序良俗原则在申请撤销仲裁裁决案件中的适用规则——王某与李某申请撤销仲裁裁决案

【基本案情】

2022年1月，李某以其与王某签订的《借款合同》为依据向某仲裁委员会申请仲裁，要求王某还款100万元。2022年8月，某仲裁委员会做出裁决：王某向李某偿还借款本金及利息。王某主张仲裁庭忽视案涉借款系为赌博提供资金的事实，其将本案定性为单纯的民间借贷，违背了公序良俗原则，请求贵州省贵阳市中级人民法院撤销上述仲裁裁决。

【裁判结果】

贵州省贵阳市中级人民法院认为，从案涉借款资金流向来看，李某将款项转给王某，王某又将款项用于购买赌币。从本案证据看，李某对王某在澳门所从事的放贷赌博抽成职业应该知晓，故应当认定案涉100万元实际是李某向王某提供的用于赌博的赌资。李某主张王某向其借款100万元的事实不符合常理，亦不符合双方经济往来的交易习惯，其所主张的正当借款基础事实不存在。鉴于各方均明知借款用途为赌博，而赌博行为系违反内地公序良俗的行为，案涉款项依法不应受法律保护。据此，该院裁定撤销某仲裁委员会做出的上述仲裁裁决。

【典型意义】

司法实践中，出借人为借款人从事违法犯罪活动提供民间借贷的情形时有发生，且出借人和借款人均明知或应知借款用作赌资、毒资等，此类借贷行为属于违背公序良俗的民事法律行为。《中华人民共和国仲裁法》第58条第3款规定："人民法院认定该裁决违背社会公共利益的，应当裁定撤销。"人民法院依据该条规定，明确了公序良俗原则在申请撤销仲裁裁决案件中的适用规则，依法撤销案涉仲裁裁决。本案系人民法院依法维护公序良俗、弘扬和践行社会主义核心价值观的典型案例。

【案号】贵州省贵阳市中级人民法院（2023）黔01民特54号

（资料来源：2024-01-16，最高人民法院：https://www.court.gov.cn/zixun/xiangqing/423292.html.）

3. 外国某公司与某玻璃制品公司买卖合同纠纷案——跨境交易中形式发票的法律属性认定

【基本案情】

某玻璃制品公司与外国某公司素有交易往来。2020年3月5日，外国某公司向某玻璃制品公司采购香水瓶模具5个，某玻璃制品公司为外国某公司开具了形式发票。2020年3月18日，外国某公司向某玻璃制品公司采购100000个24/410型号白色管状泵头，价款共计14390美元，某玻璃制品公司就该订单向外国某公司开具形式发票。该份订单已履行完毕，双方当事人无争议。同日，外国某公司向某玻璃制品公司采购24/410、28/410管状泵头各165000个，价款分别为17490美元、17820美元，总价款为35310美元。某玻璃制品公司向外国某公司开具的形式发票除载明上述事项外，还载明：支付方式为50%通过银行账号电汇，运输方式为"海运-墨尔本"，交付周期为20个工作日。次日，外国某公司向某玻璃制品公司付款17655美元。

2020年3月24日，双方在协商确定第4份订单项下的交货时间时，某玻璃制品公司表示可以于当年的5月10日向外国某公司交付相应的货物。当日，外国某公司向某玻璃制品公司采购24/410 7cm型管状泵头380000套，总价款为60420美元。某玻璃制品公司向外国某公司开具的形式发票除载明上述事项外，还载明：支付方式为100%通过银行账号电汇；时间约为5月10日至15日，也许可以提前完成。后外国某公司向某玻璃制品公司付款30210美元。后外国某公司与某玻璃制品公司就货物交货期过长的问题进行了磋商，外国某公司因交货期问题向某玻璃制品公司表达了取消后续订单的意思表示，但某玻璃制品公司认为因货物数量较大，且工厂已经安排生产，故无法取消订单。

2020年5月23日，外国某公司向某玻璃制品公司发送律师函，要求解除双方间的第1、3、4笔订单，并退还外国某公司针对该三笔订单支付的预付款及货款共计48865美元。因双方协商无果，外国某公司提起诉讼，请求人民法院判决确认双方之间第一、三、四批次订单所涉买卖合同关系于2020年5月25日解除，并要求某玻璃制品公司退还外国某公司上述批次产品的货款及预付款。某玻璃制品公司辩称，外国某公司单方解除合同无事实依据，并提出反诉，请求判令外国某公司继续履行双方之间的买卖合同并支付货款。

【裁判结果】

浦东新区人民法院经审理认为，因外国某公司系澳大利亚联邦法人，本案为涉外买卖合同纠纷。外国某公司依据《合同法》提起诉讼，其诉请所依据的事实以及某玻璃制品公司住所地均在中华人民共和国境内，故中华人民共和国法律与本案具有最密切联系，根据《涉外民事关系法律适用法》第41条的规定，本案应当适用中华人民共和国法律。

《合同法》第8条（《民法典》第465条）明确规定，依法成立的合同，对当事人具有法律约束力，当事人应当按照约定履行自己的义务，不得擅自变更或者解除合同。该法还规定，当事人订立合同，有书面形式、口头形式和其他形式。就本案讼争的第1、3、4次交易，原、被告双方未签订正式的书面合同，双方的接洽通过社交平台完成，在充分沟通、协商的基础上，某玻璃制品公司针对3次交易分别向外国某公司开具3票形式发票，外国某公司予以接收和确认。在此后双方的沟通以及本次诉讼中，外国某公司多次援引形式发票的内容主张权利。在跨境贸易实务中，形式发票是较为常见的文件，而在小额贸易中，不签订正式出口合同的情形并不鲜见，此时形式发票往往起到约定合同基本内容以实现交易的作用，可以认定为具有法律效力的充当合同的文件。本案的3票形式发票中，涉及品名、数量、价格、交货期限等合同主要条款，且双方当事人均予以认可，故认定上述形式发票具有合同属性，所对应的合同关系依法成立并有效，对签约双方具有法律约束力。因涉案3票形式发票的内容并未经过协商变更，某玻璃制品公司未能在形式发票所载明的期限内完成交货义务，构成违约，应当承担相应的违约责任。

据此，浦东新区人民法院判决：确认外国某公司与某玻璃制品公司的合同关系于2020年5月25日解除；某玻璃制品公司应向外国某公司返还模具及样品费、货款共计人民币345933.47元；驳回某玻璃制品公司全部反诉请求。一审判决后，某玻璃制品公司提出上诉。二审法院判决驳回上诉，维持原判。

【典型意义】

形式发票是跨境贸易中常见的书面载体，也是跨境贸易案件中常见的证据类型。在当前的跨境交易中，买卖双方往往会通过微信等社交平台进行交易磋商，不签订书面合同的情形并不鲜见。一旦发生纠纷，如何确定交易双方的权利义务，是法官查明事实做出裁判的关键。形式发票是否具有合同属性，能否作为确定交易双方权利有无的依据，在涉外商事审判实务中做法不一。本案裁判认为，如果形式发票所载内容具有合同法律关系的基本要素，且双方当事人对该内容以明示或默示方式达成合意，可以认定该形式发票具备合同属性，对交易双方具有法律约束力。该案对同类案件的审理具有一定参考意义。

（资料来源：2024-02-17，上海市高级人民法院：https://www.hshfy.sh.cn/shfy/web/xxnr.jsp?pa=aaWQ9MTAyMDMzMjk2NCZ4aD0xJmxtZG09bG0xNzEPdcssz&zd=xwzx.）

4.外国某公司与上海某纺织公司国际货物买卖合同纠纷案——《联合国国际货物销售合同公约》一般原则的确定与适用

【基本案情】

2020年4月17日，外国某公司（作为买方）与上海某纺织公司（作为卖方）共同签订了一份编号为STE20/08A11020的《售货确认书》，约定购买300万个一次性保护性口罩（非医用），总价3642000美元，FOB上海，目的地法兰克福。外国某公司于2020年4月17日向上海某纺织公司付款3642000美元。后因口罩生产厂商山东某药业公司的原因，该批货物未实际交付。2021年12月27日，上海某纺织公司向第三人杨某、周某某发送《联络函》，表示：2020年4月期间，上海某纺织公司作为杨某、周某某的出口代理，负责口罩出口业务，并由杨某、周某某选定山东某药业公司为口罩生产商。为完成代理出口，上海某纺织公司根据杨某、周某某指示，与外国某公司签订《售货确认书》，并与山东某药业公司签署对应的《采购合同（口罩）》。2020年4月17日，上海某纺织公司收到外国某公司支付的合同款364.2万美元，同日上海某纺织公司根据第三人指示向山东某药业公司支付口罩款人民币2281.59万元。后因山东某药业公司无法依约交付货物，外国某公司要求返还已经支付的货款。经第三人与山东某药业公司、外国某公司交涉解约及退款事宜，山东某药业公司向外国某公司退款500万元人民币，上海某纺织公司于2020年4月至5月期间收到山东某药业公司退款人民币365万元，上海某纺织公司于2020年6月至2021年4月期间陆续向外国某公司归还货款178万美元（折合人民币12571606元），其中上海某纺织公司垫付资金共计人民币8921606元。

后因上海某纺织公司未能在期限内归还外国某公司剩余货款，故外国某公司向人民法院提起诉讼请求判令上海某纺织公司需要返还剩余货款及相应的利息损失。上海某纺织公司辩称，上海某纺织公司仅是本案的出口代理商，代表委托人周某某及杨某与外国某公司签署涉案的《售货确认书》；外国某公司在《售货确认书》签署前就已经知悉上海某纺织公司的出口代理商身份，涉案《售货确认书》应当约束外国某公司及委托人周某某及杨某，上海某纺织公司不是外国某公司的合同相对方，并非本案的适格主体，不应承担还款责任。第三人杨某、周某某述称，其与上海某纺织公司不存在委托代理关系。

【裁判结果】

浦东新区人民法院经审理认为，本案系国际货物买卖合同纠纷，因外国某公司、上海某纺织公司的营业地分别位于德意志联邦共和国和中华人民共和国，两国均为《联合国国际货物销售合同公约》（以下简称《公约》）缔约国，且双方并未合意排除公约的适用，故本案应自动适用《公约》。公约未明确解决的属于公约范围的问题，按照公约所依据的一般原则解决，在没有一般原则的情况下，适用与本合同具有最密切联系的中华人民共和国法律解决。《公约》虽没有明确规定，但合同的相对性原则是该公约的一般法律原则，适用于任何受该公约调整的合同。同时，"谁主张、谁举证"的举证责任亦是该公约体现的一般法律原则，有相应约束力。

本案中，外国某公司已经向上海某纺织公司支付了全部货款，双方之间的买卖合同关系成立并开始实际履行。上海某纺织公司辩称是第三人杨某、周某某的出口代理商，第三人是本案系争合同的相对方。但从合同的磋商和签订看，外国某公司与上海某纺织公司签订有《售货确认书》，上海某纺织公司和供货商山东某药业公司签订有《采购合同（口罩）》，第三人杨某、周某某均未出现在上述合同中。周某某在与外国某公司代表人马某某、工作人员M的微信群聊中，均以上海某纺织公司工作人员口吻参与磋商。周某某与杨某的微信聊天记录中亦处处显示系争合同的条款均需要上海某纺织公司员工华某某确认。并且2020年4月13日晚，马某某、华某某、杨某和周某某等在上海某纺织公司处见面磋商。审理中，外国某公司及第三人杨某、周某某当庭表示上海某纺织公司是系争合同相对方。因此，外国某公司有理由相信买卖合同建立在外国某公司与上海某纺织公司之间，上海某纺织公司没有充分证据证明第三人是合同的实际相对方。另外，从实际退款情况看，除人民币500万元系供货商山东某药业公司直接退款外国某公司中国子公司外，其余已退款项均由上海某纺织公司直接向外国某公司归还。同时，负责本案交易的上海某纺织公司员工华某某向外国某公司出具了《还款计划》，明确注明退款时间和金额，落款中注明"上海某纺织公司华某某"。

上海某纺织公司虽然否认《还款计划》的真实性，但从上海某纺织公司实际向外国某公司的退款金额和退款时间看，与《还款计划》相符。因此，人民法院认定上海某纺织公司是本案系争合同的相对方。因供货厂商山东某药业公司的原因导致上海某纺织公司无法按时交货，上海某纺织公司已构成违约，应承担相应的违约责任。2020年4月22日山东某药业公司向外国某公司退款人民币500万元，应视为双方以自己的实际行动宣告系争合同无效。审理中，外国某公司、上海某纺织公司对此予以确认，人民法院依法予以认可。根据《公约》第81条的规定，宣告合同无效解除了双方在合同中的义务，但应负责的任何损害赔偿仍应负责。已全部或局部履行合同的一方，可以要求另一方归还他按照合同供应的货物或支付的价款。第84条第（1）款规定，如果卖方有义务归还价款，他必须同时从支付价款之日起支付价款利息。现外国某公司主张上海某纺织公司退还剩余货款，并从合同宣告无效之日起支付相应的利息损失，人民法院依法予以支持。

据此，浦东新区人民法院判决：外国某公司与上海某纺织公司签订的《售货确认书》于2020年4月22日宣告无效；上海某纺织公司返还外国某公司剩余货款以及相应的利息损失。宣判后，双方均未上诉。

【典型意义】

《公约》系国际货物销售领域内的重要国际法源，且对我国《民法典合同编》有重要影响作用。正是因为其与国内法的诸多相似性，易使人民法院略过《公约》而直接用国内法审理案件，此时就会导致法律适用错误，亦不利于中国遵守国际条约的国际形象。此外，《公约》采用兜底性的"一般原则"立法模式，对属于公约管辖范畴，但未有明确规定的内容进行了原则性规定。公约在给予适用人民法院自由裁量权的同时，也增加了人民法院适法错误的风险。本案对《公约》第7条之第（2）款的适用做出了良好的示范，基于对公约条款的体系化理解以及国际商事惯例的分析，确定一般原则，并基于对合同条款的解释以及举证责任的分配，敲定一般原则最终的适用结果，为正确处理《公约》的公约内未决事宜，积累了宝贵的实践经验。

（资料来源：2024-02-17，上海市高级人民法院：https://www.hshfy.sh.cn/shfy/web/xxnr.jsp?pa=aaWQ9MTAyMDMzMjk2NCZ4aD0xJmxtZG09bG0xNzEPdcssz&zd=xwzx.）

5. 外国某航空公司与上海某商业展览公司服务合同纠纷案——合同有效型缔约过失责任的适用规则

【基本案情】

外国某航空公司系注册地位于美国加利福尼亚州的外国公司，上海某商业展览公司系注册地位于上海自贸区，提供会展服务的中国公司。上海国际航空维修及工程技术展（MRO CHINA 2016）系上海国际航空服务产业博览会（ASCE CHINA 2016）的一个主题展会，上海国际航空服务产业博览会系开放性展会，共有125家参展商参展，涉案上海国际航空维修及工程技术展有12家参展商参展。

2016年1月22日，外国某航空公司与上海某商业展览公司签订《申请表与协议》，约定了参展形式、展位面积、展位号，费用合计17280美元。协议签订后，外国某航空公司于2016年2月23日向上海某商业展览公司支付了上述款项。为参加涉案展览，外国某航空公司委托新加坡CONNEXIONS设计公司设计搭建展台，并实际支出展台搭建费用合计29174美元。外国某航空公司共有三人参加涉案展览，共产生差旅费4732.32美元、住宿费人民币 9520 元。

参展后，外国某航空公司发现展馆整体布局与上海某商业展览公司提供的展位图不符且实际参展人数与参展商目录亦存在较大出入。外国某航空公司认为上海某商业展览公司存在欺诈行为，故向人民法院提起诉讼，请求人民法院判令上海某商业展览公司各项经济损失 58045.70 美元。上海某商业展览公司辩称，案涉合同已经实际履行完毕，上海某商业展览公司并不存在欺诈行为。会展的地址名称、价格等均是公开信息，外国某航空公司可通过展会官网进行了解再决定是否参展。目录上的参展商是否实际参展及展位布局并不构成本案双方当事人的合同内容，即使上海某商业展览公司在招展中存在一定瑕疵，上海某商业展览公司也只承担缔约过失责任，外国某航空公司无法依据已生效履行的合同主张违约责任。

【裁判结果】

浦东新区人民法院经审理认为，本案争议焦点为上海某商业展览公司应否承担责任以及应当承担何种责任。根据《民法典》第 500 条的规定，当事人在订立合同过程中故意隐瞒与订立合同有关的重要事实或者提供虚假情况，给对方造成损失的，应当承担损害赔偿责任，上海某商业展览公司行为符合上述法律规定的情形，应承担缔约过失责任。首先，作为专业从事会展服务的企业，上海某商业展览公司在招展过程中将招展对象标明为参展企业通知外国某航空公司的行为，属于提供虚假情况，显然存在过失。其次，上海某商业展览公司行为造成了外国某航空公司信赖利益的损失。上海某商业展览公司的过失行为，导致外国某航空公司对涉案展会的规模、水准产生了合理的信赖，并基于该信赖与上海某商业展览公司签订参展合同、搭建展台、派驻相关工作人员参加展会。根据上海某商业展览公司庭审中的自认，与航空维修及工程技术相关的主题展览实际参展企业仅为 12 家，即使按照上海某商业展览公司单方提供的会刊，上海某商业展览公司在招展邮件中所附的参展企业中除外国某航空公司外也仅有 5 家参展，均与其招展时所披露的参展企业 152 家差距巨大。由此导致外国某航空公司签订《申请表与协议》时对参与展览所能起到的宣传效果、参与展览过程中可能接触的潜在交易对象的数量、可能达成的交易机会等合理信赖利益受到损害，造成外国某航空公司合同目的实现效果的折损。而且，一般而言，展会的规模与水准对于参展商的展台设计、参展人员配备等具体参展事项具有重要影响。现外国某航空公司基于上海某商业展览公司披露的参展商名单所产生的展会规模、水准等的信赖而聘请设计公司、搭建展台、调配参展工作人员等各项工作超出展会的实际水平，造成了外国某航空公司履行费用支出的必要性相应减损。综上，上海某商业展览公司的过失行为导致外国某航空公司签订并履行《申请表与协议》过程中产生了信赖利益损失，上海某商业展览公司的行为构成缔约过失，应当承担外国某航空公司在签订并履行《申请表与协议》过程中产生的合理信赖利益损失。

据此，浦东新区人民法院判决：上海某商业展览公司赔偿外国某航空公司展位费、展台设计搭建费、差旅费、住宿费合计 30000 美元。一审判决后，上海某商业展览公司不服，提起上诉。二审法院判决驳回上诉，维持原判。

【典型意义】

会展行业作为服务行业的一个重要组成部分，对于促进商业交易开展、扩大中国（上海）自由贸易试验区的国际影响力具有重要作用。会展活动举办方在招展过程中应遵守诚实信用原则，应当对于展会名称、主体、展会规模、参展企业名单等信息如实进行披露，不得提供虚假信息或做出虚假宣传。本案在法律适用方面准确认定了会展领域缔约过失责任的适用范围，认为上海某商业展览公司在订立合同过程中存在故意隐瞒与订立合同有关的重要事实或者提供虚假情况的情形，给外国某航空公司造成了损失，应当承担缔约过失责任。本案的处理结果对于规范会展企业商事行为、促进会展行业持续向好发展有积极的促进意义。

（资料来源：2024-02-17，上海市高级人民法院：https：//www.hshfy.sh.cn/shfy/web/xxnr.jsp？pa＝aaWQ9MTAyMDMzMjk2NCZ4aD0xJmxtZG09bG0xNzEPdcssz&zd＝xwzx.）

## 复习思考题

### 一、名词术语

约因　对价　错误　欺诈　胁迫　根本性违约　非根本性违约　混同　抵消　提存　时效制度　时效的中止　时效的中断

### 二、问答题

1. 简述合同的概念及法律特征。
2. 什么是要约和承诺？有效的要约和承诺应具备哪些条件？
3. 要约与要约邀请的区别何在？
4. 合同有效成立应具备哪些条件？
5. 说明不真实意思表示的主要形式、特征及法律后果。
6. 什么是对价？有效对价的条件是什么？
7. 根据年龄和精神状态的不同，大陆法系国家将自然人区分为哪几种类型？
8. 简述合同履行的原则。
9. 简述两大法系关于违约形式规定的差异。
10. 合同权利义务终止的原因主要有哪些？
11. 简述不可抗力的含义、法律后果及相关当事人的义务。
12. 请说明债权让与与债务承担在权利义务转让程序上的区别。
13. 提存与混同的区别是什么？
14. 什么是诉讼时效的中止与中断？

## 本章参考文献

[1] 左海聪. 国际商法 [M]. 3版. 北京：法律出版社，2023.
[2] 韩玉军. 国际商法 [M]. 4版. 北京：中国人民大学出版社，2023.
[3] 姜作利. 国际商法：双语版 [M]. 4版. 北京：法律出版社，2020.
[4] 冯大同. 国际商法 [M]. 北京：对外经济贸易大学出版社，1991.
[5] 曹祖平. 新编国际商法 [M]. 7版. 北京：中国人民大学出版社，2022.
[6] 沈四宝，王军，沈健. 国际商法 [M]. 4版. 北京：对外经济贸易大学出版社，2022.
[7] 马齐林. 新编国际商法 [M]. 广州：暨南大学出版社，2004.
[8] 国际统一私法协会. 国际商事合同通则 [M]. 商务部条约法律司编译. 北京：法律出版社，2004.
[9] 赵威. 国际商事合同法理论与实务 [M]. 北京：中国政法大学出版社，1995.
[10] 史学瀛，孙建. 国际商法 [M]. 天津：南开大学出版社，2003.
[11] 吴建斌. 国际商法新论 [M]. 2版. 南京：南京大学出版社，2005.
[12] 袁永友. 国际商务经典案例 [M]. 北京：经济日报出版社，2001.
[13] 陈伟，等. 国际商法 [M]. 哈尔滨：哈尔滨工业大学出版社，2002.
[14] 吴兴光. 国际商法 [M]. 广州：中山大学出版社，2003.

［15］吕红军．国际商法［M］．北京：中国对外经济贸易出版社，2002．
［16］林光祖，刘经华．国际商法［M］．厦门：厦门大学出版社，2004．
［17］赵志泉．国际商法［M］．成都：四川大学出版社，2005．
［18］邹建华．国际商法．［M］．5版．北京：中国金融出版社，2006．
［19］屈广清，等．国际商法［M］．北京：法律出版社，2003．
［20］CLAUDE D R，GORDON D S．合同法：影印注释版［M］．汤树梅，注校．北京：法律出版社，2003．
［21］关怀，王建平．合同法教程［M］．北京：首都经济贸易大学出版社，2001．
［22］刘凯湘．合同法［M］．北京：人民法院出版社，2002．
［23］张学森．国际商法：中英文双语版［M］．2版．上海：复旦大学出版社，2018．

# 第五章
# 国际货物买卖法

**本章提要**

- 国际货物买卖
- 违反买卖合同及其救济
- 货物所有权转移与货物损失的风险

国际货物买卖法是指调整具有国际因素的货物买卖关系的法律规范的总称。国际货物买卖合同是国际货物买卖的基础。有关国际货物买卖合同的基本概念和基本要素、国际货物买卖的法律渊源是应了解的基本内容。国际货物买卖合同双方的权利义务、违约和救济,以及货物所有权与货物损失的风险是本章的重点。

## 第一节 概 述

### 一、国际货物买卖的特点

国际货物买卖通常是由买卖双方以签订国际货物买卖合同的形式进行的。国际货物买卖合同是指营业地处于不同国家的当事人之间以转让货物所有权为目的所达成的具有国际因素的货物买卖合同。国际货物买卖具有以下特点:

**(一) 国际货物买卖具有国际性**

国际货物买卖与国内货物买卖的最大区别,在于其具有国际性。1980 年,在联合国国际贸易法委员会主持下制定的《联合国国际货物销售合同公约》采用了单一的"营业地标准",即凡营业地处于不同国家的当事人之间所订立的货物买卖合同,即为国际货物买卖合同。而当事人的国籍、住所、所交易的货物是否需进行跨境运输等不再作为确定货物买卖合同是否具有国际性的因素。自此,许多国际条约都以"营业地"为标准确定货物买卖合同的"国际性"。

**(二) 国际货物买卖的标的物是货物**

国际货物买卖的标的物是货物(Goods)。但何谓"货物",不同国家的立法和国际条约确定的货物的内涵和外延有所不同。1980 年《联合国国际货物销售合同公约》未明确规定"货物"的定义,而是采用排除法,即在第 2 条规定了不适用《联合国国际货物销售合同公约》的货物买卖:①仅供私人、家人或家庭使用的货物的销售;②经由拍卖方式进行的销售;③根据法律执行令状或其他令状的销售;④公债、股票、投资证券、流通票据或货币的销售;⑤船舶、船只、气垫船或飞机的销售;⑥电力的销售。可见,《联合国国际货物销售合同公约》只调整国际"货物"的销售,不调整不被视为货物或有争议的货物,也不调整一般不视为动产的货物。但《联合国国际货物销售合同公约》所调整的货物既包括存在物，也包括尚在制造或生产的货物。

（三）国际货物买卖的特点是买卖

因交易的性质不同，国际货物买卖合同适用的法律也有所不同。国际货物买卖合同主要是指由卖方将货物的所有权转移给买方，以换取买方货款的合同。因此它具有以下一些特点：其一，国际货物买卖合同是指卖方需将货物的所有权转移给买方；其二，买方需以金钱来支付价款。这是买卖合同与其他合同的主要区别。

## 二、关于国际货物买卖的法律和惯例

调整国际货物买卖的法律主要包括三部分：各国的有关国际货物买卖的国内立法及其冲突规范；国际货物买卖公约；国际货物买卖惯例。

（一）各国国内法

在大陆法系中，民商合一的国家的货物买卖法一般在民法的"债"篇中加以规定；在民商分立的国家，商法典的"商行为"篇中设有关于买卖的专章。

英美法系国家通过判例法辅之以制定法的形式调整货物买卖关系，典型的如英国《1893年货物买卖法》（Sale of Goods Act，1893）和美国《统一商法典》（Uniform Commercial Code，UCC）。前者是西方最早、在货物贸易领域中非常重要的制定法，适用于国内、国际货物买卖。后者是由美国统一州法全国委员会和美国法学会共同制定的一部"标准法典"，现已为除路易斯安那州之外的其他49州，以及哥伦比亚特区和维尔京群岛所采用，对美国及英美法系其他国家的货物买卖法的制订具有重大影响。

（二）关于国际货物买卖的国际条约

有关国际货物买卖的国际条约主要有1964年国际统一私法协会起草的两个海牙公约：《国际货物买卖统一法公约》（Convention on Uniform Law on International Sale of Goods，ULIS）（简称《海牙第一公约》），1972年8月18日生效；《国际货物买卖合同成立统一法公约》（The Uniform Law on the Formation of Contract for International Sale of Goods，ULI）（简称《海牙第二公约》），1972年8月23日生效。两个海牙公约的核准生效，是国际货物买卖法向法典化方向迈出的重要一步。但由于两个海牙公约主要受欧洲大陆法系传统影响较大，用词比较晦涩，内容过于烦琐，参加国数量较少，未能真正达到统一国际货物买卖法的目的。

为使两个海牙公约能够得到不同社会制度、经济制度和法律制度的国家接受，联合国国际贸易法委员会于1969年专门成立了"国际货物买卖工作组"，对上述两个海牙公约进行修改，1980年在维也纳外交会议上通过了《联合国国际货物销售合同公约》（以下简称《公约》），1988年1月1日生效。《公约》在国际货物买卖领域得到了国际社会的广泛认同。

**1.《公约》的基本结构**

除序文外，《公约》分为四个部分，101个条文。第一部分是《公约》的适用范围和规则；第二部分是合同的订立；第三部分是货物的销售，包括总则、卖方的权利义务、买方的权利义务、风险转移等制度；第四部分为最后条款，规定了对《公约》的批准、接受、核准和加入，规定了对《公约》的保留，规定了《公约》的生效以及缔约国的申明退出。

## 2. 《公约》的基本原则

序文中规定了《公约》的基本原则，包括：建立新的国际经济秩序原则；公平互利原则；兼顾不同社会、经济和法律制度；促进国际贸易发展原则。

## 3. 《公约》的适用范围

《公约》的主体范围：①根据《公约》第1条第1款（a）项，营业地位于不同缔约国之间的当事人所订立的合同属于公约的调整范围。②根据《公约》第1条第1款（b）项，合同的主体中，一方或双方营业地都不在《公约》缔约国，如果双方缔结的合同经国际私法规范指引，可以某一缔约国的法律作为准据法，则《公约》也可予以适用。

《公约》的客体范围：如前所述，《公约》排除性规定了一些不属《公约》调整范围的货物买卖和其他事项，仅调整一般"货物"的销售。

《公约》的合同范围：《公约》肯定性地规定它只适用于销售合同的订立和买卖双方的权利和义务，不适用合同的效力、合同的所有权、货物对人身造成伤害或损害的产品责任。

## 4. 《公约》的性质

《公约》第6条规定：尽管其营业地所在国是缔约国，合同当事人可约定不适用《公约》；亦可减损《公约》的任何规定或改变其效力，但必须尊重营业地所在缔约国已经做出的保留。

中国对《公约》做了两项保留：针对《公约》第1条第1款（b）项旨在扩大《公约》适用范围的规定，中国做了保留，认为《公约》只适用于营业地位于不同缔约国的当事人之间所缔结的国际货物销售合同。针对第11条合同形式可以采用书面或口头形式的规定，中国做了保留，强调营业地位于中国的缔约方缔结的国际销售合同必须采用书面形式。但1999年中国通过了《中华人民共和国合同法》（2021年改为《合同法民法典》），其中关于合同形式的规定与《公约》无异，为此中国声明放弃了对《公约》第11条的保留。

### （三）关于国际货物买卖的商事交易惯例

国际商事交易惯例主要是指各国商人在交易中的习惯做法，国际商会、国际海事委员会等国际经济组织制定的各种标准规则和共同条件，经过不断编纂和发展，内容相当统一，接受国际商事交易惯例已成为国际社会的趋势。关于国际货物买卖的国际惯例主要有《国际贸易术语解释通则》《1932年华沙—牛津规则》《1941年美国对外贸易定义修订本》和1997年6月由国际商会国际惯例委员会通过的《国际销售示范合同》等。其中最有影响并在实践中得到广泛使用的是国际商会编纂的《国际贸易术语解释通则》。

## 1. 《1932年华沙—牛津规则》

国际法协会于1932年制定《1932年华沙—牛津规则》（Warsaw-Oxford Rules）。《1932年华沙—牛津规则》共21条，只针对CIF（成本+运费+保险费）合同，明确了CIF合同性质、买卖双方责任、费用、风险、货物所有权转移等的一般解释。

## 2. 《1941年美国对外贸易定义修订本》

《1941年美国对外贸易定义修订本》（Revised American Foreign Trade Definition, 1941）在《美国出口报价及其缩写条例》基础上修订而成，在北美地区广泛使用，对美国贸易中经常使用的贸易术语下了定义，规定了不同贸易术语中买卖双方的权利与义务，包含了对"离岸价（FOB）""船边交货价（FAS）""到岸价（CIF）""离岸加运费价（C&F）""原产地交货价（Ex Point of Origin）""码头交货价（Ex Dock）"六种贸易术语的解释。

但它对某些贸易术语的解释与《国际贸易术语解释通则》有较大差别。

**3. 《国际贸易术语解释通则》**

《国际贸易术语解释通则》（International Rules for the Interpretation of Trade Terms，简称Incoterms）最早由国际商会于1936年制定。1953年第一次修订时，只包括了9种术语，后来随着国际贸易的不断发展，《通则》分别于1967年、1976年、1980年、1990年、2000年、2010年和2020年进行了多次补充和修改。现行的是2020年新修订的版本。

相较2010年的版本，2020年的版本保留了11种贸易术语，主要变化体现在：

（1）DAT（运输终端交货）重命名为DPU（卸货地交货）。DPU涵盖在其他地点交货的情形，更加通用。

（2）增加CIP（运费和保险费付至）的保险范围。CIP主要用于以多式联运和集装箱为主要运输方式的价值较高的制成品贸易，运输中可能遇到的风险较大，故而提高了CIP项下卖方投保的最低险别。CIF贸易术语下卖方投保最低险别维持不变。

（3）FCA（货交承运人）提单。针对FCA贸易术语新增提单附加机制，即买卖双方可以约定，卖方按照FCA要求将货物交付集装箱码头，买方指示承运人在货物装船后向卖方签发已装船提单。该新增提单附加机制为卖方获取已装船提单提供了明确依据，获得已装船提单后卖方有义务通过银行交单。

（4）自定义运输方式的承运。FCA（货交承运人）、DAP（目的地交货）、DPU（卸货地交货）、DDP（完税后交货）贸易术语项下，除由第三方承运人运输外，买卖双方可使用自有运输工具安排运输。

（5）对担保义务的分配更清晰。为方便买卖双方可以于一处查询到特定术语项下的相关担保要求及相应费用，统一列出了每一特定术语项下买卖双方各自承担的所有相关费用。既可加强国际贸易中的担保监管，又有助于防范可能产生的费用纠纷，尤其是在港口或交货地点。

Incoterms 2020的宗旨是为国际贸易中最普遍使用的贸易术语提供一套解释的国际规则，避免因不同解释可能出现的不确定性，至少在相当程度上减少这种不确定性。Incoterms 2020定义的货物贸易合同中的常用术语，规范买卖双方之间部分常见责任、风险及费用的转移或划分，供当事人根据实际需要选用并作为合同的组成部分。除作为价格之一部分的费用划分外，贸易术语更重要的作用是明确风险转移的地点。Incoterms 2020将11个贸易术语分为4组，根据运输方式又可划分为两大类：

第一类，适用任一或多种运输方式的7个术语：EXW（Ex Works：工厂交货，指定地点）、FCA（Free Carrier：货交承运人，指定地点）、CPT（Carriage Paid to：运费付至，指定目的地）、CIP（Carriage and Insurance Paid to：运费、保险费付至，指定目的地）、DAP（Delivered at Place：目的地交货，指定目的地）、DPU（Delivered at Place Unloaded：目的地卸货后交货，指定目的地）、DDP（Delivered Duty Paid：完税后交货，指定目的地）。

第二类，适用海运和内河运输的4个术语：FAS（Free Alongside Ship：船边交货，指定装运港）、FOB（Free on Board：装运港船上交货，指定装运港）、CFR（Cost and Freight：成本加运费，指定目的港）、CIF（Cost, Insurance & Freight：成本、保险费加运费，指定目的港）。

关于Incoterms的采用需要明确两点：第一，Incoterms仅适用于货物买卖合同，不适用服务贸易合同、运输合同、保险合同等。Incoterms 所定义的贸易术语仅涉及买卖双方部分责任、风险及费用的转移或划分,不能解决交易中的全部问题。例如,Incoterms 不涉及货物质量、付款、违约救济、所有权转移等事项,即便是其所涉及的运输和保险,也不涵盖运输和保险的所有问题。第二,由于 Incoterms 属于国际商事交易惯例,并不自动或强制适用,基于契约自由原则,只有合同明确援引时方才适用,且合同当事人可选用其任何版本。需要注意的是,不同版本之间贸易术语种类、数量不完全相同,甚至同一贸易术语在不同版本之间亦可能存在买卖双方权利义务上的差异。为避免在合同执行过程中因贸易术语理解上的差异产生争议,买卖双方需要在合同中明确约定采用的版本及具体贸易术语。㊀

**4.《国际商事合同通则》**

《国际商事合同通则》对国际商事合同的各种基本问题做了全面、完整的规定,较《公约》而言,《国际商事合同通则》的适用范围扩大至一切国际商事合同,包括国际货物买卖、国际知识产权转让、国际服务贸易、国际投资等商事领域,但"消费者合同"例外;《国际商事合同通则》还解决了《公约》不能解决的合同效力等问题。

## 第二节 买卖双方的义务

买卖双方的义务是国际货物买卖合同的核心内容。本章在阐述《公约》对买卖双方义务的规定的同时,对各主要国家法律的相关规定亦做讨论。

### 一、卖方的义务

根据《公约》的规定,卖方的义务主要有 3 项:①按照合同和《公约》的规定交付货物;②移交一切与货物有关的单据;③将货物的所有权移交给买方。

**(一)交付货物**

交付货物是卖方的主要义务之一。卖方应在合同规定的时间和地点交付货物和单据。如果合同对交货的时间和地点没有做出规定,则应适用该合同所应适用的准据法的规定。

**1. 交货方式**

所谓交货(Delivery),是指卖方自愿地转移货物的占有权,使货物的占有权从卖方手中转移到买方手中。交货的方式可以由买卖双方在合同中约定。如果买卖双方在合同中已约定有交货方式的,卖方即应按合同规定的方式交货。在国际货物销售中,存在两种不同的交货方式:一种是实际交货(Physical Delivery),即将货物本身连同单据一并转移给买方;另一种则是象征性交货(Symbolic Delivery),即卖方将代表货物所有权的证书交给买方就视为完成交货义务。在实践中,如果买卖双方采用工厂交货(EXW)、完税后交货(DDP)等贸易术语签订合同时,卖方都必须在指定的地点将货物置于买方的支配之下,这就是一种实际交货的方式。所谓象征性交货,是指买卖双方交易的货物涉及运输的情况下,只要卖方发运了货物,将货物交给指定的承运人,取得了提单或类似的装运单据,并将提单或类似的装运单据交给买方,就算履行了交货义务。因为,提单是代表货物所有权的凭证,谁拥有提单,谁

---

㊀ 中国国际商会/国际商会中国国家委员会组织翻译,《国际贸易术语解释通则 2020》(中、英版),对外经济贸易大学出版社,2020 年版。

就拥有提单项下的货物。因此，卖方交付了提单，就等于交付了货物。买方取得了提单，就可以通过背书转让提单的方式来处分提单项下的货物，因此称之为象征性交货。CIF（成本、保险费加运费）合同项下卖方交货即属于典型的象征性交货方式。

### 2. 交货时间

国际贸易涉及营业地处于不同国家当事人之间的交易，国际市场价格瞬息万变，如果卖方迟延交货，会给买方造成很大损失。各国法律一般规定，如果买卖双方在合同中做出了明确规定，卖方即应按合同约定时间交货；如果合同中没有做出明确约定，则各国法律的规定有所不同。

《公约》规定：如果合同中规定了交货日期，或从合同中可以确定交货日期，则卖方应在该日期交货；如果合同中规定了一段交货的期间（如 7 月到 8 月），或从合同中可以确定一段时间（如收到信用证 15 天之内），则除情况表明买方有权选定一个具体日期外，卖方有权决定在这段期间内的任何一天交货；在其他情况下，卖方应在订立合同后的一段合理时间内交货。至于如何确定合理时间，则需根据交易的具体情况。按照通常的国际商事交易实践，"确定合理时间"是作为事实由法院根据货物的性质及合同的其他规定决定的。

大陆法系国家一般规定，如果合同未做明确规定，买方有权要求即时交货，卖方也有权在合同成立后即时交货。但买方在履行债务时，必须遵守诚实守信原则。卖方在提前交货的情况下，应当提前通知买方受领货物。

英国《1893 年货物买卖法》对卖方交货时间规定为：如果合同没有规定卖方交货的时间，则卖方应在合理的时间内交货；如果买方授权或要求卖方把货物运交买方，则卖方为了把货物运交买方而将货物交给承运人，就可推定为已向买方交货。如果卖方同意在货物出售地点以外的其他地点将货物交给买方，则除合同另有规定外，应由买方承担货物在运输中的风险。关于使货物处于可交付状态的费用，除双方当事人另有约定者外，应由卖方承担。

中国《民法典合同编》规定，出卖人应当按照约定时间交付标的物。约定交付期限的，出卖人可在该交付期限内的任何时间交付（第 601 条）；当事人没有约定标的物的交付期限或约定不明的可以协议补充，不能达成补充协议的，按照合同相关条款或交易习惯确定（第 602、510 条）；依据第 510 条规定仍不能确定的，债务人可随时履行，债权人也可随时请求履行，但是应当给对方必要的准备时间（第 511 条第 4 项）。

### 3. 交货地点

履行地点往往涉及货物风险的转移和费用的负担。关于交货地点，各国法律的规定不尽相同，但都有一个基本原则，即如果买卖合同中做出明确约定的，则需按照合同约定交付货物。如果买卖合同中没有明确规定，各国做法有所不同。

《公约》规定，如果合同中没有约定交付货物地点的，按以下方式处理：

（1）货交第一承运人。当卖方的交货义务涉及货物的运输，即要求卖方把货物运送给买方时，卖方的交货义务就是把货物交给第一承运人。货物风险在卖方将货物按照合同约定交付给第一承运人时转移至买方。同时根据《公约》第 32 条的规定，卖方还应当履行有关运输的义务：①如果卖方按照合同的约定或本《公约》的规定将货物交付给承运人，但没有以货物上加标记或以装运单据或其他方式清楚地表明属于有关合同项下，则卖方必须向买方发出列明货物的发货通知，即以卖方将交付的货物加标记或以装运单据或其他方式表明有关货物已被特定化于合同项下为履行交货义务的前提。②如果卖方有义务安排货物的运输，则卖方必须订立必要的合同，按照通常的运输条件，以适合情况的运输工具，将货物运到指定地点。③如果卖方没有义务对货物的运输办理保险，则卖方必须在买方提出要求时，向买方提供一切现有的必要资料，使买方能够办理这种保险。因此当合同涉及运输时，卖方除履行交货义务外，还应履行特定化所交货物、订立运输合同、对货物进行投保等义务。

（2）交货于特定地点。如果买卖合同没有规定具体的交货地点，又没有涉及货物的运输，则如果合同出售的货物是特定物，或者是从某批特定的存货中提取的货物，或者是尚待加工生产或制造的未经特定化的货物，而双方当事人在订立合同时已经知道货物存放在某个地点，或者已经知道货物将在某个地点生产或制造，则卖方应在该地点交货。

（3）交货于卖方营业地。除上述情况外，在其他情况下，卖方的交货义务应是在其订立买卖合同时的营业地将货物交给买方处置。

如买卖双方在合同中规定采用某种贸易术语，则按照该贸易术语的规定完成交货。例如若合同中约定的交货条件是"FOB 天津"，即使货物需要从内陆某个城市用火车运到天津，再从天津装船运到国外，卖方的义务也是将货物交到天津买方指定的船上时即相当于履行了交货义务，而不是交到内陆某个火车站。

大陆法系国家的通常做法是卖方交货地应当是合同规定的地点。如果买卖合同没有规定交货地点，卖方履行交货义务的地点应区分其所交付的货物是特定物还是非特定物。如果是特定物，卖方应在订约时该特定物所在地交货；如果是非特定物，则应于卖方营业地交货。

英美法系国家规定：如果买卖合同对交货地点没有明确约定，交易的货物是非特定物的，卖方有营业地的，一般应在卖方营业地交货；没有营业地的，则以卖方住所地为交货地。买卖合同交易的货物是特定物的，而且买卖双方在订约时已经知道该特定物在其他地点的，则应该在该特定物所在地交货。

中国《民法典合同编》规定，出卖人应当按照约定的地点交付标的物。当事人没有约定交付地点或约定不明的，可以协议补充，不能达成补充协议的，按照合同相关条款或交易习惯确定（第603、510条）；依据第510条规定仍不能确定的，适用下列规定：标的物需要运输的，出卖人应当将标的物交付给第一承运人以运交给买受人；标的物不需要运输的，出卖人和买受人订立合同时知道标的物在某一地点的，出卖人应当在该地点交付标的物；不知道标的物在某一地点的，应当在出卖人订立合同时的营业地交付标的物。

（二）提交有关货物的单据

《公约》规定：移交货物的单据是卖方的一项主要义务。卖方移交单据的义务主要取决于买卖双方的习惯做法或采用的贸易惯例。根据《公约》的规定，如果卖方有义务移交有关货物的单据，必须按照合同规定的时间、地点和方式移交这些单据。有关货物的单据一般包括提单、装箱单、保险、商业发票、领事发票、原产地证书、重量证书或品质检验证书。如果卖方在上述时间之前已经移交了这些单据，则可以在该期间届满之前对单据中任何不符合合同之处加以修改。如果卖方只交付货物而未交付单据，则属于卖方未履行完交货义务，应属违约。卖方违约的时间应是不交单或交单不合格的时间。

中国《民法典合同编》规定，卖方应当履行向买受人交付提取标的物的单证，并应当按照约定或交易习惯向买受人交付提取单证以外的有关单证和资料（第598、599条）。

（三）卖方的品质担保义务

《公约》第35条规定：卖方的一项基本义务就是保证所交付的货物必须与合同约定相

符。卖方对货物的品质担保义务有三项要求：①卖方对其所交付的货物的质量应负有担保义务；②如果卖方所交付的货物不符合合同规定，卖方有义务在货物不符合合同约定时及时通知买方；③卖方承担对已交付的不符货物采取必要的补救措施的义务。

《公约》规定的卖方的品质担保义务包括：卖方交付的货物必须与合同所规定的数量、质量和规格相符，并必须按照合同所规定的方式装箱或包装。除双方当事人另有协议外，货物除非符合以下规定，否则即为与合同不符：①货物适用于同一规格货物通常使用的目的，这是买方对卖方交货的最基本要求。②货物适用于订立合同时曾明示或默示地通知卖方的任何特定目的，除非情况表明买方并不依赖卖方的技能和判断能力，或者这种依赖对其是不合理的。这一规定是在买方对货物有特定要求、但可能并不清楚货物的规格时，可能会通过向卖方说明所需货物的特定目的的方法订货。在这种情况下，卖方应满足这种要求，否则卖方交货就属于不符合合同规定。③货物的质量与卖方向买方提供的货物样品或式样相同，这是在凭样品交货时对卖方所交货物的品质要求。④货物按照同类货物通用的方式装箱或包装，如果没有此种通用方式，则按照足以保全和保护货物的方式装箱或包装。⑤如果买方在订立合同时知道或理应知道货物不符合合同，卖方无须按上述条款负有此种不符合合同的责任。

《公约》并规定了卖方承担上述义务的时间，即卖方应对货物在风险转移于买方时所存在的任何不符合的情形承担责任，即使这种不符合合同的情况是在风险转移于买方之后才明显表现出来。《公约》还规定：在某些情况下，卖方对货物在风险转移于买方之后所发生的任何不符合合同的情形亦应承担责任，如果这种不符合合同情形的发生是由于卖方违反了其某项义务，包括违反关于货物在一定期间内将继续适合于其通常用途或某种特定用途的保证。

《公约》规定的卖方对货物的品质担保义务包括明示和默示两种。明示的品质担保义务是指卖方交付的货物必须严格与合同规定的各项要求相一致，如上所述；默示的品质担保义务是由法律所赋予的义务，卖方必须遵守。各国法律对此均有类似规定。

为保证所交货物与合同相符，《公约》规定卖方为买方提供验货机会：买方必须在按情况实际可行的最短时间内检验货物或由他人检验货物。若合同涉及货物运输，检验可推迟到货物到达目的地后进行。若货物在运输途中改运或买方须再发运货物，没有合理机会加以检验，而卖方在订立合同时已知或理应知道这种改运或再发运的可能性，检验可推迟到货物到达新目的地后进行。相应的，若货物不符合合同，买方必须在发现或理应发现不符情形后的一段合理时间内通知卖方，说明不符合合同情形的性质，否则将丧失声称货物不符合合同的权利。无论如何，若买方不在实际收到货物之日起两年内将货物不符合合同情形通知卖方，其将丧失声称货物不符合合同的权利，除非这一时限与合同规定的保证期限不符。若货物不符合合同规定指的是卖方已知或不可能不知道而又未告知买方的一些事实，则卖方无权援引上述规定。

英国《1893年货物买卖法》对货物质量的担保包括明示担保和默示担保。明示担保是合同法的内容，默示担保在《1893年货物买卖法》中做出规定。卖方所出售的货物应符合如下默示条件：凡是凭说明（Description）的买卖，卖方所交货物应与说明相符；如果卖方所交付的货物属于营业中的货物，则应符合商品的商销品质（Merchantable Quality）；如果卖方是在营业中出售货物，而买方有特定要求（Particular Requirements）的，卖方交货应符合特定要求，除非买方并不信赖卖方的技能或这种信赖对卖方并不合理；如果是凭样品的交易（Sale by Sample），应符合样品要求。

美国《统一商法典》则将担保义务分为明示担保（Express Warranty）和默示担保。明示担保构成买卖双方交易的基础，指卖方在合同中对出售货物的品质做出担保，包括卖方的明确保证、任何说明和样品：①如果卖方通过货物标签、商品说明及目录等方式对货物在事实方面做出了确认和许诺，则卖方交货必须符合这种确认和许诺。例如卖方在其出售的羽绒服的标签上注明"90%白鸭绒"，则卖方交付的货物必须符合这种说明。②卖方对货物所做的任何说明，只要是作为交易基础的一部分，就构成明示担保。③如果卖方以样品、模型作为交易的品质说明，则卖方所交货物必须与该样品或模型一样。⊖默示担保不是当事人在合同中明确规定的，而是法律所认定的，主要包括以下内容：①商销性的默示担保，是指卖方应保证所出售的货物根据合同或贸易惯例默示具有适合商销的品质；②适用于特定用途的担保，是指卖方在订立合同时有理由知道买方对货物的某种特定用途且买方也信赖卖方的技能和判断能力时，卖方必须交付符合该特定用途的货物。

法国《民法典》对货物的担保分为货物的隐蔽缺陷和明显缺陷。规定卖方对货物的隐蔽缺陷负有担保责任，而对明显的、买方自己能够发现的瑕疵不承担担保责任。⊜

中国《民法典合同编》规定：出卖人应当按照约定的质量要求交付标的物。出卖人提供有关标的物的质量说明的，交付的标的物应当符合该说明的质量要求（第615条）。当事人就标的物的质量没有约定或约定不明确，首先应当按照《民法典合同编》第510条的规定加以确定（第616条）；若按照第510条仍不能确定，按照强制性国家标准履行；没有强制性国家标准的，按照推荐性国家标准履行；没有推荐性国家标准的，按照行业标准履行；没有国家标准、行业标准的，按照通常标准或者符合合同目的的特定标准履行（第511条第1项）。凭样品买卖的当事人应当封存样品，并可以对样品质量予以说明。出卖人交付的标的物应当与样品及其说明的质量相同（第635条）。凭样品买卖的买受人不知道样品有隐蔽瑕疵的，即使交付的标的物与样品相同，出卖人交付的标的物的质量仍然应当符合同种货物的通常标准（第636条）。试用买卖的当事人可以约定标的物的试用期限。对试用期限没有约定或约定不明确，依据第510条规定仍不能确定的，由出卖人确定（第637条）。若当事人在合同中就标的物的包装要求没有约定或约定不明确，首先也应当按《民法典合同编》第510条的规定加以确定；若按照第510条仍不能确定时，应按照通用的方式包装，没有通用方式的，则应按照足以保护标的物且有利于节约资源、保护生态环境的方式包装（第619条）。

中国《民法典合同编》还规定，买受人收到标的物时应当在约定检验期限内检验。没有约定检验期限的应当及时检验（第620条）。约定检验期限的，买受人应当在检验期限内将标的物的数量或者质量不符合约定的情形通知出卖人。买受人怠于通知的，视为标的物的数量或质量符合约定。当事人没有约定检验期限的，买受人应当在发现或应当发现标的物的数量或质量不符合约定的合理期限内通知出卖人。买受人在合理期限内未通知或自收到标的物之日起两年内未通知出卖人的，视为标的物的数量或质量符合约定；但是，对标的物有质量保证期的适用质量保证期，不适用该两年的规定。出卖人知道或应当知道提供的标的物不

---

⊖ 冯大同主编，《国际货物买卖法》，对外贸易教育出版社，1993年版。
⊜ 张玉卿主编，《国际货物买卖统一法》，中国对外经济贸易出版社，1998年版。

符合约定的，买受人不受前两款规定的通知时间的限制（第621条）。当事人约定的检验期限过短，根据标的物的性质和交易习惯，买受人在检验期限内难以完成全面检验的，该期限仅视为买受人对标的物的外观瑕疵提出异议的期限。约定的检验期限或者质量保证期短于法律、行政法规规定期限的，应当以法律、行政法规规定的期限为准（第622条）。当事人对检验期限未做约定，买受人签收的送货单、确认单等载明标的物数量、型号、规格的，推定买受人已对数量和外观瑕疵进行检验，但有相关证据足以推翻的除外（第623条）。出卖人依照买受人的指示向第三人交付标的物，出卖人和买受人约定的检验标准与买受人和第三人约定的检验标准不一致的，以出卖人和买受人约定的检验标准为准（第624条）。

（四）卖方对货物的权利担保义务

权利担保是指卖方应保证对其所出售的货物享有合法的权利，没有侵犯任何第三人权利，并且任何第三人都不会就该项货物向买方主张任何权利。

《公约》规定，卖方所交付的货物必须是第三方不能提出任何权利或请求的货物，并且卖方所交付的货物不得侵犯任何第三方的工业产权或其他知识产权。

**1. 一般权利担保**

一般权利担保是指卖方应保证对其交付的货物享有合法的权利，不存在任何未向买方披露的设置于该货物之上的任何担保物权，如抵押权或留置权等。买方签订合同的目的是希望通过合同获益，取得合同项下货物的权利。卖方必须保证对其所出售的货物拥有真正的所有权。如果任何第三人对卖方所出售的货物拥有部分或全部所有权或担保物权，属于卖方交付货物不符合约定，构成违约。

**2. 知识产权担保**

《公约》规定，卖方所交付的货物，必须是第三方不能根据工业产权或其他知识产权主张任何权利或要求的货物。但以卖方在订立合同时已知道或理应知道的权利或要求为限，而且这种权利或要求根据以下国家的法律规定是以知识产权为依据的：①如果双方当事人在订立合同时预期货物将在某一国境内转售或作其他使用的国家的法律；②在任何情形下，根据买方营业地国家的法律。

根据《公约》这一规定，卖方有义务保证第三人对其所出售的货物不能提出任何请求：如果任何第三人对该货物提出任何工业产权或知识产权的权利主张，卖方构成违约；如果任何第三人就该货物提出任何工业产权诉讼或任何知识产权诉讼，即使因毫无根据而败诉，卖方都应当立即为买方排除各种干扰，并负担买方因此所支付的各种费用和造成的损失。

但卖方的权利担保责任在以下几种情况下可予以免除：买方同意在有第三方权利或要求的条件下接受货物；买方在订立合同时已知或理应知道此项权利；此项权利的发生，是因卖方要遵循买方所提供的技术图样、图案、程序或其他规格。

另外，基于知识产权的地域性特点，公约对于卖方的知识产权担保没有像对一般权利担保一样要求绝对。《公约》采用了主观过错标准，并辅之以对侵犯特定国家知识产权法律的推定过错作为卖方承担知识产权权利担保义务的要件。

中国《民法典合同编》第612条规定：出卖人就交付的标的物，负有保证第三人对该标的物不享有任何权利的义务。若买受人订立合同时知道或应当知道第三人对买卖标的物享有权利的，出卖人不承担第612条规定的义务（第613条）。

## 二、买方的义务

根据《公约》，买方的基本义务是必须按照合同和《公约》的规定支付价款和收取货物。

### (一) 支付价款

在买卖合同中，卖方交付货物与买方支付价款是最基本的合同权利义务。《公约》对买方支付价款做了详细规定。

(1) 履行必要的付款手续。买方应根据合同或任何法律和规章规定履行必要的步骤和手续，以便支付价款。这一点在国际贸易中十分重要。因为，在国际货物买卖合同中，支付的方式和手段关系到买卖双方的实质权利义务能否得以实现，如果买方不办理任何付款手续，则有可能无法付款。履行付款的必要步骤和手续已经成为买方对合同的一项义务。因此如果买方不履行卖方要求的必要付款手续，则可能被卖方视为根本违反合同，如未申请银行开出信用证或银行保函等，卖方可以宣告合同无效，而无须给予一定的宽限期。此外，在实行外汇管制的国家，还必须根据有关法律的规定，向政府申请取得为支付货款所必需的外汇。

(2) 确定货物的价格。如果合同已规定了货物的价格或规定了价格的计算方法，则买方应按合同付款。如果合同没有规定货物的价格或确定价格的方法，合同已有效成立，则应当认为双方当事人默示同意以订立合同时该种货物在有关贸易中的类似情况下所出售的通常价格为准。

(3) 确定支付价款的地点。如果合同有规定的，依照规定执行。如果合同没有明确规定的，买方应在卖方的营业地付款。如果卖方有一个以上的营业地，则应在与该合同及合同的履行关系最密切的营业地付款。如果是凭移交货物或单据支付价款，则在移交货物或单据的地点付款。

(4) 确定支付的时间。如果合同有规定的，依照规定执行。如果合同没有规定，则买方应在卖方将货物或代表货物所有权的单据交付买方处置时支付价款；如合同涉及运输，卖方可以在发货时订明条件，规定买方支付价款是交付货物所有权单据的前提。一般而言，买方在没有机会检验货物前，并无义务支付价款。但是双方选择的交货和支付程序与此种机会相抵触的除外，如双方采用FOB（装运港船上交货）、不可撤销信用证的方式。

中国《民法典合同编》规定：买受人应当按照约定的数额和支付方式支付价款。对价款没有约定或约定不明确的，适用第510条、第511条第2、5项条的规定。依据第510条规定仍不能确定的，价款的数额按照订立合同时履行地的市场价格履行；依法应当执行政府定价或者政府指导价的，依照规定履行；支付方式按照有利于实现合同目的的方式履行。买受人应当按照约定的地点支付价款。对支付地点没有约定或约定不明确的，依《民法典合同编》第510条仍不能确定的，买受人应当在出卖人的营业地支付，但约定支付价款以交付标的物或交付提取标的物的单证为条件的，在交付标的物或交付提取标的物单证的所在地支付。买受人应当按照约定的时间支付价款。对支付时间没有约定或约定不明确，依《民法典合同编》第510条仍不能确定的，买受人应当在收到标的物或交付提取标的物的单证的同时支付（第628条）。出卖人多交标的物的，买受人可以接收或拒绝接收多交的部分。买受人接收多交部分的，按照约定的价格支付价款；买受人拒绝接收多交部分的，应当及时通知出卖人（第 629 条）。分期付款的买受人未支付到期价款的金额达到全部价款的 1/5 时，经催告在合理期限内仍未支付到期价款的，出卖人可以要求买受人支付全部价款或解除合同。出卖人解除合同的，可以向买受人要求支付该标的物的使用费（第 634 条）。

### （二）收取货物

收取货物是买方的一项基本义务。《公约》规定，买方收取货物包括两项义务：买方应采取一切理应采取的行动，以便卖方能交付货物；接收货物。这就要求买方采取合作的态度，以使卖方能如期履行自己的交货义务，特别是由买方负责办理运输事宜的合同，买方有义务在合同规定的时间和地点接收货物。

## 第三节 违约及救济

买卖合同一经成立，对双方当事人就具有法律拘束力，当事人必须按照合同约定全面适当履行合同的义务。如果一方出现违约事由，如卖方不交货、交货与合同不符、迟延交货等，买方拒绝付款、拒收货物等，各国法律均规定，一方违约使另一方的权利受到损害时，受损害的一方可以采取相应的救济措施来维护自身合法权益。

### 一、卖方违约时买方的救济

《公约》规定，卖方的主要义务是根据合同规定的时间、地点、方式向买方交付货物，移交一切与货物有关的单据并转移货物所有权。卖方违反上述义务即构成违约。在实践中卖方违约的形式主要有：不交货、迟延交货、交货不合格、不交单、迟延交单、交单不合格等。如果卖方构成上述违约，买方可以采取的救济方法有实际履行、给卖方一段合理的宽限期、要求减价、损害赔偿、宣告合同无效等。

#### （一）实际履行

实际履行即要求卖方按照合同约定履行合同义务。英美法系国家将实际履行作为一种买方所采取的补充性的救济手段，对实际履行的规定相当严格。英国《1893 年货物买卖法》规定：原告只有在普通法院无法得到适当救济的情况下，衡平法院才考虑给予原告实际履行的救济。通常规定只有卖方交付的货物是"特殊"的或"已经确定"的货物（相当于大陆法系国家的特定物），法院才会在适当的情况下要求卖方实际履行。如果卖方交付的货物属一般货物（相当于种类物），法院则会判决买方采取其他救济方法，而不允许实际履行。美国《统一商法典》规定：只有在卖方所交付的货物属于"独特"的或"在其他适合"的情况下，买方才可以要求实际履行或交付被扣货物的权利。而大陆法认为实际履行是对不履行合同的一种主要救济方法。

《公约》调和了两大法系的不同，规定卖方不履行合同义务，买方可以要求卖方实际履行。《公约》同时规定：一方当事人要求另一方当事人履行某项义务，法院不能仅依《公约》的规定即做出实际履行的判决，除非法院依照其自身的法律规定，对不属于《公约》范围内的类似销售合同愿意做出此类判决。《公约》将是否采用实际履行的救济交给了各国法院依其本国法律来处理。另外买方要求实际履行不能与其他救济手段相冲突，如买方已宣布合同无效，则不能再采取实际履行的救济手段。

## 1. 要求卖方交付替代物

如果卖方交付的货物与合同规定不符,且这种情形已构成根本违反合同,买方可要求卖方交付替代物。《公约》对这一救济方法采用了比较慎重的态度,即只有在卖方交货与合同不符构成根本性违约时,买方才可采用这一救济方法。这是因为,要求卖方交付替代物,意味着卖方要承担额外的运费损失、承担处理与合同不符货物的费用等,实际上是一种实际履行的要求。

## 2. 要求卖方对货物进行修补

《公约》第46、48条规定:如果卖方交付的货物与合同规定不符,买方可以要求卖方修理货物使之与合同规定相符。但买方必须在发现或应当发现货物瑕疵后及时通知卖方,并且这种瑕疵是买方不便修理的,否则,买方将丧失这种请求权。

### (二)给予卖方一段合理的宽限期

这是针对卖方迟延交货而规定的一种救济方法。《公约》第47条规定:当卖方未按合同规定的时间履行义务时,买方可以为其规定一段合理时限的额外时间,在此额外时间内如卖方仍不履行合同,或者声明将不履行合同,买方则享有宣告合同无效的权利或采取其他救济方法。这种给予宽限期的规定意味着买方在这段宽限期内,不能采用其他的救济措施。《公约》做出此种规定的目的是鼓励交易的进行。

当然,这种规定只是适用于迟延履行的一般情形,如果迟延履行合同构成根本性违约,买方则不需要给卖方这种额外的宽限期,而可以直接解除合同,并请求赔偿损失。

### (三)要求减价

《公约》规定:如果卖方所交货物与合同规定不符,不论货款是否已付,买方均可以要求减价。减价应按实际交付的货物在交货时的价值,与符合合同的货物在当时的价值两者之间的比例计算。

【案例5-1】

卖方和买方达成一笔麦子合同。合同规定某年10月1日交付一级麦子100MT,200美元/MT,总价为20000美元。但卖方当年12月1日才交货,交的是三级麦子,当年12月份麦子的整体价格下降50%,一级麦子的价格为100美元/MT,三级麦子的价格为50美元/MT。这时买方应支付的价款为:

$$20000\text{ 美元} - 20000\text{ 美元} \times \frac{5000}{10000} = 10000\text{ 美元}$$

但如果卖方已对货物不符合同规定做了补救,或者买方拒绝卖方对此做出补救,则买方无权采用这种救济办法。

### (四)损害赔偿

损害赔偿是《公约》规定的一种主要的救济方法。买卖双方均可以采用,而且这种救济手段可以与其他救济方式并存。《公约》第五章第二节专门对其做了规定。

(1)损害赔偿的原则及责任范围。《公约》规定,一方当事人违反合同应承担的损害赔偿额,应与另一方当事人因其违反合同而遭受的包括利润在内的损失额相等。但这种损害赔偿不得超过违反合同一方在订立合同时,依照其当时已知或应知的事实和情况,对违反合同预见或理应预见的可能损失。《公约》对损害赔偿责任既规定了全赔原则,即赔偿范围包括预期利润在内的实际损失，又规定了限额原则，即赔偿仅以其在订立合同时可以预见到的损失为限。此外违约责任的损害赔偿并不以过失为要件，只要给另一方当事人造成损失，即应承担责任。

（2）卖方在违约时，买方要求损害赔偿的权利并不因采用了拒收货物、宣告合同无效等救济措施而丧失。《公约》对买方在宣告合同无效的一段合理时间内，以合理方式购买替代物的损害赔偿额做了规定。此时买方可以取得合同价格和替代价格之间的差价。如果买方没有实际买进替代物，则原合同的价格与宣告合同无效时的时价之间的差价就是损害赔偿的额度。

（3）减轻损失原则（买方防止损失扩大的义务）。《公约》规定，声称另一方违约的合同的一方，应按实际情况采取合理措施，减轻由违约而造成的损失，包括利润方面的损失。如果守约方未采取这种措施，则违约一方可要求从损害赔偿中扣除原本可以减轻的损失数额。

（五）宣告合同无效（解除合同）

宣告合同无效是买卖双方都可采取的最为严厉的救济手段。宣告合同无效解除了双方在合同中规定的义务，即使合同已经部分履行或全部履行，也应该相互返还财产，使合同恢复到未成立前的状态。宣告合同无效不仅会造成社会财富的极大浪费，更不利于交易的进行。所以《公约》对于这一救济措施采用了非常谨慎的态度。《公约》规定：只有在一方根本违反合同时，另一方才可以采用宣告合同无效的救济措施。

（1）根本违反合同。《公约》第25条明确了根本违反合同的含义："一方当事人违反合同的结果，如使另一方当事人蒙受损害，以至于实际上剥夺了其根据合同规定有权期待的利益，即为根本违反合同。除非违反合同的一方并不预知，而且一个同等资格、通情达理之人处于相同情况下亦没有理由预知会产生这种结果。"可见，《公约》对根本违反合同采用了主客观标准，同时更多是从违约给对方造成的损害程度和违约是否可以被预知等方面来考虑的。即根本性违约的条件是：一方有违约事实；给另一方造成了损失；损害是实质上的；违约与实质上的损害之间存在因果关系。按照《公约》第49条和第51条规定，以下情况发生后可以宣告合同无效：卖方不履行义务、不交货、交货迟延、交货不符合同规定构成根本性违约时；或卖方声明其在合理的宽限期内不履行合同时；在规定的宽限期届满后，仍然不履行合同时。

（2）如果卖方已交货，买方则丧失宣告合同无效的权利，除非：在迟延交货的情形下，买方在得知交货后的合理时间内宣告合同无效；在交货不符的情形下，买方在检验后的合理时间内提出；在给予卖方做出补救的宽限期届满或在拒绝接受卖方履行义务之后的合理时间内宣告合同无效。

（3）当卖方只交付部分货物，或交付的货物中只有部分与合同相符时，买方应接受该部分货物，除非卖方的交付构成根本性违约。

《公约》规定：宣告合同无效并不妨碍另一方采取损害赔偿措施；合同中有关解决争议的条款仍然有效。

## 二、买方违约时卖方的救济

买方违约主要是指买方拒付货款和拒收货物。买方违约时卖方的救济方法主要有两种：

①债权法上的救济，包括损害赔偿、实际履行、宣告合同无效等；②物权法上的救济，主要是保留对货物的权利，包括保留货物的所有权和留置权等。后者在本质上是一种对债的担保物权。两者的主要区别在于：前者是卖方对买方的权利，是一种对人权、诉权，必须通过诉讼实现其权利；后者是卖方对货物的权利，是一种对物权。《公约》主要规定了债权方面的救济。

### （一）实际履行

卖方在买方不履行付款义务时，可以规定一段合理的额外时间，让买方履行义务。在这段时间内，卖方不能采取其他救济措施，即要求买方按照合同约定实际履行合同义务。

### （二）请求损害赔偿

当买方违反其合同义务或《公约》所规定的义务时，卖方有权请求损害赔偿；而且卖方请求损害赔偿的权利，不因其行使采取其他补救方法的权利而丧失。《公约》这一规定，使卖方在买方违反合同义务时可享有几种救济方法。

### （三）宣告合同无效（解除合同）

根据《公约》第64条的规定，卖方在以下情况下可以宣告合同无效：如果买方不履行其在合同或公约中的任何义务，构成根本性违约时；如果在规定的合理时间内买方声明将不履行支付价款或收取货物的义务，或在合理时间内不履行合同，卖方可以采用宣告合同无效的救济方法。

### （四）给予宽限期

《公约》第63条规定：在买方不按合同规定时间支付价款或收取货物的情况下，卖方可以规定一段合理的额外时间，让买方履行义务；如果由此给卖方造成损失，卖方可以要求损害赔偿。

### （五）要求支付利息

如果买方没有支付价款或有任何其他拖欠金额，卖方有权要求买方支付利息，但这并不妨碍卖方根据《公约》取得可以取得的损害赔偿。

## 三、预期违反合同（先期违约）

《公约》第71条关于先期违约的规定，在第四章合同法中已阐明，此处不再赘述。大陆法系国家的合同法中一般规定：一方预期违约，另一方可行使不安抗辩权。

一方预期违约的救济方法是使另一方当事人可以中止履行合同。如买方有拖欠货款的事实，且其将来也不可能支付货款，则卖方可以停止发货或对已经发出的在途货物行使停运权；如果卖方在订立合同后突遇事故，或出现因原料严重缺乏致使根本无法完成订单的情形，则买方可以停止付款。在一方预期违约的情况下，另一方须将其中止履行义务的决定及时通知对方。如果对方提供了充分的担保，则应继续履行合同。应当注意的是，一方中止履行合同义务时，不仅应有另一方逾期违约的明显事实和充分证据，并且这种违约的客观事实必须已经严重到能够确定另一方当事人"显然"不会去履行。否则中止履行合同的一方将构成违约，承担由此给另一方造成的损失。当然，如果一方预期违约构成了根本性违约，另一方也可以直接宣告合同无效。

## 四、分批交货合同中的违约救济

《公约》第73条对分批交货合同做出了规定：

（1）对于分批交付货物的合同，如果一方当事人不履行对任何一批货物的义务，便对该批货物构成根本违反合同，则另一方当事人可以宣告合同对该批货物无效。

（2）如果一方当事人不履行对任何一批货物的义务，使另一方当事人有充分理由断定对今后各批货物将会发生根本违反合同，该另一当事人可以在一段合理时间内宣告合同无效。

（3）如果卖方所交付的各批货物之间是相互依存的，每一批货物都不能单独用于双方当事人订立合同时的预期目的，则买方在宣告合同对任何一批货物的交付为无效时，可以同时宣告合同对已交付的或今后交付的各批货物均为无效。例如，合同的标的是某个生产线或某一成套设备。

## 第四节 货物所有权与货物损失的风险

### 一、货物所有权

签订国际货物买卖合同的终极目的是将货物所有权由卖方转移给买方。货物所有权何时转移，关系到买卖双方的切实利益。纵观各国立法，对此问题的规定差异太大，有些国家甚至在一部法律中，针对不同的交易情况还规定了不同的所有权转移的时间标准。《公约》在无法调和各国法律冲突的情况下，仅规定了卖方的所有权担保义务，而对所有权何时转移以及合同对所有权可能产生的影响均未做规定。因此，关于所有权的转移需要根据当事人所选择的国际惯例以及各国的国内法律来解决。

#### （一）各国法的规定

**1. 以交货的时间作为所有权转移的时间**

德国《民法典》规定：买卖合同中货物所有权属于物权法上的范畴，卖方在将货物所有权转移于买方时，必须符合特定的形式。德国《民法典》第929条第1款规定："为转让一项动产的所有权，必须由物的所有人将物交付于债权人，以及双方就所有权的转移达成合意。"即在货物买卖涉及动产的交易时，卖方须将货物交付给买方，从而最终完成所有权的转让。在卖方必须交付物权凭证时，则通过交付物权凭证完成所有权的转移。

**2. 以合同成立的时间作为所有权转移的时间**

法国《民法典》是以买卖合同的成立时间作为所有权转移的时间。法国《民法典》第1583条规定："当事人双方就标的物及其价金相互同意时，即使标的物尚未交付，价金尚未支付，买卖即告成立，而标的物的所有权也于此时在法律上由卖方转移于买方。"可见，法国法对货物所有权转移的规定与德国法不同，既不需要交付或登记，也不需要独立于买卖合同的物权合同。只要当事人对买卖合同成立达成一致的意思表示，就可以实现物权的变动。

在法国的司法实践中，下列原则还适用于所有权的转移：对种类物的买卖，在货物特定化之后，所有权发生转移；在附条件的买卖中，买方确认后所有权发生转移；当事人有约定时，依约定发生货物所有权转移。

**3. 货物特定化之后所有权转移至买方**

在英国《1893年货物买卖法》中，所有权问题十分重要，其决定着货物风险的转移和保险利益的归属。英国法对所有权转移区分为特定物与非特定物两种情形分别加以规定，以买卖双方转移所有权的意图来推定货物所有权转移的时间。○对于特定物,按照英国《1893 年货物买卖法》第 17 条的规定,货物的所有权应在双方当事人意图转移的时候转移于买方。如果双方当事人在合同中对此没有做出明确的规定,法院可根据合同的条款、双方当事人的行为以及当时的具体情况来确定订约双方的意图。一般来说,有以下几种情形:①不附带条件地出售特定物的买卖合同,如该特定物已处于可交付的状态(Deliverable State),则货物的所有权在订立合同时转移于买方;②如果卖方需对特定货物进行某种处理,才能使货物处于可交付状态,如对货物做修理、更换才符合交货条件,则货物的所有权在卖方做出某种处理且为买方知晓时转移于买方;③如果货物已处于可交付状态,但卖方还须对货物进行丈量、称重、检验、测试等行为才能确定具体价金的,则完成上述行为且为买方所知晓时转移;④如果货物是按"试验买卖"(Sale on Approval)条件交付,若买方明确表示接收货物时所有权转移,或如果买方在收到货物后在合同规定的退货期间内或在一段合理的时间内不退货,则推定货物所有权转移给买方。

凭说明出售的货物主要是指非特定货物的买卖。经买方明示同意或默示同意,卖方在将货物无条件地划拨于合同项下(即货物特定化)之后,所有权转移至买方。货物特定化之前,其所有权不转移于买方。

一般地,如果按照合同规定,卖方已将货物交付买方或者承运人,且没有保留对货物的处分权,则可以认为卖方已经无条件地将货物划拨于合同项下。因此,对于仅凭说明出售的货物的所有权的转移,英国法律规定自交付时起转移。

英国《1893 年货物买卖法》还明确规定了货物的所有权保留,即无论是在特定物的买卖中,还是在非特定物的买卖中,即使在货物已经特定化之后,卖方均可以保留对货物的处分权,在卖方所要求的条件得到满足之前(通常是指在买方支付货款之前),货物的所有权仍不转移于买方。○

**4. 混合原则**

混合原则即同时适用货物特定化之后所有权转移和货物交付时所有权转移两种方法。美国《统一商法典》规定,货物被确定在合同项下(Identified under the Contract)之前货物所有权不发生转移。根据《统一商法典》第 2-401 条规定,货物的所有权在卖方完成实际交货的时间和地点转移:①如果货物涉及运输,但没有指定特定目的地,则在交付发运时,货物所有权转移;如果规定应在特定目的地交付,则在目的地交付货物时转移。②如果货物无须移动,但卖方要向买方交付所有权凭证的,则货物所有权在交付凭证时转移;如果货物已确定在合同项下且无须交付所有权凭证,则货物所有权在合同订立时转移。○

**5. 中国法律的规定**

中国《民法典物权编》规定,动产物权的转让应当依照法律规定交付,自交付时发生效力,但是法律另有规定的除外(第 208、224 条)。中国《民法典合同编》规定,出卖人应当履行向买受人交付标的物或者交付提取标的物的单证,并转移标的物所有权的义务(第 598 条)。出卖具有知识产权的标的物,除法律另有规定或当事人另有约定外,该标的

---

○ 郭寿康、韩立余著,《国际贸易法》,中国人民大学出版社,2000 年版。
○ 冯大同主编,《国际货物买卖法》,对外贸易教育出版社,1993 年版。
○ 苏号朋主编,《美国商法》,中国法制出版社,2000 年版。

物的知识产权不属于买受人（第 600 条）。同时，当事人可以在买卖合同中约定买受人未履行支付价款或其他义务的，标的物所有权属于出卖人。出卖人对标的物保留的所有权，未经登记不得对抗善意第三人（第 641 条）。当事人约定易货交易转移标的物的所有权的，参照适用买卖合同的有关规定（第 647 条）。此外，因出卖人未取得处分权致使标的物所有权不能转移的，买受人可以解除合同并请求出卖人承担违约责任。法律、行政法规禁止或限制转让的标的物依照其规定（第 597 条）。

（二）国际惯例的规定

《1932 年华沙—牛津规则》和国际商会的《国际销售示范合同》均对所有权的转移做了规定，其他国际惯例多回避了这一问题。

《1932 年华沙—牛津规则》规定：CIF 合同中货物所有权转移于买方的时间，应当是卖方将装运单据交给买方的时间，即所有权在交单时转移。《国际销售示范合同》规定：如果双方当事人已经有效地保留货物所有权，则在完全付清价款之前，或依照另外的约定，货物的所有权不发生转移。

## 二、货物损失的风险

国际货物买卖合同中的风险通常是指货物在高温、水浸、火灾、严寒、盗窃或查封等非正常情况下发生的短少、变质或灭失的损失。划分风险的目的是确定由合同的哪一方当事人对货物风险承担责任。即使货物所有权已经转移，若风险仍由卖方承担，一旦货物发生任何毁损、灭失，卖方都要为此承担责任，仍需向买方交付货物。反之，如果风险已转移至买方，即使货物发生毁损或灭失，买方仍需付款。国际货物买卖合同中货物风险的划分和转移非常重要。《公约》对货物风险转移只是做出一些原则性规定，且与贸易术语关系密切。

（一）《公约》关于风险转移的规定

《公约》允许当事人在合同中约定有关风险转移的条款，并承认当事人的约定优先。《公约》第 6、9 条规定，双方当事人可以在合同中使用某种国际贸易术语，或以其他办法来确定货物损失的风险从卖方移转于买方的时间及条件。如果双方当事人在合同中对此做了具体规定，其效力将高于公约的规定。在当事人未对货物风险转移做出明确规定的情况下，《公约》对风险转移时间、过失划分的原则做出了规定。

**1. 以交货时间作为风险转移时间**

《公约》将风险转移的时间作为一个重要问题，原则上以交货时间作为风险转移的时间。

（1）涉及货物运输时风险的转移。《公约》第 67 条规定：如果买卖合同涉及货物的运输，但卖方没有义务在某个特定地点交付货物，则自货物按照合同交付给第一承运人以转交给买方的时候起，风险就转移给买方承担；如果卖方有义务在某个特定地点把货物交付给承运人，在货物于该地点交付给承运人以前，风险不转移给买方承担。卖方有权保留控制货物处分权的单据，但并不影响风险的转移；无论何种情况，货物在特定化之前，即货物被划拨在合同项下之前，风险不转移到买方。

（2）货物在运输途中销售情况下的风险移转。在运输途中出售货物时，风险如何划分是一个十分困难的问题，即难以确定货物损失发生的时间与订立合同的时间先后，以及风险究竟应当由卖方还是由买方承担。《公约》第 68 条规定：对于在运输途中销售的货物，从订立合同时起,风险就转移到买方承担;但是,如果情况表明有需要,从货物交付给签发载有运输合同单据的承运人时起,风险由买方承担;尽管如此,如果卖方在订立合同时已知或理应知道货物已经遗失或损坏,而其又不将这一事实告知买方,则这种遗失或损坏应由卖方负责。至于何谓"情况表明有需要",则需根据具体案情确定。

(3) 其他情况下风险的转移。在买卖合同不涉及货物的运输问题,即由买方自行安排运输的情况下,风险从何时起由卖方转移给买方,《公约》第 69 条规定:从买方接收货物时起,或者如果买方不在适当时间内接收货物,则从货物已交给买方处置但买方不接收货物从而违反合同时起,风险从卖方转移到买方;如果买方有义务在卖方营业地以外的某一特定地点接收货物,则当交货时间已到,而买方知道货物已在该地点交给其处置时,风险开始转移。这一条不仅规定了风险转移的时间,而且对因买方的违约而导致的风险的转移也做了明确的规定,买方因接受货物迟延导致的违约行为并不影响风险从卖方转移到买方。

值得注意的是,《公约》所规定的风险转移的前提条件是货物已被特定化,即已被"划拨"在合同项下。所谓"划拨",是指对货物采取计量、包装或加上标记或向买方发出通知等方式表明货物已属于特定的合同,卖方不得再随意调换或挪作他用。《公约》第 67 条第 2 款和第 69 条第 3 款都明确规定:货物被划拨到合同项下以前不发生风险的转移。

### 2. 过失划分的原则[一]

《公约》规定以交货时间作为风险转移时间的规定有一前提条件,即是在卖方无违约的情况下。如果卖方有违约行为,则按非根本性违约或根本性违约分别处理。

《公约》第 66 条规定了卖方在非根本性违约情况下的风险转移问题。即如果货物在风险转移给买方后发生灭失或损坏,买方支付货款的义务并不因此解除,除非这种灭失或损坏是由于卖方的行为或不行为所造成的。根据这项规定,一旦风险转移于买方之后,买方就承担货物灭失或损害的风险,买方必须负责价金的支付,而不得拒付货款。但是,如果这种损失是由于卖方的行为或不行为所造成的,则不受此限。

《公约》第 70 条规定了卖方在根本性违约情况下的风险转移问题。即如果卖方已根本违反合同,则风险的转移并不损害买方因此种违反合同而可以采取的各种补救措施。

### 【案例 5-2】

按照合同规定,卖方应交付 500MT 一等小麦,但卖方在交付时其中有 100MT 小麦是三等货,与合同不符,但并不是根本性违约。在向买方运输的过程中遭遇风险,致使全部货物灭失。那么按《公约》的规定,如果风险已转移到买方,则买方应负责货物灭失的风险,支付 500MT 小麦的货款。但因卖方交付的小麦中有 100MT 与合同不符,买方可以就这 100MT 小麦要求卖方减价或赔偿损失或采取其他补救措施,不能因此宣告合同无效。但是,如果卖方在将小麦交付给承运人时,500MT 小麦已经全部腐烂,构成了根本性违约,此时卖方的违约就影响了风险的转移,买方可以以拒收货物、宣告合同无效或采取其他补救措施的方式使风险不发生转移。

中国《民法典合同编》也采用这种方式,分两种不同情形做了规定。第 609 条规定:"出卖人按照约定未支付有关标的物的单证和资料的,并不影响标的物毁损、灭失风险的转

---

[一] 余劲松、吴志攀主编,《国际经济法》,北京大学出版社、高等教育出版社,2000 年版。

移。"可见，这里规定了卖方的一般违约不影响风险转移。第610条规定："因标的物质量不符合质量要求，致使不能实现合同目的的，买受人可以拒绝接受标的物或者解除合同。买受人拒绝接受标的物或者解除合同的，标的物毁损、灭失的风险由出卖人负担。"这一条实际规定了卖方的根本性违约使风险不发生转移。

需要说明的是，买卖合同中的风险主要是指标的物灭失的风险和价金风险。由于在国际货物买卖中，标的物的交付与价金的支付互为对价，标的物灭失的风险与价金风险因而没有必要分离开来。风险的转移时间在风险的分配上起着重要的作用，影响买卖双方对风险的具体负担。㊀

### （二）各国国内法就风险转移的规定

对于风险的负担，大致有两种立法体例。一种是将标的物灭失的风险与标的物所有权的归属相联系，即以货物所有权转移的时间确定风险转移的时间。另一种是将标的物灭失的风险与所有权归属相分离，即以交货时间确定风险转移的时间。

**1. 以货物所有权转移的时间确定风险转移的时间**

这种风险负担方法又称为物主承担风险。英国、法国和德国等国的法律都属于此类。英国《1893年货物买卖法》第20条确立了货物买卖中风险转移的原则，除双方当事人另有约定外，在货物的所有权转移于买方之前，货物的风险由卖方承担，但所有权一经转移于买方，则不论货物是否已经交付，其风险即由买方承担。但是，如果由于买卖双方中任何一方的过失，致使交货迟延，应由过失方承担风险。德国《民法典》在所有权转移上采用了物权形式主义，规定动产所有权的转移自交付时起。在风险的转移上，第446条规定，自交付买卖标的物之时起，意外灭失或意外毁损的风险责任转移于买受人。可见，其风险的转移时间与所有权的转移时间是一致的。法国《民法典》在所有权转移上采用意思主义，在风险转移问题上，第1624条规定自货物应交付之日起转移，即使尚未实现交付，债权人即成为所有人，并负担货物受损的风险，但如交付人延迟交付，则风险由交付人承担。

**2. 以交货时间确定风险转移的时间**

这一做法的代表性立法是美国《统一商法典》。《统一商法典》将所有权转移与风险转移相分离。不考虑货物所有权是否已经转移，原则上以交货时间作为风险转移的时间。《统一商法典》在风险转移问题上尊重当事人的意思自治，如果当事人在合同中规定了风险转移的时间或合同约定采用某种贸易术语，则风险转移从该约定。如果双方没有约定，则按以下原则处理：①如果货物涉及运输，但不要求将货物运到某个特定目的地的，则货交承运人时起风险转移于买方，即使卖方保留了权利；如果合同要求卖方将货物运至某特定目的地，则货物风险于在目的地向买方提交货物或者让买方可以受领货物时，转移于买方。②如果货物不涉及移动即可交付，则买方在收到代表货物所有权的凭证时转移，或者保管人确定买方已占有货物时转移。③如果卖方是商人，则风险应在买方收到货物后转移，而不是在提示交付时起转移。瑞士《债务法》也有类似规定。

中国《民法典合同编》的规定类似于《公约》，在货物的风险转移上采用了所有人主义。中国《民法典合同编》规定：标的物毁损、灭失的风险，在标的物交付之前由出卖人

---

㊀ 张学慧主编，《国际经济法教程》，首都经济贸易大学出版社，2002年版。

承担，交付之后由买受人承担，但法律另有规定和当事人另有约定的除外。因买受人的原因致使标的物不能按照约定的期限交付的，买受人应当自违反约定之日起承担标的物毁损、灭失的风险。出卖人出卖交由承运人运输的在途标的物，除当事人另有约定的以外，毁损、灭失的风险自合同成立时起由买受人承担。出卖人按照约定将标的物运送至买受人指定地点并交付给承运人后，标的物毁损、灭失的风险由买受人承担。当事人没有约定交付地点或约定不明确的，标的物需要运输的，出卖人将标的物交付第一承运人之后，标的物毁损、灭失的风险由买受人承担；当事人没有约定交付地点或约定不明确的，标的物不需要运输的，出卖人按照约定或依照法律规定将标的物置于交付地点，买受人违反约定没有收取的，标的物毁损、灭失的风险自违反约定时起由买受人承担。出卖人按照约定未交付有关标的物的单证和资料的，不影响标的物毁损、灭失风险的转移。标的物毁损、灭失的风险由买受人承担的，不影响因出卖人履行义务不符合约定，买受人请求其承担违约责任的权利（第604、605、606、607、608、609、611条）。

## 案例讨论题

1. 有一份出售一级大米的合同，按FOB条件成交，装船时货物经公证人检验，符合合同规定的品质条件，卖方在装船后已及时发出装船通知。但航行途中由于舱汗，大米部分受潮，品质受到影响。当货物到达目的港后，只能按三级大米价格出售，因而买方要求卖方赔偿损失。试问在上述情况下卖方是否应对该项损失负责？

分析：

按照本例的情况，卖方已按照合同规定的条件，把货物在约定的装运港装上买方指定的船上，卖方承担货物在装运港装上船为止的一切风险，而买方则承担货物自装运港装上船之后的一切风险。因此在运输途中因舱汗大米受潮而影响品质，这属运输风险损失范围。事实上，货物在装船时，已验明品质符合合同规定的条件。因此，根据FOB贸易术语的惯例解释，对货物在运输途中因风险而发生的损失，卖方无须负责。

2. 有一份CIF合同，货物已在规定的期限和装运港装船，但受载船只离港1h后，因触礁沉没。第二天，当卖方凭提单、发票、保险单等单证要求买方付款时，买方以货物全部损失为由，拒绝接受单据和付款。试问在上述情况下，卖方有无权利凭规定的单证要求买方付款？

分析：

以CIF条件成交，卖方承担货物在装运港装上船为止的一切风险，而买方则承担货物自装运港装上船之后的一切风险。货物在运输途中灭失，应由买方向保险公司提出索赔。因此，虽然货物在离港1h触礁沉没，但卖方仍有权凭合同中规定的单据要求买方付款，买方不能拒付。

3. 某年5月2日和22日，印度国贸公司分别与马来西亚的A、B、C公司签订了销售合同，购买棕榈脂肪酸馏出物，CIF（孟买）。同年7月2日至15日，上述货物装船驶往印度，同年8月5日，与货轮失去联系。印度国贸公司从保险人处得到赔偿。

同年，香港利高洋行与内地广澳公司签订了购买棕榈油的成交确认书。约定货物的装船号为"塔瓦洛希望号"。

同年8月29日，利高洋行通知广澳公司船抵达汕头港，办理进关手续。广澳公司凭利高洋行的提单接受货物。之后，广澳公司将棕榈脂肪酸馏出物卖掉，仅留下样货。

同年9月，取得代位求偿权的保险公司得知"塔瓦洛希望号"货轮在中国汕头港卸下棕榈脂肪酸馏出物，认为该轮就是失踪的轮船，货物则是印度国贸公司的货物。于是向广澳公司追索。未果，印度国贸公司以广澳公司为被告向广东省高级人民法院起诉，要求广澳公司归还货物或返还货物的价值。问：

(1) 广澳公司能否成为本案的被告？利高洋行在本案中应承担什么法律责任？
(2) 广澳公司能否取得这批货物？
(3) 保险人能否提起诉讼？

分析：

本案涉及的法律问题主要包括卖方权利瑕疵担保、善意取得的条件以及保险公司的代位求偿权。

法院经审理查明，广澳公司取得的货物确实与印度国贸公司购买的货物属于一批货物，而与利高洋行出具的提单中的说明不符。因此，可以认定本案中的诉讼为所有权争议。由于印度国贸公司取得了这批货物的正本提单，因此，可以断定印度国贸公司是该批货物的合法所有人。

广澳公司是该批货物的实际占有者，所以广澳公司与原告提出的货物的所有权诉讼存在直接的利害关系，因此可以成为本案的被告。利高洋行是广澳公司的卖方，是这批货物的实际提供者，因此应该是第三人。利高洋行作为货物的卖方，根据《合同法》（现为《民法典合同编》）的规定，应该对其所提交的货物承担权利瑕疵担保。这就是说，卖方必须对其提交的货物承担保证不能被第三人主张权利，包括不能存在所有权诉讼和其他的他物权诉讼。而本案中，由于利高洋行不能证明自己是货物的所有者，因此买卖合同无效，它应对广澳公司承担违约的赔偿责任。

在本案中，广澳公司作为买方，也存在着过错。它购买的货物是棕榈油，但接受的货物却是棕榈馏出物，而且提单中的其他事项也不符。因此，可以判断广澳公司对货物的接受没有尽到购买人善良的关注义务，难以符合善意第三人的地位。所以，广澳公司也不能取得货物的所有权，但可以要求利高洋行返还其已交付的价款。

在本案中，保险公司也应该有权提起诉讼。由于印度国贸公司与马来西亚公司签订的是CIF条件，因此，马来西亚公司必须对货物投保，而保险公司在对货物做了赔付之后，应该取得了对因第三人过错而引起的代位求偿权。㊀

4. 严格遵循《联合国国际货物销售合同公约》合同无效制度，维护买卖双方利益平衡——保加利亚ARTPLAST公司与台州市黄岩斯玛特机械模具有限公司国际货物买卖合同纠纷案

【基本案情】

2020年5月-6月，ARTPLAST公司与斯玛特公司经协商后达成买卖合同，约定ARTPLAST公司向斯玛特公司购买口罩机及配件。后ARTPLAST公司主张斯玛特公司交付的货物并非全新设备，不符合合同约定。经协商无果后，ARTPLAST公司起诉请求宣告合同无效、返还货款并赔偿预期利润损失。

---

㊀ 张学慧主编，《国际经济法教程》，首都经济贸易大学出版社，2002年版。

【裁判结果】

浙江省高级人民法院二审认为，本案当事人营业地分别位于中国和保加利亚，两国均是《公约》缔约国，双方在合同中并未明确排除适用《公约》，故本案应适用该公约解决争议。斯玛特公司交付的口罩机存在多处磨损、腐蚀、刮痕、锈迹等情况，导致ARTPLAST公司利用设备生产疫情期间紧缺口罩的合同目的无法实现，构成《公约》第25条项下的根本违约，ARTPLAST公司有权宣告合同无效并要求斯玛特公司支付已交付货款的利息。斯玛特公司在订立合同时应当能够预见到ARTPLAST公司的运输费、保险费等损失，故酌情由斯玛特公司赔偿。据此，改判案涉买卖合同关系无效，斯玛特公司返还ARTPLAST公司货款人民币740117元及利息损失，赔偿货运费用、保险费用人民币5万元。

【典型意义】

国际货物贸易对调节各国市场供求关系、促进世界经济发展具有重要作用。维持合同的稳定性是国际货物贸易顺利进行的保障。《联合国国际货物销售合同公约》规定的宣告合同无效制度实质等同于我国法律规定的合同解除制度，其特别规定根本性违约的条款，以债权人的履行利益是否受到严重影响作为根本性违约的判断标准，限制合同当事人因为履行的细微瑕疵而宣告合同无效。本案二审判决通过分析"交付之货物是否满足质量标准""质量不达标是否导致合同根本目的不能实现"，认定守约方可以因违约方构成根本违约而宣告整个合同无效并主张损失，同时合理运用《公约》第74条规定的可预见性规则，将违约方对运费、保险费的赔偿责任限定在其订立合同时可以预见的范围之内，避免对违约方产生不公平的结果。本案充分展现了人民法院依法维护国际货物买卖秩序、平等保护中外当事人合法权益的职能作用。

【一审案号】浙江省台州市中级人民法院（2021）浙10民初37号

【二审案号】浙江省高级人民法院（2022）浙民终811号

（资料来源：2024-02-17，最高人民法院：https：//www.court.gov.cn/zixun/xiangqing/421932.html.）

5. 明确国际条约优先适用，准确认定宣告合同无效声明的生效时点——美国夏发公司（Shaphar Group LLC）与中国佰启公司国际货物买卖合同纠纷案

【基本案情】

2020年4月3日，美国夏发公司与中国佰启公司达成《手套买卖合同》，约定夏发公司向佰启公司购买手套。后夏发公司主张佰启公司存在瑕疵给付、迟延给付等违约行为，起诉请求宣告合同无效、返还货款和利息并赔偿因佰启公司违约而造成的损失。

【裁判结果】

北京市第四中级人民法院审理认为，本案当事人营业地所在国中国和美国均为《联合国国际货物销售合同公约》缔约国，本案不存在该公约规定的不适用情形，且双方当事人亦未排除该公约的适用，故本案应当适用该公约（除我国声明保留的条款外）的规定。佰启公司所交付的货物中，质量不符合约定的瑕疵货物占到一半以上，完全不适用于同一规格医用手套通常的使用目的。佰启公司至今未交付部分货物，已经严重超过合同约定的交货时间。本案合同签订于新冠疫情期间，夏发公司从我国购买手套后向其本国客户售卖属于商机，但佰启公司的违约行为足以使夏发公司通过案涉合同赚取利润的目的落空，构成根本性违约。夏发公司于2021年5月20日向佰启公司发出律师函，通知其解除《手套买卖合同》。

该函件虽然于5月22日才被佰启公司签收，但是《公约》对此种通知并不采用"到达生效"原则，而是"投邮主义生效"原则。因此，案涉《手套买卖合同》于发出函件之日无效。据此，判决案涉买卖合同于2021年5月20日宣告无效，佰启公司向夏发公司返还货款945000美元并支付利息，赔偿实际损失18882.12美元。

【典型意义】

合同解除可使合同效力归于消灭，打破已有的交易秩序，对双方当事人的权利义务产生重大影响。故《联合国国际货物销售合同公约》在规定宣告合同无效制度的同时，对行使要件、行使时间都做出了相应的规定。《公约》在第二部分合同的订立和第三部分货物销售中对通知的效力采用了不同的生效原则。要约、承诺的生效、撤回、撤销均采用"送达生效"原则，即送达对方才生效。而《公约》第27条就合同宣告无效发出的通知则规定，宣告无效的声明只要"以适合情况的方法"发出即生效，传递过程中的风险并不由解除权人承担。这不同于我国《民法典合同编》第565条规定的"到达生效"原则。本案准确适用《联合国国际货物销售合同公约》，对我国缔结的国际条约与中华人民共和国法律有不同规定的，优先适用国际条约的规定，体现了我国法院适用国际条约的全面性与精确性，对审理此类案件具有示范作用。

【一审案号】北京市第四中级人民法院（2022）京04民初294号

（资料来源：2024-02-17，最高人民法院：https：//www.court.gov.cn/zixun/xiangqing/421932.html.）

6. 准确认定合同成立，合理划定损害赔偿责任边界——新加坡西湖公司（SEI WOO POLYMER TECHNOLOGIES PTE. LTD）与天津西湖公司国际货物买卖合同纠纷案

【基本案情】

天津西湖公司与新加坡西湖公司之间存在长期稳定的货物买卖合同关系。双方之间的交易方式为：新加坡西湖公司按照其客户需求通过邮件方式发送订单订货，天津西湖公司需要在2个工作日之内以回复传真的方式对订单和交付计划表进行确认。双方在贸易过程中发生纠纷。天津西湖公司诉请法院判令新加坡西湖公司支付未付货款、模具款等以及逾期付款利息。新加坡西湖公司反诉请求判令天津西湖公司赔偿因未能发货造成的损失及相应利息，承担翻译费、公证认证费等，并与天津西湖公司索赔金额对应部分相互抵销。

【裁判结果】

天津市高级人民法院二审认为，依照《联合国国际货物销售合同公约》第二部分"合同的订立"相关规定，国际货物买卖合同的订立遵循"发价"（offer）—"接受"（acceptance）的法律程序，即由一方首先提出"发价"，其后对方对该"发价"表示"接受"。"接受"的表现形式不必然限定为"声明"，被发价人做出其他等值于声明的行为，亦属于"接受"的表现形式。新加坡西湖公司主张因特定惯例与习惯做法的存在，可认定天津西湖公司的缄默或不行动属于"接受"的表现形式。但新加坡西湖公司并未举证证明在当事人之间或是双方所属行业、区域乃至世界范围内，存在只要买方发出订单或预测计划表，卖方即应按需持续供货，直至最终客户停止下单的惯例。故新加坡西湖公司所主张的"习惯"不构成"接受"通常表现形式的例外情形。因天津西湖公司对其他相应订单予以确认，其未能发货行为构成违约行为，应赔偿新加坡公司因此受到的损失。据此，改判新加坡西湖公司给付天津西湖公司货款、模具款、代垫款共计627606.08美元，天津西湖公司赔偿新加坡西湖公司

损失68817.85美元,两项抵销后新加坡西湖公司给付天津西湖公司558788.23美元;新加坡西湖公司向天津西湖公司支付逾期付款利息损失。

【典型意义】

本案解读了《联合国国际货物销售合同公约》确定国际货物买卖合同订立所遵循的规则,重申了接受的表现形式不限于"明确声明"一种,还有"通过行为接受""缄默接受"的形式,需要根据个案情形综合判断合同是否成立。本案尤其对"缄默何时构成接受"做出了清晰的解答,强调只有在当事人间存在缄默表示同意的明确约定惯例、国际贸易惯例、习惯做法时,单纯的沉默才构成接受。关于损害赔偿,本案明确损害赔偿范围应限于违约造成的包括利润在内的可预见损失,权利人不得同时主张"货物转售损失"与"替代交易损失",否则将超出《公约》第74条的保护范围。本案对适用《联合国国际货物销售合同公约》审理合同成立纠纷、损害赔偿纠纷具有参考意义。

【一审案号】天津市第一中级人民法院（2018）津01民初669号

【二审案号】天津市高级人民法院（2020）津民终433号

（资料来源：2024-02-17,最高人民法院：https：//www.court.gov.cn/zixun/xiangqing/421932.html.）

7. 外国某公司与南京某进出口贸易公司国际货物买卖合同纠纷案——可采用国际贸易术语方式实现跨境退货

【基本案情】

外国某公司与南京某进出口贸易公司之间有多年业务往来。2011年4月16日、2014年6月3日,外国某公司、南京某进出口贸易公司分别签署两份订单,明确外国某公司向南京某进出口贸易公司采购商标为EVOS的鞋子。两份订单均对各货号鞋子的具体材质、尺码、颜色及数量等列表明确。之后,南京某进出口贸易公司委托案外人生产上述两份订单项下的鞋子。2011年8月10日,外国某公司质检人员对第一份订单项下鞋子做了出货检验,报告显示：7584双鞋子抽验结果为合格,但记载存在鞋子大底贴歪、中帮内外侧高低、围条透痕变形等缺点；6000双鞋子抽验结果为翻箱,记载存在中底面衬偏短、清洁度差等缺点。9月23日,外国某公司要求所有EVOS货在仓库需100%检验并将问题报告发给供货商,所有工厂的货出货前需翻货,出货前外国某公司质检人员需重检所有货物。当日下午,外国某公司发邮件给南京某进出口贸易公司及外国某公司质检人员,要求重验工厂仓库内所有鞋子。11月15日,南京某进出口贸易公司装箱7560双鞋子,其中包括第二份订单项下的本案系争LENNYM型号鞋子2640双,总值上海离岸价（FOB上海）22308美元。外国某公司于同年12月13日收到货物。11月18日,外国某公司驻厂质检人员出具最终检验报告,对N11019-2号订单项下FONZI-M型号鞋子进行了检验,结果为合格,但存在胶水浅变黄、后里透胶未处理好等缺点；对N11019-2号和N11020-2号订单项下LENNY-M型号鞋子进行了检验,结果为合格,但存在大底溢色及颜色迁移等缺点。2012年2月18日,外国某公司以邮件附件向南京某进出口贸易公司发出索赔报告及鞋子图片。同年6月,外国某公司委托中国检验认证集团北美有限公司对存放于外国某公司仓库的鞋子进行检验,货物检验报告载明,每双鞋子均有两个或两个以上不同程度的质量问题。

审理中,外国某公司与南京某进出口贸易公司双方确认FONZI-M款鞋子每双13.90美元,LENNY-M款鞋子每双8.45美元。外国某公司、南京某进出口贸易公司双方还一致同意,如果人民法院判决解除合同,以洛杉矶装运港船上交货(FOB洛杉矶)即外国某公司将货物交至美国洛杉矶港南京某进出口贸易公司指定的船舶上的方式退货。

【裁判结果】

浦东新区人民法院经审理认为,根据外国某公司与南京某进出口贸易公司往来邮件及出货时的检验报告确定,系争鞋子虽然出货时检验总体合格,但出货时已存有颜色迁移、溢胶等问题,与双方约定的质量要求不符。外国某公司于2011年12月6日通过邮件知会南京某进出口贸易公司系争鞋子在美国销售中反映的质量问题比例及客人索赔退货现象,要求处理。并于2012年2月18日向南京某进出口贸易公司提出索赔。此后,外国某公司于2012年6月委托中国检验认证集团北美有限公司对存放于外国某公司仓库的18133双鞋子进行抽样检验,检验结果所反映出货物存在的严重质量问题与前述外国某公司邮件中对质量问题所做出的描述基本相符,二者能够相互印证。据此,能够佐证外国某公司的主张,故认定南京某进出口贸易公司交付外国某公司的系争鞋子不符合约定的质量要求,且该质量瑕疵已经影响系争鞋子的销售,致使合同目的不能实现。虽然外国某公司驻厂质检人员对系争鞋子出货前做出表面检验并总体认定为合格,但不能因此免除南京南京某进出口贸易公司作为货物出卖方应该承担的物的瑕疵担保责任,南京某进出口贸易公司构成根本性违约。外国某公司现行使合同解除权,于法有据,故对外国某公司要求解除合同的诉请予以支持。

由于本案系国际货物买卖合同纠纷,系争货物处于美国,外国某公司主张以洛杉矶装运港船上交货(FOB洛杉矶)的方式退货,并由南京某进出口贸易公司承担外国某公司将货物装船前的费用,该费用参照外国某公司原收货时支出费用1395美元计算。南京某进出口贸易公司表示如果人民法院判决解除合同,对外国某公司主张的退货方式和退货费用无异议。人民法院对外国某公司提出的退还8040双鞋子的诉讼请求予以支持,并确认上述退货方式和退货费用,外国某公司尚未向南京某进出口贸易公司支付的货款79317.20美元则无须再支付。

据此,浦东新区人民法院判决:支持外国某公司的退货请求,并由南京某进出口贸易公司赔偿相应损失。一审宣判后,南京某进出口贸易公司不服,提起上诉,二审法院判决驳回上诉,维持原判。

【典型意义】

本案审理中,人民法院尊重当事人意思自治,征询双方当事人退回意愿,并综合考量跨境退货的可行性,同时充分考虑到境外主体对国际通行规则认可度更高的实际情况,最终适用国际贸易术语确定退货方式,并在判决中将双方当事人退货涉及的风险费用承担及进出口海关手续办理等权利义务予以明确,具有突破性,为类似国际货物买卖合同纠纷退货解决提供了新思路。本案裁判未采取适用于境内货物买卖退货的通常做法,而是考虑到境外主体的特殊性,有效降低了守约方退货成本,充分保护其合法权益,体现了司法裁判对自贸区国际化、法治化营商环境的培育和维护。

(资料来源:2024-02-17,上海市高级人民法院:https://www.hshfy.sh.cn/shfy/web/xxnr.jsp?pa=aaWQ9MTAyMDMzMjk2NCZ4aD0xJmxtZG09bG0xNzEPdcssz&zd=xwzx.)

## 复习思考题

### 一、名词术语

FOB　　CFR　　CIF　　FAS

## 二、问答题

1. 简述 Incoterms 2020 中四类贸易术语分类的标准及其基本特点。
2. 试述《公约》中买卖双方的义务。
3. 简述卖方违约时买方可采取的救济措施。
4. 试述《公约》关于风险转移的规定。
5. 试述《公约》中规定的宣告合同无效的特点。

## 本章参考文献

［1］张旭．国际商法理论与实务［M］．北京：科学出版社，2005．
［2］张玉卿．国际货物买卖统一法［M］．北京：中国对外经济贸易出版社，1998．
［3］郭寿康，韩立余．国际贸易法［M］．北京：中国人民大学出版社，2000．
［4］冯大同．国际货物买卖法［M］．北京：对外贸易教育出版社，1993．
［5］余劲松，吴志攀．国际经济法［M］．北京：北京大学出版社，高等教育出版社，2000．
［6］张学慧．国际经济法教程［M］．北京：首都经济贸易大学出版社，2002．
［7］刘彤．国际货物买卖法：英文版［M］．2 版．北京：对外经济贸易大学出版社，2013．
［8］联合国国际货物销售合同公约［DB/OL］．联合国公约与宣言，https：//www．un．org/zh/node/182075，1978-12-06/2024-02-20．

# 第六章 国际货物运输法

**本章提要**

- 国际货物海上运输法
- 国际铁路货物运输法
- 联合运输

国际货物买卖必然伴随货物的跨国境运输,如何调整承运人、托运人、收货人之间的关系,平衡各方利益,成为重要难题,而国际海上货物运输体现得更为明显。在长期的国际货物运输中逐渐形成了一些运输规则,这些规则最终演变成国际惯例或国际条约,并被许多国家的国内法所接受。本章分为国际货物海上运输法、国际铁路货物运输法、国际航空货物运输法、国际货物多式联合运输法四节,学习重点应放在货物海上运输法上,学习货物海上运输法时重点掌握班轮运输,尤其是提单的基本内容及班轮运输的三个国际公约的差异,了解定期租船合同和航次租船合同中双方当事人的责任。

## 第一节 国际货物海上运输法

### 一、国际货物海上运输合同

#### (一) 国际货物海上运输的地位和作用

与铁路运输、航空运输等其他运输方式相比,海上运输具有运量大、成本低等优点,在国际贸易货运总量中,约有2/3的货物采取海运方式,主要用于石油、粮食、煤炭、矿石等大宗货物。但是海上运输极易受自然条件的影响,航速慢,因而运输风险大,涉及的当事人多,调整的法律关系复杂。

#### (二) 国际货物海上运输

国际货物海上运输是由承运人将货物从一国港口运到另一国港口,由货方支付运费的运输。依照对船舶使用方式的不同,海上运输又分为班轮运输和租船运输两种方式。

**1. 班轮运输**

班轮运输(Liner Transport)是由航运公司以固定的航线、固定的船期、固定的运费率、固定的停靠港口将托运人的件杂货运往目的地的运输。由于班轮运输的书面内容多以提单的形式体现,所以此种运输方式又称提单运输。

班轮运输具有以下特点:

(1) 具有"四固定"的特点,即固定的航线、固定的船期、固定的运费率、固定的停靠港口。

（2）当事人权利义务格式化。承运人与托运人有关班轮运输的权利义务均由提单的形式表现出来，提单的大部分内容由承运人提供的格式予以规定。

（3）班轮运输主要通过签发海运提单的方式使运输合同的权利义务自由转让。

基于上述特点，各国法律和国际公约对班轮运输设置了较多强制性规定。

**2. 租船运输**

租船运输（Carriage by Charter）是没有固定的船期、航线、港口和航行日期，完全根据货源的情况决定船舶去向的运输方式，运费或租金随市场行情而定。它主要适用于需整船的大宗货物的运输。

按照不同的租赁方式，租船合同又可分为航次租船（Voyage Chater）、定期租船（Time Charter）和光船租船（Bare Boat Charter）三种。

**（三）国际货物海上运输合同**

国际货物海上运输合同是实现海上货物运输的法律手段与形式。按照海上货物运输方式的不同，海上货物运输合同分为班轮运输合同和租船运输合同。按照不同的租赁方式订立的租船合同相应地分为航次租船合同、定期租船合同和光船租船合同。但光船租船合同实际上仅为财产租赁的一种，出租人并不承担运输义务，因此光船租船合同一般不能视为海上运输合同。

## 二、海上货物运输立法

**（一）提单立法**

**1. 调整提单的国内法**

中国调整提单运输的法律规定在《中华人民共和国海商法》第 4 章中。

德国调整提单的法律有 1937 年根据《海牙规则》制定的《海上货物运输法》和根据《维斯比规则》修订的《海商法》。

英国 1855 年制定了《提单法》，该法被 1992 年的《海上货物运输法》取代，其主要内容是提单转让的效力、提单与运输合同的关系等。1971 年英国《海上货物运输法》与前一部法律名称相同，但调整的范围不同，后者着重调整承运人与托运人的权利和义务。

美国 1893 年的《哈特法》适用于美国与外国间的海上货物运输。1916 年制定的《联邦提单法》于 1994 年修订，适用于美国签发的提单。1936 年制定了《海上货物运输法》，该法与《哈特法》规定不一致时，该法优先。

**2. 调整提单的国际公约**

目前，国际上调整提单运输的公约有三个：《海牙规则》（Hague Rules）、《维斯比规则》（Visby Rules）、《汉堡规则》（Hamburg Rules），见表 6-1。1921 年国际法协会在海牙召开会议制定《海牙规则》，1924 年，布鲁塞尔会议对其做了一些修改，正式定名为《关于统一提单的若干法律规则的国际公约》，1931 年生效。《海牙规则》侧重保护船东利益。1968 年在布鲁塞尔制定了《修订统一提单法规国际公约的议定书》，简称《维斯比规则》，它对《海牙规则》做了小修改，1977 年生效。基于发展中国家的争取和要求，1978 年联合国贸易与发展会议主持制定了《联合国海上货物运输公约》（简称为《汉堡规则》），1992 年 11 月 1 日生效。《汉堡规则》按照船方和货方合理分担风险的原则，适当加重了承运人的责任，使双方的权利义务趋于平等。中国内地尚未加入上述公约，但《中华人民共和国海商法》

关于海上货物运输合同当事人的权利和义务的规定与《海牙规则》和《维斯比规则》的基本原则一致。

表 6-1 有关提单运输的国际公约

| 项　目 | 《海牙规则》 | 《维斯比规则》 | 《汉堡规则》 |
| --- | --- | --- | --- |
| 归责原则 | 不完全过失责任 | 不完全过失责任 | 推定过失责任 |
| 责任期间 | "钩至钩" | "钩至钩" | 港至港 |
| 迟延交货 | — | — | 承运人承担赔偿责任 |
| 管辖权 | — | — | 被告营业地、合同签订地、装卸港等地法院 |
| 责任限制 | 100 英镑/件 | 1 万金法郎/件或 30 金法郎/kg，后改为 666.67 结算单位/件或 2 结算单位/kg，取高值 | 835 结算单位/件或 2.5 结算单位/kg，取高值 |
| 运输对象 | 甲板货和活动物除外 | 与《海牙规则》相同，加上集装箱 | 包括甲板货和活动物 |
| 诉讼时效 | 1 年 | 1 年但可以协议延长 | 2 年 |
| 适用范围 | 所有缔约国签发的提单 | ①同《海牙规则》。②在缔约国签发、从一个缔约国港口开始运输的提单。③当事人选择适用本《规则》的提单 | ①在某一缔约国签发的提单。②当事人选择适用本《规则》的提单。③装卸港位于缔约国的提单 |

### (二) 租船合同立法

与提单运输不同，目前国际上还没有租船合同方面的公约。大陆法系国家在其国内法即海商法中对租船合同做出规定。英美法系国家没有制定租船合同的单行法。有些国家和地区的航运组织或协会团体，为了缩短洽谈时间，促进租船交易的进行，制定了各种租船合同标准格式。

**1. 航次租船合同标准格式**

（1）金康合同。国际上最常用的航次租船合同的标准格式是波罗的海国际航运公会制定的"统一杂货租船合同"，简称"金康合同"（Uniform General Charter，GENCON）。⊖ 目前国际上使用较多的是经 1994 年修订的格式。

（2）油轮航次租船合同（Tanker Voyage Charter Party）。油轮航次租船合同的租约代号为 ASBATANKVOY，此格式由美国船舶经纪人和代理人协会于 1977 年制定，用于油轮运输。此外，还有北美谷物租船合同用于谷物运输，波罗的海木材租船合同用于木材运输等。

**2. 定期租船合同格式**

（1）"波尔的姆"定期租船合同格式（BALTIME）。"波尔的姆"定期租船合同格式由波罗的海国际航运公会制定，经过多次修订，目前适用的是 2001 年修订后的格式。"波尔的姆"定期租船合同格式在很大程度上维护的是出租人的利益。

（2）"土产格式"（NYPE）。"土产格式"由纽约土产交易所 1913 年制定，经过 1921 年、1931 年、1946 年、1981 年、1993 年、2015 年修订。修订后的格式比较公平地维护了出租人和承租人双方的利益。目前在实践中"土产格式"远比"波尔的姆"定期租船合同

---

⊖ 该合同格式经 1922 年、1976 年、1994 年三次修订。截至目前，国际上使用较多的仍是 1976 年格式。此格式在许多条款上较明显地维护出租人的利益。它可适用于各种航线和各种货物的航次租船。

格式使用广泛。

（3）液体货物定期租。液体货物定期租船合同（Shell Time）由英国伦敦壳牌石油公司制定。

（4）"中租1980"格式（SINOTIME，1980）。此格式由中国租船公司于1980年制定，较多地维护承租人利益。

标准合同格式由于长期使用，许多条款具有判例说明作用，更具有确定性和稳定性。

### 三、提单

在班轮运输中，班轮承运人将货物装船后，向托运人出具一种提单。在租船运输中，有时承运人也会出具提单。因此，提单作为一种运输单据，在国际货物运输中具有非常重要的法律地位。

提单（Bill of Lading, B/L）是用以证明海上货物运输合同和货物已由承运人接收或装船，以及承运人保证在目的港按照提单所载明的条件交付货物的书面凭证。

#### （一）承运人的基本义务与责任

《海牙规则》《维斯比规则》《汉堡规则》都对提单项下承运人的权利义务做出明确规定。中国内地未加入上述三个公约，但《中华人民共和国海商法》在有关提单运输的法律规定上以《海牙规则》为基础，同时吸收了《汉堡规则》的内容。

**1. 承运人的基本义务**

承运人的基本义务有三项：使船舶适航、管货、不得绕航。

（1）使船舶适航的义务。船舶的适航性包括三方面的含义：①适船，即船舶必须在设计、结构、条件和设备等方面经受得起航程中通常出现的或可能合理预见的一般风险。②适员，即配备合格、健康的船长和合格、足够的船员，船舶航行所用的各种设备必须齐全，资料、淡水、食品等供应品必须充足，以便船舶能安全地把货物运往目的地。③适货，即适宜于接收、保管和运输货物。货舱、载货处所设备完善，能满足所运货物的要求，包括货舱清洁、干燥、无味、无污水和通风畅通，舱盖水密，装卸货机械和索具齐全并处于有效工作状态。如果承运人没有尽到应尽的责任，以致货物遭受损失，承运人应负赔偿责任。

承运人对船舶适航性的责任，并不是要求保证船舶绝对适航，而是相对适航，即只要其谨慎处理使船舶适航。如果承运人能够证明船舶不适航是由于虽然经过谨慎处理仍然不能发现的潜在缺陷所致，承运人则可以免责。但"谨慎处理"没有精确的定义，一般认为，谨慎处理是指承运人在考虑已知的或事前能合理预见到预定航次中包括货物性质在内的所有情况后所采取的合理措施。在海运业务中，承运人往往以船舶领有适航证书作为其已经履行提供适航船舶义务的依据。

谨慎处理使船舶适航的时间，《海牙规则》要求在船舶开航之前和开航之时。开航之前是指开始装货之前，开航之时则是指船舶离开锚地之时。只要船舶在货物装运港开航之前或开航之时适航，即使船舶在航行期间或中途停靠港口期间不适航，也不能视为承运人运送该批货物违反谨慎处理使船舶适航的义务。《汉堡规则》适航性的义务并不限于"开航之前和开航之时"，而是贯穿于整个航程之中。

（2）管货的义务。承运人要适当地、谨慎地对货物承担装载、搬运、积载、运送、保管、照料和卸载七个方面责任。如果由于其疏忽或过失，致使货物受到损坏，承运人应负赔偿责任。承运人的管货义务贯穿于承运人掌管货物期间的全部过程，即贯穿于货物从装船至卸船的整个过程。该项义务为承运人绝对性义务，如果承运人或其雇员没有妥善地、谨慎地操作，致使货物灭失或坏损，承运人应负赔偿责任。但免责事项造成的损失除外。

（3）不得绕航的义务。承运人应以合理的速度，按照合理的航线或地理上、习惯上的航线把货物运到目的港交货，不得无故绕航。但如果为了海上拯救生命或救助财产，或有其他合理的理由（如为了避免船舶发生危险）所做出的绕航，均不能认为是违反运输合同的行为，承运人对由此造成的损失概不负责。

**2. 承运人的责任**

承运人的责任包括责任期间、责任限制和免责事项等内容。

（1）承运人的责任期间。按照《海牙规则》的规定，承运人的货物运输责任期间为货物装上船起至卸下船止。对"装上船起至卸下船止"的一般理解为：如果使用船上吊杆装卸货物，则从货物挂上吊杆的吊钩时起到脱离吊钩时止，即"钩至钩"；如果使用岸上吊杆装卸货物，则以货物越过船舷为界，即"舷至舷"。

《汉堡规则》采用"接到交"原则，规定自承运人接管货物时间起到将货物交付时止为承运人对货物的责任期间。《中华人民共和国海商法》第46条规定：承运人对集装箱装运的货物的责任期间，是指从装运港接收货物时起到卸货港交付货物时止，货物处于承运人掌管之下的全部期间。承运人对非集装箱装运的货物的责任期间，是指从货物装上船时起到卸下船时止，货物处于承运人掌管之下的全部期间。

（2）承运人的责任限制。责任限制是指承运人不能免责的原因造成货物的灭失或坏损，将其赔偿责任限制在一定范围内。《海牙规则》规定承运人对每件或每个货运单位的赔偿限额为100英镑。但托运人于装货前已申明该货物的性质和价值，并在提单上注明者不在此限。《维斯比规则》规定承运人对每件或每个货运单位的赔偿额不超过1万金法郎，或毛重公斤不超过30金法郎。后改为666.67结算单位/件或2结算单位/kg，取高值。《汉堡规则》规定以每件或每单位不超过835结算单位，或2.5结算单位/kg，取高值。《中华人民共和国海商法》规定：每件或每个其他货运单位的赔偿限额为666.67特别提款权，或按毛重计算2特别提款权/kg，以高者为准。集装箱、托盘或类似装运器具集装的，提单标明内具体数，以标明为准，否则视为1件或1个货运单位。

（3）承运人的免责事项。《海牙规则》对承运人免责实行的是不完全过失责任制，即在某些情况下承运人即使有过失也免除责任，而在另一些情况下，承运人只有无过失才免责。《海牙规则》规定了17项承运人免责：①船长、船员、引航员或承运人的受雇人员在驾驶或管理船舶中的行为疏忽或不履行职责。②火灾，但由于承运人实际过失或私谋所造成者除外。③海上或其他可行水域的风险、危险或意外事故。④天灾。⑤战争行为。⑥公敌行为。⑦君主、统治者或人民的扣留或拘禁或依法扣押。⑧检疫限制。⑨货物托运人或货主、其代理人或代表的行为或不行为。⑩不论是由于何种原因引起的局部或全面的罢工、关厂、停工或劳动力受到限制。⑪暴乱和民变。⑫救助或企图救助海上人命或财产。⑬由于货物的固有瑕疵、性质或缺陷所造成的容积或重量的损失，或任何其他灭失或损害。⑭包装不当。⑮标志不清或不当。⑯尽适当的谨慎义务所不能发现的潜在缺陷。⑰不是由于承运人的实际过失或私谋，或是承运人的代理人或受雇人员的过失或疏忽所引起的任何其他原因。《汉堡规则》将《海牙规则》中对承运人的不完全过失责任制改为推定完全过失责任制。即除非承运人证明其本人及代理人或所雇佣人员为避免事故的发生及其后果已采取了一切合理要求的措施，否则承运人对在其掌管货物期间因货物灭失、损坏及延迟交货所造成的损失负赔偿责任。如果承运人将运输全部或部分委托给实际承运人履行时，承运人仍需对全程运输负责，如双方都有责任，则在此限度内负连带责任。《中华人民共和国海商法》关于承运人的免责规定与《海牙规则》的有关规定大体相当，也实行不完全过失责任制。

### （二）托运人的基本义务

#### 1. 按合同约定提供托运的货物

托运人托运货物应妥善包装，及时送到承运人指定的地点，并向承运人保证，货物装船时所提供的货物品名、标志、包数或件数、重量或体积的准确性，同时应把这些资料连同装运港和目的港的名称及收货人的名称在提单上填写清楚。由于包装不良或上述资料不准确，给承运人造成损失的，托运人应当负赔偿责任；如果托运人没有按照约定提供货物或没有及时提供货物，给承运人造成船舶亏舱或延期启航的损失，托运人应负赔偿责任。

如果托运人托运的货物是危险品，应当依照海上有关危险货物的规定，做出危险品标志或标签，并把其名称和性质以及应当采取的预防危害的措施书面通知承运人；托运人未通知或通知有误的，承运人可以在任何时间、地点，根据情况将货物卸下、销毁或使之不能为害，而不负赔偿责任。托运人对承运人因运输此类货物所受到的损失应负赔偿责任。

#### 2. 办理必要的手续、单证并送交承运人

托运人应当及时向港口、海关、检验和其他机构办理货物运输所必需的各项手续，并将已办理各项手续的单证送交承运人。如果托运人没有及时办妥这些手续，或送交的单证不齐全、不准确，致使船舶不能及时出港，造成延滞或其他损失，托运人应负赔偿责任。

#### 3. 支付运费

托运人应当按照合同规定及时支付运费。运费一般包括货物从装运港到目的港的运输费、附加费、装卸费和港务费等，运费的支付办法有预付运费、到付运费和比例运费。预付运费是在承运人收到货物或签发提单时交付。按航运惯例，如果船舶或货物在运输中遇难而灭失，预付运费不再退还。到付运费是在目的港交货时由收货人支付的运费。如果货物没有运到目的港，承运人无权收取运费。同时只要货到目的港，即使货物已受损坏，收货人仍要支付全部运费，不能因此拒付或减付运费，否则承运人有权留置货物。比例运费是按货物运送的实际里程与全程之间的比例来计算的。通常在运输途中船舶遇难放弃原定航程时，经双方当事人协商同意，可采取这种计费方法。

#### 4. 提取货物

托运人或收货人应按照习惯或承运人的公告、通知及时到指定地点凭提单提取货物。如果收货人不及时接货或拒收货物，承运人可以将货物卸载，存在仓库等待提取，并登记与声明。如果收货人在规定期限内仍不能提货，超出时间内的一切额外费用均由收货人或货主承担。货物存入仓库经过一定时间仍然无人接受时，承运人可以依法将货物拍卖抵偿存仓费及其他费用。多余货款，承运人应存入银行，等待合法权利人领取；不足部分，承运人向托运人追偿。

### (三) 索赔与诉讼

**1. 索赔**

关于索赔（Claim），《海牙规则》规定：收货人在提货时发现灭失或损坏，应就此立即向承运人发出书面通知，如果货物的灭失或损坏不显著，可在 3 天内向承运人提出书面异议，否则，这种提单便成为承运人已按提单规定交货的证据。在联合检查下，托运人不需要向承运人提交上述书面通知。《汉堡规则》把托运人向承运人提交货损通知的期限从 3 天延长到 15 天。如果收货人没有按期将货损情况通知承运人，并不因此丧失索赔的权利，但须承担举证责任。《中华人民共和国海商法》把收货人向承运人发出货损通知的时间定为从交货次日起的 7 天内，如果是集装箱运输货物，交付则为 15 天。

**2. 诉讼**

关于诉讼（Action），《海牙规则》规定：托运人对货物灭失或损坏的诉讼时效为 1 年，从货物交付之日或应交付之日起。《汉堡规则》规定：有关运输合同的诉讼时效为 2 年，自承运人交付全部货物或部分货物之日算起，如果未交货物，则自货物应该交付的最后一日算起。《汉堡规则》还规定：原告可以从被告的主营业所或惯常居所、合同订立地、装货港、卸货港、运输合同指定的任何其他地点中选择起诉地点。《中华人民共和国海商法》规定请求赔偿的时效期间为 1 年，自承运人交付或应交付货物之日起计算。

## 四、租船合同

### (一) 租船合同的概念

租船合同是指船舶出租人与承租人之间关于租赁船舶所签订的海上运输合同。与提单运输相比，租船运输具有运费低的优势，因此，国际贸易中大宗货物运输适用租船合同方式。

租船合同在性质和作用上与提单不同。租船合同不仅是运输合同的证明，而且本身就是运输合同。租船合同具有运输合同的作用，这一点与提单相同，但不具有提单的货物收据和物权凭证的作用。

租船合同的内容由当事人自行商定，但对于加入《海牙规则》《汉堡规则》的国家来说，租船合同项下签发的提单，应适用《海牙规则》《汉堡规则》的有关规定。

### (二) 航次租船合同

按照租赁方式划分，租船合同可分为航次租船合同、定期租船合同和光船租船合同。

**1. 航次租船合同的概念及主要特征**

航次租船合同即程租合同，是指出租人将船舶租给承租人，按照约定的一个或几个航次运输货物，由承租人支付约定运费的运输合同。

航次租船合同的主要特征有：

（1）出租人负责船舶营运并负担营运费用。船舶由出租人雇佣的船长或船员使用、占有，出租人负担船舶的营运费，主要包括船员的工资、伙食费以及船舶的维修、保养、保险、检验等费用。

（2）出租人除对船舶负责外，还要对货物负责。出租人这方面的责任与义务和提单运输中承运人的责任与义务一样，要提供适航船舶，维持船舶的有效状态，对货物负有妥善保管的义务，不得无故绕航。

（3）出租人承担航次租船合同的时间损失。承租人支付的报酬不称为租金，而称运费。

运费是由完成的航次的数目决定的，不由船舶完成运输的时间决定。不论一个航次完成的快慢，承租人支付的运费都是一样的，完成一个航次的时间越短，船舶营运的效率就越高，出租人的利润越高。

（4）规定装卸货物的时间和期限，计算滞期费和速遣费。承租人如未能在合同规定的期限内完成装卸作业，需向出租人支付滞期费；反之，如果承租人提前完成装卸任务，出租人应向承租人支付速遣费。

（5）承租人可以租用整船或整舱运货，不论是否装满，都要按约定的包干费或约定的吨位付费。

### 2. 航次租船合同的主要内容

虽然航次租船合同使用的标准格式的内容各不相同，但通常包括以下主要条款：船舶说明条款；预备航次条款；出租人的责任；运费的支付；装卸条款；滞期费和速遣费；合同的解除条款；留置权条款；承租人责任终止条款；互有责任碰撞条款；新杰逊条款⊖；共同海损条款；提单；罢工条款；战争条款；冰冻条款⊝；仲裁条款；佣金条款等。

（1）船舶说明条款。出租人对所提供的船舶的船名、船籍、船级、船舶载重量与容积、船舶动态等内容如实陈述，从而使船舶特定化，这是承租人是否租用该船的重要依据，也是合同的主要条款，如所陈述内容与事实不符，出租人要承担相应的法律责任。该条款中船名、船籍、载重量与容积最为重要。一旦船舶被确定后，未经承租人同意，出租人无权更换船舶。在战争期间出租人对船籍的谎报或误报会影响到承租人对货物的保险，因此承租人有权解除合同并要求赔偿。船舶的实际载重量与合同约定载重量不符，承租人有权索赔因重量差异所造成的损失。

（2）预备航次条款。预备航次是指船舶从租船合同指定的装货港口的前一个港口驶向装货港的一段航程。出租人有义务将船舶在预备航次中速遣，否则出租人承担因延迟给承租人造成损失的赔偿。此外，预备航次还涉及受载日和解约日两项内容。受载日是指租船人可以接受船舶并进行装货的最早日期，解约日是指合同中规定的船舶应到达装货港的最晚日期。船舶如晚于解约日到达装货港，承租人享有对合同解除的选择权。

（3）货物的相关条款。承租人应准确提供合同约定的运输货物；保证所装运货物是合法货物（根据装运港法律、目的港法律、沿途停靠港法律均属合法）；承租人应交付"满舱满载"货物，如果承租人提供的货物少于应提供的数量，应向出租人提供亏舱费。如果船舶能实际装载的货物达不到出租人保证的数量，出租人应向承租人赔偿短装损失；承租人交付货物应当及时，如果船舶到港后，承租人不能提供货物装船，承租人应承担违约责任。

（4）装卸条款。

1）港口的选择。承租人可以选择一个或一系列装货港或卸货港，或指明一个广泛的地区内的任一港口。承租人应在一定时间或合理时间内尽谨慎职责选择安全港口。港口的安全

---

⊖ 新杰逊条款是指在航程开始前后，如发生意外事故、损害或灾害，无论其因何原因引起，亦不论是否由于疏忽，如果对于这种疏忽或其后果，根据法律、合同或其他规定，承运人无责任，则托运人、收货人或货物所有人应与承运人分摊共同海损，支付任何可能发生的牺牲、损失或任何其他具有共同海损性质的费用。如果救助船只由承运人所有或经营，则也应当与救助船只是属于第三人或为第三人所经营的一样，对其支付救助费用。

⊝ 冰冻条款是指航次租船合同关于遇港口冰冻时调整船东与承租人关系的条款。该条款的核心是明确因冰冻使船舶装、卸货受阻是否构成解除合同的理由及具体处理方法。

包括港口的自然条件能够使船舶安全进出，在停泊时保持漂浮状态，还包括政治上的安全，即不会发生扣押、拘捕船舶或货物的危险。与国际贸易合同价格条件相对应，承租人应在合同中订明装卸费用的分担办法。

2）装卸时间。装卸时间是指航次租船合同订明的允许承租人完成装卸货的时间。如果承租人在装货时间内提前完成装货任务，可以从出租人处得到若干金额的报酬，称为速遣费。如果在装货时间内未能完成装货任务，应向出租人支付延误违约金，称为滞期费。装卸时间的计算方式有两种：一是按港口习惯尽快装卸；二是规定一个固定的装卸时间。装卸时间的起算要满足三个条件：一是船舶到达装卸地点；二是船舶做好装卸准备；三是出租人向承租人递交了准备就绪通知书。一般装卸时间是按日规定，而"日"有多种用法：它可能是工作日，即不包括星期六、星期日和法定节假日的港口应进行工作的日子；也可能是连续工作日，即从午夜到午夜的连续24h，在此期间，星期六、星期日或法定节假日或不良天气不能进行装卸的时间都应计入装卸时间内；也可能是晴天工作日，即天气良好可进行装卸的工作日；还可能是连续24h晴天工作日，即除星期六、星期日、法定节假日、天气不良影响装卸的工作日外，以真正连续24h工作为一日来表示装卸时间的方法，目前这种方法在航次租船合同中被使用得最多。

（5）租船合同项下的提单。在航次租船合同中，货物在装货港由船长接管或装船后签发提单，托运人、收货人拿到提单后也可以将提单再转让。这时货物运输出现了两个文件：航次租船合同和提单。二者的作用不同。航次租船合同只是运输合同，它调整出租人和承租人的权利义务关系。航次租船合同项下的提单在不同情况下作用不同：当提单在承租人手中时，提单只具有货物收据和物权凭证的作用，不具有海上货物运输合同证明的作用，出租人和承租人之间的权利义务以航次租船合同为准。当提单在非承租人手中时，提单具有运输合同证明、货物收据、物权凭证的作用。提单是确定双方当事人权利义务的依据，受《海牙规则》等国际公约和国内法的约束。

（6）运费的支付。

1）运费的计算方法。航次租船合同的运费计算方法有两种：运费率和整船包价。运费率方法是指规定一个运费率，再按照装运货物的数量计收。按照这种方法计算应明确货物的数量是在装货港还是在卸货港称量的，避免由于运输途中因蒸发、泄漏等引起的数量差异。整船包价方法是指根据航次规定一个"一揽子"运费。这种计算方法与货物的具体数量无关，可避免因货物称量引起的问题，同时有助于货主在有责任交付"满舱满载"货物时避免承担亏舱费。

2）运费支付时间。运费的支付有运费预付和运费到付两种。运费预付通常是指在签发提单或装货结束后若干银行工作日内支付；运费到付可分为卸货前支付或交货时支付。运费通常是不可触动的，必须按时如数交给出租人。如果出租人和承租人之间有纠纷，承租人也应先支付运费，再索赔，二者不能抵消，擅自从运费中扣减被视为违约行为。

（7）货物损害赔偿。航次租船合同中有关货物损害赔偿责任由合同双方当事人自行商定。按金康合同规定，船舶所有人应负货物灭失、残损或延迟交货的责任，但仅限于该灭失、残损或延迟是由于积载不当或疏忽造成的，或由于船舶所有人或其经营人本身未恪尽职责使船舶具有适航性并能保持适当的船员、设备和供应所造成者为限。否则，即使货物灭失、残损或延迟交付是由于船长、船员在管理货物中的过失所致，出租人仍可免责。

(8) 留置权条款。为确保出租人收取运费及其他费用,出租人对承运的承租人货物享有留置的权利。金康合同规定,船舶所有人因未收取运费、亏舱费、滞期费而对货物行使留置权。出租人只有当货物在其占有时,才能行使这项权利。如果货物已按时交出,或出租人取得远期汇票后同意交货,留置权即告丧失。当货物在出租人占有之下,如承租人或货主既不清偿债务又不交付押金提货,出租人在依法等待一定期限后,可将留置物拍卖以收取应收费用。

### (三) 定期租船合同

#### 1. 定期租船合同的概念及主要特征

定期租船合同(Time Charter Contract)是指船舶出租人向承租人提供约定的由出租人配备船员的船舶,由承租人在约定的时间内按照约定的用途使用,并支付租金的合同。

与航次租船合同相比,定期租船合同具有如下特征:

(1) 双方分享对船舶的管理。出租人负责船舶的本身,包括机械、补给、人员等的配备和安全航行。承租人负责船舶商业使用,包括船舶营运安排以及货物的提供、装卸、保管、处理等。

(2) 由双方分担船舶营运的费用。出租人负担船舶每日的营运成本,包括船舶建造成本、船员工资以及船舶保险费、保养及维修费用等,承租人负责航程使用费,包括燃油费、港口使用费、货物装卸费、运河费、运费税等。

(3) 租金按船舶使用时间的长短来计算,承租人负担租期内的时间损失。

(4) 出租人负责租期内的航行风险。

航次租船合同与定期租船合同的区别见表6-2。

表6-2　航次租船合同与定期租船合同的区别

| 比较项目 | 航次租船合同 | 定期租船合同 |
| --- | --- | --- |
| 营运管理及费用 | 出租人负责 | 承租人负责 |
| 出租人责任 | 适用提单运输中承运人的责任 | 按约定提供适航船舶 |
| 租金的计算方式 | 按航程计算 | 按时间计算 |
| 承租人性质 | 货主或托运人 | 租船从事海运业务的运输公司 |

#### 2. 定期租船合同的主要内容

定期租船合同的内容与航次租船合同没有太大区别,条款主要包括:船舶说明条款;航行区;用途;租船期间;交船与还船时间、地点及条件;租金的支付、停租和转租;出租人责任与免责;共同海损;互有责任碰撞条款;新杰逊条款;战争条款;仲裁条款等。

(1) 船舶说明。关于船名、船籍、载重量与容积在航次租船合同中已详述,在此仅介绍航速与燃料消耗。定期租船合同中承租人按船舶使用的时间支付租金,因而,船速直接关系到承租人在租期内使用船舶的效益;同时,承租人负责提供燃油并支付费用,船舶燃油消耗直接影响到承租人使用船舶成本的大小。因此出租人有义务提供航速与燃油消耗符合合同规定的船舶。如果船舶的实际航速没有达到合同规定的要求,承租人有权向出租人提出索赔。如果实际燃油消耗量超过合同的规定,承租人有权向出租人索赔超过部分的损失。

(2) 船舶状态。出租人提供约定的适航船舶,使船舶在租期内保持"有效状态"。船舶还应适于约定的用途。在租期内船舶一旦不能达到有效状态，出租人应采取合理措施维修船舶，并负担修理费。如果因修船影响到承租人使用，承租人有权停租。如果在合理时间内，船舶不能修复投入营运，承租人有权解除合同并要求赔偿。

（3）交船时间。定期租船合同一般规定"合同解除日"条款，出租人按合同约定的时间交付船舶，如未能按期将船舶交付给承租人时，承租人有权解除合同，并要求赔偿损失。出租人预计将晚于解约日到达交货港时，把船舶延迟情况和预期抵达的日期通知承租人，承租人应在接到通知48h内将是否解除合同的决定通知出租人。

（4）航行区。定期租船合同一般列明承租人可以指示船舶前往的区域，有的还订明不能前往的区域，如战争区、冰冻区等。如果承租人指示船舶前往除外区域或港口，出租人有权拒绝；如果承租人坚持要去，出租人可撤销合同并提出索赔。

承租人应当保证船舶在安全港口或地区之间从事约定的海上运输，违反这一规定，出租人有权解除合同，并有权要求赔偿因此遭受的损失。安全港口不仅是地理上安全，其中包括航道深浅、助航设施等，还包括政治上安全，即船舶不会遭遇战争、敌对行为、恐怖活动等风险。

（5）租金的支付。承租人应当按合同约定的时间和方式支付租金。承租人未按合同规定支付租金的，出租人有权解除合同、撤船，并有权请求赔偿因此遭受的损失，而不管承租人是否有过失。定期租船合同通常规定租金应用现金支付，并且按月或按日预付。在整个租船期间，不论承租人是否实际使用了船舶，都应支付租金。如果最后一笔租金支付以前已经发现会提前还船，租金仍然应全额支付，但承租人可以随后向出租人要回多付的租金。

（6）停租条款。由于发生海损事故，如碰撞、搁浅、船体或机器设备故障、船舶入坞等不是承租人的过失而妨碍了承租人使用船舶的时间，均可作为停租期间，承租人有权在该期间停付租金。承租人在停租期内不用支付租金，但停租期仍然计入租期，不能从租期内扣减。

（7）还船。

1）还船状态。租期结束后，除船舶本身正常的自然磨损外，承租人所还船舶应具有与出租人交船时相同的良好状态，否则，承租人应负责修复或赔偿。

2）还船时间。租船合同虽然规定了租期，但在租期届满时还船很难做到，常出现提前或超期还船。提前还船，出租人不能拒绝接受船舶，但有权要求承租人按合同规定租期支付租金或赔偿租金差价损失。超期还船的情况不同，处理方式也不同。如果因承租人无法控制的原因造成超期还船的，承租人对于超期的时间，应按当时的市场租金率支付租金，如遇市场租金下跌，承租人则按原合同约定的租金率支付租金。如果超期还船是由出租人的原因所致，承租人不承担责任。如果因承租人的原因造成超期还船，承租人则负赔偿责任。

### （四）光船租船合同

光船租船是一种较特殊的租船方式，也是按一定期限租船，但与定期租船不同的是船东不提供船员，光一条船交租船人使用，由租船人自行配备船员，负责船舶的经营管理和航行各项事宜。在租赁期间，租船人实际上对船舶有着支配权和占有权。

目前国际上使用比较广泛的光船租赁合同格式是波罗的海航运公会于1974年制定的《标准光船租赁合同》，租船合同代号"贝尔康"（BARECON），该合同经过1989年和2001年两次修订。经2001年修订后的格式由五部分组成，其中第一部分和第二部分是光船租赁的基本条款，第三部分"仅适用于新造船舶的规定"是新造船舶光船租赁附加条款，第四部分"租/购协议"是光船租购的附加条款，第五部分"适用于在光船租赁合同登记机构登记的船舶规定"是针对光船租赁合同登记的附加条款。

另外，光船租赁合同的标准格式还有英国壳牌国际石油公司制定的光船租赁合同，简称"SHELLDEMISE"。

由于全球范围内还没有一个国际海上运输公约可以得到大部分国家的认可，影响了国际贸易的顺利进行，因此，国际海事委员会于2008年12月11日通过了《联合国全程或部分海上国际货物运输合同公约》（《鹿特丹规则》）。该规则是当前国际海上货物运输规则之集大成的文件，共18章96条，包括：总则；适用范围；电子运输记录；承运人的义务；承运人对灭失、损坏或者迟延所负的赔偿责任；有关特定运输阶段的补充条款；托运人向承运人履行的义务；运输单证和电子运输记录；货物交付；控制方的权利；权利转让；赔偿责任限额；时效；管辖权；仲裁；合同条款的有效性；本公约不管辖的事项；最后条款。目前尚未生效。

中国香港是《海牙规则》《维斯比规则》的成员，中国澳门是《海牙规则》的成员。中国内地没有加入上述四个公约，但《中华人民共和国海商法》关于承运人责任的规定基本上采用《海牙规则》。

## 第二节 国际铁路货物运输法

国际铁路货物运输是指使用统一的国际铁路联运单据，由铁路部门经过两个或两个以上国家的铁路进行运输。我国与周边国家的进出口货物以及欧洲各国之间的货物运输多数采用铁路货物运输方式。为了简化国际铁路货运手续，加速货物流转，降低运费和杂费，保障运输顺利进行，各国间通过双边或多边铁路联运协定，规定铁路联运的规章制度。目前有关国际铁路运输的国际协定主要有两个：《国际铁路货物运输公约》《国际铁路货物联运协定》。

### 一、国际铁路运输的国际公约

#### （一）《国际铁路货物运输公约》

《国际铁路货物运输公约》（CIM），简称《国际货约》。1961年在伯尔尼签字，1975年1月1日生效。它于1999年被修正。其成员包括了主要的欧洲国家，如法国、德国、比利时、意大利、瑞典、瑞士、西班牙及东欧各国，此外，还有西亚的伊朗、伊拉克、叙利亚，西北非的阿尔及利亚、摩洛哥、突尼斯等，目前已有46个成员，中国尚未加入该公约。

#### （二）《国际铁路货物联运协定》

《国际铁路货物联运协定》（CMIC）简称《国际货协》，1951年在华沙订立。中国于1953年加入。目前施行的是1998年1月1日生效的修订本。其成员国主要是前苏联、东欧加上中国、蒙古国、朝鲜、越南等，共计22个。《国际货协》的东欧国家同时加入了《国际货约》，这样《国际货协》国家的进出口货物可以通过铁路转运到《国际货约》的成员国，为沟通国际铁路货物运输提供了更为有利的条件。中国是《国际货协》的成员国，凡经由铁路运输的进出口货物均按《国际货协》的规定办理。

以下主要介绍《国际货协》的内容。

### 二、运输合同和运输单据

#### (一) 运输合同的形式

运输合同的形式是铁路始发站签发的运单。运单是发货人、收货人与铁路方之间订立的运输合同证明，对三者都具有法律约束力。运单是铁路方收取货物、承运货物的凭证，它随同货物由始发站到目的站的运送全程附送，最后交给收货人。与提单不同，铁路运单是运输合同的证明和接收货物的收据，但它不具有物权凭证的作用，不能转让。

#### (二) 运输合同的订立

根据《国际货协》的规定，发货人在托运货物时，应对每批货物按规定的格式填写运单和运单副本并签字，然后铁路方在铁路记载事项上填写。当发货人提取运单中所列的全部货物，按照发送国国内规定付清费用后，铁路方则在运单上加盖戳记，此时运输合同成立。发货站为合同成立地，戳记日期为合同成立日期。运输合同订立后，运单副本应退还发货人。运单副本虽不具有运单的效力，但可作为卖方通过银行向买方结算的单据，也可作为向铁路方索赔的依据。

#### (三) 运输合同当事人的基本责任

**1. 铁路方的基本责任**

（1）把运单项下的货物运到目的站，交付给收货人。《国际货协》规定：所有承运货物的铁路方对货物负有连带的运输责任。

（2）执行托运人按规章提出的变更合同的要求。由于铁路方的过失造成有关要求未被执行，铁路方应对此后果负责。

（3）妥善保管发货人在运单内所记载并添附的文件。由于铁路方的过失造成遗失，铁路方应对此后果负责。

（4）铁路方要对按规定条件承运的货物在责任期间发生的全部或部分灭失或毁损以及逾期运到所造成的损失负赔偿责任。铁路方的责任期间是从签发运单时起到交付货物时止的一段时间。当货物遭受损坏时，铁路方赔付额应与货价减损金额相当。当货物全部或部分灭失时，赔偿额按外国售货者在账单上所开列的价格计算；如发货人对货物价格另有声明，则按声明的价格给予赔偿。铁路方对货损赔偿的最高限额，在任何情况下都不超过货物全部灭失时的款项。铁路方向收货人支付的逾期罚款，应以所收运费为基础，按逾期的长短来计算。逾期不超过总运到期限的 1/10 时，支付相当于运费的 6% 的罚款；逾期超过总运到期限的 4/10 时，应支付相当于运费 30% 的罚款等。

**2. 托运人的基本责任**

（1）发货人应对其在运单内所填报的声明事项的正确性负责。如果记载和声明事项有错误或遗漏，由此产生的后果均由发货人负责。

（2）发货人必须递交货物在运送途中为履行海关或其他规定所需要的添附文件。铁路方没有义务检查发货人在运单上所附的文件是否正确和齐全。

（3）交付运费。发送国铁路的运费，由发货人向发送站支付；终到国铁路的运费，由收货人向收货站支付；过境铁路的运费，由发货人向发送站支付或由收货人向收货站支付。如果有几个过境国，而发货人未支付运费，则收货人应按《国际货协》统一过境运价规程的规定，向收货站支付全程运输费用。如果货物到达目的地后，收货人拒绝收货，则发货人应向发送站支付一切运费与罚金。

### 三、索赔及诉讼

#### （一）索赔

《国际货协》规定：发货人和收货人有权根据运输合同提出赔偿请求，赔偿请求可以以书面方式由发货人向发送站提出，或由收货人向收货站提出，并附上相应根据，注明款额。

（1）运单项下货物全部灭失时，由发货人提出索赔要求，同时须提供运单副本；或由收货人提出，同时提供运单或运单副本。

（2）货物部分灭失、毁损或腐坏时，由发货人或收货人提出，同时须提供运单及铁路在收货站交给收货人的商务记录。

（3）逾期交货时，由收货人提出，同时须提供运单。

（4）多收运送费用时，由发货人按其已交付的款额提出，同时必须提供运单副本或发送站国内规章的其他文件；或由收货人按其所交付的运费提出，同时须提供运单。

#### （二）诉讼

铁路方自有关当事人向其提出索赔请求之日起，必须在180天内审查该项请求，并予以答复。发货人或收货人在请求得不到答复或满足时，有权向受理赔偿请求的铁路方所属国家的法院提起诉讼，并适用法院地的诉讼程序规定。

当事人依运输合同向铁路方提出的赔偿请求和诉讼，以及铁路方对发货人、收货人有关支付运费、罚款和赔偿损失的要求和诉讼应在9个月内提出；有关货物逾期的赔偿请求和诉讼应在2个月内提出。其具体诉讼时效起算日如下：

（1）关于货物毁损或部分灭失以及运到逾期的赔偿，自货物交付之日起算。

（2）关于货物全部灭失的赔偿，自货物运到期限届满后30天起算。

（3）关于补充运费、杂费、罚款的要求，或关于退还此项款额的赔偿请求，或纠正错算运费的要求，应自付款之日起算；如未付款时，应自交货之日起算。

（4）关于支付变卖货物的余款的要求，自变卖货物之日起算。

（5）在其他所有情况下，自确定赔偿请求成立之日起算。时效期间已过的赔偿请求和要求，不得以诉讼方式提出。

## 第三节  国际航空货物运输法

航空运输具有速度快、安全性高、破损率低、不受地面条件限制等优点，许多贵重物品、鲜货商品适于航空运输。国际航空运输方式主要有班机运输和包机运输两种。班机运输是指由客、货班机，定时、定点、定线进行运输，它适用于运量少的货物。包机运输是指包租整机运输货物，它适用于数量大有急需或特殊要求的货物。采取哪种运输方式，应根据货运需要而定。随着航空运输技术的发展，飞机的速度、运载能力及适航性能不断提高，航空运输已在国际货物运输中显示出越来越重要的地位。

## 一、国际航空货物运输的国际公约

有关航空运输的国内立法比较简单，所涉及的法律不如《海商法》那样复杂，国际航空货物运输合同除受承运人本国法律调整外，在很大程度上受国际公约的制约。有些国家直接把国际公约引入国内法。目前，调整国际航空货物运输关系的国际公约主要有：《华沙公约》《海牙议定书》《瓜达拉哈拉公约》《蒙特利尔附加议定书》《蒙特利尔公约》。

### （一）《华沙公约》

《关于统一国际航空运输某些规则的公约》（简称《华沙公约》，*Warsaw Convention*），1929 年在华沙签订，1933 年 2 月 13 日生效。中国 1958 年加入该公约。该公约规定了以航空运输承运人为一方和以旅客和货物托运人与收货人为另一方的法律义务和相互关系，是国际空运的一项最基本的公约。《华沙公约》适用于运输合同中规定的起运地和目的地都属于该公约成员国的航空运输，也适用于启运地和目的地都在一个成员国境内，但飞机停留地在其他国家的航空运输。1971 年的《危地马拉议定书》是对《华沙公约》的修改。

### （二）《海牙议定书》

《修改 1929 年 10 月 12 日在华沙签订的统一国际航空运输某些规则的公约的议定书》（简称，《海牙议定书》），订于 1955 年 9 月，1963 年 8 月 1 日生效。中国于 1975 年加入该议定书。《海牙议定书》的适用范围比《华沙公约》更广泛，无论是否是连续运输，无论有无转运，只要启运地和目的地在两个成员国的领域内，或者在一个成员国领域内而在另一个成员国的或非成员国的领域内有一定的经停地点的任何运输。

### （三）《瓜达拉哈拉公约》

《统一非缔约承运人所办国际航空运输某些规则以补充〈华沙公约〉的公约》（简称《瓜达拉哈拉公约》），订于 1961 年，1964 年 5 月 1 日生效。中国未加入该公约。该公约主要是为补充《华沙公约》而订立，它把《华沙公约》中有关承运人的各项规定扩及非合同承运人，即根据与托运人订立航空运输合同的承运人的授权来办理全部或部分国际航空运输的实际承运人。

### （四）《蒙特利尔附加议定书》

1975 年国际民航组织在蒙特利尔召开会议，签订了四个《蒙特利尔附加议定书》。它把原来《华沙公约》规定的主观归责原则改为客观归责原则，进一步简化了运输凭证，并将特别提款权规定为赔偿限额的计算单位。

上述四个公约都是相互独立的，《华沙公约》是最基本的规定，其他公约是对《华沙公约》的修改或补充，但都没有改变《华沙公约》的基本原则。

### （五）《蒙特利尔公约》

1999 年国际民航组织缔约国大会在蒙特利尔通过了旨在取代"华沙体系"的、全新的《统一国际航空运输某些规则的公约》（简称 1999 年《蒙特利尔公约》）。它不是对 1929 年《华沙公约》的修订，而是一部全新的条约。其第 55 条特别说明，它在适用效力上优先于《华沙公约》及其议定书以及承运人之间的特别协定。《蒙特利尔公约》以中文、英文、阿拉伯文、法文、俄文和西班牙文共 6 种语言为同等生效文本。2003 年 11 月 4 日，《公约》正式生效。2005 年 6 月 1 日，中国交存了批准书。同年 7 月 31 日，该《公约》对中国生效并已扩展适用于我国香港和澳门特别行政区。

## 二、航空货物运输单据

### (一) 空运单的性质

航空货物运输单是订立合同、接受货物、运输条件及关于货物的重量、尺码、包装和件数的初步证明。《海牙议定书》将其称为空运单（Airway Bill）。与提单不同，空运单不是物权凭证，一般不能转让。货到目的地后，收货人凭承运人的到货通知及有关证明提货，不要求收货人凭空运单提货。但《海牙议定书》规定，可以填发流通的航空货运单。

### (二) 空运单的主要内容

空运单一式三份，第一份经托运人签字后交承运人；第二份附在货物上，由托运人和承运人签字后交收货人；第三份由承运人在收货后签字交托运人。《海牙议定书》改为承运人在货物装机以前签字。空运单的主要内容包括：启运地和目的地；约定的停经地点；发货人和收货人的名称、地址；货物的性质；货物的数件和包装；货物的重量或数量及体积或尺码；声称该项运输受《华沙公约》所规定的责任制度的约束等。

如果承运人接运了没有填写空运单的货物，或托运单上没有包括上述具体内容，承运人则无权引用《华沙公约》中关于免除或限制承运人责任的规定，但不影响该合同的效力或《华沙公约》的适用。

## 三、空运合同当事人的责任

### (一) 承运人的基本责任

**1. 承运人的基本责任**

按照《华沙公约》的规定，承运人对货物在空运期间所发生的毁灭、遗失或损坏承担责任。承运人对货物在空运过程中因延迟而造成的损失承担责任。

**2. 承运人的免责事项**

按照《华沙公约》的规定，承运人在下列情况下免除或减轻责任：

（1）如果承运人能证明自己或其代理人为避免损失的发生已经采取一切必要措施，或不可能采取这种措施的。

（2）如果承运人能证明损失的发生是由于驾驶上、航空器操作上的过失，而承运人及其代理人已经采取一切必要的措施以避免损失的。但《海牙议定书》删除了这一免责规定。

（3）承运人如果能证明损失完全是由自然原因引起的，承运人可免责，除非这种损失能够确定是由承运人的疏忽或有意过失造成的。

（4）由于遵守法律、法规、法令或超出承运人的管辖以外原因，从而造成任何直接或间接损失的，承运人可以免责。

（5）如果承运人能证明损失是由受损人的过失所造成的，可视情况免除或减轻承运人的责任。

**3. 承运人的责任限制**

承运人对货物的灭失、损坏或迟延交付承担的最高赔偿额为每公斤250金法郎。如果托运人在交运货物时已声明货物的价值高于每公斤250金法郎，并支付了附加费，则可不在此限制内。但是，承运人并不是在所有条件下，都可以享有《华沙公约》规定的责任限制。《华沙公约》规定：如果损失的发生是由于承运人或其代理人的"有意不良行为"或过失，承运人无权引用《华沙公约》中关于免除或限制承运人责任的规定。

### (二) 托运人的基本责任

(1) 托运人应正确填写空运单上关于货物的各项说明和声明。如因这些说明和声明不合规定或不完备，使承运人或任何其他人遭受损失，托运人应负赔偿责任。

(2) 托运人应提供货物或与货物有关的必要的资料。因这种资料或证件的不足或不合理规定所造成的一切损失，都应由托运人对承运人负责。

(3) 支付规定的各项费用。

(4) 承担承运人因执行其指示所造成的损失。

## 四、索赔与诉讼

### (一) 索赔

《华沙公约》规定：当货物发生损坏时，发货人或收货人应立即向承运人提出异议，或最迟应在收到货物后 7 天内提出；如果是迟延交货，最迟应在货物交给收货人后 14 天提出。异议必须以书面形式提出。《海牙议定书》对异议的期限做了延长：如果是货物损坏，异议期限由收到货物后 7 天延长到 14 天；如果迟延交付，收货人应在自由处置货物后 14 天延长到 21 天内提出；如果货物毁灭或遗失，一般应自空运单填开之日起 120 天内提出异议。

### (二) 诉讼

发货人如果在规定时间内没有对货物的灭失、短少、损坏或延迟提出异议，就不能向承运人起诉。诉讼时效为 2 年，从航空器到达目的地之日起，或应该到达之日起计算。发货人可以根据自己的意愿选择以下缔约国之一的法院提出诉讼请求：承运人住所地；承运人的总管理处所在地；签订合同的机构所在地；目的地。诉讼程序依法院地的法律规定。

## 第四节 国际货物多式联合运输法

国际货物多式联运是在集装箱运输的基础上发展起来的，它以集装箱为媒介，将海上运输、铁路运输、公路运输、航空运输和内河运输等传统运输方式结合在一起，形成一体化的"门至门"运输，即将货物从卖方工厂或仓库直接运送到买方工厂或仓库。这种运输具有以下优点：提高装卸效率，扩大港口吞吐能力，加速船舶周转，降低经营成本；减少货损货差，提高货运质量；节省包装材料，减少运杂费用，便利运输，简化手续等。国际货物多式联运为国际贸易提供了一种更安全、经济、便利、畅通的运输方式。

### 一、国际货物多式联运国际公约及惯例

#### (一)《联合国国际货物多式联运公约》

国际多式联运的发展，产生了一系列新的法律问题，为此，许多国际组织，如国际商会，制定了一些草案、规则。在此基础上，联合国贸易与发展委员会起草了《联合国国际货物多式联运公约》，于 1980 年获得通过，中国在该公约上签了字。该公约明确了国际多式联运的概念，规定了：国际多式联运单据；联运经营人的赔偿责任；发货人的赔偿责任；索赔与诉讼等。由于具体实施该公约非常困难，该公约目前尚未生效。尽管如此，该公约已具有相当的影响力，有的国际多式联运合同当事人在订立合同时开始参照

该公约的规定。

### (二)《多式联运单据规则》

联合国贸易与发展委员会吸取了《联合国国际货物多式联运公约》应用实践中的经验教训,于 1992 年与国际商会共同制定了具有指导性的规则——《1991 年联合国贸易和发展会议/国际商会多式联运单据规则》,简称《多式联运单据规则》,该规则没有普遍约束力,当事人可以自由选择。

## 二、国际多式联运的概念

按照《联合国国际货物多式联运公约》的规定,国际货物多式联运是指按照多式联运合同,以至少两种不同的运输方式,由多式联运经营人将货物从一国境内接管货物的地点运到另一国境内指定交付货物的地点的运输方式。多式联运合同是指多式联运经营人凭以收取运费、负责完成或组织完成国际多式联运的合同。多式联运合同由多式联运经营人与发货人订立。多式联运经营人是指其本人或通过其代表订立多式联运合同的任何人,其本人就是合同当事人,负有履行整个多式联运合同的责任,并以"本人"的身份对联运全程负责。

## 三、国际多式联运单据

根据《联合国国际货物多式联运公约》的规定,多式联运人在接管货物时,应向发货人签发一项多式联运单据,以证明多式联运合同和联运人接收货物并负责按合同条款交付货物。依交货人的选择,既可签发可转让多式联运单据,也可签发不可转让多式联运单据。可转让多式联运单据应列明按指示或向持票人支付。不可转让多式联运单据应指明收货人。多式联运单据的作用与提单相似,既是接收货物的收据,也是运输合同的证明。可转让多式联运单据还具有物权凭证的作用,提货时需提交此单据。

## 四、多式联运当事人的主要责任

### (一) 多式联运经营人的主要责任

#### 1. 责任期间

《联合国国际货物多式联运公约》规定:实行联运经营人的全程统一负责制,即自其接管货物之日起,到交付货物时为止的整个期间承担责任。当收货人无理拒收货物时,则按照合同或交货地点适用的法律或特定行业惯例,将货物置于收货人支配之下,或交给依交货地点适用的法律或规章必须向其交付的当局或其他第三人。

#### 2. 责任基础

《联合国国际货物多式联运公约》规定:联运经营人的责任基础采用完全过失责任制。联运经营人对货物灭失、损坏和迟延交付所引起的损失应负赔偿责任。除非多式联运经营人能证明本人、受雇人或代理人等为避免事故的发生及其后果,已采取了一切合理要求的措施。

#### 3. 责任限制

《联合国国际货物多式联运公约》规定,多式联运经营人的赔偿责任限额有两种。一种是包括海运或内河运输的,每件或每个其他货运单位的责任限额为 920SDR⊖,或按货物毛

---
⊖ SDR,特别提款权。

重每公斤 2.75SDR，以高者为准。第二种是不包括海上运输或内河运输，则按货物毛重每公斤 8.33SDR。因迟延交货所负的赔偿责任限额为迟延交付运费的 2.5 倍，但不得超过多式联运合同规定的应付运费的总额。在确知发生货损的区段时，如该区段适用的公约或国家法律规定的赔偿责任限额高于本公约规定，则适用该公约或国家法律的规定。

《多式联运单据规则》规定：多式联运经营人的责任限额于每件或每个其他货运单位 666.67SDR，或按货物毛重每公斤 2SDR，以高者为准，单据中声明价值除外。该限额可能因强制性的国际公约或国际法实施的不同限额而改变。

### （二）发货人的主要责任

（1）过失责任。如果多式联运经营人遭受的损失是由发货人或其受雇人或代理人在受雇范围内行事时的过失造成，发货人应对这种损失负赔偿责任。

（2）运送危险品责任。如果是危险货物，发货人将其交付给多式联运经营人或其代理人时，应告知货物的危险特性，必要时告知应采取的预防措施。如果发货人未告知而联运人又无从得知货物的危险特性，则发货人对由于运载危险品而遭受的一切损失负赔偿责任。

## 五、索赔与诉讼

### （一）索赔

无论是收货人还是联运人提出索赔，都应在规定的时间内就遭受的损失向对方发出书面通知。一般情况，收货人应在收货后下一个工作日内发出；对于货物灭失或损坏不明显的，应在收货后 6 日内发出；对于迟延交货的索赔，应在交货后 60 天内提出；对于发货人或其受雇人或代理人的过失或疏忽给联运人造成损失的索赔，联运人应在损失事故发生后 90 天内向发货人发出书面通知。

### （二）诉讼

国际多式联运的诉讼时效为 2 年，自联运人交付货物或应交付货物之日的下一日算起。但自货物交付之日或应交付之日起 6 个月内未提出书面索赔通知的，在此期限届满后诉讼时效即告结束。

根据《联合国国际货物多式联运公约》的规定，国际多式联运的诉讼可以在下列有管辖权的法院进行：被告主营业地法院；多式联运合同订立地法院；接收或交付货物地法院；多式联运合同或单据载明地法院。纠纷发生后，当事人还可约定其他地点法院。

## 案例讨论题

1. 中国某公司向欧洲出口啤酒花一批，价格条件是每公吨 CIF 安特卫普××欧元。货物由中国人民保险公司承保，由"罗尔西"轮承运，船方在收货后签发了清洁提单。货到目的港后发现啤酒花变质，颜色变成深棕色。经在目的港联合检验，发现货物外包装完整，无受潮受损迹象。经分析认为该批货物是在尚未充分干燥或温度过高的情况下进行包装的，以致在运输中发酵变质。货主提出索赔。

问：根据《中华人民共和国海商法》及《海牙规则》的规定，承运人对货物损失是否享有免责权利？

2. ××年 11 月 22 日，甲公司就委托办理国际航空快件运输事宜，与乙公司签订《国际航空快件运输协议》。次年 3 月至 8 月间，甲公司多次委托乙公司以快递方式向在法国的收货人运送货物。8月30日,乙公司提取了甲公司托运的5件商品,9月13日运抵法国里昂的4件商品被法国收货方签收。9月23日,乙公司以电子邮件通知收货人及甲公司,失踪的1件商品已找到并将于当日到达法国里昂。收货人回复电子邮件,拒绝接收。此后,该件货物从法国通过海运方式运回中国并最终交付给甲公司。甲公司提起诉讼,请求确认合同解除,由乙公司赔偿违约损失;乙公司反诉甲公司支付拖欠运费及利息。

问:

(1) 案件中涉及的每一件货物运输能否视为独立的运输合同?

(2) 乙公司的运输迟延行为是否构成根本性违约?

(3) 根据《蒙特利尔公约》的规定,违约方如何承担违约责任?

3. ××年6月,浙江隆达公司由中国宁波港出口一批不锈钢无缝产品至斯里兰卡科伦坡港,货物报关价值为366918.97美元。隆达公司通过货代向A.P.穆勒-马士基有限公司(以下简称马士基公司)订舱,涉案货物于当年6月28日装载于4个集装箱内装船出运,出运时隆达公司要求做电放处理。当年7月9日,隆达公司通过货代向马士基公司发邮件称,发现货物运错目的地要求改港或退运。马士基公司于同日回复,因货物距抵达目的港不足2天,无法安排改港,如需退运则需与目的港确认后回复。次日,隆达公司的货代询问货物退运是否可以原船带回,马士基公司于当日回复"原船退回不具有操作性,货物在目的港卸货后,需要由现在的收货人在目的港清关后,再向当地海关申请退运。海关批准后,才可以安排退运事宜"。7月10日,隆达公司又提出"这个货要安排退运,就是因为无法清关,所以才退回宁波"。此后,马士基公司再未回复邮件。

涉案货物于7月12日左右到达目的港。马士基公司应隆达公司的要求于次年1月29日向其签发了编号603386880的全套正本提单。根据提单记载,托运人为隆达公司,收货人及通知方均为VENUSSTEEL PVT LTD,启运港中国宁波,卸货港科伦坡。马士基公司将涉案货物运至目的港后,因无人提货,将货物卸载至目的港码头符合运输法规的规定。5月19日,隆达公司向马士基公司发邮件表示已按马士基公司要求申请退运。马士基公司随后告知隆达公司涉案货物已被拍卖。

问:

(1) 托运人能否在开船之后享有变更运输合同的权利?

(2) 承运人能否提出抗辩?

(3) 本案应当如何处理?

4. 某食品公司将若干装有大蒜的集装箱交由承运人台湾某航业公司运输至印度尼西亚。因运输过程中发生火灾,集装箱货物受损。火灾系因积载于货舱内一个集装箱(内装货物以"增白剂"申报,实为危险品"水合次氯酸钙")所致。该事故集装箱托运人是深圳某贸易公司系且存在过错。承运人提供的涉及"增白剂"运输的提单号项下的信息及订舱委托书、商业发票、装箱单等证据及一审法院向海关部门调取的证据,均与深圳某贸易公司在同航次运输中托运"增白剂"的信息相符。徐州某食品公司以台湾某航业公司、深圳某贸易公司为被告,请求法院判令两被告连带赔偿货损及第三方检验费等共计人民币400余万元。

问:

(1) 根据《海牙规则》及《中华人民共和国海商法》相关规定,承运人是否对货物损失承担责任？

(2) 深圳某贸易公司是否承担责任？

5. "ALS JUVENTUS"轮装载多个集装箱新鲜大蒜由中国连云港运往印度尼西亚泗水，达飞轮船（中国）有限公司代表承运人法国达飞海运集团签发了提单，正利航业有限公司、正利航业股份有限公司亦在提单签发及托运过程中代表法国达飞海运集团处理相关事宜。后因船方管货不当，涉案货物发生热损，导致包鑫瑞源公司在内的多个托运人无法收回货款而造成损失。

问：根据《海牙规则》，托运人的损失由谁承担责任？

## 复习思考题

### 一、名词术语

班轮运输　　定期租船合同　　航次租船合同　　国际货物多式联运

### 二、问答题

1. 简述提单的概念。
2. 有关承运人的责任，《海牙规则》《维斯比规则》《汉堡规则》有哪些不同规定？
3. 简述定期租船合同与航次租船合同的区别。
4. 比较国际海运、空运、铁路运输及多式联运中有关索赔和诉讼时效的规定。

## 本章参考文献

[1] 郭寿康，韩立余. 国际贸易法［M］. 6版. 北京：中国人民大学出版社，2022.
[2] 陈安. 国际经济法学［M］. 8版. 北京：北京大学出版社，2020.
[3] 司玉琢. 海商法［M］. 北京：法律出版社，2023.
[4] 张丽英. 海商法学［M］. 北京：高等教育出版社，2022.
[5] 曹祖平. 新编国际商法［M］. 7版. 北京：中国人民大学出版社，2022.

# 第七章
# 产品责任法

**本章提要**

- 产品责任及产品责任法
- 赔偿与抗辩
- 关于产品责任的国际统一规则

随着科学技术的迅猛发展，许多新产品不断涌入市场，由于新产品采用新材料、新工艺、新技术，生产程序和产品结构更加复杂、精密，消费者单凭自己的知识和经验鉴定产品质量和性能，防止产品事故的发生，几乎成为不可能。消费者受到伤害的案例不断发生，产品责任法随之产生。在国际货物买卖中，卖方按照合同的规定完成交货义务后，卖方的契约责任即告终结。但如果卖方的产品存在缺陷，给他人造成伤害，就可能依照产品责任法追究其产品责任。产品责任法的作用在于加强生产者、销售者的责任，保护消费者、使用者和第三人的合法利益。产品责任法首先在英国判例法中出现，第二次世界大战后，在欧美国家尤其在美国有了很大发展。美国产品责任法主要是各州的产品责任法和大量的判例。为了统一各州的产品责任法，1979年美国商务部公布了《美国统一产品责任示范法》。1965年美国法律协会出版了《第二次侵权法重述》，其严格责任为美国大多数州所接受。欧洲的产品责任法的发展落后于美国，1980年以前欧洲各国都没有专门的产品责任立法。处理产品责任案件通过引申解释民法典的有关规定，归责原则适用的是过失责任原则。1985年欧共体通过了一项《关于对有缺陷的产品责任的指令》，要求各成员国采取相应的国内立法予以实施，但允许成员国有取舍。英国在1987年通过并于1988年开始生效的《消费者保护法》是第一部采纳《关于对有缺陷的产品责任的指令》的法律。《德国瑕疵产品责任法》于1990年1月1日生效，荷兰1990年11月1日通过了《荷兰产品责任法》，从而将《关于对有缺陷的产品责任的指令》转化为内国法。此外，意大利、希腊也已将《关于对有缺陷的产品责任的指令》纳入本国立法。其他欧洲国家也在按照《关于对有缺陷的产品责任的指令》的要求制定本国的产品责任法。截至2004年5月1日，欧盟成员国增至25个，按照欧盟的法律规定，新加入欧盟的国家，将无条件地适用欧盟现行的贸易政策，并执行欧盟对进口产品在安全、环保、卫生等方面的严格标准。

本章分为四节：产品责任法概述；产品责任法的归责原则；产品责任案中的赔偿及抗辩；关于产品责任的国际统一规则。要求重点掌握产品责任法的归责原则、产品责任案中的赔偿及抗辩。

## 第一节 产品责任法概述

### 一、产品

产品是构筑产品责任法体系和确立产品责任承担的基点。只有法定的"产品"才适用产品责任法。各国产品责任法中关于产品范围的规定不同。《美国统一产品责任示范法》指出:"产品是具有真正价值的、为进入市场而生产的,能够作为组装整件或者作为部件、零售交付的物品,但人体组织、器官、血液组成成分除外。"该定义是出于保护产品使用者的基本公共政策的考虑,而法官们的态度则倾向于采用更广泛、更灵活的产品定义。原欧共体《关于对有缺陷的产品责任的指令》规定:产品是指除初级农产品、狩猎产品以外的所有动产,即使已被组合在另一动产或不动产之内;初级农产品是指种植业、渔业、畜牧业产品;产品包括电。《德国瑕疵产品责任法》将产品定义为一切动产,精神产品也应成为产品责任法的适用对象。《关于产品责任的法律适用公约》[一]将产品规定为天然产品和工业产品,而不论是未加工还是加工过的,是动产还是不动产。

各国各地区根据自身经济、技术发展程度的不同,对产品范围的规定各不相同,但对产品构成的条件基本一致,即产品具有使用价值,并且为了进入市场。

### 二、产品缺陷

各国产品责任法对产品缺陷(Products Defects)一般没有确切的解释,只是概括、抽象地说明。美国法院判决认为具有不合理的危险性或过分不安全的产品就是有缺陷的产品。《关于对有缺陷的产品责任的指令》规定:考虑到包括产品的说明及产品投入流通领域的时间等因素在内的所有情况,如果一项产品未能给按预期的目的加以使用该产品的人之身体或其财产提供他们有权期待的安全,那么该项产品即是有缺陷的产品。《德国瑕疵产品责任法》规定,若产品不具备以下的安全性能,则该产品有瑕疵:考虑到其供货、使用、流通的时间等因素应当被合理期待的安全性能。联邦法院做出判例产品的无用性即构成产品瑕疵。

由上述可知,产品责任法的产品的缺陷应概括为产品不安全、有危险性。它与买卖法中所提到的产品缺陷不同,买卖法所指的缺陷范围比产品责任法中的广泛,还包括不符合合同约定的各种情况。

根据各国法律及判例,产品缺陷大致可分为以下几种:

(1)设计缺陷。设计缺陷是指由于不适当的设计而形成的缺陷。设计产品时,由于对产品可靠性、安全性考虑不周到,往往发生产品责任事故,产品生产者对此应负设计缺陷责任。

(2)原材料缺陷。原材料缺陷是指由于制造产品使用的原材料不符合质量、卫生、安全等标准而形成的缺陷。例如,电器产品材料绝缘性能差导致漏电。

(3)制造、装配缺陷。制造、装配缺陷是指因产品生产、装配的不当,致使产品质量未达到设计或预期的要求。例如由于装配不当,电器产品的一些部件松动、脱落而造成伤亡事故。

---

[一] 1973年,海牙国际私法会议通过了一项《关于产品责任的法律适用公约》,试图通过统一冲突规范来调和各国在实体方面的冲突。

(4) 指示缺陷。有些产品本身并无缺陷，但如果使用不当，也会有危险。在这种情况下，生产者或销售者的责任不仅在于保证其产品没有实际缺陷，而且在于对消费者或使用者提出适当告诫以防止不适当的使用。如果生产者、销售者对可能产生的危险没有提出警告或警告，没有说明全部危险，也可视为产品有缺陷。

### 三、产品责任

产品责任（Products Liability）是指产品生产者、销售者因生产、销售有缺陷的产品致使他人遭受人身伤害、财产损失所应承担的赔偿责任。

产品责任的受害者必须是因产品有缺陷而遭受人身伤害或财产损失的消费者、使用者或其他第三人。这里的消费者既包括直接购买人和基于其他原因而亲自使用有关产品的其他人，也包括直接遭受损失的其他任何第三人。

产品责任的责任人是产品的生产者和销售者，各国产品责任法对此都做了较宽泛的规定或扩充解释。美国产品责任法的生产者包括产品的设计、生产、制作、组装、建造或加工相关产品或产品组件的人；销售者包括批发商、分销商、零售商及自称是产品制造者的销售商。《关于对有缺陷的产品责任的指令》对生产者的解释为：任何在营业过程中进口产品并将其投入流通者，任何用其名称、商标或其他识别特征标示产品而将其作为自己的产品者，均应视为本指令的生产者。

产品责任要求生产者和销售者承担的是无限连带责任。每个人都应以其全部资产对有缺陷产品造成的损害承担全部的赔偿责任。受害者可向生产者和销售者的某人或某几个人请求损害赔偿，也可同时向所有的生产者或销售者提出赔偿要求。

### 四、产品责任法

产品责任法（Products Liability Law）是调整产品的生产者、销售者因生产、销售有缺陷的产品对产品使用者造成损害而产生的损害赔偿关系的法律规范的总称。产品责任法与其他法律规范相比，具有以下法律特征：

**1. 产品责任法规范是强制性的规范**

国家为保护社会经济生活的安全，保护消费者的利益，制定的产品责任法必须要求全体社会成员严格遵守，不允许有关当事人通过合同方式排除或变更。如果发生了产品责任法规定的产品责任事故，除法律另有规定外，有关当事人应依该法承担法律责任。

**2. 产品责任法属于侵权关系法**

产品责任法的调整对象是因产品有缺陷造成人身或财产损害而产生的赔偿关系，是独立于合同关系之外的侵权赔偿责任关系，其赔偿目的是使受害者获得一定的经济补偿。

**3. 产品责任法的发展趋势是采取严格责任理论**

通过加大责任人的责任程度，最大限度地保护受害人的利益。

## 第二节 产品责任法的归责原则

产品责任归责原则是指产品责任是基于什么原则产生的，即确定产品的生产者、销售者对其制造、销售的缺陷产品给他人造成的损害是以主观过错还是客观损害结果为基础承担损害赔偿责任的准则。产品责任归责原则决定了产品责任的构成要件、举证责任和赔偿责任的范围等问题，在产品责任法中具有十分重要的意义。

在西方国家中，美国的产品责任法最为完善，它是在英国产品责任法的基础上形成和发展起来的，但它的影响却远远超过了英国的产品责任法，并且，在其严格产品责任制度形成后，它对欧盟及欧盟各成员国的产品责任法具有巨大影响力。美国在其产品责任归责原则的演变过程中，确立了三大著名的产品责任诉讼理论，即疏忽责任理论、违反担保责任理论和严格责任理论。这三个归责理论是受害者要求侵权者承担责任的依据。

## 一、疏忽责任

疏忽责任（Responsibility of Negligence）是指生产者或销售者由于疏忽而造成产品有缺陷，使消费者或使用者的人身或财产遭受损失，而应承担的责任。

1916年以前，美国的产品责任案件主要依据英国法中的"无合同无责任"原则处理。直到1916年，纽约州最高法院在"麦克弗森诉别克汽车公司"一案中，创立了产品制造者应承担的"疏忽责任原则"。当时麦克弗森购买了别克汽车公司的汽车，该车由于轮胎有严重的质量瑕疵，在行驶的过程中出了交通事故，麦克弗森因此受到了人身伤害，从而将别克汽车公司告上法庭。根据该原则，产品提供者因疏忽造成他人损失，应该承担赔偿责任。

疏忽责任属于侵权责任范畴，它突破了"无合同无责任"的合同理论的不足，在以疏忽责任提起的产品责任诉讼中，原告不限于有合同关系的买主，还应包括因产品缺陷遭受人身伤害或财产损害的非合同关系当事人。但原告必须证明：①被告没有做到"合理注意"，即有疏忽之处。②由于被告的疏忽造成了原告的损害。这种举证责任对原告来说很困难。

## 二、违反担保责任

违反担保责任（Breach of Warranty Liability）是指制造商或销售商违反了对货物的明示或默示担保，致使消费者由于产品缺陷遭受损害而应承担的法律责任。明示担保是指生产者、销售者通过标志、广告、说明书等明确产品功效、性能等。默示担保是依法产生的担保责任。在英美法中，担保属于合同范畴，以担保责任为依据的诉讼本应以合同为基础，但在产品责任法的主体上突破了合同理论，将受害者扩大到一切因使用有缺陷产品而蒙受损失的人。责任者不仅包括卖方和生产、销售环节的各主体，还包括产品设计者、广告者。以违反担保责任提起的诉讼，原告无须证明被告有疏忽，只需证明：①被告就产品的安全存在担保。②产品确有违反担保的缺陷且因此造成损害事实。

需要指出的是，根据美国的判例，广告有可能成为卖方的明示担保。因此，如果被告在电台、电视、网络、报刊上对其产品做了广告，而广告的内容和实际不符，结果使原告因产品缺陷遭受损失，原告也可以以违反担保责任为由要求被告赔偿损失。"沃纳公司梯子断裂案"就是典型案例。原告康特尔因使用由被告之一的沃纳公司生产的梯子突然断裂而被摔伤，于是以违反担保责任为由对梯子的生产者沃纳公司、批发商麦利隆五金制品公司、零售商摩尔公司提起诉讼。法院判决生产商沃纳公司承担赔偿责任。因为此梯子是铝制家用小型梯，在梯子的包装纸上写着品质精良、轻便、耐用、安全等字样。在说明书中写道：它能承重 200 磅。[1]原告体重只有 165 磅。

### 三、严格责任

严格责任（Strict Liability）是指生产者、销售者提供的产品存在缺陷，对消费者具有不合理的危险，且造成其人身或财产伤害，无论生产者、销售者是否存在过失，均应承担赔偿责任。

严格责任原则最早是由 1963 年美国"格林曼诉尤巴电力公司案"的判决确定的。1963 年出版的《侵权行为法重述》也确认了严格责任原则。与疏忽责任相比，严格责任的原告无须证明被告有疏忽。与违反担保责任相比，严格责任的原告无须证明存在明示或默示担保或违反担保，被告也不能事前排除或限制担保。但原告仍需证明：①被告的产品有缺陷。②此缺陷在投入市场时就已存在。③产品缺陷直接造成受害人的人身或财产损失。

严格责任对原告最为有利，举证负担较轻，因而它不但成为美国产品责任案件的主要诉讼依据，也成为几乎各国的产品责任案的诉讼依据。

## 第三节　产品责任案中的赔偿及抗辩

### 一、产品责任案中的赔偿

关于产品责任损害赔偿的范围，各国产品责任法及相关国际条约的规定不一。缺陷产品可能引起的损害后果有四种情形：人身伤害、财产损失、精神损害及产品自身损害。对于这四类损害，各国产品责任法及国际公约均未规定全部赔偿，而是做了特别的规定或限制。

#### （一）人身伤害赔偿

人身伤害是指因产品具有缺陷而对他人生命、身体、健康所造成的损害，包括健康受损、致人残疾、致人死亡。对人身伤害的赔偿，一般要求责任者赔偿人身伤害所造成的直接损失与间接损失。关于赔偿范围各国产品责任法及国际公约的规定几乎没什么分歧。

#### （二）财产损失赔偿

财产损失是指有缺陷产品造成的缺陷产品之外的其他财产损失。通常这种损失包括直接的物质损失和伴随直接物质损失而产生的间接物质损失。直接损失是指现有财产的减少，间接损失是指可得利益的减少。

对于财产损失，有些产品责任法将其排除在产品损害赔偿范围之外，例如《斯特拉斯堡公约》[2]明确限定该条约仅针对人身伤害与死亡的救济。有的国家的产品责任法则根据受损财产的特点对财产损失做了某些限制。例如《德国瑕疵产品责任法》第 1 条规定："在造成财产损害的情况下，只有受到损害的是缺陷产品以外的财产，且该财产通常是用于私人使用或消费以及受害者主要为这种目的而获得该财产的，才适用本法。"英国《消费者保护

---

[1] 1 磅 = 0.45359237kg。
[2] 全称为《关于造成人身伤亡的产品责任的欧洲公约》（草案）。该公约是原欧共体为使有关产品责任的法律统一做出的一项重大努力。为使产品责任的法律统一，在欧洲理事会 18 个成员国的主持下，1970 年开始着手研究制定一个有关国际产品责任的公约，并委托专家委员会于 1972 年拟订了公约草案。1976 年欧洲理事会在斯特拉斯堡讨论通过了该《公约》。

法》第 5 条规定:"损害是指死亡、人身伤害或任何财产(包括土地)的损失或伤残。但不包括:缺陷产品本身和由缺陷产品组装的任何财产的损失;损害的财产不是通常用作个人使用、占有、消费的财产。"

间接损失应在多大范围内赔偿,各国的产品责任法规定不同,有的国家将间接损失排除在外。例如美国有些州的产品责任法规定财产损失的严格责任只限于直接财产损失,而对诸如因交通工具被损害不能投入使用而带来的利润损失则不予赔偿;《关于对有缺陷的产品责任的指令》也未规定间接财产损失的赔偿责任。而多数国家采用折中的办法:必须是作为物质损害的直接后果而出现的间接损失才予以赔偿。

### (三) 精神损害赔偿

精神损害一般是指因产品缺陷造成的人身伤害而引起受害人精神上的痛苦和感情创伤。对于精神损害能否作为损害赔偿请求的对象,国际立法规定不一。《斯特拉斯堡公约》《关于对有缺陷的产品责任的指令》《海牙公约》《德国瑕疵产品责任法》等均未规定精神赔偿;其他大部分国家的产品责任法均将精神损害赔偿纳入应赔偿的范围,例如,美国的产品责任法允许对于受害人精神的痛苦和损失请求赔偿。有的国家的产品责任法虽未对精神损害赔偿做出明确规定,但因适用民法的结果而允许受害人主张赔偿,《日本制造责任法》第 6 条规定:"关于制造物的缺陷的制造业者的损害赔偿责任,除依本法规定外,依民法的规定。"

### (四) 产品自身损害赔偿

产品自身损害又称为"产品伤害自己""纯经济损失"。产品自身损害,除包括产品毁损灭失外,还包括产品本身价值的减少、不堪使用、必须修缮或丧失营业利益等。对于产品自身损害的赔偿,《海牙公约》做出明确规定:有限制地允许其为损害赔偿请求项目。英国《消费者保护法》第 5 条规定:"损害不包括缺陷产品本身。"《关于对有缺陷的产品责任的指令》、美国有关立法也有所涉及,而其他国家的立法或公约则基本上无规定。

## 二、产品责任案中的抗辩

严格责任并非绝对责任,各国的产品责任法对生产者或销售者都规定了一定的抗辩事由。

### (一) 美国的产品责任法关于抗辩事由的规定

美国大多数州的法律以及成文法在规定了产品制造者或销售者的产品责任的同时,还规定了一些免责或减责的条款,主要有以下几种:

#### 1. 共同过失

共同过失(Contributory Negligence)是指原告自己的过失行为也是引起损失的原因之一。许多州的法律规定在这种情况下可以减轻制造者或销售者的法律责任,如果原告的过错大于被告的过错,原告可能得不到任何赔偿。这种共同过失一般只适用于原告以疏忽责任提起诉讼的情况下。在严格责任制度的情况下,该项条款不能成为被告减免产品责任的理由。

#### 2. 自担风险

自担风险(Assumption of the Risks)是指如果原告明知某项产品的某种使用会引起损害,仍执意使用并造成被损害,那他可能无法得到赔偿。在某些州,这也是一种共同过错。

#### 3. 非正常使用产品或擅自改动产品

非正常使用产品是指该使用已经超出了销售者或制造者能预见的范围;擅自改动产品是指产品使用人拆除或变更了该产品的某些装置,使该产品无法按原来预见的方法进行操作或使用。发生上述情况，也会使原告无法因产品造成的损失得到赔偿。

### 4. 诉讼时效

有一部分州规定，在某种产品制造后若干年以后，该产品的使用者不能再提起有关产品责任的赔偿。一般是在该产品出厂日期的 10~15 年。但并不是所有的州都规定该项减免责条款。

### 5. 不可避免的风险

绝大多数州规定，有些产品本身就带有不可避免的、无法预见的风险，目前还不可能制造出毫无风险的产品，在这种情况下，该产品的制造者和销售者如果已对该产品的使用做了详细说明，他们就无须为此承担产品责任。

### 6. 合同中免责或减责条款

在大多数商业交易中，产品销售者或制造者都在销售合同中明文规定了一些对其产品的免责或减责条款，如果这些条款符合该州的规定和公共常识，一般来说，该产品的使用人无法得到产品责任赔偿。

### 7. 政府合同

在某些销售者和政府进行的商业交易中，如果销售者在销售前已经明确警告或告示该产品存在的某种风险，而且该产品的销售又是通过规定的条款或政府的合同所允许的，该产品的质量也符合与政府合同中的规定，在这种情况下，政府一方不能对该销售者提起产品责任诉讼。

## （二）欧洲的产品责任法关于抗辩事由的规定

《关于对有缺陷的产品责任的指令》规定生产者不承担责任的情形有：未将产品投入流通；缺陷在产品投入流通时并不存在；产品生产者不是为销售或经济目的而制造或分销；为使产品符合强制性法规而导致缺陷；在产品投入流通时的科技水平下，不能发现缺陷存在；零部件制造者能证明缺陷是由装有该零部件的产品设计或制造者的指示造成。

《关于对有缺陷的产品责任的指令》同时规定：成员国可对发展风险作为抗辩事由做出保留。

## 三、责任限制

《美国统一产品责任示范法》对产品责任的损害赔偿数额未设限制。在实践中，产品责任案件的赔偿额逐年上升，法院判处高额赔偿金的现象相当普遍，以至部分生产者和产品责任人不堪重负。吸取了美国产品责任诉讼出现的高额赔偿金所带来的负面作用，各国开始规定损害赔偿的最高限额和最低限额。《关于对有缺陷的产品责任的指令》允许各成员国在立法中规定生产者对同类产品的同样缺陷造成的人身伤害或死亡的总赔偿额不得多于 7000 万欧元。该指令还规定因具有同一个缺陷的同一种产品所引起的一切人身伤害，生产者的责任以 2500 万欧元为限；对财产损失的赔偿，在动产诉讼中不超过 15000 欧元，不动产诉讼中，不超过 50000 欧元。若损害超过该限度，则单一的损害赔偿请求权应相应减少。

# 第四节  关于产品责任的国际统一规则

随着全球经济一体化进程的加快，国家间产品责任的争议日益突出，对产品责任进行国际调整越来越引起各国的重视。一些国家和区域性组织就产品责任缔结了相关的国际公约，以减少国家之间产品责任的法律冲突。产品责任方面的区域性和国际性条约或公约主要有：《产品责任指令》《通用产品安全条例》《关于产品责任的法律适用公约》。

## 一、《产品责任指令》（PLD）

欧盟产品责任规则主框架为《产品责任指令》（85/374/EEC），其引入了缺陷产品非排他性无过错责任，即严格责任制度，根据产品存在缺陷的情况，由生产者和供应商承担责任，无须认定其存在过错或过失。根据该指令第 13 条，该指令确立的责任并不排除通过该指令时成员国现行国家法律下受害方可能享有的其他权利，即每个欧盟成员国的索赔人可能拥有确定责任的各种其他权利和途径（如基于合同和侵权行为的责任），而这些责任的性质将因成员国而异。

该指令 1985 年制定，1999 年做了小的修改，2022 年 9 月欧盟委员会公布了《产品责任指令》修订版初稿，2023 年 12 月 14 日欧洲议会和欧盟理事会达成修订该初稿的政策协议。修订后的 PLD 旨在应对网络购物和日新月异的人工智能等新技术，并使其向循环经济模式过渡。根据目前达成的临时协议，此次修订的主要内容包括：扩展了产品的定义，涵盖包括嵌入式和独立的软件、数字文件，仅在商业活动之外开发或提供的某些开放源代码软件例外。扩展了缺陷的概念，引入对软件更新、人工智能（AI）和机器学习等缺陷的严格责任。扩大了损害范围，损害包括医学上公认的心理健康损害、非专业用途数据的破坏或不可逆转的损坏（例如从硬盘驱动器删除文件）。扩大了被告范围，除产品的（准）制造商和欧洲经济区的产品进口商外，还对制造商的欧盟授权代表、履行服务提供商（即存储、包装和运输服务提供商），甚至在某些情况下对零售商和在线市场运营商规定了严格的无过错责任。在制造商控制范围之外对产品进行"实质性改变"的公司应被视为改装产品的制造商。简化了原告的举证责任，除其他几项推定外草案规定，若原告面临举证困难，特别是由于技术或科学复杂性且产品可能存在缺陷，则可推定产品存在缺陷且其缺陷与损害之间存在因果关系。新的证据披露要求，需披露"必要且相称"的证据。欧盟《产品责任指令》临时协议文本于 2024 年 1 月公布，预计将于 2024 年年中生效，经两年过渡期后于 2026 年开始实施。

## 二、《通用产品安全条例》（GPSR）

为应对产品数字化和新商业模式的挑战，欧盟《通用产品安全条例》（EU2023/988）取代了《通用产品安全指令》（2001/95/EC），于 2023 年 6 月 12 日生效，将于 2024 年 12 月 13 日开始直接适用于各成员国，将直接影响到在欧盟经营的所有经济运营商，包括制造商、授权代表、进口商、分销商或任何其他在产品的制造、上市销售或根据相关法律在投入使用方面负有义务的人。

GPSR 将适用范围扩大到履约服务提供商和在线市场提供商，这两者都负有广泛的信息和产品安全义务。扩展了产品安全评估标准，即必须明确评估其他产品如何影响待评估产品，以及安全相关的特性是否受到影响。在对产品进行重大改变时，对制造商身份的推定进行法律规范。设置了更严格的产品召回要求，经济运营商有义务在产品召回后提供补救措施。

## 三、《海牙公约》

《海牙公约》全称为《关于产品责任的法律适用公约》，1973 年 10 月 2 日在海牙正式签字，并于 1977 年 10 月 1 日生效，截至 2018 年 1 月，已有 11 个国家批准了该《公约》。除了对生产者、产品、损害等做了规定外，主要内容是确立了产品责任的三项法律适用规则。《海牙公约》的主要内容如下：

### (一) 适用的产品

产品是指一切可供使用或消费的物品，包括天然产品和工业品，而不论是加工过的还是未加工过的，无论是动产还是不动产。

### (二) 规定的损害

损害是指因产品本身存在瑕疵，或因对产品的质量、特性或使用方法等未做适当的说明或做了错误说明而造成人身伤害或财产损害以及其他经济损失。但不包括产品本身的损害和间接损失。

### (三) 规定的生产者

规定的生产者包括成品或零部件的制造者、天然产品的生产者、产品的供应者、在产品准备或商业分配环节中的其他人，包括修理人或仓库管理人（修理人只有当他们向消费者出售产品时才负有产品责任，仓库管理人只有当产品送到市场才承担责任）、上述人员的代理人或雇员。

### (四) 法律适用规则

**1. 适用侵害地所在国法律**

《海牙公约》第 4 条规定：若侵害地国家同时又是直接受害人的惯常居所地、被请求承担责任人的主营业地或直接受害人取得产品的地点，则应适用侵害地国家的法律。

**2. 适用直接受害人惯常居所地国家的法律**

若直接受害人的惯常居所地同时又是被请求承担责任人的主营业地，或者直接受害人取得产品的地方，则适用《海牙公约》。

**3. 适用被请求承担责任人的主营业地国的法律**

若上述两规则中指定的法律都不适用，则除原告基于侵害地国家的国内法提出其请求外，应适用《海牙公约》。

## 案例讨论题

1. 被告生产的回收汽水瓶在原告的手中爆炸并导致其左眼近乎失明。被告举证，依其生产工序和质量控制体系，无法避免回收汽水瓶因细微裂缝而在汽水的压力下爆炸，涉案汽水瓶属于一个"逃离一般情况的例外"。法院认为脱线产品属于制造缺陷，仍应适用严格责任。发展风险抗辩之目的在于排除发展风险的责任，故生产者的严格责任受到在产品投入流通当时可获得的关于风险的知识的客观限制。而本案中，装汽水的回收瓶可能由于细微裂缝的扩散而爆炸的风险早已被发现，并不属于"在流通当时事实上仍无法辨认的产品潜在危险"。因此，对于产品制造缺陷，生产者不得通过发展风险抗辩免除责任。

问：根据美国产品责任法的规定，被告能否以发展风险排除责任？

2. 荷兰一个新生儿的父母在药房买了一个热水瓶，护士装满水后把它放在婴儿的摇篮里，由于瓶塞的缺陷，热水瓶漏水将婴儿严重烫伤。为此，受害人的家长请求补偿。一审法院和上诉法院都拒绝了受害方的补偿请求，但是最高法院撤销了前述法院的判决，认为有效控制伤情的证据并不能使制造者减轻责任，制造者应当证明将这种缺陷热水瓶投入流通并非他的过失。判决意见还认为，生产者应考虑到一定百分比的使用者会忽视采取适当的预防措施。

问：根据欧洲产品责任法的规定，生产者是否承担受害人的赔偿责任。

3. 受害者在驾驶被告生产的路亚艇时发生碰撞而不慎跌入水中，由于该艇仍在急速回转行驶，其不幸被螺旋桨击打致死。受害者家属在诉讼中提出一个名为"快刹"的紧急制动设计，可以在发生撞击时强制路亚艇的电机停止运行。而生产商的证据表明，虽然"快刹"是在涉案路亚艇出售日期之前被发明出来的，但发明者并没有将该技术公开并运用于路亚艇生产。原审法院认为该证据构成发展风险抗辩，并据此判定该艇并不存在设计缺陷。而后上诉法院纠正了该判决并指出，尽管原告所提出的替代设计方案在当时并不可行，但不容争议的是，一个廉价、简单的断路器就可以被植入该艇设计方案中以避免该案损害的发生，因此，该艇并不符合当时"最安全的现有技术"的要求，发展风险抗辩不能成立。

问：如何理解上述案例的发展中风险抗辩的判断依据？

## 复习思考题

### 一、名词术语

产品缺陷　　产品责任　　疏忽责任　　违反担保责任　　严格责任

### 二、问答题

1. 简述产品责任的概念及构成。
2. 试述产品责任有哪些归责原则？各自有什么特征？
3. 产品责任法规定了哪些抗辩事由？
4. 目前，国际社会存在哪些主要的国际产品责任立法？

## 本章参考文献

[1] 冯大同. 国际商法 [M]. 北京：对外经济贸易大学出版社，1991.
[2] 沈四宝，王军，沈健. 国际商法 [M]. 4版. 北京：对外经济贸易大学出版社，2022.
[3] 曹祖平. 新编国际商法 [M]. 7版. 北京：中国人民大学出版社，2022.
[4] 迈耶. 国际商法 [M]. 高瑛玮，译. 北京：机械工业出版社，2017.
[5] 屈广清. 国际商法 [M]. 3版. 大连：东北财经大学出版社有限公司，2021.

# 第八章
# 国际商事代理法

**本章提要**
- 代理和代理法律关系
- 国际代理法律的统一

代理关系是被代理人、代理人和第三人三方当事人之间的法律关系。代理权产生的依据主要是被代理人的授权委托，但在特殊情况下，即使没有被代理人的授权，根据法律的规定，也能在当事人之间直接形成代理关系。代理人对被代理人承担勤勉、诚信履行代理职责的义务，被代理人对代理人承担支付报酬及有关费用的义务。在代理权限范围内实施的代理行为的后果，由被代理人直接对第三人承担。代理关系终止的原因包括根据当事人的行为终止和根据法律规定终止两种情形。

## 第一节 代理、代理权的产生

在发达的商业经济社会，商事主体并不是在各个领域都是万能的，他们经常会因为受到诸如时间、专业知识、经验和行为能力的限制，难以事事躬亲，而需要依赖代理人代为实施商事行为，以最大限度地追求商业利润。在国际商事活动中，并且产生了基于代理制度的专门行业，如经纪人、运输代理人、保险代理人、广告代理人等，它们的存在大大提高了国际商事活动的效率。

### 一、代理

#### （一）大陆法系国家和英美法系国家的代理制度

大陆法系国家的代理（agency）一般是指代理人（agent）按照被代理人（principal）的授权，代表被代理人与第三人订立合同或实施其他的法律行为，由此产生的权利义务直接对被代理人产生法律效力的一种制度。

大陆法系国家的代理制度是建立在委任关系和授权关系的基础上的。委任关系调整的是被代理人与代理人之间的内部关系；而授权关系则调整被代理人和代理人与第三人之间的外部关系，主要是指代理人代表被代理人与第三人签订合同或实施其他法律行为的权力。

根据代理人究竟是以代理人的身份还是以其自身的名义与第三人订立合同，大陆法系国家的代理分为直接代理和间接代理。如果代理人以被代理人的名义与第三人签订合同，就是直接代理。直接代理人通称为商业代理人。如果代理人以自己的名义与第三人签约，但实际是为了被代理人利益的考虑，就是间接代理。间接代理人又称行纪人。在直接代理的情况下，代理人一般对第三人不承担个人责任，此项责任直接由被代理人承担。在间接代理的情况下，由于代理人是以自己的名义与第三人签订合同，尽管该合同的签订完全是为了被代理人利益的考虑，代理人对此也应承担个人责任，而被代理人则一般并不直接承担责任，除非代理人把该合同项下的权利和义务转让给被代理人承担。

在国际商事实践中，直接代理人往往是小本经营的商人，他们从不以自己的名义对外签约，他们服务于一个或一个以上的被代理人，代理往往是他们唯一的职业。在间接代理中，间接代理人一般资金雄厚，他们不同于直接代理人把自己的命运束缚在一个或几个委托人的身上，间接代理人以自己的名义从事大规模的商业活动，与第三人订立合同，并且除承揽代理业务外还往往经营其他业务。

英美法系国家没有直接代理和间接代理的划分，其代理制度是建立在"等同论"的基础上的，即"通过他人为的行为视为自己亲自作为的行为"。所以英美法系国家所关心的并不是代理人究竟以代理人的身份还是以本人的名义与第三人签约这一表面上的形式，而是看重商事交易的实质内容，即由谁来承担代理人与第三人签订的合同的责任。英美法系国家的代理制度认为代理是一种受托信任关系，并且在早期就确立了被代理人与第三人有直接合同关系的原则。

虽然大陆法系国家和英美法系国家的代理的定义不同，但其核心却是相同的。代理涉及的法律关系一般包括三个方面，即被代理人与代理人的关系、代理人与第三人的关系、被代理人与第三人的关系。不管是大陆法系国家还是英美法系国家，代理关系的最终目的都是通过代理人的行为来形成被代理人与第三人的直接合同关系。

(二) 国际商事代理

国际商事代理是指代理人按照被代理人的授权或法律的规定，代表被代理人与第三人从事有法律意义的国际商事行为，由此产生的权利义务直接对被代理人产生法律效力的一种制度。

国际商事代理具有以下法律特征：

**1. 国际商事代理的行为是具有法律意义的行为**

代理人代被代理人实施的行为应当是法律行为，即代理实施的行为应是能产生一定法律后果的行为，而不能是事实行为。通过代理行为，必然在被代理人与第三人之间产生一定的法律关系，或者变更、终止被代理人与第三人之间已经存在的法律关系。前者如代订国际商事合同，后者如代理对国际商事合同的内容进行变更或代理解除国际商事合同。

**2. 国际商事代理的依据为被代理人的授权或法律的规定**

在国际商事领域，国际商事代理的产生绝大部分是基于被代理人的授权。代理人在实施代理行为时，要贯彻被代理人的意志，这个意志其实就是授权的内容，代理人应当根据被代理人的授权进行代理，不能以自己的意志来代替授权的内容。但代理人在实施代理行为时，也应有一定的独立进行意思表示的权利。如果事事都要请示被代理人，那么代理对于被代理人来说并没有多大好处或意义。因此，为了更好地完成代理事务，代理人在授权范围内可以根据代理活动的具体情况进行相应的意思表示，在对被代理人最有利的情况下完成代理事务，以维护被代理人的利益。

在一些特殊的情况下，即使没有被代理人的授权，代理权也可以因法律的特别规定而产生。

### 3. 代理行为产生的权利和义务直接对被代理人产生法律效力

从形式上看，代理行为是在代理人与第三人之间进行，然而它却产生被代理人与第三人之间的法律关系，基于代理行为而产生的权利和义务，理所当然地应由被代理人承受，即被代理人应承受代理人实施代理行为所产生的法律后果。

### 4. 代理的行为在法律上具有可代理性

代理的行为必须是在法律上被允许代理的，依照法律规定或行为的性质不能由他人代为实施的行为，不适用代理。如立遗嘱的法律行为、婚姻行为等，不适用代理。当然，在国际商事领域，一般的商事行为都具有可代理性，可授权他人代为实施。不具有可代理性的行为一般只限于民事领域。

## 二、代理权的产生

代理权（right of agency）的产生，不仅关系着当事人之间的代理关系是否存在，还决定着被代理人与代理人之间的法律关系，并进一步影响代理人与第三人之间、被代理人与第三人之间的法律关系。在国际商事代理中，代理权产生的最主要依据是被代理人的授权。

### （一）明示授权

明示授权是指由被代理人以明示的方式授予代理人以代理权，从而产生代理关系。在这种情况下，被代理人与代理人之间的代理关系是由协议或合同特别创设，并受协议或合同条款的约束。

明示授权产生代理权的方式有书面形式和口头形式。书面形式又可分为授权委托书和其他书面形式。

在英美法系国家，对于授权委托书的解释具有一定的特殊性，主要体现在以下3个方面：

（1）代理权的范围应局限于授权委托书的目的范围之内。即使授权委托书采用了宽泛性的词句，根据英美法系国家代理法学说，授权委托书授予代理人的权限范围，也仅限于代理人为了妥当履行授权委托书所规定的特定职责。这一解释原则在代理人签发汇票和代表被代理人借款的行为中尤为重要。

（2）如果授权委托书既有一般条款，又有特别条款，并且特别条款记载了代理人实施特别行为的权限范围，那么一般条款受制于特别条款。

（3）如果授权委托书的正文部分含糊不清，那么授权委托书的前言部分可以作为解释授权委托书的依据。比如在授权委托书中被代理人没有说明该委托书的有效期限，但是在授权委托书的前言中提到授权委托书的目的是为了使被代理人在出国期间在国内有一名代理人代理其事务，那么，从前言中就可以认定代理人的代理有效期为被代理人出国期间。

如果代理权产生的依据不是授权委托书，而是其他文件，或者当事人之间的代理合同是以口头形式存在的，那么对于代理人代理权限的范围，应主要按照代理的目的、授予代理权当时的情形，以及代理人开展业务的一般惯例进行解释。如果产生代理权的有关书面文件中的条款用语比较模糊，则只要代理人是善意的，并且按照对代理权限范围的合理解释实施行为，那么该代理人的行为就应当被视为是在被代理人的授权范围之内。例如在"伯顿诉弗兰奇"一案中，被代理人指示代理人以每吨15先令的价格卖煤。但是，代理人以每吨15.6先令的价格卖给了第三人，但允许第三人延缓两个月付款。法院认为，代理人并没有

违反代理合同,因为可以合理地认为代理人的行为没有超出代理合同的一般条款。[一]

### (二) 默示授权

默示授权是指在明示授权之外,被代理人使代理人有合理根据相信自己有代理权,从而在当事人之间产生代理关系。产生默示授权的根据主要是被代理人其他方面的明示授权和行业习惯。

在被代理人创设代理关系的时候,被代理人的明示授权有可能不能完全包含要求代理人实施的行为范围,此时,就有必要从被代理人的明示授权中发掘默示的授权。如果在明示授权中缺乏确切的说明代理权限范围的条款,那么,解释代理权限的方法之一就是看能否推断出某一特定的默示授权。例如,被代理人授权代理人签订某一财产的出售合同,那么,代理人的默示权限之一就是向潜在的买主说明这一财产的有关情况。

产生默示授权的另一主要根据是行业习惯。当代理人在某一特定场所、市场或营业中代表被代理人实施某种法律行为时,有权按照该场所、市场或营业中的惯例实施有关代理行为。适用行业习惯来确定被代理人的默示授权时,一般应当具备以下条件:

(1) 在某一特定场所、市场或营业中客观上存在着代理人可以遵循的惯例。

(2) 该惯例直接影响到代理人代表被代理人实施法律行为的方式和内容。

(3) 被代理人知道或应当知道这种交易惯例。

(4) 交易惯例必须合理且合法,当某一交易惯例与代理关系的本质特征发生冲突时,则该交易惯例不能被认为具有合理性。

如果代理合同中已明确排除适用某种交易惯例,则即使存在满足以上条件的有效而且通常适用的交易惯例,该交易惯例也不能适用,不产生默示授权的效力。

### (三) 表见授权

表见授权是指一方当事人(被代理人)通过语言或行为向第三人声明或使第三人知道,另外一方当事人(代理人)拥有代表自己的权限,而实际并未授予另一方当事人以代理权,但第三人基于对被代理人声明的信赖,而与代理人缔结法律关系,从而被代理人就要受代理人行为的约束,就像事先授权给代理人一样。由表见授权而产生的代理称为表见代理,在表见授权的情形下,代理人有关行为的法律后果由被代理人承担。表见代理本质上属于无权代理,但是由于被代理人的言行造成善意第三人的信赖,所以被代理人就应对代理人的行为负责,虽然在事实上根本不存在这样的授权。

表见授权不同于默示授权,默示授权是就代理人而言,其有理由和根据认为自己有代理权,而表见授权是就第三人而言,其有根据和理由信赖代理人有代理权。因此,只有第三人才可以主张成立表见代理,要求被代理人承担代理人所实施行为的后果。

实践中广泛存在的租赁柜台、借用公司名称和账号、交付给职员或代理人空白授权委托书等,都容易使善意第三人相信代理人有代理权而与其发生交易,都属于表见代理。法律对表见代理关系进行调整,主要是为了保护善意第三人的利益,促进商事交易的安全。而其实质,是为了体现社会利益和社会公正而对意思自治原则进行正当的限制。

由于表见授权而产生的代理与明示授权和默示授权产生的代理存在着明显的区别,具有其自身的特征:

---

[一] 徐海燕著,《英美代理法研究》,法律出版社,2000年版。

（1）在被代理人与代理人之间实际上并没有发生授权关系，表见代理实质上是无权代理。

（2）构成表见代理的前提条件是第三人必须是善意的，即第三人合理地相信代理人得到了被代理人的授权。如果第三人是恶意的或存在重大过失，明知道或应当知道代理人无代理权，仍与代理人发生交易，则被代理人不对第三人负责。

（3）表见代理所产生的法律后果是被代理人受代理人行为的约束，对第三人负责，由表见授权而产生的代理关系与事先获得被代理人授权而产生的代理关系具有相同的法律效力。

表见代理关系的构成，应满足以下3个条件：

（1）存在被代理人的声明。被代理人的声明可以以言语的方式做出，也可以以行为的方式做出，但都必须是明确的，而不能模棱两可。以言语的方式做出声明并不经常发生。以行为做出的声明方式，又可以分为以积极行为做出声明和以消极行为做出声明。一项以积极行为做出的声明，包括以前交易的惯例、委托代理人办理特别事务或安置代理人于某一职位等方式。但是，当声明是以安置代理人于某职位的方式做出时，声明的内容仅仅涉及安置于该职位的人，具有所有在该职位的人通常有的权力。以消极行为构成声明的情形主要有两种：一种是声明人事先以言语或行为作了正面陈述，而事后又对"代理人"违反其陈述的行为保持沉默或不作为；另一种是被代理人有对代理人的行为做出声明的义务，但却保持沉默，从而构成错误引导。

（2）第三人对声明的信赖。被代理人的声明必须是直接导致第三人的错误判断。如果第三人没有信赖被代理人的声明，也就是说，第三人与"代理人"缔约的行为与被代理人的声明没有任何关系，则被代理人不对其声明承担责任。

（3）第三人基于这种信赖而改变了自己的法律地位。一般而言，只要第三人因信赖被代理人的声明而与代理人缔结了合同就认为是改变了自己的法律地位，而不管第三人的利益是否受到损害。

对于表见代理发生的具体情形，一般可以归纳为以下3类：

（1）代理人没有代理权，但从一个善意的第三人看来，被代理人的行为表明了代理人具有代理权。这类表见代理的最主要特征是被代理人把表见代理人置于某一具有代理权表象的位置，但实际上，代理人根本没有从被代理人那里获得授权。

（2）在连续交易中，代理关系已经终止，但被代理人没有明确通知第三人已经终止代理人的代理权，或没有向代理人收回授权证书或授权委托书。在这种情形下，被代理人与代理人之间的内部协议并不能约束第三人，如果代理人仍以被代理人的名义行事，则构成表见代理。

（3）被代理人对代理人原先的代理权限做出了某些限制，但没有及时通知第三人。

### （四）客观必需的授权

客观必需的授权，是指在一方当事人的财产或利益处于紧急状态时，法律为了保全该当事人的财产或利益，而推定对该财产拥有实际控制权的人享有采取某种行动的权利。客观必需的授权而产生的代理，是基于法律的规定而直接形成代理关系，其产生不是基于被代理人的同意或行为，而是由于情势所迫而在当事人之间自动形成代理关系。该种代理在国际贸易、国际运输和国际金融活动中经常发生。例如，船长因为货物腐烂而在来不及请示货主的情况下将其出售的行为就是其中一种。

客观必需的授权而产生的代理应当具备以下4个要件：

（1）必须有真正并且迫切需要采取行动的紧急情况存在。紧急情况不能笼统地理解为不可抗力，而应当理解为存在决定行为人必须实施某种行为的客观情况。如对于易腐烂或易损毁的货物，是不是有紧急情况并且迫切需要采取行动，应当以当时货物的状况、抢救及储藏的可能性而定，代理人虽没有义务证明货物完全不能抢救，但他也不能为了自己的方便而随意采取行动。

（2）代理人无法与被代理人取得联系以得到其指示。"无法"并不是说绝对的不可能，对于代理人来说，只需要证明与被代理人取得联系是不切实际的就可以。但是，在通信技术十分发达的现代社会，代理人要证明自己实际上无法及时与被代理人取得联系已经变得非常困难了。

（3）代理人所采取的有关行动必须是为了被代理人的利益。如果代理人不是为了维护被代理人的利益而采取行动，而只是为了自己的方便，则当事人之间并不构成代理关系。

（4）代理人的行为在当时的情况下必须是合理的、谨慎的，并且必须考虑到所有有关各方当事人的利益。

以上要件缺一不可，否则，就不构成客观必需的授权，行为人应承担相应的法律责任。

客观必需的授权不同于民法上的无因管理。一是无因管理是指没有法定和约定的义务，为使他人避免利益损失而实施的管理行为。管理人应将无因管理行为的结果转移给该他人，而其实施管理行为所造成的损失可以要求受益人赔偿。无因管理法律关系中，管理人和受益人之间原先并不存在任何的基础关系，无因管理人并无法律上或合同上的管理义务。而客观必需的授权中，代理人与被代理人之间存在着一定的基础性的法律关系，如国际货物运输中，承运人根据运输合同的约定，有义务照管其承运的货物。二是无因管理中，管理人实施的管理行为可能是法律行为，也可能是事实行为，而客观必需的授权中，代理人实施的是法律行为。

### （五）事后追认的授权

由追认的授权而产生的代理也称为追认代理，是指行为人在没有代理权或超越代理权的情形下，以被代理人的名义或代表被代理人实施法律行为，被代理人可以通过事后追认的方式，使该行为有效，从而在当事人之间产生代理关系。追认的效果就是使代理人的行为对被代理人产生约束力。

追认的授权不同于表见授权，在成立表见代理的情况下，第三人可直接主张，要求被代理人承担代理行为的后果，而无须被代理人的追认。

有效并能对被代理人产生约束力的追认，应当符合以下条件：

（1）追认只能由为法律行为时已指明的被代理人做出。只有当代理人实施法律行为时，声称自己是他人的代理人，该行为才能被追认。并且除代理人声称代表的被代理人外，任何人都不得对代理人实施的行为进行追认。

（2）代理人实施法律行为时，被代理人已经存在。代理人不能为将来存在的自然人或法人实施法律行为。但在许多国家的公司法中，已经允许公司追认发起人在公司未成立时代表公司签订的合同。

（3）被代理人在代理人实施法律行为时以及在追认时，必须具备相应的行为能力。

（4）被代理人在追认时必须完全知道行为的内容。被代理人在追认时已经知道或应当知道有关交易的重要事实，是追认行为生效的重要前提。所谓的重要事实，是指影响与初始行为有关的债务的事实。被代理人在追认时，如果不了解与初始法律行为有关的重要事实，而且不知道自己不知情，即使已经追认，他也有权撤销追认行为的效力。这主要是为了保护被代理人的利益。

（5）追认必须在合理的期限内做出。对追认的时间做出限制，主要是为了保护第三人的利益。如果当事人约定了追认的有效期限，被代理人对代理人行为的追认必须在约定的期限内做出。如果当事人没有对追认的期限做出约定，被代理人的追认行为必须在合理的期间内做出。至于什么是"合理的"，则应视不同的情况而定。

（6）被代理人必须是对法律行为的全部而不是部分做出追认。被代理人不可以只追认对其有利的部分而否定其余的部分，这是一项普遍的原则。

### 三、无权代理

#### （一）无权代理的概念

所谓无权代理，是指代理人在不享有或者已丧失代理权的情形下所实施的代理行为。无权代理主要表现为以下 4 种情形：

（1）超越授权范围行事的代理。

（2）代理权消灭后的代理。

（3）不具备默示授权条件的代理，即代理人没有代理权，也没有根据和理由认为其有代理权。

（4）授权行为无效的代理。

#### （二）无权代理中第三人的权利

无权代理中，善意的第三人享有撤销权和催告权。被代理人有权追认无权代理人的代理行为，但在被代理人做出追认的表示之前，善意的第三人有权撤销其与代理人所实施的法律行为。在被代理人未做追认表示的情形下，代理人可以向被代理人进行催告，要求被代理人及时做出是否追认的表示。经催告后被代理人在合理的期限内未做追认的表示的，视为拒绝追认。

#### （三）无权代理的法律后果

根据各国法律的规定，原则上无权代理人所实施的代理行为对被代理人没有约束力，但无权代理行为可以由被代理人于事后追认而发生效力。如果被代理人事后不予追认，善意的第三人由于无权代理人的行为而遭受损失的，该无权代理人应对善意的第三人负责。如果第三人知道或理应知道代理人欠缺代理权，或者合同中已经排除了无权代理人的责任，则无权代理人可以不承担责任。

## 第二节　代理法律关系

代理法律关系涉及三方当事人，具体包括被代理人与代理人之间的关系、代理人与第三人之间的关系，以及被代理人与第三人之间的关系三个方面。被代理人与代理人之间是委托授权关系，代理人与第三人之间是法律行为实施关系，被代理人与第三人之间是法律后果承担关系。实践中，大部分代理关系是因当事人的协议而产生，当事人之间的法律关系一般可依协议来确定。但为了保护和平衡当事人之间的利益，法律也对各方当事人的权利和义务做出详尽的规定。在被代理人与代理人的法律关系中，一方的权利往往就是另一方的义务，各国代理法对代理人的义务规定得较多，而对被代理人的义务则规定较少，这主要是因为代理人在代表被代理人实施法律行为的过程中，非常容易侵害被代理人的利益。

## 一、代理人的义务

代理人对被代理人承担的义务主要包括以下几项：

### 1. 代理人应勤勉地完成委托的事务

代理人应当运用自己的知识和技能履行双方当事人在代理合同中约定的义务，不得超越代理权限。在履行义务的过程中，应尽到应有的注意义务，当由于某种原因无法履行约定的义务时，应当及时通知被代理人。如果没有尽职或者处理代理事务有过失，致使被代理人的利益遭受损失的，代理人应当承担赔偿责任。代理人必须亲自履行被代理人委托的事项，这是各国代理法的一般规则。因为代理关系涉及被代理人与代理人之间的相互信任关系，所以即使双方当事人在合同中没有约定，代理人也必须亲自完成被代理人委托的事项，这是其应承担的基本义务。虽然代理人应完成被代理人委托的事项，但是代理人没有义务代表被代理人实施违法行为，对于被代理人所指示的违法行为，代理人没有执行的义务。

### 2. 代理人对被代理人应诚信忠实

代理人对被代理人诚信忠实是代理人的一项基本义务，这主要是为了防止代理人滥用代理权，以保护被代理人的利益。其基本内容是代理人必须对被代理人诚实信用，不得使自己的个人利益与被代理人的利益相冲突。

代理人在代表被代理人与第三人订立合同时，如果存在自己的利益与他对被代理人所承担的义务相冲突的情形，应当全面地向被代理人披露有关信息，以使被代理人考虑是否与该客户订立合同。否则，被代理人可以拒绝该交易的结果，并且可以要求代理人赔偿损失。

代理人不得以被代理人的名义与代理人自己订立合同，也不得从事双方代理行为，除非事先征得被代理人的同意并向双方被代理人披露了具体的信息。在代理人的自利交易禁止义务中，不得与被代理人从事交易的人的范围还包括代理人的家人、受代理人协助的人等。

代理人不得利用代理人的地位和被代理人的财产为自己谋取私利。代理人不得利用自己作为代理人的地位从第三人处谋取利益，通过这一方式获得的利益应归被代理人所有。

代理人在代表被代理人实施法律行为过程中不得收取商业贿赂，在代理关系中这也是一项不言自明的规则。一旦代理人收受商业贿赂，就有义务将其上缴给被代理人，被代理人也有权向代理人索还，并有权不经事先通知而解除代理关系，或撤销该代理人与第三人订立的合同，或拒绝支付代理人在受贿交易上的佣金。另外，被代理人还可以对受贿的代理人和行贿的第三人起诉，要求他们赔偿由于行贿受贿订立合同而使自己受到的损失。

代理人不得泄露在代理业务中获得的保密信息和资料。不管是在代理关系存续期间还是在代理关系终止后，代理人都负有保密义务。代理人违反保密义务的行为既包括自己直接利用被代理人的秘密谋取利益，也包括把被代理人的秘密有偿或无偿地提供给第三人。

另外，代理人的诚信义务还包括代理人不得从事与被代理人从事的营业活动相同或者相似的业务，即代理人负有竞业禁止的义务。这也是为了避免代理人的利益与被代理人的利益相冲突，以确保被代理人的利益免受代理人的侵害。

### 3. 代理人的管理义务

代理人的管理义务主要包括：在代理关系存续期间有义务对其代理开展的每一项交易如实记账，并应根据代理合同的约定，或在被代理人提出要求时，向被代理人申报账目；在代理关系终止时向被代理人提交自己所掌握的有关被代理人的所有账簿和文件；根据被代理人的要求，移交因实施代理需要而占有的被代理人的财产，以及在代理活动中取得的财产。

### 4. 特定情况下，因第三人的行为对被代理人承担特别责任

一般情况下，代理行为实施后产生的法律后果直接由被代理人承担，对第三人的违约行为，一般应由被代理人向第三人要求赔偿，代理人不对第三人的行为负责。但在特殊情形下，根据代理人与被代理人的特别约定或者根据行业习惯，代理人应对第三人的行为负责，而对被代理人承担特别责任。

在国际贸易领域，对被代理人承担特别责任的代理人主要是出口保理人。出口保理人的责任是在外国进口商不按时付款或拒绝付款时，由保理人赔偿被代理人因此而遭受的损失。这在法律上可以看作一种信用担保，所以有时也称出口保理人为信用担保代理人。因此，在代理人与被代理人之间存在两个法律关系，即代理法律关系和担保法律关系。选择这种代理方式的出口商在不了解买方的情况下可以安全收取货款，从而降低了买方破产或因其他原因不支付货款的风险。出口保理人的责任一般来说是第二位的，即只有在买方无力支付货款或因其他原因而不支付货款的情形下，出口保理人才负有赔偿义务，并且出口保理人所担保的仅仅是买方的清偿能力，而不涉及合同的履行。同时，在由于被代理人没有按约定履行合同义务而导致买方不支付货款时，出口保理人也不承担个人责任。

## 二、被代理人的义务

被代理人对代理人所承担的义务主要包括支付报酬和其他费用。被代理人对代理人所承担的义务，也就是代理人对被代理人所享有的权利。

### 1. 支付报酬

被代理人必须按照合同的约定付给代理人佣金或其他约定的报酬，这是被代理人的首要义务，即使当事人没有约定，被代理人也应按照合理的劳务价格支付报酬。当然，被代理人支付报酬的前提是代理人完成了代理任务，如果代理人没有完成代理任务，被代理人可以拒绝履行这一义务。

中国《民法典》对此也做了规定：受托人完成委托事务的，委托人应当按照约定向其支付报酬。因不可归责于受托人的事由，委托合同解除或者委托事务不能完成的，委托人应当向受托人支付相应的报酬。当事人另有约定的，按照其约定。

### 2. 支付其他费用

被代理人除了有义务向代理人支付其提供服务的报酬外，还有义务向代理人支付其他费用，这些费用包括代理人在实施代理行为时所垫付的必要费用，以及因实施代理行为而遭受损失的费用。中国《民法典》对此也规定：委托人应当预付处理委托事务的费用。受托人为处理委托事务垫付的必要费用，委托人应当偿还该费用并支付利息。

但是，有下列情形之一的，被代理人不承担支付这些费用的义务：

（1）代理人的行为越权的（在这种情形下，只有在被代理人追认了该行为时才需要支

付这些费用)。

(2) 代理人由于自身的过错而支付的各种费用。

(3) 代理人知道或应当知道其所实施的行为违法而仍实施该行为的。

### 三、被代理人和代理人对第三人的责任

#### (一) 合同关系中的责任

大陆法系国家把代理分为直接代理和间接代理两类。在直接代理中，代理人是以被代理人的名义与第三人订立合同，合同的双方当事人是被代理人和第三人，因此由被代理人直接承担代理行为所产生的法律后果。在间接代理中，代理人是以自己的名义与第三人订立合同，合同的双方当事人是代理人和第三人，因此由代理人对合同负责，被代理人不能直接对第三人主张权利，只有经过代理人让与合同的权利义务后，被代理人才能取代代理人的地位，对第三人主张权利。

英美法系国家将代理分为显名代理、隐名代理和未披露的代理。

在显名代理中，代理人实施代理的法律行为时，直接表明他是代表指名的被代理人实施法律行为，在这种情况下，由被代理人承担在授权范围内的代理行为所产生的法律后果。

在隐名代理中，代理人实施代理的法律行为时，表明了代理关系的存在，但没有指出被代理人的姓名或名称，在这种情形下，仍由被代理人承担代理行为所产生的法律后果，代理人不承担个人责任。按照英国的判例，代理人在订约时必须以清楚的方式表明他是代理人，如写明买方代理人或卖方代理人，而对于所代理的买方或卖方的名称则可以不在合同中写明。

在未披露的代理中，代理人虽然得到被代理人的授权，但他在实施代理行为时根本不披露代理关系的存在，更不指出被代理人是谁，这也称为不公开被代理人身份的代理。不公开身份的被代理人原则上与第三人没有直接的法律关系，他们之间的商业关系建立在两个连续的合同基础上，即第三人与代理人之间的合同和代理人与被代理人之间的合同。在这种情况下，代理人虽然是为了被代理人的利益与第三人签约，但却是以自己的名义进行，他在与第三人订约时根本没有披露代理关系的存在，其实质，就是把自己放在了合同当事人的地位，所以代理人应对其实施的代理行为承担责任。但是，在这一类型的代理关系中，未被披露的被代理人享有介入权，即未被披露的被代理人有权介入合同并直接对第三人行使请求权。不过，未被披露的被代理人在行使介入权时受到两项限制：①如果未被披露的被代理人行使介入权会与合同的明示或默示的条款相抵触，他就不能介入合同；②如果第三人是基于信赖代理人的才能或清偿能力而与其订立合同，则未被披露的被代理人也不能介入该合同。对于第三人来说，第三人在发现了代理关系的存在后，享有选择权，他可以要求被代理人或代理人承担合同义务，或者对被代理人或代理人提起诉讼。但第三人一旦选定了要求被代理人或代理人承担义务后，就不能改变主意要求由另一人承担义务。

#### (二) 侵权关系中的责任

除合同关系外，在代理人行使代理权的过程中对第三人实施了侵权行为，被代理人和代理人与第三人之间也会产生相应的法律关系。在侵权关系中，具体可分为3种情况：

(1) 当代理人是被代理人的雇员时，被代理人作为雇主应当对雇员在雇佣过程中实施的侵权行为对受害人承担侵权责任。

（2）当代理人不是被代理人的雇员时，被代理人对于由其唆使、授意或者追认了的代理人实施的侵权行为，应承担侵权责任。

（3）代理人在实施代理行为的过程中，如果是在代理权限范围内实施了侵权行为且是善意的，由被代理人对第三人承担侵权责任。但当代理人是恶意时，由被代理人和代理人共同对第三人承担责任。当代理人是在代理权限之外对第三人实施侵权行为时，被代理人不对第三人承担侵权责任，第三人只能向实施侵权行为的行为人追究责任。

（三）特定情况下，因被代理人的行为，代理人对第三人承担特别责任

一般情况下，代理行为实施后产生的法律后果直接由被代理人承担，对被代理人的违约行为，一般应由第三人向被代理人要求赔偿，代理人不对被代理人的违约行为负责。但在特殊情况下，根据代理人与第三人的特别约定或根据行业习惯，代理人应对被代理人的行为负责，而对第三人承担特别责任。

国际贸易中，代理人对第三人承担特别责任的情形主要有以下几种：

### 1. 保付代理人

保付代理人的业务是代表国外的买方（被代理人），向本国的卖方订货，并在国外买方的订单上加上代理人的保证，由其担保国外的买方会按约定履行合同，如果国外的买方不履行合同或拒付货款，由保付代理人向卖方支付货款。但是，当卖方违反合同而使买方不履行合同或拒付货款，保付代理人不承担保付责任。如果在合同履行前，国外买方（被代理人）无正当理由取消合同，保付代理人仍应对卖方（第三人）承担支付货款的义务，在其支付货款后，可以向买方（被代理人）追偿，并可要求赔偿损失。保付代理人与信用担保代理人的共同点是代理人都要承担个人责任。不同的是保付代理人是对第三人承担责任，而信用担保代理人则是对被代理人承担责任；同时，保付代理人需要对不履行合同及不付款都承担责任，而信用担保代理人一般只需要对不付款承担责任。

保付代理人和信用担保代理人的出现，对促进国际贸易的发展起着重要的作用。国际贸易的当事人双方处于不同的国家，要了解对方当事人的信用和经营情况往往比较困难，而代理人往往对本国或外国的客户的情况较为了解，并在国内外的客户中建立了良好的信用。正因为如此，被代理人或第三人要求代理人对其承担个人责任，使之能放心地与对方进行交易。在这种代理制度下，代理人对被代理人或者对第三人承担特别责任。

### 2. 保兑银行

在使用跟单信用证支付货款的国际货物买卖中，卖方为了保证收款安全，经常要求买方通过银行对其开出保兑的、不可撤销的信用证。在这种法律关系中，开证银行为被代理人，保兑银行为代理人，卖方是第三人。一般的操作是由国外的买方通过进口地的银行（开证行）向出口地的保兑银行或代理银行开出一份不可撤销的信用证，委托该出口地的代理行对其不可撤销的信用证加以保兑，并将该信用证通知卖方。卖方只要提交信用证所规定的单据，就可以向出口地的保兑银行要求支付货款，保兑行对卖方（第三人）承担的是第一位的责任，即第三人可以首先向保兑行要求付款或议付。

### 3. 运输代理人

国际货物运输代理业是指接受进出口货物收货人、发货人的委托，以委托人的名义或以自己的名义，为委托人办理国际货物运输及相关业务并收取服务报酬的行业。

根据有些国家的运输行业惯例，货运代理业中的运输代理人受被代理人的委托，向轮船

公司预订舱位，由运输代理人对轮船公司（第三人）承担责任。如果被代理人没有按约定装运货物，而使轮船空舱航行，代理人须向第三人支付空舱费。代理人在支付费用后，可以向被代理人追偿，如果被代理人不支付或延付代理人的报酬或有关费用，代理人对其占有的货物具有留置权。

**4. 保险经纪人**

国际贸易中，进口商或出口商在投保货物运输保险时，必须委托保险经纪人代为订立保险合同。当被保险人不交纳保险费时，由保险经纪人对保险人（第三人）交纳保险费。如果保险标的物因承保范围内的风险发生损失，则由保险人（第三人）直接赔付被保险人（被代理人）。国际货物运输保险代理与一般的代理最大的区别是，保险经纪人的佣金是由保险人（第三人）支付，而在其他行业中，代理人的佣金通常是由被代理人支付的。

## 第三节　代理关系的终止

代理关系包括三方面的关系，代理关系的终止不仅仅意味着只是被代理人与代理人之间代理关系的终止，而是指被代理人、代理人和第三人三方法律关系的结束。但代理关系的终止所产生的效果，对三方关系的影响并不是完全相同的。如果代理人在代理权限消灭后仍以被代理人的名义行事，对于不知或不应知其代理权终止事实的第三人，被代理人仍应承担法律责任。

### 一、代理关系终止的原因

代理关系终止的原因可以分为两种情况：一种是根据当事人的行为终止代理关系，另一种是根据法律终止代理关系。

**1. 根据当事人的行为终止代理关系**

（1）代理关系可以因当事人的行为而结束。如果代理关系是根据被代理与代理人之间的协议而创设的，双方当事人也可以依据协议而终止代理关系。

（2）代理人完成了特定的代理事务，则导致代理关系的终止。

（3）如果双方当事人明确约定了代理关系的存续期间，代理关系可因代理权限的存续期届满而终止。

（4）代理关系可因被代理人的撤销而终止，除非双方当事人有相反的约定。在代理关系存续期间，虽代理人尚未履行完其义务，被代理人有权随时通知撤销代理人的代理权限。但是撤销行为不具有溯及力，即不影响撤销行为之前被代理人与代理人之间的法律关系。

（5）代理关系可因代理人的辞去委托而终止。如果代理人辞去委托，被代理人一般不能要求代理人实际履行代理义务，而只能向其要求损害赔偿。

对此，中国《民法典》规定，委托人或者受托人可以随时解除委托合同。因解除合同造成对方损失的，除不可归责于该当事人的事由外，无偿委托合同的解除方应当赔偿因解除时间不当造成的直接损失，有偿委托合同的解除方应当赔偿对方的直接损失和合同履行后可以获得的利益。

**2. 根据法律终止代理关系**

根据各国法律，在下列情形下，代理关系终止：

(1) 代理关系的标的物被毁损或灭失，代理关系终止。例如，代理人代表被代理人出售某建筑物，如建筑物因自然灾害而灭失时，代理关系终止。

(2) 在代理人和被代理人都是自然人的情况下，被代理人或代理人的死亡导致他们之间代理关系的终止。

(3) 在代理人或被代理人患有精神病时代理关系终止。精神病人属于无民事行为能力人或限制民事行为能力人，不能像完全民事行为能力人那样实施法律行为，所以在被代理人或代理人成为精神病人时，代理关系也终止。

(4) 当代理人或被代理人被法院宣告破产时，代理关系终止。

## 二、代理关系终止的法律后果

代理关系终止的法律效果可以从两方面进行分析：

### 1. 代理关系终止对代理人和被代理人的法律效果

代理关系终止后，代理人不再具有代理权，不得再以被代理人的名义与第三人进行交易。同时，代理人有义务向被代理人办理代理关系终止后的相关手续，如交还授权委托书或代理证书、移交有关的财产和业务账册等。

不论什么原因导致代理关系的终止，双方当事人在代理关系终止前已经确定的权利义务不因此而受到影响。被代理人有权对代理人在代理关系终止之前的违约行为或其他过错要求赔偿。代理人就其在代理关系终止之前的报酬享有请求权，对被代理人的违约行为也有权要求赔偿。

商事代理中，在代理关系终止后，被代理人对来源于原代理人代理地区内的业务应否向代理人支付佣金，各国法律规定不同，一般需要由当事人事先在代理合同中加以约定。但一般认为，若被代理人从代理人在其代理期间为被代理人建立的商业信誉中获得了重大利益，代理关系终止后，尤其是在被代理人单方面终止代理合同的情况下，被代理人应给予代理人合理的补偿。

### 2. 对第三人的法律效果

代理关系终止后被代理人、代理人与第三人的关系，即代理的外部关系比较复杂。如果代理关系终止后，代理人再与第三人订立合同，则不再对被代理人产生法律效力，而应由代理人对所订立的合同承担责任。但是第三人有时可能并不知道代理人的代理权限已经终止的事实，为了保护第三人的利益，各国法律一般规定，在第三人不知道或不应当知道代理权限终止的情形下，可能成立表见代理，被代理人仍应对代理权限终止后代理人的行为对第三人承担责任，但被代理人有权要求代理人赔偿其因此产生的损失。

## 第四节　国际代理法的统一

各国代理制度的不统一，尤其是大陆法系国家和英美法系国家代理制度存在着较大的差异，对国际商事代理活动的开展造成了一定的障碍。国际社会一直在寻求各国商事代理制度的协调和统一，但效果并不明显。国际商事代理制度统一的方式，包括国际公约和国际惯例。

## 一、国际公约

到目前为止，已经生效的、具有统一各成员国商事代理法作用的国际公约，只有欧共体于 1986 年制定的《关于协调成员国自营商业代理人法指令》(1994 年被并入欧盟第 57 号法律文件中)。欧盟所有成员国适用于自营商业代理人与被代理人之间关系的法律规则自 1994 年 1 月 1 日起，都必须符合欧盟该指令。

此外，由国际统一私法协会制定的《代理统一法公约》《代理合同统一法公约》《国际货物销售代理公约》虽尚未生效，但因归纳了很多国家的共同规定而受到各国的重视。尤其是 1983 年制定的《国际货物销售代理公约》更具有代表性，可适用直接或间接的销售代理关系，已得到多个国家的核准或加入。可以预见，该公约的最终生效是有希望的。

## 二、国际惯例

目前，国际社会尚不存在规范化的、专门适用于国际商事代理关系的国际惯例。国际商会于 1960 年曾拟定了一份《商业代理合同起草指南》，对促进国际商事活动中被代理人与代理人之间合同关系的标准化具有一定的积极作用。但其内容仅仅是就被代理人与代理人之间的内部关系提供一些建议，并不像《国际贸易术语解释通则》和《跟单信用证统一惯例》那样明确有关当事人之间的权利和义务，而且其适用范围也仅局限于直接代理关系。

然而，由于《国际商事合同通则》可以适用于各类国际商事合同，因此国际商事代理关系中的当事人也可以援引该通则，作为确定他们相互之间代理合同权利和义务的框架规则。

## 案例讨论题

1. 某年 6 月，海南实业公司（系韩国法人，以下简称海南实业）与山东省威海化工进出口有限公司（以下简称威海化工）口头协商，海南实业将其收购的活鲈鱼苗委托威海化工出口到韩国，威海化工负责报关和商检，并按照成交额的 1% 收取代理费；海南实业负责支付运费、报关和商检费。随后，威海化工找到烟台文丰水产有限公司（以下简称烟台文丰）负责运输。同年 6 月 27 日，烟台文丰将租船合同传真给威海化工，威海化工将该份合同交于海南实业，海南实业法定代表人对租船日期、运输鲈鱼苗的数量、双方责任条款适当修改后，在合同文本的传真件上签名认可。

6 月 28 日，威海化工与烟台文丰签订租船合同，约定租船时间为当年 7 月 1 日到 7 月 10 日，在租赁期间，威海化工用船一次，运输 30 万尾鲈鱼苗从中国莱州港到韩国丽水港，运费为 15 万元，在双方签订合同之日，威海化工预付定金 5 万元，其余运费在烟台文丰装完货离开莱州港后一次性付请，烟台文丰必须确保船上循环水系统、空气系统运转正常，如果由于循环水系统和空气系统出现故障，造成鱼苗成活率达不到 95%，应赔偿威海化工的损失。

7 月 1 日，威海化工办理了商检及报关手续，相关费用均由海南实业支付，装箱单及发票载明的鲈鱼苗数量均为 26 万尾。7 月 4 日凌晨，海南实业将其收购的 26 万尾活鲈鱼苗装船，船号为"鲁海渔水 2 号"，共装鲈鱼苗 252967 尾。鲈鱼苗装船后，海南实业取得了烟台文丰签发的货运正本提单三份，提单记载托运人为威海化工，收货人凭指示，提单上有

"鲁海渔水2号"的船章。鱼苗装船后不久,由于船舶设备出现故障,鱼苗大批死亡。因鱼苗大量死亡,承运人未按照约定将货物运抵韩国。

海南实业认为威海化工在订立代理合同后,未按照约定及有关法律、法规规定履行代理事项,威海化工按照代理协议约定负有租船义务,其应按照中国有关法律、法规的规定租赁可以从事国际海上货物运输的船舶承运,但威海化工所租赁的烟台文丰"鲁海渔水2号"船舶,系自营的鲜销船,并无国际海上货物运输资格。威海化工对海南实业隐瞒这一事实违法租赁此船,由此给海南实业造成严重的经济损失,应由威海化工承担。

威海化工认为自己在为海南实业代理出口鱼苗过程中没有过错,因为威海化工不负有租船义务,本案船舶是海南实业自行租赁的,威海化工只是协商合同条款,并且合同条款经过海南实业修改并确认后,租船合同才正式签订。海南实业是自行租赁的船舶,船舶是否具有运输资格与威海化工无关。本案中的船舶已经过海关的正常检验,应具备运输资格。另外,海南实业的货物出现损失的原因是由于承运船舶设备故障而导致鱼苗死亡,该损失原因与海南实业主张的船舶没有国际运输资格没有因果关系,所以威海化工不应承担海南实业的损失。

分析:

海南实业与威海化工虽未签订书面合同,但根据双方的口头约定及商检、报关费、运费均由海南实业承担来看,双方形成的是一种委托代理出口关系。双方的行为都是当事人真实的意思表示,且不违反国家法律规定,委托代理行为应认定为合法有效。

本案还涉及威海化工是否负有租船的代理义务,如果负有租船义务,应考虑威海化工履行租船义务是否得当、租船义务中是否包括对承运船舶运输资格的审查、海南实业的鱼苗损失与威海化工履行租船义务之间是否有因果关系。由于海南实业与威海化工未签订书面委托合同,双方对此意见不一致,但可以从案件事实来分析威海化工是否负有租船的代理义务。从本案情况看,当年6月27日,烟台文丰将租船合同文本传真给威海化工,威海化工又将租船合同文本提交给海南实业法定代表人,租船事宜是威海化工与烟台文丰直接联系的;6月28日,威海化工与烟台文丰签订正式的租船合同;7月3日,海南实业直接将货物装船并取得指示提单,提单记载的托运人是威海化工。由此,应认定威海化工负有租船的代理义务。并且,上述行为表明威海化工已履行了租船义务。但是,海南实业并未能提交充分证据证明威海化工负有审查船舶运输资格的责任。另外,鱼苗死亡是由于船舶设备出现故障造成的,与海南实业主张的船舶不具有国际运输资格没有直接的因果关系。

本案中,海南实业的损失是由于船舶设备出现故障造成的,是由于出租人烟台文丰没有按合同约定履行义务,这已不是承租人威海化工的受托义务。威海化工接受海南实业的租船委托后,以自己的名义与烟台文丰签订租船合同,无论第三人烟台文丰在签订合同时是否知道威海化工与海南实业之间的委托代理关系,按照中国法律的规定以及商事代理的特征,代理行为产生的权利义务直接对被代理人产生法律效力,该租船合同关系要么直接约束烟台文丰和海南实业,要么在威海化工向海南实业披露烟台文丰后,海南实业行使威海化工对烟台文丰的权利。由于威海化工在履行委托义务中没有过错,因此,受托人威海化工对委托人海南实业不应承担赔偿责任。

中国法律相关规定提示:

《中华人民共和国民法典》第925条规定:受托人以自己的名义,在委托人的授权范围内与第三人订立的合同,第三人在订立合同时知道受托人与委托人之间的代理关系的,该合同直接约束委托人和第三人；但是，有确切证据证明该合同只约束受托人和第三人的除外。

《中华人民共和国民法典》第 926 条第 1 款规定：受托人以自己的名义与第三人订立合同时，第三人不知道受托人与委托人之间的代理关系的，受托人因第三人的原因对委托人不履行义务，受托人应当向委托人披露第三人，委托人因此可以行使受托人对第三人的权利。但是，第三人与受托人订立合同时如果知道该委托人就不会订立合同的除外。

2. 某年 7 月初，希腊海信海运有限公司（以下简称海信公司）委托韩国凯普航运有限公司（以下简称凯普公司）为其所属的"太阳升"轮在韩国仁川港的船务代理。"太阳升"轮于同月 22 日至 9 月 5 日靠泊仁川港期间，凯普公司委托施武船务代理有限公司办理了船务代理事务。在办理代理事务中，凯普公司为"太阳升"轮垫付了在港期间发生的费用共计 68513.49 美元。海信公司于 8 月 13 日向凯普公司支付了 35000 美元，次年 6 月 25 日支付了 15000 美元，尚欠 18513.49 美元。8 月 17 日，凯普公司为保全其代理费用请求权，申请海事法院在中国防城港扣押了海信公司的"太阳升"轮，并为此而支付扣船申请费 187.93 美元，产生追索欠款费用 4872.88 美元。海信公司在"太阳升"轮被扣押后，向海事法院提供了 30000 美元的担保。8 月 27 日，"太阳升"轮被解除了扣押。

凯普公司于当年 9 月 10 日向海事法院提起诉讼，请求判令海信公司支付拖欠的代理费 18513.49 美元及利息，以及扣船申请费和律师费等费用 11784.80 美元。但后经法院认定，凯普公司所提供的支付凭证表明其为此支付的费用仅为 5060.81 美元。

海信公司答辩认为：因凯普公司转委托代理造成了其船舶滞期的损失，并认为凯普公司请求的利息损失和律师费等额外费用缺乏事实和法律依据，请求驳回凯普公司的无理请求。但海信公司未能提供其船舶滞期及损失的证明。

分析：

本案主要涉及双方当事人因代理关系而产生的代理人追索代理费和有关费用的赔偿问题。

凯普公司和海信公司对双方达成的委托代理协议都没有异议，海信公司对凯普公司要求支付拖欠的代理费的请求也没有异议。双方争议的焦点是凯普公司提出的扣船申请费和律师费等的赔偿问题。这个问题包括两个方面，一是海信公司应否予以赔偿，二是赔偿数额应如何确定。

在委托代理关系中，被代理人负有支付报酬及其他费用的义务。凯普公司与海信公司之间的委托代理协议有效，双方均应依约履行。凯普公司履行了船舶代理的义务，有权要求海信公司支付为其垫付的有关费用。海信公司应依约支付凯普公司垫付的费用和合理报酬，及其利息损失。凯普公司为保全其代理费用的请求权，在中国申请扣押"太阳升"轮，由此产生的扣船申请费以及有关法律服务费用属于实际损失，也应由海信公司赔偿。

根据中国《民法典》的规定，当事人一方不履行合同义务或者履行合同义务不符合约定，造成对方损失的，损失赔偿额应当相当于因违约所造成的损失，包括合同履行后可以获得的利益。本案中，凯普公司要求赔偿的扣船申请费和律师费等为 11784.8 美元，但其所提供的支付凭证表明其为此仅支付了 5060.81 美元。因此，对其实际损失应依据其提供的支付凭证认定，超出部分因无证据证明，不能认定。因此海事法院判决：海信公司偿付凯普公司垫付的费用和代理劳务费 18513.49 美元及其利息、扣船申请费和为追偿欠款支付的费用 5060.81 美元。

## 复习思考题

### 一、名词术语
国际商事代理　　明示授权　　默示授权　　表见代理　　保付代理人

### 二、问答题
1. 国际商事代理有什么法律特征？
2. 代理权产生的依据有哪些？
3. 表见代理的成立有哪些要件？
4. 代理人对被代理人承担哪些义务？

## 本章参考文献

［1］汪渊智. 代理法论［M］. 北京：北京大学出版社，2015.
［2］曹祖平. 新编国际商法［M］. 7版. 北京：中国人民大学出版社，2022.
［3］张圣翠. 国际商法［M］. 上海：上海财经大学出版社，2023.

# 第九章
# 票 据 法

**本章提要**

- 票据的功能及票据法律关系
- 票据行为及票据权利
- 汇票、本票、支票

票据法上所指的票据是狭义的票据，包括汇票、本票和支票。票据是一种支付和结算手段，同时又是一种有价证券。票据行为包括出票、背书、承兑和保证等，其中出票是基本票据行为，其他票据行为是附属票据行为。票据权利包括付款请求权和追索权，付款请求权是第一次请求权，追索权是第二次请求权，在行使付款请求权遭拒付或存在其他法定情形时，票据权利人在保全其票据权利后，可行使追索权，向其他票据债务人追索。当存在法定事由时，付款人和票据债务人可对持票人的付款请求进行抗辩。

在商事活动中，当事人之间发生的债权债务关系需要通过一定的方式加以结算。传统的结算方式是通过现金的收付实现的，但现金结算存在诸多缺陷，在当今发达的商业社会，现金结算已不能适应经济生活对结算方式的快捷、安全的要求，非现金结算方式逐渐取代了现金结算。非现金结算是通过银行作为中介，主要通过使用代替现金起支付作用和流通作用的信用工具来结算债权债务的一种方法，这种代替现金的信用工具就是票据。在现代社会，票据的使用和流通超越了国界，在国际贸易结算中，票据的使用已非常普遍。

各国票据法规定的不统一，对票据的国际使用和流通造成了障碍，因此有必要对各国的票据法加以协调或统一。20世纪30年代，在日内瓦召开的日内瓦国际票据法统一会议上，签订了《日内瓦统一汇票本票法公约》《日内瓦统一支票法公约》等四个公约，合称日内瓦公约，构成了日内瓦统一票据法体系。但英、美最终没有加入日内瓦公约。

中国过去长期实行计划经济体制，缺少票据法产生的基础。有关银行结算的规定也只是从银行结算的角度规范票据使用行为，而未能从票据当事人权利义务的角度规范票据关系。市场经济体制改革后，票据的签发和使用日益普遍，票据纠纷也大量出现，对票据法的制定提出了要求。正是适应社会主义市场经济发展和对外经济贸易实践的需要，中国在1995年制定并颁布了《票据法》。

## 第一节 票据功能、票据类型及票据法律关系

### 一、票据的功能

#### （一）票据的概念和特征

票据（bills）是出票人签发的，约定由自己或委托他人，在一定时间，一定地点，按票

面所载文义无条件支付一定金额的凭证和有价证券。

票据有广义和狭义之分。广义的票据是指商业活动中使用的一切凭证,包括发票、提单、仓单等;狭义的票据是以支付一定金额为目的的票据,包括汇票、本票和支票。票据法上所指的票据是狭义的票据。

票据具有以下法律特征:

(1) 设权证券。有价证券包括证权证券和设权证券两种。证权证券的签发,其目的是为了证明某种财产权利的存在。证券代表的财产权利先于证券而存在,如股票、债券等。设权证券的签发是为了设定某种财产权利,权利因证券的签发而产生。票据是设权证券,票据权利义务关系因票据的创设而产生。

(2) 无因证券。票据一经签发,只要符合票据法规定的形式要件即为有效,票据的效力不受票据原因的影响,票据权利的行使和义务的履行也不问设立票据的原因。无因证券的特点使票据的效力不取决于票据原因的效力,从而保障使用票据进行交易和票据流通的安全。

(3) 要式证券。票据必须依法定方式做成,必须符合票据法规定的形式要件,记载票据法规定必须记载的事项,否则票据无效。票据法之所以将票据设计为要式证券,规定票据的形式和应记载的事项,其目的是方便人们使用票据进行交易,也方便对票据效力的审查,从而保障使用票据进行交易的安全,促进票据的转让和流通。

(4) 文义证券。票据当事人之间的权利义务,严格依票据所载的文字意义确定,当事人一般不得要求以票据文字记载之外的事实来确定他们之间的权利义务关系。票据作为文义证券同样用于保障使用票据进行交易和票据流通的安全。

(5) 债权证券。有价证券包括物权证券、股权证券和债权证券。物权证券如提单、仓单等,股权证券即股票,债权证券包括债券和票据等。票据的权利人依票据记载可请求付款人、出票人或其他票据债务人支付一定的金额,其享有的是债权,因此票据是债权证券。

(6) 金钱证券。票据以金钱为给付标的,代替现金作为支付工具和流通工具,是金钱证券。

(7) 流通证券。票据可以通过背书或交付的方式自由转让,是流通证券。

(8) 完全证券。票据权利的行使以向付款人或票据债务人提示票据为必要,票据权利的转让也以交付票据为要件,票据权利与票据不可分,票据丧失而无法提示票据,便无法行使票据权利,因此票据是完全证券。

(二) 票据的作用

票据的作用体现在以下几个方面:

(1) 支付作用。票据具有支付作用,票据的交付具有与现金的支付同等的效力,票据本身就是一种支付手段。

(2) 结算作用。票据具有结算作用,通过票据的签发和使用以了结商事活动当事人之间的债权债务关系。票据作为一种结算手段,在现代商事活动和商事交易中得到普遍采用。

(3) 流通作用。票据一般可以通过背书或交付的方式自由转让和流通,具有流通作用。通过票据的使用和流通,以节约现金的使用。

(4) 信用作用。远期票据具有信用作用,商事交易活动中,通过远期票据的使用,实现了交货或接受服务与实际付款在时间上的分离,持票人或票据权利人只能在远期票据到期后，才可以向付款人或票据债务人提示票据请求付款。

（5）融资作用。远期票据可以通过票据贴现融通资金，因此具有融资作用。票据贴现是指持有未到期票据的人以转让一定利息为代价将票据卖给贴现银行以提前取得现款的行为。贴现银行也可以将未到期票据向其他银行转贴现或向中央银行再贴现。国外还允许企业发行专以融资为目的的融资票据，其融资作用就更为明显。

## 二、票据的类型

票据法上所指的票据是狭义的票据，即专指以支付一定金额为目的的票据，具体包括汇票、本票和支票三种。对于三种票据的具体内容，在第四节中再做专门讨论。

票据是一种支付和结算的手段和工具，同时票据又是一种有价证券。但有些国家如日本，未将支票作为有价证券，支票仅仅是一种支付和结算的手段和工具，而汇票和本票则既是一种支付和结算的手段和工具，同时又是一种有价证券。因此在这些国家，票据法仅规范汇票和本票，对支票则另外专门制定支票法加以规范。《日内瓦统一票据法公约》也采用这种做法。而中国《票据法》规定的票据则包括汇票、本票和支票三种，这三种票据都属于有价证券，都由《票据法》加以规范和调整。

另外，有些国家有关于成套票据的特别规定。成套票据是指出票人签发同样文义的两张以上的票据，且每张票据上均有连续编号的一组票据。很多国家票据法以及《日内瓦统一票据法公约》都规定，汇票和支票可以成套签发，但本票不可以成套签发。中国《票据法》未对成套票据进行规定。

成套票据中的每张票据的文字记载应当一样，并应当有连续的编号，各张上如文字记载不同或没有编号，则视为每一张票据都是独立的票据。同时，有的国家的票据法还规定，成套票据的各张票据上都须注明，只有其他各张未兑付时本张才构成一项付款指令，或记载类似含义的文句。

成套票据主要被用于国际结算中，其签发和使用主要是为了在同一时间可以分别实施不同的票据行为，而不致发生时间上的冲突。如持票人在将其中一张向付款人请求承兑的同时，可以在其他各张上实施背书行为，将票据背书转让与他人，或在此同时，可以由保证人在其他各张上实施票据保证行为。在成套票据的其中一张或几张上实施的票据行为，其效力及于其他各张。另外，出票人可以将成套票据的各张分开经不同的航班寄出，这样就不至于因其中一张或几张的遗失或延误而造成损失。

成套票据中的各张可一同转让，也可将其中一张或几张分开转让或流通，但付款人只需而且也只能对其中一张付款。付款人对其中一张付款后，其余各张即皆告作废。不过，以来人为收款人的票据，若出票人将一套票据中的各张分别交付不同的人持有，则出票人须对各张的持票人承担担保承兑和付款的责任。持有成套票据的所有各张或其中几张的持票人，若将各张分别背书转让与不同的人，则该背书人及其后手应对最终的持票人承担票据责任。付款人虽只须对成套票据中的一张承兑和付款，但若对所有各张或其中几张做出承兑，则也须对其承兑的各张票据承担付款责任。

## 三、票据法律关系

票据法律关系简称票据关系，是指票据当事人之间的票据权利义务关系。票据法律关系因票据的签发完成而产生,收款人是票据债权人,出票人是票据债务人。当收款人将票据转让给他人时,其他持有票据的人取得票据权利,成为票据权利人。在票据法上,一般推定持票人即是票据权利人。

票据法律关系的原始当事人是出票人和收款人,但当背书人在票据上进行背书、付款人对汇票进行承兑、第三人在票据上实施票据保证时,都因此加入票据法律关系,成为票据债务人,对票据权利人承担票据责任。所有的票据债务人都对票据权利人承担连带的票据责任。

票据关系不同于票据的基础关系。票据基础关系又称非票据关系,是指作为票据关系发生基础的法律关系,具体包括原因关系、预约关系和资金关系。原因关系是指作为签发票据或实施其他票据行为原因的当事人之间的交易关系,可以是合同关系、债务关系等。预约关系是指当事人就票据记载事项、票据行为内容事先所做的约定。资金关系是指出票人与付款人之间委托付款的协议。

票据关系的产生虽需要有一定的基础关系的存在,但票据关系与票据基础关系相分离。票据行为实施后,即在有关当事人之间产生票据关系,票据关系的效力并不取决于票据基础关系的效力,并不以票据基础关系的存在或合法为前提。但在票据直接当事人之间,可以票据基础关系进行抗辩,即在具有直接基础债权债务关系的当事人之间,票据债务人可以以基础关系的缺失、无效或不合法为由,拒绝向票据债权人履行票据债务。

## 第二节 票据行为

### 一、票据行为的概念、特征和要件

#### (一) 票据行为的概念和特征

票据行为是以发生票据上的权利义务为目的而实施的要式法律行为,包括出票、背书、承兑、保证等。出票是创设票据权利义务的基本行为,票据上的权利义务都因出票而产生,所以是基本票据行为,其他票据行为则是以出票为前提才发生的,称附属票据行为。

票据行为具有以下特征:

(1) 要式性。票据行为必须按照票据法规定的形式和要求实施,记载票据法要求记载的事项,违反这些法定的形式和要求将影响票据行为的效力。

(2) 独立性。票据行为之间互不依赖而独立发生效力。所有附属票据行为都以出票为前提,但各票据行为之间是独立的,只要该票据行为符合法定的要件,就独立地发生法律效力,其他票据行为纵然无效或被撤销,也不影响该票据行为继续有效。

(3) 抽象性。票据行为的成立,只要具备票据法规定的要件即为有效,而不问票据基础关系的存在或合法与否,票据行为的抽象性使票据关系与票据的基础关系相分离。

(4) 文义性。票据行为的内容以票据上的文字记载为准,纵然票据上的某些记载与实际情况不符,一般也不允许以文字记载以外的证据做变更或补充。

(5) 书面性。票据行为具有严格的书面形式,应在票据上记载票据法规定必须记载的事项。

### (二) 票据行为的要件

实施票据行为，应在票据用纸上记载票据法规定必须记载的事项。票据用纸一般由各国的中央银行统一了印制的格式或须向其备案，具有统一的格式要求。票据行为必须在票据用纸上做相应的文字记载，任何在其他文件上所做的文字记载均不具有票据法上的效力。

票据上记载的事项，具体包括必要记载事项、任意记载事项、无益记载事项和有害记载事项。

必要记载事项包括绝对必要记载事项和相对必要记载事项。前者是票据法规定必须记载的事项，如出票时，票据的金额、付款人的名称和地址、无条件付款的委托，以及票据行为人的签章等，都属于绝对必要记载事项，如未做记载，则票据行为无效。后者是票据法规定应当记载的事项，如未记载则按票据法规定确定该事项的内容。

任意记载事项是按票据法规定可以记载的事项，如做了记载，对当事人具有约束力。如远期票据，出票人可以记载到期时的利息，付款人除应支付票据金额外，还应支付从出票日至实际付款日的利息。另外如出票人在签发票据或背书人在背书转让票据时，按中国《票据法》的规定可以记载"禁止转让"的文字，该记载有效，若收款人或被背书人违背出票人或背书人的要求，将该票据又背书转让给他人，则出票人或背书人对该受让票据的人及其后手不承担票据责任。

无益记载事项是按票据法规定不得记载的事项，如做了记载，不发生票据法上的效力，视为无记载。如背书人在背书转让票据时所做的持票人遭付款人拒付时自己不承担责任的记载，在票据法上不发生效力。

有害记载事项是按票据法规定不得记载的事项，如做了记载，则该票据行为无效。出票人在票据上所做的付款条件的记载将导致票据无效，因票据付款应是无条件的。另外，承兑人在对票据承兑时所做的付款条件的记载也会导致承兑无效，因为承兑同样应是无条件的。

### 二、出票

出票是指按法定形式做成票据并交付给收款人的行为。票据的做成必须具备法定的必要条件，记载必要的事项，票据上的一切权利义务均因出票而产生。出票包括做成票据和交付给收款人两个方面，如票据已制作完成但未交付给收款人，则并未完成出票行为，票据上记载的收款人也不享有票据权利。

签发票据时，在票据上记载的事项包括票据的种类、票据的金额、付款人的名称和地址、无条件付款的委托、到期日、付款的地点、收款人的姓名或名称、出票的日期和地点、出票人的签章等。其中，到期日、付款的地点为相对必要记载事项。未记载到期日的，视为见票即付。未记载付款地点的，以付款人营业所在地作为付款地。远期票据可以记载到期时的利息。

出票人（drawer）在签发票据时，如有关的票据记载事项无法确定，可以暂时空缺，留待以后当这些票据记载事项确定时，再授权他人如收款人补充记载完成，这样的票据称为空白授权票据，简称空白票据。根据中国《票据法》的规定，支票的出票人在签发支票时，就支票的金额和收款人的姓名或名称可以空缺，留待以后授权他人补记。补记完成后具有完全票据的效力，付款人或出票人不得以票据原未记载完整为由拒绝承担票据责任。

## 三、背书

背书（endorsement）是指票据持有人（bill holder）为转让票据权利或其他目的依法在票据背面或粘单上记载一定事项，将票据交付给他人的行为。

背书的目的主要是转让票据和票据权利，转让票据权利的人称背书人，受让票据权利的人称被背书人。一张票据可能经过一系列的背书转让，有多个背书人和被背书人，签章在前面的背书人称前手背书人或前手，签章在后面的背书人称后手。非以转让票据权利为目的的背书包括质权背书和委任背书。质权背书以票据设定质押为目的，被背书人取得质权。委任背书是以委任被背书人取款为目的的背书。

背书应在票据的背面进行，应记载被背书人的姓名或名称，并应有背书人的签章，记载背书的日期。背书人的签章是背书人实施背书行为并同意承担票据责任的意思表示。未记载背书日期的，视为在票据的有效期内实施的背书。非以转让票据权利为目的的背书，背书人应记载背书的目的，即"设定质押""委托收款"或类似含义的文字。未记载背书目的的，则在票据法上视为转让票据权利。如票据的背面已记满，无法再进行背书的，背书人可以在票据的背面附粘单，在粘单上再进行背书。粘单和票据背面的接缝处应有附粘单的背书人的签章，表明粘单上的记载事项与票据背面记载事项是连续的。

背书如未特别记载背书的目的，则是转让票据权利的意思表示，表示背书人承担下述责任：①将票据的一切权利转让给被背书人；②保证出票人及前手背书人的签章的真实性和票据的有效性；③保证票据必然会被承兑或付款。此项保证责任，不仅及于背书人的直接后手，而且及于全体后手。背书人因背书而对票据金额负担保责任，在付款人拒绝承兑或拒绝付款时，由其承担付款责任。

背书人作为票据的出让人，对其后手负有担保票据被承兑和付款的责任，背书人一经在票据上签章，就成为票据的债务人，就将与其他在票据上签章的人连带承担票据责任。被背书人作为票据的受让人，有权取得背书人原有的一切票据权利。并且，善意并支付了相当对价的被背书人享有优于前手的票据权利，其票据权利不因前手背书人的权利瑕疵而受到影响。当票据遭拒付时，有权向所有背书人、出票人及保证人进行追索。

背书时记载被背书人姓名或名称，并由背书人签章的，称记名背书。背书人仅签署自己姓名，不记载被背书人姓名或名称的，称空白背书。中国《票据法》规定背书应当记名，并且记名背书必须连续，即前一次背书的被背书人是后一次背书的背书人，依次衔接，否则持票人不得主张票据权利。

背书不得附"免予追索"及类似的条件，否则所附条件不具有票据法上的效力。背书人可以做"禁止转让"的记载，禁止票据再行转让、流通，若被背书人又将票据背书转让给他人的，则背书人对被背书人的再背书不承担担保承兑和付款之责，该再背书行为仅具有一般债权让与的效力。

票据经背书又转让给前手背书人或出票人的，称回头背书。回头背书中，若持票人遭付款人拒付，则不得向后手追索，而应向前手或出票人追索。例如 A 出票给 B，B 将票据背书转让给 C，C 又背书转让给 D，D 又背书给 E，最后 E 又将票据背书转让给 C，C 遭付款人拒付，则 C 不能向 E 和 D 追索，而只能向前手背书人 B 或出票人 A 追索。

票据有效期届满后可再背书转让，称期后背书。期后背书不具有票据债权让与的效力，而只具有一般债权让与的效力,背书人并不承担担保付款的责任。但按照中国《票据法》的规定,期后背书的背书人仍应承担担保付款的责任。

背书人在背书时必须将票据的全部金额同时转让给同一个被背书人。

### 四、承兑

承兑(acceptance)是指远期汇票的付款人同意于票据到期日承担支付汇票金额的义务,在汇票上做出表示承认付款的文字记载并签章的票据行为。

承兑是远期汇票特有的票据行为,本票由出票人自己付款,无须承兑,支票和即期汇票见票即付,持票人可随时请求付款,也无须承兑。远期汇票到期日前,持票人可向付款人提示票据,请求承兑,一经承兑,承兑人即成为该票据的第一债务人,承担票据到期时无条件支付票款的绝对责任。已到期的远期汇票,持票人可直接请求付款人付款,无须承兑。

承兑具有以下几方面的作用:

(1) 确定付款人对汇票的付款责任。一经承兑,承兑人对汇票的到期付款负绝对责任。

(2) 保障票据权利人的权利。汇票是否提示承兑,由持票人自由决定,远期汇票的持票人都乐于将票据向付款人提示请求承兑,以使到期时获得付款有保障。

(3) 见票后定期付款的远期汇票即注期汇票,通过承兑以确定汇票的到期日。

(4) 经过承兑的远期汇票,确定了付款人的付款责任,票据到期时票据权利的实现有保障,从而有利于汇票的流通转让。

承兑包括一般承兑和保留承兑。一般承兑又称单纯承兑,是承兑人毫无保留地对票据金额加以确认。保留承兑又称非单纯承兑或附条件承兑,是承兑人表示承认付款,但有所保留或附有条件。按照中国《票据法》的规定,承兑应当是无条件的,否则视为拒绝承兑。

承兑人对全部票据金额予以承兑的,称全部承兑,对部分票据金额予以承兑的,称部分承兑。按照中国《票据法》的规定,承兑应当是对全部票据金额予以承兑,否则视为拒绝承兑。

### 五、保证

票据保证(guarantee of bills)是指票据债务人以外的第三人担保票据债务履行的附属票据行为。

票据债务人包括出票人、背书人和承兑人,他们都可以成为被保证的对象。票据保证人应是票据债务人以外的第三人,并且不包括付款人。但有些国家的票据法以及《日内瓦统一票据法公约》,并不排除票据债务人作为票据保证人。票据保证人的责任以被保证人的票据责任为限。票据保证只适用于汇票和本票。

票据保证不同于一般的民事保证。

第一,票据保证是要式行为,采用书面形式。而民事保证是不要式行为,可以采用书面形式,也可以采用口头形式。

第二,票据保证是单方行为,因保证人的单方行为而成立,不必取得票据债权人同意。而民事保证是契约行为,由保证人和债权人协议成立。

第三,票据保证具有附属性,是附属票据行为,被保证人的债务因票据记载事项欠缺而无效的,票据保证也无效,同时又具有独立性,票据保证与票据上的其他票据行为互相独立,即使被保证人的债务无效,但只要被保证人的债务已具备票据法规定的形式要件,票据保证人仍应承担保证责任。而民事保证只具有附属性，被保证的债务无效，保证无效。

第四，票据保证人与被保证人对票据债务负同样责任，即连带责任，不必在被保证人不能履行债务后保证人才履行保证义务，一旦票据遭拒付，持票人可直接向保证人要求履行债务，支付票款。而民事保证包括一般保证和连带责任保证两种方式，一般保证中，只有在被保证人不能履行债务的情况下，保证人才承担代为履行的责任，即一般保证中的保证人对债权人享有先诉抗辩权。

第五，票据保证中，若保证人有多人，保证人承担连带责任。而民事保证中，共同保证人可按约定承担连带保证责任，也可承担按份保证责任。

票据保证应由保证人在票据上签章，记载被保证人的姓名或名称，并写明保证的日期。未记载被保证人的姓名或名称的，按票据法规定以票据的主债务人即承兑人或出票人为被保证人。未记载保证日期的，按票据法规定视为在票据的有效期内实施。

中国《票据法》未规定票据保证可以是部分保证，也未禁止部分保证，在解释上可以认为《票据法》允许部分保证。但由于票据金额无法分割，部分保证实际上并无多大意义，实践中票据保证应是全部保证，票据保证人应对被保证的票据债务人的全部票据债务承担保证责任。

### 六、参加承兑和参加付款

票据参加包括参加承兑和参加付款。很多国家的票据法以及《日内瓦统一票据法公约》都规定了参加承兑和参加付款的内容，但中国《票据法》未规定这方面内容。

#### （一）参加承兑

参加承兑是指在票据不获承兑而遭拒付，或付款人、承兑人破产、死亡、下落不明、逃避或其他原因，无法向其做承兑提示的情况下，为防止追索权的行使，由第三人以参加承兑人的身份加入票据关系，为票据上的某一债务人的信誉而做出的承兑。做出参加承兑行为的人称为参加承兑人，因此而直接享有其利益的人称为被参加承兑人，两者相当于担保人与被担保人的关系。英美法系国家通常要求参加承兑以持票人不获承兑并取得拒绝证书为前提，参加承兑应经持票人的同意。《日内瓦统一票据法公约》并不要求持票人必须取得拒绝证书，也无须事先征得持票人的同意。

各国之所以规定参加承兑制度，是因为票据上往往有多个责任者，一旦票据遭拒绝承兑，若按正常的程序进行追索，费时费力，而有了参加承兑制度，出票人或背书人可以在票据上事先列出一个可供参考的受理人（一般称为预备付款人），并注明如遭拒绝承兑，即可向该受理人提示进行承兑。该受理人在票据遭拒绝承兑时所做的承兑，即参加承兑。参加承兑人在票据上签章即可构成有效的参加承兑，但一般应注明被参加承兑人，如果没有注明被参加承兑人，则视其为出票人之利益进行参加承兑，即视出票人为被参加承兑人。依各国票据法规定，参加承兑人依其承兑文句对被参加承兑人的后手及持票人承担承兑人的责任，即票据到期时，如再次遭付款人的拒绝付款，参加承兑人应承担付款责任。

关于持票人在遭付款人拒付时，可否拒绝第三人的参加承兑，各国规定不一。英美法系国家一般规定，持票人可拒绝任何形式的参加承兑。大陆法系国家中，有的规定不允许持票人拒绝任何种类的参加承兑。有的规定，对于出票人或背书人在票据上指定的受理人参加承兑,持票人不得拒绝,这种票据的持票人不得在票据到期日前对该指定人及其后手行使追索权;对于其他人的参加承兑,持票人可以拒绝。

参加承兑与承兑不同。参加承兑的目的是为了防止持票人在汇票到期日前行使追索权,而承兑的目的则是为了确定付款人的付款责任;参加承兑人是汇票的第二债务人,只有在付款人拒绝付款时,才承担付款义务,而承兑人是汇票的主债务人,承担绝对付款的义务。同时,由于承兑人是汇票的主债务人,承兑人的付款引起票据权利义务关系的消灭,而参加承兑人的付款,只是代被参加承兑人履行了票据债务,参加承兑人作为持票人,仍可要求被参加承兑人及其前手偿还票据金额,因此并不引起票据权利义务关系的消灭。

参加承兑的效力表现在:①当付款人不付款时,参加承兑人应负责向持票人付款;②如果持票人允许参加承兑,则其虽遭付款人拒绝承兑,但不能在汇票到期日前对被参加承兑人及其后手行使追索权。因为期前追索与参加承兑的制度精神是相违背的。

(二)参加付款

参加付款是指当付款人或承兑人不向持票人付款时,由付款人之外的第三人代为付款的行为。参加付款与参加承兑一样,其目的都是为了保全票据债务人的信用,防止持票人行使追索权。因为在付款人拒付时,如有第三人参加付款,持票人的权利得到了实现,就不必行使追索权。

参加付款人可以是参加承兑人、预备付款人或任何其他的第三人。由于参加付款对持票人和票据债务人都有好处,因此只要参加付款人同意支付全部票据金额,持票人就不得拒绝参加付款。如持票人拒绝参加付款,就丧失对因参加付款而得以解除责任的任何票据债务人的追索权,即丧失对被参加人及其后手的追索权。参加付款人付款后,被参加付款人后手的票据责任得以解除,但参加付款人可以向被参加付款人及其前手行使追索权。因此参加付款时,应记载被参加付款人的姓名或名称。如未记载,则视出票人为被参加付款人,参加付款人只能对出票人或承兑人要求偿付票据金额。

参加付款与付款人的正常付款不同。在正常付款情形下,付款人支付了全部票据金额后,票据权利义务关系即告消灭,但参加付款人付款后,票据权利义务关系并不消灭,参加付款人取得对被参加付款人及其前手的追索权。参加付款人付款后,持票人应在票据上签章表明票款已经收讫,并将票据和拒绝证书交参加付款人,参加付款人因此取得票据权利,有权对被参加付款人及其前手进行追索,但不得将票据再行背书转让给他人。

## 第三节 票据权利

票据权利是指持票人为取得票据金额,依据票据法所赋予的可对付款人及票据债务人行使的权利。票据权利包括付款请求权和追索权两个方面。付款请求权是持票人可对票据付款人或承兑人行使的权利,是票据的第一次请求权。追索权是持票人在保全票据上权利后,向应偿还票据金额义务人,包括出票人、背书人、保证人行使的权利,是票据的第二次请求权。持票人应先行使付款请求权,只有在付款请求权得不到实现时,即持票人行使付款请求权遭拒绝或有其他法定原因,如付款人死亡、破产、逃匿等,无从实现付款请求权时,方可行使追索权。

## 一、票据权利的取得

票据权利的取得包括原始取得和继受取得。

原始取得包括因票据的创设而取得票据权利以及票据权利的善意取得。因票据的创设而取得票据权利即出票人签发票据给收款人，收款人因此取得票据权利。

票据权利的善意取得是指票据让与人无票据处分权或存在权利瑕疵，善意并支付了相当对价的受让人可取得票据上的一切权利，即善意并支付了相当对价的持票人享有优于前手的票据权利，即使票据让与人的票据权利存在瑕疵，也不影响善意取得人的票据权利，票据债务人不得以对其前手背书人或出票人的抗辩事由对抗善意取得人，票据抗辩因善意取得而切断。善意取得之所以为原始取得，是因为票据权利的取得乃是基于法律的直接规定和创设。善意取得制度的建立，其目的是为了保障票据交易的安全，使得善意并支付了相当对价的票据受让人不因前手让与人的权利瑕疵而受到影响。

继受取得是因票据的转让或因继承、企业合并等法定原因而取得票据权利。继受取得分为有偿取得和无偿取得。有偿取得是指持票人为取得票据权利支付了相当的对价。无偿取得是指持票人取得票据没有支付任何对价，如因赠予、继承、企业合并等原因取得票据。无偿取得票据的持票人，即使为善意，其享有的票据权利不得优于前手。

## 二、票据权利的行使与保全

### （一）付款请求权的行使

持票人要求付款人付款，需先向其提示票据。提示是持票人向付款人现实地出示票据，请求付款人支付票款的行为。提示必须在票据法规定的期限内进行，因付款提示超过票据法规定的期限而遭付款人拒付的，持票人丧失对前手背书人的追索权，不能向前手背书人追索。持票人做付款提示后，付款人一般即付款。

付款有广义和狭义之分。广义的付款是指经持票人提示，一切票据关系人依票据的记载文义，向持票人支付票据金额的行为。广义的付款并不绝对消灭票据关系，如背书人遭持票人追索向持票人支付票据金额后，又需向前手背书人或出票人再追索，并不导致票据关系的消灭。狭义的付款是指票据付款人或票据主债务人，即承兑人或出票人，为消灭票据关系而向票据债权人支付票款的行为。狭义的付款导致票据关系的消灭。

付款人在付款时应对票据进行审查，但一般认为，付款人只负责审查票据的形式，而对实质性内容不负认定的责任。付款人对票据形式审查的内容包括：票载事项是否完整、出票人的签章是否真实或票据是否伪造、票据是否经过变造、远期票据是否已经到期、票据背书是否连续、持票人是否为真正的票据权利人等。付款人经对票据的形式审查，对不符合付款条件的票据，应予拒付。付款人经对票据的形式审查未发现问题而付款的，即使对真正票据权利人造成损失，付款人不承担责任。票据付款人应于票据到期日付款，如提前付款则应自负其责。

付款是付款人的权利而不是义务，持票人不得强令未作承兑的付款人付款。

### （二）追索权的行使

当票据遭到拒付时，持票人有权向前手背书人、出票人和保证人行使追索权，请求支付票款。拒付包括拒绝承兑和拒绝付款。持票人遭付款人拒绝承兑，虽票据尚未到期，持票人也可行使追索权，即期前追索。

追索权的行使应具备以下要件：
（1）必须在法定期限内向付款人提示票据，否则丧失对前手背书人的追索权。
（2）在遭到拒付时，必须在法定期限内做成拒绝证书，即自己在法定期限内提示票据而遭付款人拒付的证明文件，但票据记载免除做成拒绝证书的除外。
（3）在法定期限内将拒付事实通知其前手，并在法定期限内即票据时效期间内行使追索权。

### （三）票据权利行使的时效期间和利益偿还请求权

时效是指票据权利的行使，即付款请求权和追索权行使的时间。

票据权利因在下列期限内不行使而消灭：
（1）持票人对远期汇票出票人和承兑人的权利，自票据到期日起 2 年，见票即付的汇票、本票，自出票日起 2 年。
（2）持票人对支票出票人的权利，自出票日起 6 个月。
（3）持票人对前手背书人的追索权，自被拒绝承兑或者被拒绝付款之日起 6 个月不行使而消灭；持票人对前手背书人的再追索权，自其被追索而清偿票款之日或其被提起诉讼之日起 3 个月不行使而消灭。

持票人虽因票据时效丧失票据权利，但其民事权利并未丧失，可以要求承兑人或出票人在其得到的利益限度内偿还与票据金额相当的利益，称利益偿还请求权或利益返还请求权。

### （四）票据丧失时的补救

票据的丧失包括绝对丧失和相对丧失。绝对丧失是指票据物质不再存在，如票据在大火中被烧毁。票据的相对丧失是指票据本身存在但脱离了票据权利人的占有，如票据遗失、被偷、被抢而有可能为他人得到。由于票据是完全证券，行使票据权利以占有和提示票据为必要，票据的丧失使票据权利人无法行使票据权利，并有可能为他人取得，因此应采取相应的补救措施以进行保全。票据丧失可以采取的补救措施包括：

**1. 挂失止付**

挂失止付是票据相对丧失时，票据权利人向付款人发出止付通知，请求付款人暂停付款的一种临时的应急措施。票据绝对丧失时则没有挂失止付的必要。

受理挂失止付并不是付款人的义务，只是在银行业务中，银行普遍都愿意这样做，挂失止付已成为银行业务中的普遍做法。在失票人挂失止付前票款已被他人冒领的，银行不受理挂失止付，并且只要银行尽到了形式审查的义务，银行不承担责任。付款银行受理挂失止付后，在挂失止付的有效期间内，银行不得付款，否则对失票人造成的损失，付款银行应承担赔偿责任。

失票人在挂失止付后的 3 天内应向法院申请公示催告，否则挂失止付自动失效。

**2. 公示催告**

票据相对丧失或绝对丧失时，失票人可在挂失止付后 3 日内，也可在票据丧失后直接向票据支付地的基层法院申请公示催告。法院受理公示催告申请后，应通知付款银行对该票据停止付款，并根据公示催告申请人即失票人提供的票据情况发布公告，催告利害关系人在不少于 2 个月的期限内向法院申报权利。在公示催告期间内，所有转让该票据的行为无效。利害关系人在向法院申报权利时应出示票据，利害关系人出示的票据与公示催告申请人所丧失的票据为同一张票据的，申报成立，公示催告程序终结，就该票据的归属当事人可通过普通诉讼程序解决。公示催告期限内无人申报或申报不成立的，公示催告申请人可申请法院做出除权判决,宣告所丧失的票据无效,并可判令付款人向公示催告申请人支付票据金额。

**3. 票据诉讼**

当事人就票据及票据权利的归属有争议的,可通过普通诉讼程序解决。另外,票据权利人在票据丧失时也可以提供担保为前提条件,请求付款人支付票据金额,票据时效期间届满无人向付款人提示票据请求付款的,担保解除。

### (五) 票据伪造和票据变造对票据权利行使的影响

**1. 票据伪造**

票据的伪造是指假借他人名义出票或假借他人名义在票据上签章的行为。前者是票据本身的伪造,后者是票据上签章的伪造。伪造票据产生下列法律后果:

(1) 被伪造人因没有真正在票据上签章而不负票据责任。

(2) 伪造人也不负票据责任,但应负民事赔偿责任以及刑法规定的伪造有价证券的刑事责任。

(3) 票据的伪造不影响其他真实签章的效力,其他在票据上真实签章的人仍应承担票据责任。持票人从签章在被伪造人之后的背书人手中取得票据的,可以对其行使追索权,要求其支付票据金额。持票人对在被伪造人之前的真实签章的票据债务人,如出票人、背书人,也可行使追索权,但可能会遭到抗辩。

**2. 票据变造**

票据的变造指无权限而改变票据上除签章以外的其他记载事项,以影响票据责任的行为。

票据变造不同于票据的更改,票据的更改是出票人或经出票人授权的人对票据上的记载事项进行更改,以影响票据权利义务关系的行为。按中国《票据法》的规定,票据的金额、日期、收款人的姓名或名称不得更改,否则票据无效。其他记载事项,出票人或经出票人授权的人可以更改。

票据变造对票据关系人的权利义务发生影响,各票据关系人按其在票据上签章的时间确定其责任。签章在变造前的对变造前文义负责,签章在变造后的对变造后文义负责,无法辨别签章是在票据变造前或变造后,按照中国《票据法》的规定,推定签章在变造前完成,按变造前文义承担票据责任。

## 三、票据抗辩

票据抗辩是指付款人或票据债务人基于法定的事实和理由,对于票据债权人的请求提出抗辩,拒绝履行票据债务的行为。票据抗辩包括:

### (一) 物的抗辩

物的抗辩是对抗一切持票人的抗辩事由。其抗辩事由包括:

(1) 有关票据记载的抗辩。如票据记载事项不完整、票据尚未到期、票据上已作票据债权消灭的记载等。

(2) 有关票据效力的抗辩。如票据伪造或变造、无行为能力人实施的票据行为、无权代理实施的票据行为等。

(3) 有关票据债务的抗辩。如票据债务已因时效而消灭、票据债务因保全手续欠缺而消灭等。

### (二) 人的抗辩

人的抗辩是对抗特定持票人的抗辩事由，因票据债务人与特定的票据权利人之间的法律关系而发生。其抗辩事由包括：

（1）原因关系的抗辩。存在着直接原因关系的票据当事人之间，可以以原因关系不合法、原因关系不存在或消灭、对价未受领或已进行相当于票据金额的给付等为由进行抗辩。

（2）预约的抗辩。基于票据直接当事人之间的预约，可以进行抗辩。

（3）票据行为的抗辩。特定的票据行为人和与其相对的特定票据权利人之间可以因票据行为发生抗辩，如其实施该票据行为是由于受到欺诈或胁迫。

（4）无权的抗辩。如持票人为非真正的票据权利人，可以对其进行抗辩。

### （三）恶意或重大过失的抗辩

持票人恶意或重大过失取得票据的，不享有票据权利或其票据权利不得优于前手，若票据债务人对前手存在抗辩事由，则也可对其进行抗辩。但只限于对恶意或重大过失取得票据者，对善意并支付了相当对价的持票人不得进行抗辩。

### （四）无对价的抗辩

持票人无对价取得票据，其票据权利不得优于前手，若票据债务人对前手存在抗辩事由，则也可对其进行抗辩。

## 第四节　票　据　分　论

### 一、汇票

汇票（bill of exchange）是出票人签发的，委托付款人于见票时或指定的到期日，向持有票据的人无条件支付一定金额的有价证券。汇票是他付证券，汇票的基本当事人有三个，即出票人、付款人、收款人或持票人。

#### （一）汇票的种类

从不同的角度，可以对汇票作不同的分类：

**1. 按照出票人的不同，汇票分为商业汇票和银行汇票**

银行汇票的出票人是银行，商业汇票的出票人是银行之外的商事主体。商业汇票按承兑人的不同又分为银行承兑汇票和商业承兑汇票。银行承兑汇票的承兑人是银行，商业承兑汇票的承兑人是银行之外的商事主体，通常由债权债务关系中的收款人签发，经付款人承兑，或付款人签发并承兑，而付款人的开户银行则为代理付款人，作为付款人的代理人对汇票金额付款。

**2. 按付款日期的不同，汇票分为即期汇票和远期汇票**

即期汇票见票即付，远期汇票在指定的到期日付款。

在中国，银行汇票是即期汇票，商业汇票一般为远期汇票。根据到期日的指定方式不同，远期汇票又分为定日付款的定期汇票、出票后定期付款的计期汇票和见票后定期付款的注期汇票三种。

根据中国《票据法》和中国人民银行《支付结算办法》的规定，即期汇票的提示付款期限，自出票日起1个月。远期汇票的到期日最长不超过6个月，提示付款期限，自汇票到期日起 10 日。

远期汇票由于在到期日之后才能向付款人请求付款，而在请求付款时可能遭到付款人的拒付，因此需要在到期日前先向付款人请求承兑，以获得付款的保障。根据中国《票据法》的规定，定期汇票和计期汇票应在到期日前请求承兑，到期日后可以直接请求付款，无须再请求承兑；注期汇票的持票人应在出票后 1 个月内向付款人请求承兑，以确定到期日。

### 3. 按汇票的当事人有否发生重合，可以将汇票分为一般汇票和变式汇票

一般汇票的三个当事人分别由不同的人担任，变式汇票的当事人发生了重合。出票人和付款人由同一个人担任的，称对己汇票；出票人和收款人由同一个人担任的，称指己汇票；付款人和收款人由同一个人担任的，称付受汇票；汇票的三个当事人都由同一个人担任的，称己付己受汇票。国际结算中使用的汇票通常是变式汇票。

### 4. 按照汇票是否附有其他单据，可以将汇票分为光票和跟单汇票

光票是没有附单据的汇票，凭票据本身即可获得付款。跟单汇票是附了各种单据，只有当所附的各种单据都符合要求，才能获得付款的票据。国际结算中使用的汇票通常是跟单汇票，跟单汇票只有当所附的各种单据都符合要求，如在信用证结算中符合信用证的要求，在跟单托收结算中符合合同的要求，才能获得付款，否则付款人或票据债务人可以拒付。

#### （二）汇票在国际结算中的使用

在国际贸易中，常用的结算和支付方式主要有买方直接付款、银行托收和银行信用证三种。买方直接付款的方式并不普遍，具体又包括订货付现、见单付款、交单付现三种，在具体的付款方式中，都可通过汇票的使用。国际结算中常用的方式是银行托收和银行信用证，这两种结算方式具体的结算程序中都涉及汇票的使用。

### 1. 银行托收

银行托收是由卖方对买方开立汇票，委托银行向买方收取货款的结算方式。其基本做法是：由卖方根据发票的金额开立以买方为付款人的汇票，向出口地银行提出托收申请，委托出口地银行（即托收行），通过其在进口地的分支机构、代理或往来银行（即代收行），代为向买方收取货款。

托收分为光票托收和跟单托收两种。光票托收是指卖方仅开具汇票委托银行向买方收取货款，而没有附任何单据。跟单托收是指卖方将汇票连同提单、保险单、商业发票等各种单据一起交给银行，委托银行向买方收取货款。跟单托收中，只有当汇票所附的各种单据都符合买卖双方签订的合同的要求，才能够获得买方的付款。国际结算中，银行托收一般采用跟单托收的方式。

跟单托收根据交单条件的不同，可以分为付款交单和承兑交单两种。

付款交单是以买方的付款为卖方交单的条件，在这种条件下，买方必须按汇票上的金额付款，才能获得装运单据，并凭装运单据提取货物，否则买方便无法取得装运单据项下的货物。付款交单又可分为即期付款交单和远期付款交单两种。即期付款交单是指卖方开具即期汇票，通过银行向买方提示，买方见票后即付款，并于付款后即取得单据。远期付款交单是指卖方开具远期汇票，通过银行向买方做承兑提示，买方承兑后，于汇票到期时再付款，并取得装运单据。

承兑交单是指卖方的交单以买方承兑汇票为条件。卖方开具远期汇票，通过银行向买方做承兑提示，买方承兑汇票后即可取得货运单据，并凭单据提取货物，待汇票到期后再支付

票款。承兑交单只适用于远期汇票的托收，相对来说，这种托收方式卖方面临较大的风险。

### 2. 银行信用证

银行信用证是由银行以自身的信誉向卖方提供付款保证的一种凭证，是银行根据进口方即买方的请求，开给出口方即卖方的一种保证承担付款责任的证书。信用证是为解决国际贸易中买卖双方的互不信任问题而产生的。

在信用证结算中，买方根据合同的要求向当地的银行（开证行）申请对卖方开立信用证，银行接受申请开出信用证，并通过其在出口地的代理行或往来行（通知行），把信用证通知卖方。卖方在接到信用证后，发运货物并取得信用证所要求的各种单据，再签发以自己为收款人、以开证行或信用证上指定的其他银行为付款人的汇票，将汇票及所附的各种单据交当地的议付行（可以为通知行，也可以为其他银行）议付，议付行再将汇票及单据寄交开证行索偿，开证行经审查认定汇票所附的各种单据都符合信用证的要求，即对该汇票付款或承兑并通知买方付款赎单。经开证行的审查认为汇票所附的单据不符合信用证的要求，开证行可以拒付，在此情况下，议付行可以向已获得票款的卖方追索。议付行为避免遭开证行拒付的风险，通常在议付前会与开证行联系，取得开证行对卖方所提供的各种单据都符合信用证的要求的确认，再予以议付。

根据国际商会《跟单信用证统一惯例》的规定，信用证是一项独立的交易，虽然信用证以买卖合同为基础，但与买卖合同完全独立，也不受其约束。只要卖方所提交的单据在表面上符合信用证的要求，银行就可以凭单付款，而不用承担责任。至于单据所标示货物的实际情况是否与合同的约定相符，则在所不问。

在信用证结算中，卖方签发的汇票可以是即期汇票，也可以是远期汇票，具体根据合同和信用证的规定。对即期汇票，只要汇票所附的单据符合信用证的要求，开证行即付款。对远期汇票，单据符合信用证的要求的，开证行即予以承兑，并在汇票到期时付款。

## 二、本票

本票（promissory note）是出票人签发的，约定于一定时间由自己无条件向收款人或持票人支付一定金额的有价证券。本票是自付证券，本票只有两个当事人，即出票人和收款人。由于本票的出票人本人就是付款人，所以本票无须承兑。

按本票出票人的不同，可以将本票分为商业本票和银行本票。银行本票的出票人是银行，商业本票的出票人是银行之外其他的商事主体。按本票付款日期的不同，可以将本票分为即期本票和远期本票。即期本票见票即付，远期本票在到期日后才能获得付款。

根据中国《票据法》的规定，在中国只有银行本票，没有商业本票，银行本票分为定额银行本票和不定额银行本票两种。并且在中国，银行本票都是即期的，没有远期本票，提示付款期限自出票日起最长不超过 2 个月，持票人可随时请求付款，见票即付。

## 三、支票

支票（check）是银行存款户签发的，委托或授权其开户银行从其账户中支付一定金额给收款人或持票人的票据。

支票的出票人必须事先在银行开立支票存款账户，与银行签订委托付款的协议，从而可以签发支票，委托开户银行从其账户中支付票款给收款人或持票人。支票的出票人必须在其存款余额或银行同意的透支限额内签发支票，禁止签发空头支票，对空头支票银行不予兑付。支票都是即期的，禁止出票人签发远期支票。

支票的付款人只能是经批准办理支票业务的银行。

在中国，支票分为一般支票、现金支票和转账支票，都是即期的，其付款期为出票日起10天内。一般支票可以用于支取现金，也可以用于办理转账；现金支票只能支取现金；转账支票则只能用于办理转账结算。

在国外有划线支票和保付支票等特殊的支票类型。划线支票付款人只能对划线内的银行或其他金融机构付款，使用比较安全。保付支票由付款人在支票正面记载照付或保付字样，付款人负绝对付款责任。支票保付的作用类似于汇票的承兑。

## 案例讨论题

1. 中国农业银行西宁市支行东郊办事处（以下简称农行东郊办）为从中南航空企业集团（以下简称中南集团）引进资金，对10张面额各为500万元的汇票进行了承兑，其中收款人为中南集团下属企业1234工厂（以下简称1234工厂）的6张计3000万元。当年9月中旬，中南集团承包人林某等人到中银信托投资公司（以下简称中银公司）联系贷款，并提出以农行东郊办承兑的、收款人为1234工厂的其中4张银行承兑汇票计2000万元作为贷款担保，将汇票交给了中银公司。9月14日，借贷双方签订了贷款合同。合同签订后，中银公司提出将用作担保的银行承兑汇票的收款人由1234工厂变为中银公司，双方经协商达成了补充协议。10月1日，中银公司信贷部副经理李某、中南集团林某等人到西宁要求农行东郊办将银行承兑汇票的收款人变更为中银公司。10月3日，农行东郊办对以中银公司为收款人、票面金额合计人民币2000万元的汇票进行了承兑，汇票到期日分别为次年7月3日、10月7日，中银公司将原收款人为1234工厂、票面金额合计为2000万元的银行承兑汇票退还给了农行东郊办。到10月3日止，中银公司共向中南集团发放流动资金贷款1952万元。贷款到期后，中银公司未能从中南集团收回贷款本息。次年6月27日，农行东郊办向青海省高级人民法院提起诉讼，请求确认由其承兑的、收款人为中银公司的2000万元银行承兑汇票无效。中银公司提起反诉，要求农行东郊办立即支付业已到期的银行承兑汇票票款并赔偿汇票到期后未获兑付期间的损失。法院判决汇票无效，中银公司须将汇票退还给农行东郊办。中银公司不服判决，向最高人民法院提起上诉。最高人民法院做出终审判决，撤销青海省高级人民法院的一审判决，认定农行东郊办承兑的汇票有效，农行东郊办应将汇票金额2000万元兑付给中银公司并赔偿中银公司的利息损失。

分析：

中南集团向中银公司贷款，以农行东郊办承兑的、收款人为中南集团下属企业1234工厂的4张共计金额2000万元的银行承兑汇票作为担保，本应通过质押背书将汇票交付中银公司，但未经背书而直接交付，这不影响担保关系的成立。事后，中银公司提出将用作担保的银行承兑汇票的收款人由1234工厂变更为中银公司，并达成了补充协议，这本无必要，完全可以通过质押背书解决，但这样做也不影响已经成立的担保关系的效力，农行东郊办根据中银公司和中南集团的要求，对以中银公司为收款人、票面金额合计2000万元的汇票进行承兑，并将先前由其承兑的收款人为1234工厂、票面金额相同的银行承兑汇票收回，即视为是对汇票收款人的变更。中银公司取得该汇票后，共向中南集团发放贷款1952万元，并将中南集团原作为贷款担保并由其占有的收款人为1234工厂的银行承兑汇票退还给了农行东郊办，已付出了相应的对价，因此对农行东郊办承兑的、由其作为收款人的银行承兑汇票享有合法的票据权利，在中南集团到期未归还贷款本息时，有权行使票据权利，要求农行东郊办兑付。并且，票据是无因证券，票据关系一经成立，即与取得票据的原因关系相脱离，无论原因关系是否存在及是否有效，都不影响票据本身的效力。中银公司接受中南集团交付的银行承兑汇票作为担保，对于中南集团取得该汇票的原因并不负责，农行东郊办为引进资金而承兑汇票，实际上并无真实商品交易关系的理由不能对抗中银公司，因此中银公司应享有合法的票据权利。

坚持票据关系与票据基础关系相分离的原则，坚持票据的无因性，对于保障票据权利人权利的实现，促进票据的流通，具有重要的意义。如果票据的有效以签发票据的原因的存在和有效为前提，那么票据的受让人在受让票据时势必要先调查票据的原因关系存在及合法、有效与否，这往往强人所难。同时，票据受让人由于存在着万一票据原因关系不存在或不合法自己将丧失票据权利的顾虑，往往不愿意接受票据，而宁愿选择现金交易。这对于实现票据的流通性也是一大障碍。

2. 恒昌公司因与赛格公司合同关系签发了金额分别为450万元和650万元，到期日分别为当年11月16日和12月16日，收款人均为赛格公司的银行承兑汇票两张，承兑人为郊区农行。但此两张汇票被恒昌公司在交付给赛格公司前遗失。恒昌公司在《南方日报》登报声明这两张汇票作废，并于当年9月2日向支付地郊区法院申请公示催告，法院于当天通知郊区农行停止支付。但公示催告期满，恒昌公司未向法院申请除权判决。汇票遗失后，恒昌公司将遗失的银行承兑汇票第一联（此联由承兑行支付票款时做借方凭证）复印件和郊区农行出具的一份说明函交付给赛格公司。汇票第一联复印件上的汇票签发人签章栏内，加盖了郊区农行的汇票专用章，但没有恒昌公司的签章。郊区农行说明函的内容是：由于汇票被出票人遗失，出票人已登报声明作废，因此同意在遗失汇票的底联复印件上加盖本行汇票专用章，作为收款人向本行收款的有效依据。赛格公司按复印件记载的日期，在到期后持汇票复印件及说明函向郊区农行提示付款，遭郊区农行拒付，遂以郊区农行为被告提起诉讼。

分析：

出票是指出票人签发票据并将其交付给收款人的票据行为。本案中，恒昌公司虽然签发并经郊区农行承兑了两张银行承兑汇票，但这两张银行承兑汇票在向赛格公司交付前即被恒昌公司遗失，因此恒昌公司并未完成出票行为，赛格公司也始终未实际持有该两张银行承兑汇票，因此并不是该两张银行承兑汇票的权利人。虽然事后恒昌公司将遗失的银行承兑汇票底联的复印件交给了赛格公司，其上并加盖了郊区农行的汇票专用章，且郊区农行出具了说明函，同意以该汇票复印件作为收款人向其收款的有效依据，但该汇票底联的复印件上并未有出票人恒昌公司的签章，而出票人的签章是法定的绝对应记载的事项之一。并且，汇票复印件也不符合中国《票据法》规定的票据的形式要求。票据的签发必须使用专门的票据用纸，按票据用纸上的要求进行记载，由当事人自己制作的票据用纸，由于不符合法定的形式要求，也是无效的。

票据是严格的要式证券，必须按法定的要求做成，必须记载法定应记载的事项，否则便是无效的票据。因此，恒昌公司事后出具的汇票底联复印件并不能作为有效的票据使用，赛格公司不是票据权利人，自然也就不享有票据权利。郊区农行可以票据无效为由进行抗辩，拒付票款。当然，赛格公司虽因票据无效而不享有票据权利，但其因与恒昌公司的合同关系而享有的债权并不丧失，赛格公司可以合同关系要求恒昌公司履行债务。

3. 新兴公司与乌克兰尼里亚公司签订了一份120吨洋葱种子的进出口合同。随后，新疆中行收到一份由乌克兰斯拉夫商业银行开出的不可撤销信用证，信用证申请人为乌克兰尼里亚公司，受益人为新兴公司，金额为84万美元。新疆中行在审查了信用证印押确认信用证真实后，通知了新兴公司，新兴公司未对信用证条款提出任何修改意见。之后，新兴公司按信用证要求准备了出口货物，并向新疆中行提交了信用证下的有关单据请求议付。新疆中行在审单时发现信用证中对运输单据的要求一栏内用括号注明应使用CMR（《国际公路货物运输合同公约》）运输单据，便电话向承运单位查询，在得到肯定的答复后即结束审单予以议付，经新兴公司背书，接受了新兴公司签发的以乌克兰斯拉夫商业银行为付款人的汇票。后新疆中行发往斯拉夫商业银行要求确认的单据，被斯拉夫商业银行以运输单据与信用证要求不符为由拒收，对新兴公司签发的汇票也予以拒付。经查，由于中国未参加《国际公路货物运输合同公约》，承运人根本无法开出CMR运输单据，新兴公司提交的实际上并非信用证所要求的CMR运输单据。

分析：

汇票分为光票和跟单汇票两种。光票是指持票人向付款人提示后，付款人即予以承兑或付款的汇票。跟单汇票是指汇票附了各种单据，只有当所附单据符合合同的规定（跟单托收结算方式下）或符合信用证的要求（信用证结算方式下）时，付款人才予以承兑或付款的汇票。在信用证结算方式下，买方根据合同的约定向其所在地的银行（开证行）申请开出信用证，并由卖方所在地与开证行有业务往来的银行（通知行）通知卖方，卖方对信用证核对无误后即发货，取得提单等运输单据，并签发以信用证上指定的银行（开证行或其指定的银行）为付款人的汇票，将汇票及信用证上规定的各种单据提交付款人，付款人对单据核对无误后即予以承兑或付款。如卖方提交的单据不符合信用证的要求，付款人即拒付。卖方也可将汇票和单据交议付行议付，议付行受让汇票和单据并对卖方支付货款，然后再向汇票付款人提示承兑或付款。议付行向卖方议付货款后仍保留对卖方的追索权。本案中，新兴公司向新疆中行请求议付，新疆中行背书接受了新兴公司签发的以乌克兰斯拉夫商业银行为付款人的汇票，新疆中行是被背书人，而新兴公司则是背书人。后新疆中行向付款人斯拉夫商业银行提示汇票时，由于汇票所附单据不符合信用证要求，付款人拒付。在此情形下，新疆中行作为被背书人可以向背书人新兴公司行使追索权，要求新兴公司支付汇票金额，也即返还其议付的款项。

4. 珠海市某钢管厂以帮助交通银行中山支行（以下简称中山交行）从外地拆借资金为诱饵，向中山交行要求开出8000万元的银行承兑汇票。中山交行经审查同意于当年2月19日开出了9张承兑申请人为某钢管厂，总面额8000万元，承兑期为9个月的银行承兑汇票，其中3张总面额为2500万元的汇票收款人为中国成套设备出口公司武汉分公司业务处（以下简称业务处），3张总面额为2500万元的汇票收款人为中国成套设备出口公司武汉分公司经营处（以下简称经营处，与业务处是一套班子两块牌子），3张面额各为1000万元的汇票收款人为原中南航空公司。中南航空公司收到汇票后将其中一张汇票向中国银行汉口分行（以下简称汉口中行）申请了贴现，将另两张汇票背书转让给了万达公司。同年7月22日万达公司与中国建设银行海口市分行（以下简称海口建行）签订了汇票贴现协议，并将上述两张汇票交付海口建行。但由于某种原因，海口建行于同年11月10日才将票款划入万达公司账号，而在此之前中山交行曾电告海口建行要求对此两张汇票不予贴现。经营处为得到3张汇票先后提供了总价值2000多万元的商品。业务处收到的3张汇票经中山交行多次索要最终退还给了中山交行。后中山交行以经营处、海口建行为被告，以万达公司和中南航空公司为第三人向法院起诉，法院判决：确认被告经营处和海口建行为非法持有原告中山交行签发的银行承兑汇票，中山交行对这些汇票应不予兑付，两被告须将汇票全部退还给原告。本案第三人中南航空公司持原告签发的汇票向汉口中行办理贴现所得票款1000万元连同非法占用该款期间应付的银行利息返还给原告。

分析：

票据是无因证券，票据关系的存在并不以原因关系的成立和有效为前提，票据关系与票据的原因关系各自相对独立。虽然中国《票据法》第10条规定"票据的签发、取得和转让，应当遵循诚实信用的原则，具有真实的交易关系和债权债务关系"。中国人民银行颁发的《支付结算办法》也规定票据的签发、取得和转让，必须具有真实的交易关系和债权债务关系。但这不能看作对票据效力的规定，而只能看作一种管理性规范或倡导性规定。中山交行虽是因受珠海某钢管厂的欺诈而开出总面额8000万元的银行承兑汇票，但这些银行承兑汇票只要形式完备即为有效的票据，并不因中山交行系受骗或无合法商品交易为基础而无效。业务处收到的3张汇票经中山交行多次索要最终退还给了中山交行，系其自行处分其票据权利，法律自无须干涉。经营处为得到3张汇票先后提供了总价值2000多万元的商品，应认定已支付了相应的对价，作为善意并支付了相应对价的合法持票人，应享有票据权利。中南航空公司将其中一张汇票向汉口中行申请了贴现，汉口中行成为该汇票的合法持票人。将另两张汇票背书转让给万达公司，万达公司成为该两张汇票的合法持票人。后万达公司于7月22日与海口建行签订贴现协议并将该两张汇票交付海口建行，虽海口建行迟至11月10日才将票款划入万达公司账号，但从汇票交付海口建行时起，万达公司即已将其票据权利转让给了海口建行，海口建行成为该两张汇票的票据权利人。并且在票据背书转让中，即使背书人的票据权利存在瑕疵，善意并支付了相当对价的被背书人享有优于前手背书人的权利，从而取得完全的票据权利。而"善意"的认定，应采用推定的做法，即除非票据债务人能举证证明被背书人为恶意，否则即应认定被背书人在受让票据时为善意，不知前手背书人票据权利存在瑕疵的情形。由此可见，经营处、汉口中行、海口建行是汇票的合法持票人，享有完全的票据权利，有权向汇票的承兑人中山交行主张权利，中山交行应予兑付票款。法院判决经营处和海口建行为非法持有汇票，中山交行应不予兑付，两被告须将汇票退还给原告中山交行，于法无据。至于中山交行兑付票款后造成的损失，只能通过其他途径挽回。

5. 某年3月13日，澳柯玛销售公司与利津县物资公司签订了一份买卖合同，约定由澳柯玛销售公司向利津物资公司供应澳柯玛系列产品，供货总值1亿元人民币，结算方式为银行承兑汇票。为此，利津物资公司与利津中行签订了承兑协议，约定由利津中行对以利津物资公司为出票人，澳柯玛销售公司为收款人的20张，每张金额为500万元的商业汇票进行承兑，承兑申请人利津物资公司应于汇票到期7日前将应付票款足额交付承兑银行利津中行，如到期日之前承兑申请人不能足额交付票款，承兑银行对不足支付部分的票款转作逾期贷款。同日，利津物资公司、利津中行、澳柯玛销售公司以及澳柯玛电器公司四方签订了一份银行承兑保证协议，约定澳柯玛销售公司和澳柯玛电器公司为利津中行与利津物资公司签订的银行承兑协议承担连带保证责任，如利津物资公司违约，利津中行有权直接向保证人追偿，如保证人未代为清偿到期债务，利津中行有权委托保证人的开户银行直接扣收其账户中的存款或直接扣收保证人的其他财产权利。协议签订后，利津中行如约对20张汇票进行了承兑。同年9月5日和9月10日，澳柯玛销售公司因未足额供货而将其中11张共计5500万元的汇票分两次退还给了利津中行。之后于汇票到期日将其余的9张共计4500万元汇票委托其开户银行向利津中行提示付款，利津中行以"出票人利津物资公司未将票款交付我行，澳柯玛销售公司应承担保证责任"为由拒付票款，同时将汇票扣留并出具了拒付证明。

分析：

票据是一种无因证券、文义证券，票据当事人之间权利义务关系的确定，应以票据本身的记载为准，而不能以票据记载以外的事实和理由作为确定票据当事人权利义务的依据。票据关系与票据的基础关系，即原因关系、资金关系、预约关系是互相独立的，票据的基础关系不能作为确定票据当事人权利义务的依据，票据债务人也不能以票据基础关系作为抗辩事由而拒绝履行票据债务，对抗票据权利人的付款请求，这是一般的原则。但是，在具有直接债权债务关系的票据当事人之间，票据的基础关系则是一种票据抗辩的事由。中国《票据法》第十三条第二款也规定："票据债务人可以对不履行约定义务的与自己有直接债权债务关系的持票人进行抗辩。"也就是说，在具有直接债权债务关系的票据当事人之间，票据债务人可以票据基础关系对抗票据关系。

本案中，澳柯玛销售公司是利津县物资公司签发，利津中行承兑的20张银行承兑汇票的收款人，但澳柯玛销售公司同时又与利津中行签订了银行承兑保证协议，约定对利津中行与利津物资公司之间，为承兑以澳柯玛销售公司为收款人的此20张汇票而签订的承兑协议，承担保证责任，并约定利津中行有权直接向保证人追偿或委托保证人的开户银行直接扣收其账户中的存款或直接扣收保证人的其他财产权利，从而在澳柯玛销售公司与利津中行之间形成了关于此20张汇票的资金关系，澳柯玛销售公司将自己置于与出票人承担相同债务的一种连带债务人的位置上。出票人利津物资公司未按照承兑协议的约定，向利津中行足额交付票款，此时应由澳柯玛销售公司承担保证责任。因此，澳柯玛销售公司向利津中行做付款提示时，利津中行可对与自己有直接债权债务关系的澳柯玛销售公司以资金关系行使抗辩权，拒绝承担相应的付款责任，并扣收汇票。

另外，从另一角度讲，由于澳柯玛销售公司与利津中行在银行承兑保证协议中约定，被保证人利津物资公司违反承兑协议未足额交付票款时，利津中行可直接向澳柯玛销售公司追偿，并可直接扣收澳柯玛销售公司的财产权利，利津中行也可行使抵销权，而对澳柯玛销售公司提示的汇票予以扣留并拒付票款。

6. 原告江苏省泰州市某公司经背书受让银行承兑汇票一张，出票人为浙江省绍兴市某纺织品公司，金额为人民币20万元，承兑人为绍兴某银行，该汇票此前已经过多次背书转让。汇票到期后，原告委托其开户银行向承兑人绍兴某银行提示请求付款，承兑人以其中两处背书不清晰为由拒付，并出具了拒付通知。承兑人所指两处背书不清晰，其中一处背书的被背书人名称为手写，字迹稍有点潦草，但一般人均能辨认，并确定其后一次背书的背书人签章的字与该名称相同，即后一次背书的背书人即为此次背书的被背书人。另一处背书的被背书人名称为一条形章，该条形章上有一些多余的墨痕，致被背书人的名称不甚清晰，但同样地，一般人均能辨认，并确定其后一次背书的背书人签章的字与该名称相同，即后一次背书的背书人即为此次背书的被背书人。后原告分别找该两处背书的被背书人，要求其配合出具情况说明，证明其即为该所谓背书不清晰处的被背书人，其在受让该票据后又背书转让给了他人，即后一次背书的背书人即为前一次背书的被背书人，该背书是连续的。其中一个被背书人配合出具了情况说明，另一被背书人因与其后手发生了纠纷，拒不配合出具情况说明。原告持情况说明再次向承兑人提示请求付款，承兑人以持票人只提供了一份情况说明，另一处背书不清晰，不能证明后一次背书的背书人即为此次背书的被背书人为由，再次拒付。之后，原告向票据支付地人民法院起诉，请求判令承兑人绍兴某银行支付票据金额及迟延付款的利息，出票人、背书人等其他票据债务人承担连带责任。后在主审法官的协调下，原拒不配合出具情况说明的被背书人出具了情况说明，承兑人同意付款，原告撤诉。

分析：

背书不连续是付款人或票据债务人进行票据抗辩的法定事由之一。背书连续是指票据背书转让中，后一次背书的背书人是前一次背书的被背书人，被背书人、背书人依次互相衔接。背书不连续，无法证明最后的持票人通过正当、合法的途径取得票据，无法确定其是正当、合法的票据权利人。为保护可能存在的其他正当、合法的票据权利人的利益，付款人或票据债务人对背书不连续的票据可以进行抗辩。但对背书是否连续的审查，应是一种形式审查，即从形式上看，背书是连续的，付款人或票据债务人即应付款。对背书是否连续的审查，应以一般人的眼光进行审查，即就一般人的眼光看，背书是连续的，后一次背书的背书人即为前一次背书的被背书人，付款人或票据债务人即应付款。背书不清晰，并不是票据抗辩的事由，背书不清晰但不影响对背书连续的判断的，付款人或票据债务人不应拒付。付款人或票据债务人对背书是否连续进行严格的审查，对背书连续作过高的要求，将严重影响票据权利人的合法权益，并产生阻碍票据转让、流通的社会负面效果，违背票据法降低交易成本、提高交易效率、保障交易安全的立法宗旨。

## 复习思考题

### 一、名词术语

票据　　票据基础关系　　承兑　　票据权利的善意取得　　追索权　　票据时效　　票据伪造　　票据变造　　票据抗辩　　支票

### 二、问答题

1. 票据有哪些法律特征？
2. 票据行为有什么法律特征？
3. 背书人对被背书人承担什么责任？
4. 承兑有什么作用？
5. 票据保证与民事保证有什么不同？
6. 票据追索权的行使应具备哪些要件？

## 本章参考文献

[1] 谢怀栻. 票据法概论 [M]. 北京：法律出版社，2006.
[2] 王小能. 票据法教程 [M]. 北京：北京大学出版社，2001.
[3] 刘心稳. 票据法 [M]. 北京：中国政法大学出版社，2018.

# 第四篇

# 国际知识产权法

# 第十章
# 知识产权法

**本章提要**

- 知识产权的概念及范围
- 专利权
- 商标权
- 著作权/版权

本章就知识产权及其保护的基本制度、知识产权的主要国际公约进行广泛的探讨。主要内容涵盖：专利、商标、版权、计算机软件、生物技术等知识产权的重要组成部分。

## 第一节 知识产权、知识产权的国际保护

### 一、知识产权概述

#### （一）知识产权

知识产权（Intellectual Property Rights，IPR），是指人们对于智力活动创造的成果和经营管理活动中的标记、信誉依法享有的权利。广义的知识产权包括：文学、艺术和科学作品，艺术表演者演出的录音、录像和播出，在人类一切活动领域内的发明、科学发现，外形设计、商标、服务标记、商号名称和牌号，制止不正当竞争，以及在工业、科学、文学或艺术领域内其他一切来自知识活动的权利。WTO《与贸易有关的知识产权协议》（TRIPs协议）则把包括商业秘密在内的几乎所有知识产权形式皆纳入国际法律保护范围之内，大大超过了现有任何国际公约的规定。

狭义的知识产权通常分为两大类：工业产权和版权（著作权）。其中，工业产权包括专利权、商标权和禁止不正当竞争权等。所谓禁止不正当竞争权，主要是指专利权无法涵盖的技术秘密（Know-how）权，以及商标权无法涵盖的禁止假冒他人产品的权利（冒用他人商标除外）。版权又包括作者权和传播者权（即邻接权）等。

作为特殊民事权利的知识产权具有五个特点。第一，知识产权包括人身权利和财产权利。第二，知识产权与有形财产权不同，是一种无形财产权。第三，知识产权是一种绝对权、独占权，具有排他性。只有知识产权人才能享有对知识成果的专有权。除法律另有规定外，知识产权人以外其他任何人未经许可，不得使用权利人的知识成果。第四，与有形财产权不同，知识产权是通过立法行为建立的无形财产权，具有法定的保护时限，超过一定法律期限，知识产权人就可能丧失其专有权（主要是指财产权），相关知识产权即进入"公有领域"，成为人类共同的精神财富。第五，知识产权具有明显的地域性特点，使其区别于其他

有形财产权。这里的地域性是指任何一项知识产权，只在其依法产生的地域内才有效，知识产权人必须依照各国法律分别提出申请，经各国主管机关审查批准或登记注册，或者依据有关保护知识产权的双边或多边国际条约和国际协定的相关条款、依据国民待遇原则在缔约国间受到保护。

### （二）知识产权法

知识产权法是国家制定或认可的、调整因创造性智力劳动成果而产生的各种社会关系的法律规范的总体，主要由专利法、商标法、版权法等组成。

世界上第一部专利法是由威尼斯共和国于 1474 年 3 月 19 日制定的。而具有"现代专利法始祖"之称的第一部正式并且完整的专利法，是英国 1623 年颁布的《垄断法》。继英国之后，欧美各国也纷纷效仿英国，建立了本国的专利制度。现代商标法的出现远远迟于专利法，1857 年法国颁布了第一部成文的商标法，确立了商标注册制度。此后，世界各国大都实行了商标法律制度。英国议会于 1709 年 4 月 10 日颁布了世界上第一部近代意义上的版权法《安娜女王法》。中国的知识产权法制建设起步比较晚，但是在中国历史上有对智力劳动成果进行产权保护的记载。

## 二、知识产权的国际保护

知识产权的国际保护实际上是在国民待遇原则下利用国内立法对外国的知识产权提供保护。19 世纪末，为维护正常的国际经济秩序，全面、有效地保护知识产权人的权利，各国先后签订了一系列保护知识产权的国际公约，成立了一些全球性或区域性知识产权保护的国际组织，在世界范围内形成了一套国际知识保护制度。知识产权国际保护面临两个主要问题：本国应当尊重和保护知识产权外国持有人的利益；防止外国对知识产权本国持有人的利益侵害。

### （一）知识产权国际保护的产生和发展

知识产权的国际保护产生于 19 世纪下半叶。1883 年开创知识产权国际保护新纪元的《保护工业产权巴黎公约》（简称《巴黎公约》）签署以后，知识产权国际保护得到了迅猛的发展。随着科学技术的不断发展、经济全球化的不断扩大，知识产权国际保护的法律制度也在不断完善并且逐步向着更为广泛的专业领域和地域延伸。现今知识产权国际保护主要呈现以下特点：

（1）知识产权国际保护的范围正在不断地从科学技术领域向国际贸易、投资、合作等领域拓展。WTO 协议中的 TRIPs[一]的签订充分体现了知识产权保护已经成为国际贸易中重要的一环。

（2）随着区域经济一体化的进一步加快，区域性的知识产权国际保护也日趋加强。世界上不少地区签订了内部统一的知识产权国际保护的法律、条约、协定等。

（3）为了强化知识产权的国际保护，原有的一些保护知识产权的国际公约，在签订后的数十年中都做了进一步的修改和补充。

### （二）知识产权国际保护的方式

#### 1. 国内立法式

国内立法式是指某一国家通过国内立法，单方面宣布对不在其领域内取得的知识产权也

---

[一] TRIPs，《与贸易有关的知识产权协议》。

予以保护的方式。由于这一方式不要求互惠，只是单方面宣布保护，对本国的切身利益没有多少好处，所以至今也只有极少数国家采用这种方式。

**2. 双边或多边协定式**

双边或多边协定式是指两个或两个以上国家通过签订双边或多边协定，相互保护对方国家的知识产权的方式。双边或多边协定的保护方式具有很大的局限性，它仅仅约束缔约各方，对非缔约方则无约束力。

**3. 国际公约式**

国际公约式是指通过缔结国际公约来对知识产权进行保护的方式。由于缔结国际保护公约的范围广、影响大，这一方式是知识产权国际保护中最主要的方式。《巴黎公约》是知识产权国际公约中缔约最早、成员最多的公约，与1886年在伯尔尼签订的《保护文学和艺术作品伯尔尼公约》（简称《伯尔尼公约》）一起，共同构成了知识产权国际保护的两个最基本的公约。自这两个公约签署以来，各种专门的世界性、区域性及跨国的保护知识产权的公约、协定相继签署。主要包括保护专利专有权、商标权、著作权的国际条约，保护其他新的知识产权类型的国际公约等。这些国际公约的缔结，为知识产权的国际保护发挥了重要作用，奠定了基础。

### （三）知识产权国际保护管理机构

世界知识产权组织（WIPO）是联合国系统负责管理全球知识产权事务的专门机构，由"国际保护工业产权联盟"（巴黎联盟）和"国际保护文学艺术作品联盟"（伯尔尼联盟）于1967年7月14日在瑞典斯德哥尔摩共同建立，是关于知识产权服务、政策、合作与信息的全球论坛。WIPO的使命是，通过兼顾各方利益和行之有效的国际知识产权制度，促进创新创造，推动所有成员国的经济、社会和文化发展。其宗旨是，通过国家间合作，并在适当情况下与其他国际组织配合，促进世界范围内的知识产权保护，保证各联盟之间的行政合作。同时，作为一个中立、国际性和非营利的争议解决机构，WIPO仲裁与调解中心提供调解、仲裁、快速仲裁和专家鉴定等多种替代性争议解决（ADR）机制，让当事方可以在法院外有效解决国内或跨境知识产权与技术争议。依据WIPO发起的《统一域名争议解决政策》（UDRP），WIPO仲裁与调解中心提供互联网域名争议解决机制，通过42000多起案件的办理，现已成为全球领先的域名争议解决服务机构。截至目前，世界知识产权组织有193个成员，管理着知识产权领域的26项国际公约（见表10-1）。

**表10-1 世界知识产权组织管理的知识产权国际公约**（26项）

| 知识产权保护条约 |
| --- |
| 1.《世界知识产权组织公约》 |
| 2.《专利法条约》（PLT） |
| 3.《保护工业产权巴黎公约》 |
| 4.《保护文学和艺术作品伯尔尼公约》 |
| 5.《保护表演者、音像制品制作者和广播组织罗马公约》 |
| 6.《保护录音制品制作者禁止未经许可复制其录音制品日内瓦公约》 |
| 7.《保护奥林匹克徽内罗毕条约》 |
| 8.《制止商品来源虚假或欺骗性标记马德里协定》 |

(续)

| 知识产权保护条约 |
| --- |
| 9.《商标法条约》（TLT） |
| 10.《发送卫星传输节目信号布鲁塞尔公约》 |
| 11.《世界知识产权组织版权条约》（WCT） |
| 12.《世界知识产权组织表演和录音制品条约》（WPPT） |
| 13.《视听表演北京条约》 |
| 14.《关于集成电路知识产权的华盛顿条约》 |
| 15.《商标法新加坡条约》 |
| 16.《马拉喀什视障者条约》 |
| 全球保护体系条约 |
| 17.《专利合作条约》（PCT） |
| 18.《商标国际注册马德里协定》 |
| 19.《商标国际注册马德里协定有关议定书》 |
| 20.《工业品外观设计国际注册海牙协定日内瓦文本和日内瓦文本实施细则》 |
| 21.《国际承认用于专利程序的微生物保存布达佩斯条约》 |
| 22.《保护原产地名称及其国际注册里斯本协定》 |
| 分类条约 |
| 23.《建立工业品外观设计国际分类洛迦诺协定》 |
| 24.《商标注册用商品和服务国际分类尼斯协定》 |
| 25.《国际专利分类斯特拉斯堡协定》 |
| 26.《建立商标图形要素国际分类维也纳协定》 |

资料来源：（2024-2-3）https：//www.wipo.int/wipolex/zh/treaties/collection?typeOfTreaty=1

### （四）中国知识产权国际保护的现状

中国自改革开放以来，逐步建立了知识产权法律制度。中国参加的知识产权保护国际条约和国际协定见表10-2，为保护知识产权所制定和实施的国内法律法规、部门规章见表10-3。

**表10-2　中国作为缔约方/签署国的WIPO管理的知识产权国际条约**

| 条　　　约 | 签　　字 | 文　　书 | 生　　效 |
| --- | --- | --- | --- |
| 《国际植物新品种保护公约》（UPOV） |  | 加入：1999年3月23日 | 1999年4月23日 |
| 《专利合作条约》（PCT） |  | 加入：1993年10月1日 | 1994年1月1日 |
| 《世界知识产权组织版权条约》（WCT） |  | 加入：2007年3月9日 | 2007年6月9日 |
| 《世界知识产权组织表演和录音制品条约》（WPPT） |  | 加入：2007年3月9日 | 2007年6月9日 |
| 《保护文学和艺术作品伯尔尼公约》 |  | 加入：1992年7月10日 | 1992年10月15日 |
| 《关于集成电路知识产权的华盛顿条约》 | 1990年5月1日 |  |  |
| 《商标法条约》（TLT） | 1994年10月28日 |  |  |
| 《注册商标用商品和服务国际分类尼斯协定》 |  | 加入：1994年5月5日 | 1994年8月9日 |
| 《保护工业产权巴黎公约》 |  | 加入：1984年12月19日 | 1985年3月19日 |
| 《国际承认用于专利程序的微生物保存布达佩斯条约》 |  | 加入：1995年4月1日 | 1995年7月1日 |
| 《建立世界知识产权组织公约》 |  | 加入：1980年3月3日 | 1980年6月3日 |

(续)

| 条　　约 | 签　　字 | 文　　书 | 生　　效 |
|---|---|---|---|
| 《保护录音制品制作者禁止未经许可复制其录音制品日内瓦公约》 | | 加入：1993年1月5日 | 1993年4月30日 |
| 《国际专利分类斯特拉斯堡协定》 | | 加入：1996年6月17日 | 1997年6月19日 |
| 《商标法新加坡条约》 | 2007年1月29日 | | |
| 《建立工业品外观设计国际分类洛迦诺协定》 | | 加入：1996年6月17日 | 1996年9月19日 |
| 《视听表演北京条约》 | 2012年6月26日 | 批准：2014年7月9日 | |
| 《商标国际注册马德里协定》 | | 加入：1989年7月4日 | 1989年10月4日 |
| 《商标国际注册马德里协定议定书》 | | 加入：1995年9月1日 | 1995年12月1日 |
| 《马拉喀什视障者条约》 | 2013年6月28日 | 批准：2022年2月5日 | 2022年5月5日 |
| 《与贸易有关的知识产权协议》（TRIPs） | | | 2001年12月11日 |
| 《工业品外观设计国际注册海牙协定日内瓦文本及其实施细则》 | | 加入：2022年2月5日 | 2022年5月5日 |

资料来源：（2024-2-4）https://www.wipo.int/wipolex/zh/treaties/members/profile/CN？

表10-3　中国制定的保护知识产权的国内法律法规、部门规章

| 法律、法规、规章名称 | 实施与修改情况 |
|---|---|
| 商标法 | 自1983年3月1日起施行。1993年2月22日第一次修正，2001年10月27日第二次修正，2013年8月30日第三次修正，2019年4月23日第四次修正 |
| 专利法 | 自1983年4月1日起施行。1992年9月4日第一次修正，2000年8月25日第二次修正，2008年12月27日第三次修正，2020年10月17日第四次修正 |
| 著作权法 | 自1991年6月1日起施行。2001年10月27日第一次修正，2010年2月26日第二次修正，2020年11月11日第三次修正 |
| 软件产品管理办法 | 自2009年4月10日起施行 |
| 计算机软件著作权登记办法 | 自2002年2月20日起施行 |
| 出版管理条例 | 自2002年2月1日起施行。2011年3月19日第一次修订，2013年7月18日第二次修订，2014年7月29日第三次修订，2016年2月6日第四次修订，2020年11月29日第五次修订 |
| 植物新品种保护条例 | 自1997年10月1日起施行。2013年1月31日修订 |
| 集成电路布图设计保护条例 | 自2001年10月1日起施行 |
| 专利法实施细则 | 自2001年7月1日起施行。2002年12月28日第一次修订，2010年1月9日第二次修订，2023年12月11日第三次修订 |
| 计算机软件保护条例 | 自2002年1月1日起施行。2011年1月8日第一次修订，2013年1月30日第二次修订 |
| 音像制品管理条例 | 自2002年2月1日起施行，2011年3月19日修订 |
| 奥林匹克标志保护条例 | 自2002年4月1日起施行。2018年6月28日修订 |

（续）

| 法律、法规、规章名称 | 实施与修改情况 |
|---|---|
| 著作权法实施条例 | 自2002年9月15日起施行。2011年1月8日第一次修订，2013年1月30日第二次修订 |
| 商标法实施条例 | 自2002年9月15日起施行。2014年4月29日修订 |
| 药品管理法实施条例 | 自2002年9月15日起施行。2016年2月6日第1次修订，2019年3月2日第2次修订 |
| 知识产权海关保护条例 | 自2004年3月1日起施行，2010年3月24日第一次修订，2018年3月19日第二次修订 |
| 兽药管理条例 | 自2004年11月1日起施行。2014年7月29日第一次修订，2016年2月6日第二次修订，2020年3月27日第三次修订 |
| 国家顶级域名争议解决办法 | 自2019年6月18日起施行 |
| 国家顶级域名注册实施细则 | 自2019年6月18日起施行 |
| 国家顶级域名争议解决程序规则 | 自2019年06月18日起施行 |
| ".公司"".网络"域名注册实施细则 | 自2021年12月25日起施行 |
| 互联网域名管理办法 | 自2017年11月1日起施行 |
| 数字印刷管理办法 | 自2011年2月1日起施行 |
| 著作权集体管理条例 | 自2005年3月1日起施行，2013年12月7日修订 |
| 植物新品种保护条例实施细则（农业部分） | 自2008年1月1日起施行。2011年12月31日第一次修订，2014年4月25日第二次修订 |
| 植物新品种保护条例实施细则（林业部分） | 自1999年8月10日起施行。2011年1月25日修订 |
| 集成电路布图设计保护条例实施细则 | 自2001年10月1日起施行 |
| 音像制品批发、零售、出租管理办法 | 自2002年4月10日起施行 |
| 音像制品进口管理办法 | 自2011年4月6日起施行 |
| 驰名商标认定和保护规定 | 自2014年8月2日起施行 |
| 集体商标、证明商标注册和管理办法 | 自2003年6月1日起施行 |
| 专利代理条例 | 自2019年3月1日起施行 |
| 专利实施强制许可办法 | 自2012年5月1日起施行 |
| 著作权行政处罚实施办法 | 自2009年6月15日起施行 |
| 海关关于《中华人民共和国知识产权海关保护条例》的实施办法 | 自2009年7月1日起施行 |
| 世界博览会标志保护条例 | 自2004年12月1日起施行 |
| 特殊标志管理条例 | 自1996年7月13日起施行 |
| 信息网络传播权保护条例 | 自2006年7月1日起施行。2013年1月30日修订 |
| 反不正当竞争法 | 自1993年12月1日起施行。2017年11月4日修订，2019年4月23日修正 |
| 专利审查指南 | 自2024年1月20日起施行 |
| 专利代理管理办法 | 自2019年5月1日起施行 |
| 专利行政执法办法 | 自2011年2月1日起施行 |

(续)

| 法律、法规、规章名称 | 实施与修改情况 |
| --- | --- |
| 专利优先审查管理办法 | 自 2017 年 8 月 1 日起施行 |
| 用于专利程序的生物材料保藏办法 | 自 2015 年 3 月 1 日起施行 |
| 发明专利申请优先审查管理办法 | 自 2012 年 8 月 1 日起施行 |
| 专利标识标注办法 | 自 2012 年 5 月 1 日起施行 |
| 专利权质押登记办法 | 自 2010 年 10 月 1 日起施行 |
| 集体商标、证明商标注册和管理规定 | 自 2024 年 2 月 1 日起施行 |
| 规范商标申请注册行为若干规定 | 自 2019 年 12 月 1 日起施行 |
| 驰名商标认定和保护规定 | 自 2014 年 7 月 3 日公布之日起 30 日后施行 |
| 商标代理监督管理规定 | 自 2022 年 12 月 1 日起施行 |
| 地理标志产品保护规定 | 自 2005 年 7 月 15 日起施行 |
| 地理标志产品保护办法 | 自 2024 年 2 月 1 日起施行 |
| 使用文字作品支付报酬办法 | 自 2014 年 11 月 1 日起施行 |
| 教科书法定许可使用作品支付报酬办法 | 自 2013 年 12 月 1 日起施行 |
| 著作权质权登记办法 | 自 2011 年 1 月 1 日起施行 |
| 著作权行政处罚实施办法 | 自 2009 年 6 月 15 日起施行 |
| 互联网著作权行政保护办法 | 自 2005 年 5 月 30 日起实施 |
| 作品自愿登记试行办法 | 自 1995 年 1 月 1 日起施行 |
| 录音法定许可付酬标准暂行规定 | 自 1993 年 8 月 1 日起施行 |
| 关于禁止滥用知识产权排除、限制竞争行为的规定 | 自 2015 年 8 月 1 日起施行 |
| 植物新品种保护条例 | 自 1997 年 10 月 1 日施行。2013 年 1 月 31 日第一次修订,2014 年 7 月 29 日第二次修订 |
| 知识产权海关保护条例 | 自 2004 年 3 月 1 日起施行。2010 年 3 月 24 日第一次修订,2018 年 3 月 19 日第二次修订 |

资料来源:1.(2024-2-4) https://www.cnipa.gov.cn/col/col97/index.html
2.(2024-2-4) https://www.ncac.gov.cn/chinacopyright/channels/12229.shtml
3.(2024-2-4) https://www.gov.cn/gwyzzjg/zuzhi/
4.(2024-2-4) https://flk.npc.gov.cn/index.html
5.(2024-2-4) https://www.cnnic.net.cn/9/91/93/index.html
6.(2024-2-4) https://www.wipo.int/wipolex/zh/treaties/members/profile/CN?collection=laws

## 第二节 专 利 法

### 一、专利权的主体与客体

#### (一) 专利权的主体

专利权的主体是指有权提出专利申请和获得专利权,并承担相应义务的个人或单位。依据中国《专利法》的规定,专利权的主体可以是非职务发明创造的发明人、设计人及其合法受让人，职务发明创造人的所在单位，以及外国人、外国企业或外国其他组织。发明人或者设计人对其创造有获得专利的权利，这是世界各国专利法普遍确认的一条基本原则。

美国《专利法》充分体现了这一原则：专利的申请必须由发明人提出，而且必须宣誓：本人是请求给予保护的发明创造的原始的和最初的发明人。中国《专利法》规定：作为发明人，应是对某一产品、某一方法或者其改进提出新技术方案的人，或者是对产品的形状、构造或者其结合提出适于实用的新技术方案的人；作为设计人，应是对产品的整体或局部的形状、图案或者其结合以及色彩与形状、图案的结合做出富有美感并适于工业应用的新设计的人。而在完成发明创造过程中，只负责组织工作的人，为了物质技术条件的利用提供方便的人或者从事其他辅助工作的人，不能认为是发明人或者设计人。

**1. 非职务发明创造的发明人、设计人**

所谓非职务发明创造，是指发明人或者设计人在本职工作以外，不是为了履行本单位交付的本职工作，也不是主要利用本单位的物质技术条件，即本单位的资金、设备、零部件、原材料或者不对外公开的技术信息和资料等所完成的发明创造；退休、调离原单位后或者劳动、人事关系终止后1年内做出的，与其原单位的本职工作或原单位分配的任务无关的发明创造。中国《专利法》第6条明确规定："非职务发明创造，申请专利的权利属于发明人或者设计人。申请被批准后，该发明人或者设计人为专利权人。"如果发明创造是由两个或两个以上单位或个人合作完成的，一个单位或个人接受其他单位或个人委托完成的。他们对该发明创造进行了共同构思，都做出了创造性发明创造，在非职务发明的情况下，除另有协议的外，一般由共同发明人或共同设计人共同申请专利，申请被批准后，专利权归共同发明人或共同设计人共同所有《专利法》（第8条）。

**2. 合法受让人**

中国《专利法》规定，非职务发明创造的发明人或者设计人享有专利申请权和专利权，专利申请权和专利权可以转让（买卖、赠予或继承）。但发明人、设计人的专利权中的人身权不能转移。对于共同发明创造，在转让专利权时，应事先取得其他共有人的同意，其他共同发明人或者共同设计人在同等条件下有权优先受让。

**3. 职务发明创造的发明人或者设计人所在工作单位**

职务发明创造主要是指以下两种情况下所完成的发明创造：①执行本单位的任务所完成的发明创造。②主要是利用本单位的物质技术条件所完成的发明创造。中国《专利法》第6条规定："执行本单位的任务或者主要是利用本单位的物质技术条件所完成的发明创造为职务发明创造。职务发明创造申请专利的权利属于该单位。"

**4. 外国人**

《巴黎公约》第2条规定，给予本公约成员国国民以国民待遇；第3条规定，属于非联盟国家的国民，如在一联盟国国内有住所或者营业所时，应与该联盟的国民享有同等权利。作为《巴黎公约》的成员国，中国《专利法》规定：在中国没有经常居所或者营业所的外国人、外国企业或者外国其他组织在中国申请专利的，依照其所属国同中国签订的协议或者共同参加的国际条约，或者依照互惠原则，根据本法办理（第17条）。任何单位或者个人将在中国完成的发明或者实用新型向外国申请专利的，应当事先报经国务院专利行政部门进行保密审查。保密审查的程序、期限等按照国务院的规定执行（第19条）。中国单位或者个人向外国人、外国企业或者外国其他组织转让专利申请权或者专利权的，应当依照有关法律、行政法规的规定办理手续（第10条第2款）。未加入《巴黎公约》的国家，可通过签订双边协议，或者依照互惠原则处理外国人申请并获得专利权的问题。

### （二）专利权的客体

专利权的客体是指专利权主体的利益所指向的对象，亦即作为专利的发明创造。《巴黎公约》规定，专利法保护的范围包括发明、实用新型、外观设计三种。在实践中，各国法律规定不尽相同。大多数国家的专利法只以发明作为保护对象，但也有少数国家同时还保护实用新型和外观设计，如德国、日本、波兰、葡萄牙、西班牙等。中国《专利法》第1条规定"保护专利权人的合法权益"。第2条又具体规定："本法所称的发明创造是指发明、实用新型和外观设计。"

#### 1. 发明

发明是指对产品、方法或者其改进所提出的新的技术方案（中国《专利法》第2条第2款），是各国专利法主要的保护对象。但各国专利法从正面给发明下定义的为数不多。世界知识产权组织1979年起草的《发展中国家发明专利示范法》规定，发明是"发明人的一种思想，可以在实践中解决技术领域特有的问题"。有的国家专利法采用列举方法规定什么是发明，如意大利、美国、加拿大、印度等；而多数国家采用除外法说明不属于《专利法》保护的发明，如德国。中国《专利法》第25条可以视为"除外"规定："对下列各项，不授予专利权：科学发现；智力活动的规则和方法；疾病的诊断和治疗方法；动物和植物品种；原子核变换方法以及用原子核变换方法获得的物质；对平面印刷品的图案、色彩或者二者的结合作出的主要起标识作用的设计。对前款第4项所列产品的生产方法，可以依照本法规定授予专利权。"

#### 2. 实用新型

实用新型是指对产品的形状、构造或者其结合所提出的适于实用的新的技术方案（中国《专利法》第2条第3款）。保护实用新型的法律制度比发明专利和外观设计专利建立得要晚一些。英国于1843年率先制定了实用新型的条例，德国于1891年、奥地利于1893年、日本于1905年相继实施了实用新型的法律。各国在立法形式上不完全一样，有的国家用专利法加以保护，有的国家用专门的实用新型法来保护，英、美等国实际上把实用新型纳入发明专利的范围加以保护。实用新型与发明本质上相同，但在法律地位和性质上有所区别：①适用范围不同。②创造性水平的要求不同。③审查程序不同。④专利权的期限不同。

#### 3. 外观设计

外观设计是指对产品的整体或者局部的形状、图案或者其结合以及色彩与形状、图案的结合所做出的富有美感并更用于工业应用的新设计（中国《专利法》第2条第4款），由有用物品的装饰性外表或构成部分组成，包括组成物品外观的平面或立体的形状以及外表在内。按照现有的法律，工业产品外观设计所有人通常享有制造、销售和使用含有这种外观设计的物品的排他权利。国外对外观设计采取了双重保护制度，法国分别在1806年和1902年给予外观设计工业产权和版权的保护。英国于1968年颁布了《外观设计版权法》，对外观设计采用工业产权与版权的交叉保护。

### 二、专利授予条件

发明或者实用新型必须同时具备新颖性、创造性、实用性，才能获得专利权。

### (一) 新颖性

新颖性是指该发明或者实用新型不属于现有技术；也没有任何单位或者个人就同样的发明或者实用新型在申请日以前向国务院专利行政部门提出过申请，并记载在申请日以后公布的专利申请文件或者公告的专利文件中。本法所称现有技术，是指申请日以前在国内外为公众所知的技术（中国《专利法》第22条第2、5款）。

### (二) 创造性

中国《专利法》第22条第3款规定："创造性，是指与现有技术相比，该发明具有突出的实质性特点和显著的进步，该实用新型具有实质性特点和进步。"

### (三) 实用性

实用性是指发明或者实用新型（中国《专利法》第22条第4款）能够在产业上制造或者使用，并且能够产生积极效果（中国《专利法》第22条第4款）。

外观设计应当不属于现有设计；也没有任何单位或者个人就同样的外观设计在申请日以前向国务院专利行政部门提出过申请，并记载在申请日以后公告的专利文件中。授予专利权的外观设计与现有设计或者现有设计特征的组合相比，应当具有明显区别；不得与他人在申请日以前已经取得的合法权利相冲突。本法所称现有设计，是指申请日以前在国内外为公众所知的设计（中国《专利法》第23条）。

## 三、专利申请及审查程序

### (一) 专利申请的原则

**1. 一项发明一件申请的原则**

这是世界各国普遍采取的一项基本原则。按照这一原则，全球对专利申请进行分类、审查和检索；在专利权被授予后，这一原则也便于专利权的转让和专利许可合同的签订。

**2. 申请在先原则**

对于同一项发明创造有两个以上的申请人提出专利申请并且他们的申请都符合法律要求时，各国专利法采取两种不同做法：发明在先原则；申请在先原则。

发明在先原则即以发明创造完成的先后为标准，只对先发明人授予专利权。目前世界上只有美国、加拿大、菲律宾等少数国家采用该原则。申请在先原则，即以专利申请先后为准，只对最先提出的申请人（要求优先权的，是具有最早优先权日的申请人）授予专利权。中国《专利法》采用该原则。

国际上采用两种不同标准判断谁是"最先"申请的人："申请时"和"申请日"。以"申请日"作为判断申请先后的标准为包括中国在内的世界多数国家所采用。

**3. 优先权原则**

优先权原则是《巴黎公约》的基本原则之一。专利申请优先权，是指专利申请人就其发明创造第一次提出专利申请后，在专利法规定的期限内，再次就相同主题的发明创造提出专利申请，其后一次提出的专利申请以第一次提出的专利申请日期为申请日期。其主要作用是使专利申请人第一次提出专利申请后，有充足的时间考虑是否在本国或他国申请专利权。中国作为《巴黎公约》的成员国也遵守这一原则。

### (二) 专利的国际申请及审查程序

**1. 国际申请的定义**

国际申请是指依据《专利合作条约》（*Patent Cooperation Treaty*，PCT）提出的申请，又称 PCT 申请。PCT 于 1970 年 6 月在华盛顿签订，1978 年 1 月生效，同年 6 月实施，在《巴黎公约》下只对《巴黎公约》成员国开放。中国于 1994 年 1 月 1 日加入 PCT。目前，已有 157 个国家加入了该条约。

**2. 申请专利的途径**

中国申请人申请多个国家的专利有两种途径：传统的《巴黎公约》途径和 PCT 途径。PCT 途径的好处在于：简化申请手续；推迟决策时间，准确投入资金；完善申请文件；减轻成员国的负担。

**3. 国际申请日的效力**

国际申请可以产生国际申请日，国际申请日即在每个指定国的实际申请日。国际申请在每个指定国内自国际申请日起具有正规的国家申请的效力。

**4. 国际申请中保护类型的选择**

申请人通过 PCT 途径提出国际申请，可选择一个、几个甚至全体成员国作为指定国，要求其授予专利权。PCT 各成员国对国家申请给予除发明专利外的其他保护形式的，同样给予国际申请这些其他形式的保护，国际申请人可根据需要对不同指定国选择不同形式的保护。

**5. 国际申请经历的阶段**

国际申请经历国际阶段和国家阶段，先进行国际阶段程序审查，后进入国家阶段程序审查。具体申请程序见图 10-1。

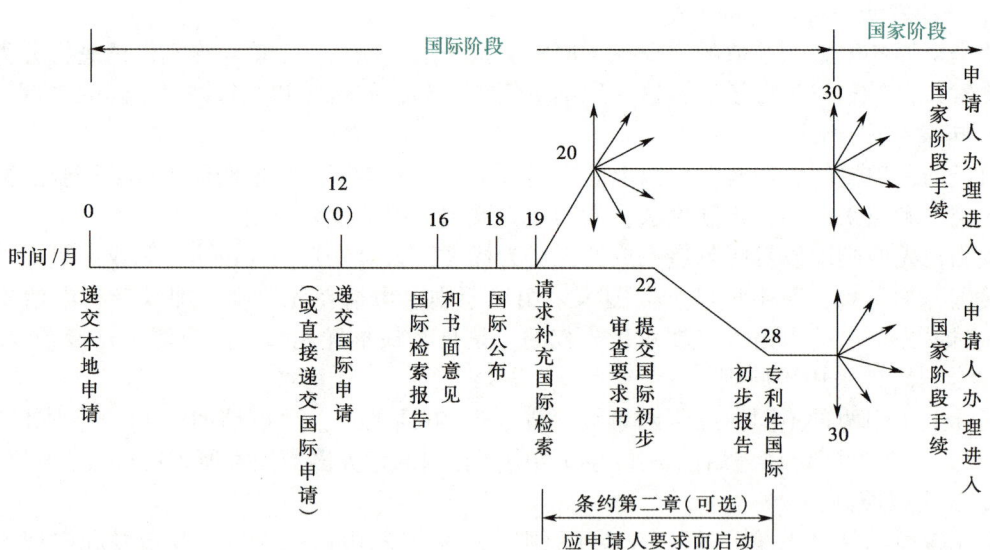

图 10-1　PCT 国际专利申请程序

**（三）专利的国内申请及审查程序**

依据中国《专利法》，发明专利申请的审批程序包括受理、初审、公布、实审以及授权五个阶段。实用新型或者外观设计专利申请在审批中不进行公布和实审，只有三个阶段。具体申请程序见图 10-2。

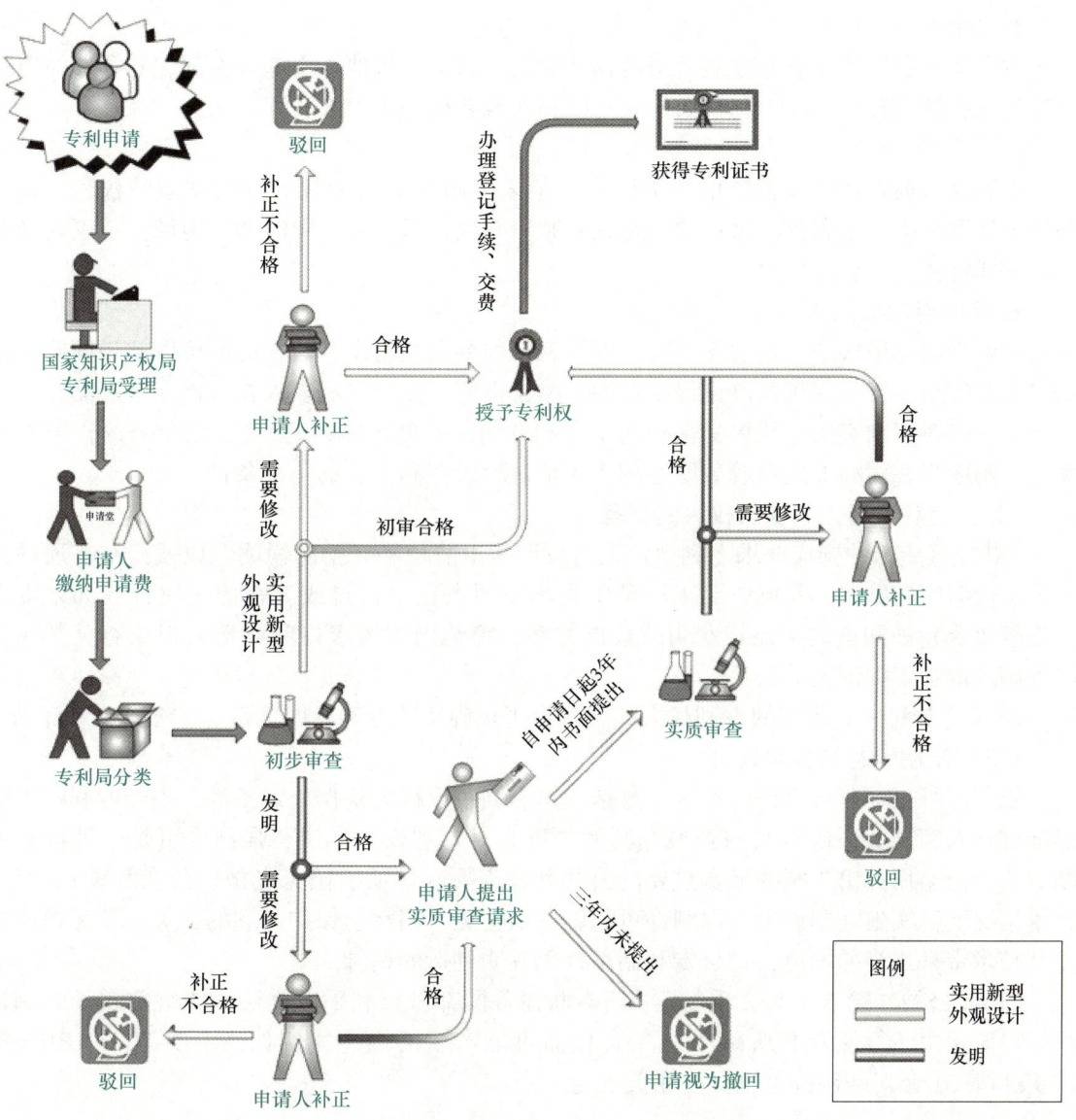

图 10-2 中国国家知识产权局专利申请审查程序

资料来源：（2024-02-20）https://www.cnipa.gov.cn/art/2020/6/5/art_1517_92471.html

## 四、专利权人的权利、义务和强制许可

### （一）专利权人的权利

**1. 独占权**

各国专利法对独占权有两种表述：专利权人对其取得专利的发明创造享有独占实施的权利；专利权人禁止他人享有未经许可实施其取得专利的发明创造的权利。对产品专利，专利权人有权禁止他人在未经其同意的情况下，制造、使用、许诺销售、出售、进口其专利产品；对方法专利，专利权人有权禁止他人在未经其同意的情况下使用其专利方法，以及使用、许诺销售、销售、进口依照该专利方法所直接获得的产品。

**2. 转让权**

专利权人有权转让或通过继承而转移其专利，有权许可他人实施其专利。专利权的转让是专利所有权的转让，原专利权人的人身权利如署名权并不随之转移。

**3. 许可权**

专利权人拥有许可或者禁止（不许可）他人实施其取得专利的发明创造的权利。在专利许可证贸易中，专利权人出售的不是其专利所有权，而是在一定时间、地域、范围内通过一定方式行使的专利使用权。

**4. 标明专利标记权**

标明专利标记权是专利权派生的一项权利，如果发现仿制、假冒，即可以此为证明，依照专利法的规定要求侵权人停止侵权行为，赔偿损失。要求专利权人在每件专利产品上标明专利标记有时很难实现，如果受保护的是专利方法，就更无法标记了。《巴黎公约》第5条规定：不应将在商品上表示或载明专利作为承认取得权利保护的一个条件。

### （二）专利申请人和专利权人的义务

TRIPs规定缔约国应要求专利申请人对发明做出清楚和完整的说明，以便一个普通的技术人员能够实施发明，并可以要求申请人指出发明人在申请日或者在优先权日（如果提出优先权要求）所知道的实施其发明的最佳方案。缔约国可要求专利申请人提供有关其相应的外国申请和审批情况的信息。

中国《专利法》规定的专利权人的义务：①正确实施专利发明创造。②缴纳专利年费。

### （三）发明专利的强制许可

强制许可也称非自愿许可制度，是指一国专利主管机关根据一定条件，不经专利权人同意准许他人实施发明或者实用新型专利的制度。对专利权人来讲，强制许可是一种权利限制。为防止滥用、出于某些极端重要的公共利益需要（国防、国家经济、公众健康）、交叉技术情况下，实施强制许可。强制许可制度可以避免一国承担保护专利的义务、却无法享受专利技术带来进步的困境，符合专利制度鼓励发明创造的精神。

《巴黎公约》第5条第2项规定："本联盟各国都有权利采取立法措施规定授予强制许可，以防止由于行使专利所赋予的专有权而可能产生的滥用，例如，不实施。"TRIPs第27条和第31条对强制许可也做了相关规定。

## 五、专利保护期限、终止、无效

发明专利权的保护期一般为20年。TRIPs第33条规定：保护期限（发明专利）应为自申请日起20年。实用新型专利权的期限为10年，外观设计专利权的期限为15年（中国《专利法》第42条）。

### （一）专利年度的计算

专利年度无论是发明、实用新型或者外观设计都是从申请日算起。由于申请日不同，每一件专利申请在同一时间所处的专利年度是不一样的。

### （二）专利权的终止

专利权是一种有期限的无形财产权，期限届满权利便依法终止，受该项专利权保护的发明创造便成为全社会的共有财产，任何人都可以无偿利用。专利权终止的情况：①期限届满。②未按规定缴纳年费。③专利权人主动放弃专利权。

### (三) 专利权的无效

无效程序对于调整专利权人与公众的关系是十分必要的。事实上许多无效宣告请求都是在所谓"反诉"中出现的，请求宣告无效可以使专利权全部或部分无效。请求宣告无效的主要理由：认为发明创造不具备新颖性、创造性及实用性，或同已有外观设计相同或相近似；说明修改超出原始说明书、权利要求书范围，或超出原始图片、照片表示的范围；违反国家法律或者不属于专利保护范围等。宣告无效的专利权视为自始即不存在。宣告专利权无效的决定，对在宣告无效前法院做出并已经执行的侵权判决书、调解书，已履行或强制执行的专利侵权纠纷处理决定，以及已经履行的专利实施许可合同和专利权转证合同，不具追溯力。但专利权人恶意造成他人损失的应给予赔偿，显失公平的返还部分或全部费用。

中国《专利法》第45条规定：自国务院专利行政部门公告授予专利权之日起，任何单位或者个人认为该专利的授予不符合本法有关规定的，可以向专利复审委员会请求宣告该专利权无效。

## 六、专利的国际保护

为协调专利的地域性问题，国际专利制度进行了变革和发展。国际专利法律体系包括多边协定、地区性公约、条约或议定书以及双边协议。国际专利组织主要负责管理多边专利协议，包括世界知识产权组织（WIPO）、世界贸易组织（WTO）以及欧洲专利局（EPO）、非洲知识产权组织（OAPI）以及非洲工业产权组织（ARIPO）等。

至今依然有效的多边专利协议包括：1883年签订的《保护工业产权巴黎公约》；1970年签订的《专利合作条约》（PCT）；1971年签订的《国际专利分类斯特拉斯堡协定》；1979年签订的《国际承认用于专利程序的微生物保存布达佩斯条约》；以及1994年签订的《与贸易有关的知识产权协议》（TRIPs）。这些国际协议可分为实体性和程序性两类：解决实体问题的国际协议包括《保护工业产权巴黎公约》和《与贸易有关的知识产权协议》（TRIPs）；《专利合作条约》（PCT）和《国际专利分类斯特拉斯堡协定》则旨在协调形式标准和程序。

尽管上述协议试图通过设定标准和通用规定来协调各国专利制度，专利仍然受国内法及相应的地区协议管辖，尚无一个授予世界专利的国际专利法。国际专利协议的目的不在于取代各国的国家专利制度，而是为了加强成员国民或居民的权利在其他成员境内的保护。

## 第三节 商 标 法

### 一、商标和商标权

#### （一）商标的特征和分类

商标是自然人、法人或其他组织在其生产、制造、加工、拣选或者经销的商品或者服务上采用的，区别于他人的商品或者服务的，由文字、图形、字母、数字、三维标志、颜色组合和声音等，以及上述等的组合构成的，具有显著特征的标志。TRIPs规定："任何能够将一企业的商品或服务与其他企业的商品或服务区分开的标记或组合，均应能够构成商标。"国际保护工业产权协会（AIPPI）在柏林大会上对商标的定义为："商标是用以区别个人或集体所提供的商品及服务的标记。"

**1. 商标的特征**

（1）商标是用于商品或服务上的标记，与商品或服务不能分离，并依附于商品或服务。

（2）商标是区别于他人商品或服务的标志，具有特别显著的特征，从而便于用户或消费者识别。

（3）商标是一种可被视觉感知的标志，可以是文字、图形、字母、数字、三维标志和颜色组合，以及上述要素的组合；或可被听觉感知的声音。

（4）商标具有独占性。使用商标的目的就是为了区别于他人的商品或服务，便于消费者识别。所以，注册商标所有人对其商标具有专用权，并受到法律的保护，未经商标权注册人的许可，任何人不得擅自使用与该注册商标相同或相近似的商标，否则，即构成侵犯注册商标权所有人的商标专用权，将承担相应的法律责任。

（5）商标是一种无形资产，具有商业价值。商标作为商品或服务信息的载体，代表商标所有人生产或经营的产品或服务的质量、企业信誉、形象，是竞争中的重要手段。商标所有人通过商标的创意、设计、申请注册、广告宣传及使用，使商标具有了价值，也增加了商品的附加值。商标的价值可以通过评估确定。商标可以有偿转让，经商标所有权人同意，亦可许可他人使用。

**2. 商标的分类**

商标可以按不同的标准，从不同的角度进行分类。

（1）按使用对象的不同，商标分为商品商标和服务商标。服务商标是金融、保险、运输、广播、电视、建筑、旅游、饭店等服务行业企业为将自己的"服务"同他人的"服务项目"区别开来而使用的标记。1946年美国率先将服务标记纳入商标法的调整范围，随后，加拿大、巴西、法国、菲律宾、韩国、意大利、丹麦等国也将服务标记纳入商标法调整。中国根据《巴黎公约》（1967年文本）的规定和国际惯例，在修订后的《商标法》中规定：本法有关商品商标的规定，适用于服务商标。

（2）按构成要素的不同，商标分为文字商标、图形商标、字母商标、颜色商标、数字商标、三维标志商标、组合商标、气味商标、声音商标等。中国《商标法》规定除气味商标外其他多种类型的商标。

（3）按商标作用的不同，分为营业商标和商品商标。营业商标是商品生产者、经营者把厂商名称、标记作为商标固定在其商品（或服务项目）上，以区分自己提供的商品（服务）与其他商品（服务），又称"厂标"。商品商标亦称"个别商标"，是为了将特定规格、品种的商品与其他规格、品种的商品区别开，在个别商品上使用的商标。

（4）按商标使用者的不同，分为制造商标、销售商标、证明商标和集体商标。制造商标是商品制造者为了与销售商竞争并对各自商品加以区分而使用的商标。使用这种商标的目的，不仅仅是为了区别不同的商品制造（包括生产、制造、加工、拣选）者，而且为了识别商品制造者与商品经销者。销售商标是商品的销售者为了将自己经销的商品或服务与他人经销的商品或服务区分开而使用的商标，故也称"商业商标"。证明商标是指对提供的商品或服务的来源、原料、制作方法、质量、精密度或其他特点具有保证意义的一种标志（如"绿色/有机食品"），又称之为保证商标。这种商标一般由商会或其他团体申请注册，申请人对商标的指定商品或服务具有检验能力，并负有保证责任。集体商标是指由社团、协会或其他合作组织，用以表示联合组织及其成员的共同价值和质量标准；由其组织成员使用于商品或服务项目上，以便与非成员所提供的商品或服务相区别（如"法国葡萄酒"）。

（5）按商标的特殊性质、功能，分为联合商标和防御商标。联合商标是指同一商标所有人以近似的商标，指定使用在同一商品（服务）或同类的不同商品（服务）上。这种商标的转让或者许可使用必须同时进行。防御商标是指同一商标所有人以同一商标，指定使用在虽非同类而性质相同或相近的商品（服务）上。通常只有驰名商标才可以获准注册防御商标。

（6）根据商标的管理，分为注册商标、未注册商标。注册商标是指经商标管理机构依法核准注册的商标。未注册商标是指未获得国家主管机关注册，使用人不具有商标专用权的商标。

（7）根据商标的知名度，分为驰名商标和普通商标。驰名商标是为相关公众所熟知的商标，在中国，驰名商标认定遵循个案认定、被动保护的原则。

### （二）商标权

商标权是指商标注册人或者注册商标的受让人、移转接受人依法对其注册商标所享有的权利。商标权是一个集合概念，包括注册商标所有权或者持有权、商标专用权、续展权、转让权、使用许可权、标记权、请求权等。商标权是商标法的核心，各国的商标法都是围绕商标权而对商标权的取得、期限、续展、终止，注册商标的转让、使用许可以及商标权的保护等做出规定，从而建立起商标法律制度。

商标权具有以下特性：

（1）排他性。商标一经注册，商标所有人以外的公民、法人或其他组织不能再在同类商品（服务）上使用与注册商标相同或类似的商标，否则就构成侵权行为。

（2）延续性。中国《商标法》规定：注册商标的有效期限为10年，但期满后可申请延续使用，并且不限续展次数。

世界各国商标法规定的取得商标专用权的原则有注册原则和使用原则两种。注册原则是指无论商标所有人是否已使用该商标，只要该商标已经商标注册当局注册，商标所有人便取得了商标的专用权；使用原则是指商标专用权归首先使用该商标的人，未经使用的商标不得申请注册。中国《商标法》第3条规定：经商标局核准注册的商标为注册商标，商标注册人享有商标专用权，受法律保护。中国《商标法》采用注册取得商标专用权原则。

### （三）驰名商标

驰名商标又称周知商标，《巴黎公约》第6条之2规定：①对驰名的商品商标要给予特殊保护：成员国商标主管机关有权或应利害关系人的请求，对用于与驰名商标相同或类似商品上的相同或近似的商标，禁止或取消其注册或使用。②允许利害关系人在这种商标已经注册后的5年内，提出撤销或禁止使用这种商标的请求。③对于以欺诈手段取得注册或使用的商标提出撤销或禁止使用的，则不受时间限制。

为切实防止驰名商标的声誉、识别性和显著性特征受到不当利用的损害，许多国家对驰名商标实行了绝对保护主义，禁止他人在任何行业，包括与驰名商标商品不同或不相类似的行业中进行注册和使用与驰名商标相同或相似的商标，驰名商标所有人还有权禁止非商标商业标志的使用。TRIPs对驰名商标的保护比《巴黎公约》更进了一步：①将对驰名商标的保护由商品商标扩大到服务商标。②将保护的范围扩大到非类似商品或服务。③对如何认定驰名商标做了原则规定：应顾及有关公众对其知晓程度，包括在该成员地域内因宣传该商标而使公众知晓的程度。

## 二、商标注册、续展和无效

几乎所有国家均对商标进行注册并加以保护。每个国家或地区局均有商标注册簿，其中载有关于所有注册和续展的全部申请资料，为审查、检索和可能由第三方提出异议提供便利，但商标注册的效力仅限于所涉的一个国家（或属于地区注册的几个国家）。

世界知识产权组织实行商标国际注册制度。1891年4月14日，已实行商标注册制度的法国、西班牙、比利时、瑞士、突尼斯等国在西班牙首都马德里缔结《商标国际注册马德里协定》（以下简称《马德里协定》），现有签约方55个。在世界知识产权组织的主持下，1989年6月27日在西班牙首都马德里通过了《商标国际注册马德里协定有关议定书》（以下简称《马德里议定书》），并于1995年12月1日生效，目前签约方114个。凡是在《马德里协定》成员国境内，有真实、有效的工商业营业所、住所，或具有其国籍的自然人或法人，均可提出商标国际注册的申请。

### （一）商标注册

**1. 中国的商标注册**

中国《商标法》及其《实施条例》规定：商标注册程序分为必经程序和特别程序，见图10-3。

中国《商标法》规定的商标权主体有：自然人、法人或其他组织；共同商标权人；外国人或外国企业。

**2. 商标的国际注册**

（1）国际注册的程序。申请人应首先在其所属国或其有住所或营业所的成员国获得商标注册，然后通过所属国的商标管理部门或代理组织，向世界知识产权组织国际局提出商标国际注册申请。世界知识产权组织国际局对申请进行形式审查，通过审查如认为该申请符合协定规定，即予以注册并公告；同时将申请案、审查结果及国际注册复印后，分送申请人申请取得商标专用权的各成员国。指定的成员国在接到上述文件后1年内，有权声明在其境内拒绝给予这种商标以保护。世界知识产权组织国际局应及时将此拒绝声明转给所属国的注册当局和商标所有人。如在1年内，国家注册当局未将拒绝决定通知世界知识产权组织国际局，则视为已同意该商标注册。凡经世界知识产权组织国际局注册的商标，其有效期为20年，并可以不限次数地续展。

（2）国际注册的效力。申请人的商标从世界知识产权组织国际局注册生效时起，即在未驳回的成员国境内发生效力，得到其承认和保护，如同该商标是直接在该国获得注册一样。根据《马德里协定》进行的国际注册，有效期限为20年；根据《马德里议定书》进行的国际注册，有效期限为10年。

（3）国际注册的时间。根据《马德里协定》进行的国际注册，需要1年；根据《马德里议定书》进行的国际注册，需要1年半。

（4）国际注册的日期。世界知识产权组织国际局收到符合《马德里协定》《马德里议定书》及《商标国际注册马德里协定及其议定书的共同实施细则》规定的国际注册申请的日期，为商标国际注册日期。如果申请不符合规定、手续不齐备、未缴纳规费和手续费或未补缴附加注册费，但在世界知识产权组织国际局通知齐备手续之日起的3个月期限内，申请人或代理人齐备了各项手续、缴纳了各项费用，商标申请也视为符合规定，商标国际注册日期也同样以世界知识产权组织国际局收到申请的日期为准。

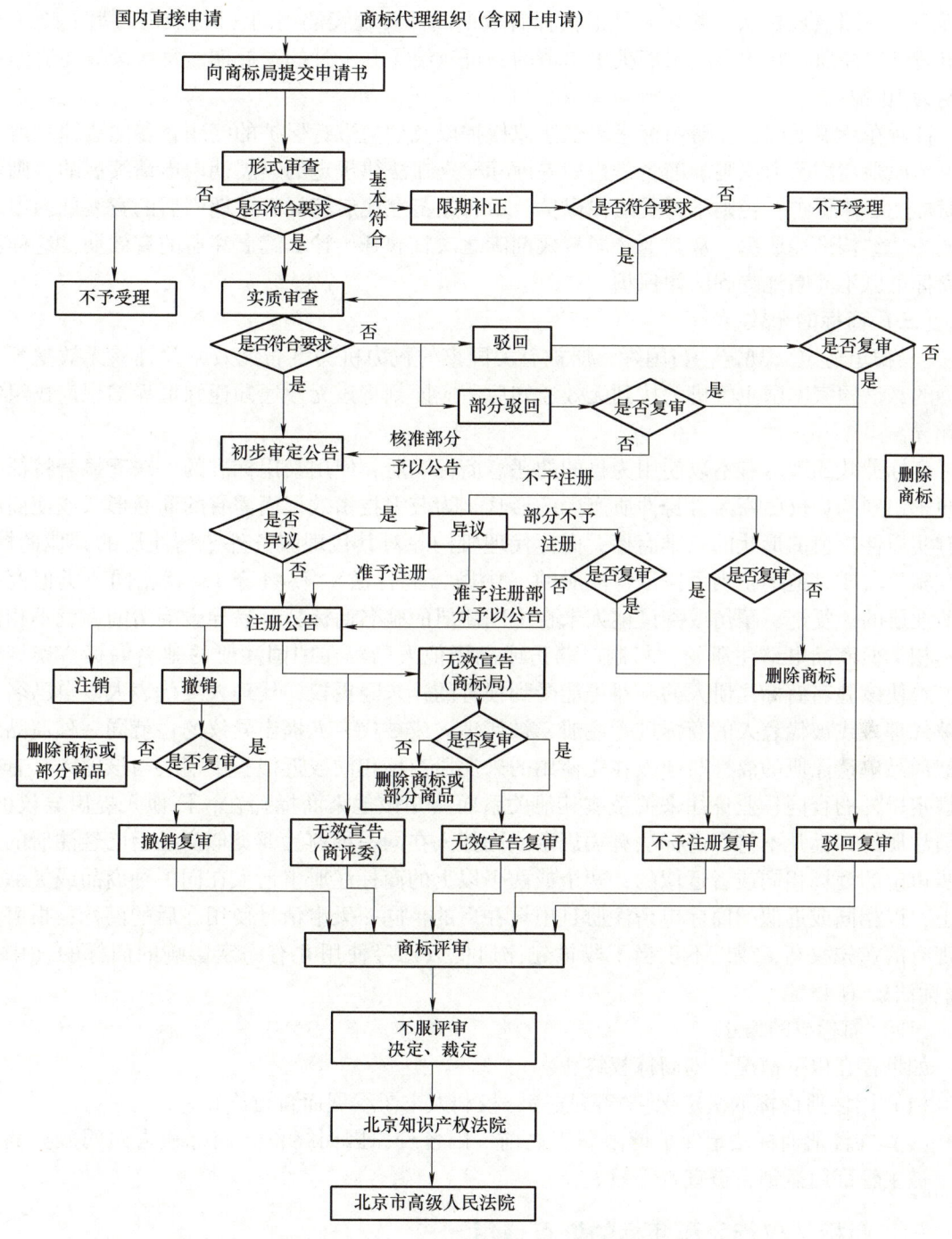

图 10-3　中国国家知识产权局商标局商标注册程序

资料来源：（2024-02-20）https：//sbj.cnipa.gov.cn/sbj/sbsq/zclct/200902/t20090205_623.html

### (二) 商标续展

注册商标的续展，是指商标注册人为了延长注册商标的法律时效，在有效期届满前向商标局提出继续使用的申请手续，经商标局核准注册并公告，继续维持该注册商标的法律效力的程序。中国《商标法》规定：注册商标有效期满需要继续使用的，应当在期满前 12 个月内申请续展注册；在此期间未能提出申请的，可以给予 6 个月的宽展期。每次续展注册的有效期为 10 年。

针对在续展期间，注册商标是否受法律保护以及如何进行保护的问题，各国法律一般采用申请原则与溯及力原则。前者是指如果商标权人在法律规定的续展期内申请续展的，则注册商标受法律保护，否则不再受法律保护。后者是指在注册商标有效期满后的宽展期内申请续展的，经核准注册后，从其上一届有效期满之次日起开始计算续展注册的有效期。这样注册商标可以不间断地受到法律保护。

### (三) 商标的无效

《马德里协定》规定，当国际注册被有关国家的权力机关宣布无效，并且该无效是不可上诉的，该国家本国主管机关接到无效通知后，应即刻将该无效通知通知世界知识产权组织国际局。

商标无效的理由有不以使用为目的的恶意商标注册；使用禁用标志的；缺乏显著特征且不便于识别的；仅由商品自身性质产生的形状、为获得技术效果而需有的商品形状或使商品具有实质性价值的形状的三维商标；商标代理机构除对其代理服务外申请注册的其他商标；以欺骗手段或其他不正当手段取得注册的（中国《商标法》第 44 条）。就相同或类似商品申请注册的、复制、摹仿或翻译他人未在中国注册的驰名商标，容易导致混淆的；就不相同或不相类似商品申请注册的、复制、摹仿或翻译他人已经在中国注册的驰名商标，误导公众，致使该驰名商标注册人的利益可能受到损害的；未经授权，代理人或代表人以自己名义将被代理人或被代表人的商标进行注册，被代理人或被代表人提出异议的；就同一种商品或类似商品申请注册的商标与他人在先使用的未注册商标相同或近似，申请人与该他人具有前款规定以外的合同、业务往来关系或其他关系而明知该他人商标存在，该他人提出异议的；申请注册的商标凡不符合商标法有关规定或同他人在同一种商品或类似商品上已经注册的或初步审定的商标相同或者近似的；两个或两个以上的商标注册申请人在同一种商品或类似商品上，以相同或近似的商标申请注册且申请在后的，同一天申请且使用在后的商标；损害他人现有的在先权利，或以不正当手段抢先注册他人已经使用并有一定影响的商标的（中国《商标法》第 45 条）。

### (四) 商标权的终止

如果存在以下情况，则商标权终止：

（1）因注册商标的法定保护期限届满，权利人未予续展而自行终止。

（2）在注册商标法定保护期限届满之前，因各种原因而终止（商标权人声明放弃商标权，被主管部门撤销，被宣告无效）。

## 三、商标侵权行为和商标的许可使用

中国《商标法》规定，商标侵权行为包括：①未经商标注册人的许可，在同一种商品或者类似商品上使用与其注册相同或者近似商标的。②销售侵犯注册商标专用权的商品的。

③伪造、擅自制造他人注册商标标识或者销售伪造、擅自制造的注册商标标识的。④未经商标注册人同意，更换其注册商标并将该更换商标的商品又投入市场的。⑤故意为侵犯他人商标专用权行为提供便利条件，帮助他人实施侵犯商标专用权行为的。⑥给他人的注册商标专用权造成其他损害的。

注册商标使用许可，是指商标权人将自己的注册商标许可他人使用的行为。商标使用许可的形式主要有三种：

（1）一般使用许可。一般使用许可即许可人授权被许可人在一定期限、地域内，在指定的商品（服务）上使用其注册商标；与此同时，许可人还可以许可第三人使用该注册商标。

（2）排他使用许可。排他使用许可即许可人授权被许可人在一定期限、地域内，在指定的商品（服务）上独家使用其注册商标的同时，承担在该期限和地域内，在相同的商品（服务）上不再许可第三人使用该注册商标的义务。

（3）独占使用许可。独占使用许可即许可人授权被许可人在一定期限、地域内，在指定的商品（服务）上独家使用其注册商标的同时，承担在该期限和地域内，在相同的商品（服务）上不允许包括注册人本人在内的任何人使用该注册商标的义务。

## 第四节　著　作　权　法

著作权（版权）是基于文学、艺术和科学作品依法产生的权利。关于作品，《伯尔尼公约》第2条第1款表述为"'文学和艺术作品'一词包括科学和文学、艺术领域内的一切作品，不论其表现形式或方式如何""各成员国得通过国内立法规定所有作品或任何特定种类的作品如果未以某种物质形式固定下来便不受保护"。中国《著作权法》第3条规定著作权法所称作品，是指文学、艺术和科学领域内具有独创性并能以一定形式表现的智力成果；《著作权法实施条例》第3条规定"著作权法所称创作，是指直接产生文学、艺术和科学作品的智力活动。为他人创作进行组织工作，提供咨询意见、物质条件，或者进行其他辅助工作，均不视为创作"。

### 一、著作权的主体和客体

#### （一）著作权的主体

（1）作者。客观上讲，只有自然人是唯一的文学艺术和科学作品的事实创作者。

（2）在特定情况下，在法律上也可以把作者以外的其他自然人、法人或非法人组织、外国人、无国籍人视为作者。中国《著作权法》第11条规定："由法人或者非法人组织主持，代表法人或者非法人组织意志创作，并由法人或者非法人组织承担责任的作品，法人或者非法人组织视为作者。"

（3）认定作者。如无相反证明，在作品上署名的公民、法人或者非法人组织为作者。

#### （二）著作权的客体

《伯尔尼公约》规定，受著作权保护的作品的种类有：书籍、手册和其他文字作品；讲课、演讲、讲道和其他同类性质作品；戏剧或音乐戏剧作品；舞蹈艺术作品和哑剧；配词或未配词的乐曲；电影作品和以类似摄制电影的方法表现的作品；图画、油画、建筑、雕塑、雕刻和版画作品；摄影作品和以类似摄影的方法表现的作品；实用艺术作品；与地理、地形、建筑或科学有关的插图、地图、设计图、草图和立体作品。

## 二、著作权的内容、保护期及限制

### (一) 著作权的内容

享有著作权的作者：①可以决定是否对其作品进行著作权意义上的使用。②可以决定是否就其作品实施某些涉及其人格利益的行为。③可以在必要时请求有关国家机关以强制性的协助来保护或实现其权利。著作权在广义上还包括法律赋予表演者、音像制作者、广播电台、电视台或出版者对其表演活动、音像制品、广播电视节目或版式设计的与著作权有关的权利（邻接权）。

根据中国的著作权制度，著作权是一种包含若干特殊的人身权和财产权的混合权利，行使著作权中的财产权往往涉及其中的人身权。中国《著作权法》第10条规定，著作权包括下列人身权和财产权：发表权；署名权；修改权；保护作品完整权；使用权和获得报酬权；以及许可他人或全部或部分转让他人以上述方式使用作品的权利，并由此获得报酬的权利等。

### (二) 著作权的登记和保护期

著作权权利人自愿将其享有著作权的作品向登记机构办理登记，作为对作品享有著作权的证明，有利于维护作者或其他著作权人和作品使用者的合法权益，有助于解决因著作权归属造成的著作权纠纷，并为解决著作权纠纷提供初步证据。

在中国，作品登记适用《作品自愿登记试行办法》（国家版权局，1995）：作品实行自愿登记，不论是否登记，作者或其他著作权人依法取得的著作权不受影响（第2条）；登记机构为国家版权局和各省、自治区、直辖市版权局（第3条）；录音、录像制品的登记参照本办法执行（第14条）；计算机软件著作权登记适用《计算机软件著作权登记办法》（中国国家版权局，2002）；国家版权局主管全国软件著作权登记管理工作，国家版权局认定中国版权保护中心为软件登记机构（第6条）。中国版权保护中心作品著作权登记程序见图10-4。

2022年年初，中国版权保护中心牵头、多家互联网头部平台企业和垂直领域代表性应用共同参与的《基于数字版权链（DCI体系3.0）的互联网版权服务基础设施建设与试点应用》项目获得中宣部、中央网信办等十六部门联合批准。数字版权链（DCI体系3.0）聚焦数字版权服务模式创新与实践，互联网平台可通过技术服务方提供的API接口完成DCI标准化升级，升级后即可面向平台用户提供"即时申领DCI，按需办理数字版权登记"的版权权属确认服务。支持用户原创内容创作完成后提交DCI申领，数字版权链（DCI体系3.0）即对其作品版权信息的真实性、有效性、一致性进行识别、记录和分析，通过智能算法核验后可获得DCI。DCI作为数字版权唯一标识符描述了用户与数字内容一一映射的权属关系，支撑数字内容价值进一步释放，促进数字内容授权与价值转化。获得DCI的用户，可进一步按需自愿办理数字版权登记业务，获得《作品登记证书（数字版）》。中国版权保护中心数字版权登记流程见图10-5。

《伯尔尼公约》第7条规定："本公约给予保护的期限为作者有生之年及其死后五十年内。但就电影作品而言，本同盟成员国有权规定保护期在作者同意下自作品公之于众后五十年期满，如自作品完成后五十年内尚未公之于众，则自作品完成后五十年期满。至于不具名作品和假名作品，本公约给予的保护期自其合法公之于众之日起五十年内有效。但根据作者采用的假名可以毫无疑问地确定作者身份时，该保护期则为第一款所规定的期限。如不具名作品或假名作品的作者在上述期间内公开其身份，所适用的保护期为第一款所规定的保护期限。本同盟成员国没有义务保护有充分理由推定其作者已死去五十年的不具名作品或假名作品。摄影作品和作为艺术作品保护的实用艺术作品的保护期限由本同盟各成员国的法律规定；但这一期限不应少于自该作品完成之后算起的二十五年。"

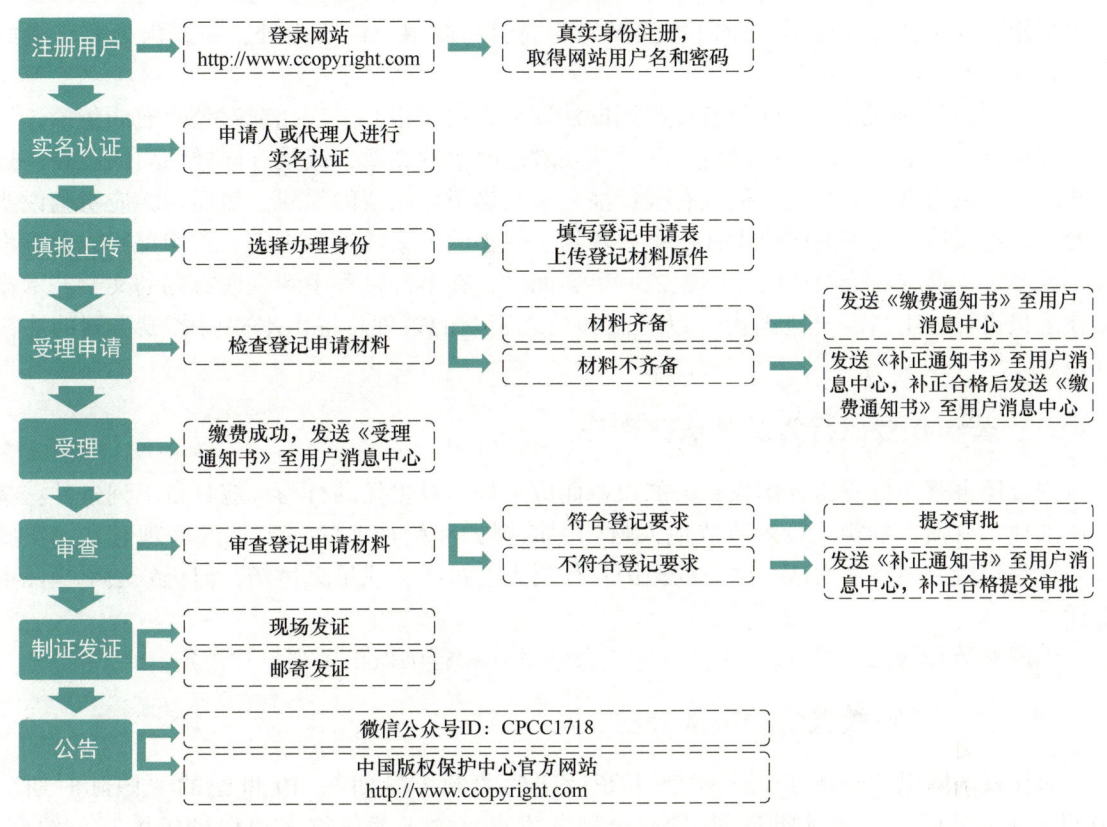

图 10-4　中国版权保护中心作品著作权登记程序

资料来源：（2024-02-20）https：//www.ccopyright.com.cn/index.php?optionid=1059

图 10-5　中国版权保护中心数字版权登记流程

资料来源：（2024-02-20）https：//www.ccopyright.com.cn/index.php?optionid=1650

（三）著作权的限制

《伯尔尼公约》及其附件对著作权的保护做了限制。第 9 条规定："受本公约保护的文学艺术作品的作者，享有授权以任何方式和采取任何形式复制这些作品的专有权利。本同盟成员国法律得允许在某些特殊情况下复制上述作品，只要这种复制不损害作品的正常使用也不致无故侵害作者的合法利益。"

第 10 条规定："从一部合法公之于众的作品中摘出引文，包括以报刊提要形式引用报纸期刊的文章，只要符合合理使用，在为达到目的的正当需要范围内，就属合法。本同盟成员国法律以及成员国之间现有或将要签订的特别协议的规定，可以合法地通过出版物、无线电广播或录音录像使用文学艺术作品作为教学解说的权利，只要是在为达到目的的正当需要范围内使用，并符合合理使用。前面各款提到的摘引和使用应说明出处，如原出处有作者姓名，也应同时说明。"

第 10 条之 2 规定："本同盟各成员国的法律允许通过报刊、广播或对公众有线传播，复制发表在报纸、期刊上的讨论经济、政治或宗教的时事性文章，或具有同样性质的已经广播的作品，但以对这种复制、广播或有线传播并未明确予以保留的为限。然而，均应明确说明出处。对违反这一义务的法律责任由被要求给予保护的国家的法律确定。在用摄影或电影手段，或通过广播或对公众有线传播报道时事新闻时，在事件过程中看到或听到的文学艺术作品在为报道目的正当需要范围内予以复制和公之于众的条件，也由本同盟各成员国的法律规定。"

### 三、著作权侵权行为及其法律责任

构成侵害著作权或与著作权有关的权益而应承担侵权责任的行为，应具备下列条件：具有违法性；有损害事实（行为造成他人财产上的损失和精神上的损害）的客观存在；实施某一行为是造成损害事实这一结果的原因；行为人有过错，或虽无过错，但仍依法承担民事责任。

中国《著作权法》第 49、50、51 条对侵犯著作权行为做出了列举式规定。

### 四、关于著作权保护的国际公约

著作权国际保护经历了三个时期：18 世纪的"领土时期"、19 世纪的"国际时期"、20 世纪末开始的"全球时期"，并且向全球化发展。关于著作权多边保护的国际公约有：1886 年《保护文学和艺术作品伯尔尼公约》；1952 年 9 月 6 日于日内瓦签订、1971 年 7 月 24 日修订于巴黎的《世界版权公约》（也叫《万国版权公约》）；1961 年 10 月 26 日于罗马签订的《保护表演者、音像制品制作者和广播组织罗马公约》；1971 年 10 月 29 日签订的《保护录音制品制作者禁止未经许可复制其录音制品日内瓦公约》；1995 年 1 月 1 日成立的世界贸易组织《与贸易有关的知识产权协议》（TRIPs）；1996 年 12 月 20 日签订于日内瓦的《世界知识产权组织版权条约》（WCT）；2012 年 6 月 24 日通过、2020 年 4 月 28 日生效的《视听表演北京条约》等。

## 第五节　其他知识产权的法律保护

### 一、商号

商号（Trade Names，又称企业标志、厂商标志）主要是指从事生产或经营活动的经营者在进行登记注册时用以表示自身营业名称的一部分，是工厂、商店、公司、集团等企业的特定标志和名称，依法享有专有使用权。

### （一）商号的特征

（1）商号是商事经营主体的名称，是区分不同商事主体的标志。一般而言，在同一地区的同一种行业中，不同的商事主体应该使用不同的商号。法律对商号的保护仅限于商号的名称，不保护商号所代表的产品。而商标则是用以区分一定范围内产品或服务的标志。

（2）商号是商事主体在商事交易中使用的区别于其他商事主体的标志，目的是为了避免在交易过程中发生主体混乱和营业混乱。

（3）商号与商事主体不可分离。最早将商号纳入国际知识产权保护体系的是《巴黎公约》，其第8条明确规定："商号应在本联盟一切成员国内受到保护，无须申请或者注册，也无论其是否为商标的组成部分。"《建立世界知识产权组织公约》第2条第8款在定义"知识产权"时，其第6项明确将"与商品商标、服务商标、商号及其他商业标记有关的权利"列为知识产权保护的客体。作为一种商业标记，《与贸易有关的知识产权协议》亦对商号保护做出了相关约定。

### （二）商号与商标

商号的作用类似于商标，不但可以用于标示商品或服务的不同来源，起到识别性功能，还可以代表特定商品或服务的质量和信誉。与商标等其他商业标志一样，商号同样具有重大的商业价值，是企业的重要无形财产之一。中国《反不正当竞争法》第5条从禁止混淆、误认的角度规定了对商号的法律保护。

商号与商标的关系极为密切，经常一起出现在同一商品上，有的情况下商号可以成为商标的一个组成部分或同一内容，但有时又不是。商号与商标的相似性在服务商标领域体现得更为明显。由于服务商标并没有一个物质性的载体，其使用负载于企业为消费者提供的服务之上，在绝大多数情况下，一个企业的商号、企业名称或其简称即其服务商标。当然，商号可依法注册为商标，商标亦可依法登记为商号。

商号和商标在作用和性质上的区别为：①所代表的权利性质不同；②适用的法律不同；③受到国际保护的程度不同。

### （三）商号权

商号权是商事主体对其商号所享有的专用权，是商号所有人依法使用、转让其商号并禁止他人滥用的权利。商号一经登记，商事主体便拥有了商号权，商号所有人便可对登记了的商号主张权利并禁止他人使用。

商号权的特征有三：①公开性；②排他性；③不可单独转让性。

### （四）商号的保护

**1. 保护范围**

规定商号必须登记的国家对商号的保护只限制在已登记的商号，在此范围内商号权人享有商号专用权并可对抗第三人。

**2. 商号侵权行为**

商号侵权行为是指同一地区的同业竞争者以不正当竞争之目的使用他人相同或类似的商号的行为。商号侵权行为的构成要件有四：①侵权行为的主体是同一地区的同业竞争者，驰名商号除外。②行为人必须是使用了他人的商号。③行为人使用他人的商号导致其与他人的营业被误认。④行为人主观上必须出于故意，即侵权行为人在主观上有不正当竞争之目的。

### 3. 关于商号保护的法律规定

对商号的保护，许多国家采取商法与反不正当竞争法一起保护的方法。商法根据主观条件保护商号，即商号侵权人主观上有不正当竞争之目的，保护的商号不以驰名为条件；反不正当竞争法对商号的保护体现为要求他人停止以不正当竞争之目的使用商号，保护的商号以驰名为条件。

### 4. 驰名商号的保护

驰名商号是在一定地区内经过长期使用享有较高声誉、并在交易上为公众所熟知的商号，具有较大的潜在商业价值。对驰名商号的保护范围可以超越某一特定地区，并且在该地区的异种营业也不能使用该驰名商号。

## 二、原产地标记

### （一）原产地标记的定义

原产地标记是表明产品的生长地、出生地、出土地或生产、加工、制造以及某项服务来源地的重要标志或符号，在一定程度上代表着商品的质量和信誉，是影响消费者识别和选择的重要信息。使用原产地标记的目的是为了维护生产者的利益，防止不法假冒侵权，防止欺骗性或易引起误解的标记。原产地标记包括原产国标记和地理标记。TRIPs 将原产地标记特别是地理标志列入知识产权保护的重要内容之一。

### （二）原产地标记的分类

#### 1. 原产国标记

原产国标记（Indication of Source）是指用于指示一项产品或服务来源于某个国家或地区的标志、标签、标示、文字、图案以及与产地有关的各种证书等。与地理标志不同，原产国标记（产地标记）并不意味着该产品主要因其原产地而具备任何特定的质量、声誉或特征。

#### 2. 地理标志

地理标志（Geographical Indication，GI）是指一个国家、地区或特定地方的地理名称，用于指示一项产品来源于该地，且产品的品质或声誉完全或主要取决于该地的地理环境、自然条件、人文背景等因素。TRIPs 第 1 条明确规定知识产权包括"地理标志"，它是指表明一货物来源于一成员境内的一个地区或地方的标志，且该货物所具有的质量、声誉或其他特性实质上归因于其地理来源。

必须能够识别产品源自特定产地的标志才能作为地理标志发挥作用，由于质量、特征和声誉取决于地理产地，故产品与其原产地之间存在明显的联系。

原产地名称（Appellations of Origin）是一种特殊的地理标志。两者均要求其所涉及的产品与原产地之间存在质量或特征上的关联，均提示消费者产品的地理来源。两者区别在于，原产地名称与产地的关联更为紧密。受原产地名称保护的产品，其质量或特征必须完全或主要取决于地理来源，通常是指原材料应取自产地，且产品的加工也应在产地进行。而地理标志只需一项归因于地理来源的标准，无论是质量还是产品的其他特征，即可成为地理标志，甚至仅是产品的声誉亦可。

### （三）地理标志保护的主体及其权利、客体

#### 1. 地理标志保护的主体

通过地理标志识别的产品的生产者或制造者群体可申请地理标志保护。这些生产者或制

造者通常组织成一个实体（例如合作社、协会），该实体可代表前者并确保其产品满足某种已经商定或共同遵守的要求。某些国家的地方政府机构亦可申请地理标志保护。取得地理标志保护的方式通常是获得构成地理标志（GI）的标志（Sign）的使用权。

**2. 地理标志使用权及其实施**

受保护的地理标志使用权属于规定地理区域内的生产者或制造者，他们遵守生产产品的特定标准或"行为准则""使用规则"。地理标志权还赋予拥有地理标志使用权的主体阻止产品不符合适用标准的第三方使用该标志的权利。但是，受保护的地理标志并不能令权利人阻止他人利用地理标志标准中规定的技术生产产品。

同所有其他知识产权权利一样，地理标志权基于国内法实施，特别是通过法院行使。采取措施的权利归属相关主管部门、检察机构或任何利益相关方，无论其是自然人还是法人、公共机构还是私营机构。国内法规定的救济和处罚手段包括民事（限制或禁止非法行为的禁令、损害赔偿等）、刑事或行政等措施。

**3. 地理标志的客体**

地理标志的客体通常是农产品、食品、酒类和酒精饮料、手工艺品和工业品等。

**（四）地理标志保护形式、获得保护的条件、保护期**

**1. 地理标志保护形式**

地理标志主要保护形式为注册登记制度，本国（本地区）主管机构根据申请对地理标志给予保护。此类职能在某些国家由负责地理标志保护的专门机构履行，在另外一些国家则由其知识产权局履行。

**2. 获得地理标志保护的条件**

获得地理标志保护的一项标志，必须根据所适用的法律达到地理标志的标准，且不受任何地理标志注册的障碍所限。其中一个重要条件是，通过地理标志识别的产品必须与某地理来源相关，此种关联是指特定产品质量、声誉或其他特征主要归因于特定地理来源或由其决定。在许多国家的立法中，只需满足一项可归因于地理来源的标准即可，不论是产品质量还是产品的其他特征，即使仅有声誉亦可。

根据适用法律不符合地理标志要求的标志通常不能获得地理标志保护。地理标志成功注册的潜在法律障碍包括：与在先商标相冲突；构成地理标志的词语具有通用性；存在"同形异义（或同音异义）"的地理标志，使用此类地理标志可能误导产品的真实来源；地理标志的名称为动植物品种的名称；地理标志在其原产国缺乏保护等。

**3. 地理标志保护期**

许多国家关于地理标志的专门立法并未规定地理标志保护的特定的有效期，即对已注册地理标志的保护，在注册未被撤销的情况下将一直维持有效。作为集体商标或证明商标注册的地理标志，通过可续展的10年保护期加以保护。

**（五）地理标志保护模式及国际保护**

**1. 地理标志保护模式**

地理标志保护模式主要有四种：①以《保护原产地名称及其国际注册里斯本协定》为基础的专门立法保护（例如特殊保护制度）。②以集体商标或证明商标的注册作为保护方式。③注重商业惯例的保护方式，包括行政性产品审批机制。④通过反不正当竞争法、消费者保护等法律进行保护。这些保护方式在保护条件、保护范围等方面存在差异。同时，专门保护制度与集体商标或证明商标保护之间又有共同点，即两者均为符合特定标准的地理标志使用者的集体使用创设了权利。

地理标志保护方式源于不同的法律传统，在各国的历史、经济框架内形成。在不同国家和地区的体系中地理标志通过多种方式获得保护，而且通常会采用上述两种或多种保护方式的组合。

**2. 地理标志的国际保护**

地理标志权具有地域性，这些权利仅限于给予地理标志保护的国家或地区。地理标志国际保护主要通过4种途径实现：

（1）直接向相关国家或地区的主管部门提出地理标志保护申请。为在其领土内保护地理标志，许多国家通常要求地理标志已在原产国受到保护。一旦地理标志在其原产国受到保护，则将有可能在其他司法管辖区根据当地现有保护方式获得保护。

（2）利用国家间达成的双边协定。两国间基于互惠原则达成双边协议，承认和保护对方国家的地理标志。这些协议可能仅适用于某些经济部门或产品（例如酒类和酒精饮料），抑或构成更大范围贸易协定的一部分。

（3）WIPO保护原产地名称和地理标志国际注册里斯本体系。里斯本体系的单一"国际注册"，为获得地理标志或原产地名称的国际保护提供了便捷手段。已在该体系成员国之一获得保护的原产地名称，可在其他所有成员国领土内获得相应保护。

（4）商标国际注册马德里体系（例如作为集体商标或证明商标）。为避免在每一个国家提交商标注册申请，可利用WIPO马德里体系提交单一国际申请。

地理标志或原产地名称保护的国际公约主要如下。

《巴黎公约》第10条之3规定了对虚假标记的补救措施，但只是集中在进口环节上对原产地名称予以法律保护。《马德里协定》也对原产地名称给予了较为全面的法律保护。

1958年产生的《保护原产地名称及其国际注册里斯本协定》首次界定了原产地名称的内涵，并在国际公约中规定了原产地名称的国际注册制度。

TRIPs是对原产地名称进行保护的最新国际公约，是对原产地名称保护水平最高、保护范围最广的国际公约。TRIPs第22条第1款规定：对假冒原产地名称的产品在进口时予以扣押。TRIPs第22条第2款规定：对公众容易产生误导、混淆和不公平竞争的行为进行阻止。TRIPs第22条第3款规定：对包含有未能表明商品真实原产地的地理标志的商标，拒绝注册或使其注册失效。TRIPs第22条第4款规定了对地理标志的特别保护："尽管商品或服务来源的境域或地方的表述达到了字面真实，但却向公众错误地表明该商品原产于另一地域的地理标志，同样不给予注册。"

### 三、商业秘密

商业秘密（Trade Secret）法律保护的法理依据不同于知识产权领域中的其他保护对象。TRIPs对未公开的信息（商业秘密）的保护是基于诚实商业行为的理念，TRIPs规定：自然人或法人应有可能防止他人在未经其同意的情况下，以非诚实商业活动的方式破坏合同，违背信义和诱导违背信义，以及通过第三方获取非公开的信息，透露、获得或使用合法地处于其控制之下的信息。

中国《反不正当竞争法》第9条规定，商业秘密是指"不为公众所知悉、具有商业价值并经权利人采取相应保密措施的技术信息、经营信息等商业信息"。根据这一法律规定，商业秘密首先必须是企业的技术或经营信息，通常包括企业的技术图样、技术资料、研发信息、报价单、客户名录等。

(一) 商业秘密的特点

(1) 秘密性。第一，不为公众所知悉。商业秘密理所应当处于保密状态，以此维护其价值，若其内容为公众知悉，其固有价值就有可能丧失殆尽，也就无法称其为"商业秘密"了。第二，权利人采取了保密措施，包括订立保密协议、建立保密制度以及采取其他合理的保密措施。

(2) 价值性。商业秘密能为权利人带来经济利益。

(3) 实用性。有关信息要具有确定的可应用性，尚处于概念、原理阶段的设想因为不具有实用性而不受法律的保护。

(二) 商业秘密的类型

商业秘密可以分为两大类：技术信息和经营信息。

(1) 技术信息。技术信息主要包括技术设计、技术样品、质量控制、应用试验、工艺流程、工业配方、化学配方、制作工艺、制作方法、计算机程序等。

(2) 经营信息。经营信息主要包括发展规划、竞争方案、管理诀窍、客户名单、货源、产销策略、财务状况、投融资计划、标书标底、谈判方案等。

此外，还有以下几类情况也属于商业秘密保护的范围：

(1) 工艺程序。有时几个不同的设备，尽管其本身属于公知范畴，但经特定组合，产生新工艺和先进的操作方法，也可能成为商业秘密。

(2) 机器设备的改进。在公开的市场上购买的机器、设备不是商业秘密，但是经公司的技术人员对其进行技术改进，使其具有更多用途或效率更高，那么这个改进可能构成商业秘密。

(3) 与研究开发有关的文件。记录了研究和开发活动内容的文件，就是商业秘密。例如蓝图、图样、实验结果、设计文件、技术改进后的通知、标准件最佳规格、检验原则等，都是商业秘密。

(4) 客户名单。客户名单是商业秘密中非常重要的一个组成部分，如果客户名单被竞争对手获知，客户会受到引诱或骚扰，从而妨碍公司的正常经营。

(5) 公司内部文件。与公司各种重要经营活动有关联的文件，也是商业秘密。例如采购计划、供应商清单、销售计划、销售方法、会计财务报表、分配方案等都是企业的商业秘密。

(6) 第三方商业秘密。指按照法律和协议，企业对第三方负有保密责任的第三方的商业秘密，如在商业合作中了解到的其他企业的商业秘密。

(三) 竞业禁止

商业秘密作为一种具有经济价值的财产，能给权利人带来现实的或潜在的经济利益，使权利人在一定区域和一定期限内取得竞争优势，而了解这些商业秘密的人，就成为商业秘密活的载体。由于商业秘密的复杂性、隐蔽性，使得发现、举证、确认侵犯商业秘密的行为更为困难。法律一方面要保护企业的商业秘密，另一方面也要保护劳动者包括各种人才的自主择业权利。为了既能保护企业的商业秘密，又能兼顾人才流动的合理性，竞业禁止是许多国家法律及实践中广泛采取的做法。

**1. 竞业禁止的定义**

竞业禁止是指掌握和了解本企业商业秘密并负有保密责任的企业雇员,在劳动关系存续期间或者劳动关系终止后,雇员按照与企业的约定受到一定时间的择业限制,在一定期间内,企业要对其进行一定的经济补偿。竞业禁止制度的实质,乃是法律基于保护雇主的商业秘密权之目的而对雇员的劳动权及择业自由权加以合理限制。

**2. 竞业禁止的种类**

在商业秘密的竞业禁止保护中,竞业禁止的种类包括雇员在职期间的竞业禁止和雇员离职后的竞业禁止两种。后者主要是指企业与劳动者签订竞业禁止合同,约定在一定期限内禁止劳动者从事某项职业或者生产某种产品,同时,企业对劳动者给予一定的经济补偿。劳动者离职后的竞业禁止义务是约定义务,不是法定义务。

**3. 竞业禁止合同的内容**

竞业禁止合同应当以书面形式签订,既可以作为劳动合同约定条款,也可以在劳动合同之外单独签订。如果没有书面的合同约定,劳动者不承担竞业禁止的义务。竞业禁止合同应当包括以下主要条款:

(1) 竞业禁止的范围。用人单位要确实拥有特定的商业秘密,并在竞业限制合同中标明范围,而不是泛泛地约定员工在离职后一概不得从事同种行业。竞业禁止协议保护的对象,应是雇主的重要商业秘密,而不是构成雇员一般知识、技能、经验的有关信息。

(2) 竞业禁止的时间限制。竞业限制的期限应当取决于该商业秘密在市场竞争中所具有的竞争优势持续的时间,以及员工掌握该商业秘密的程度和技术水平的高低。多数国家都将竞业禁止的时间限制在两年之内。

(3) 补偿条款。由于竞业禁止合同在一定程度上限制了雇员的劳动权和择业自由权,为实现雇主与雇员之间的利益平衡,雇主应对离职雇员进行合理补偿,否则协议无效。

### (四) 商业秘密的国际保护

**1. 通过民法、刑法或其他法律保护商业秘密**

多数国家采用此种立法模式,如美国 1939 年的《侵权行为法重述》以侵权法保护商业秘密;日本、韩国则将商业秘密纳入不正当竞争法的轨道予以保护;墨西哥、巴西则是通过工业产权法来保护商业秘密。从各国的实践看,实施反不正当竞争法及刑法保护是一种较为有效的保护方式。

**2. 通过专门立法保护商业秘密**

随着信息技术的发展,商业秘密越来越重要,许多国家建议单独立法保护商业秘密。同时,许多国际组织也纷纷出台国际条约来保护商业秘密。国际商会 1961 年制定了《有关保护商业秘密的标准条款》;联合国 1974 年制定了《联合国国际技术转让行动守则(草案)》;欧盟也在统一保护商业秘密规则方面做出了种种努力,并多次制定和修订了有关专有技术许可证协议的条例;《巴黎公约》1967 年斯德哥尔摩文本第 10 条之 2 对不正当竞争行为做了原则性规定,即凡在工商业活动中违反诚实的惯例的竞争即构成不正当竞争行为,应取缔不正当竞争;TRIPs 第 39 条要求成员方在依《巴黎公约》为反不正当竞争提供有效保护的过程中,应保护未披露信息和向政府或政府的代理机构提交的数据,并规定了未披露信息的构成条件、侵犯未披露信息的行为等内容。

## 四、集成电路布图设计

集成电路布图设计是指一种体现了集成电路中各种电子元件的配置方式的图形。集成电路是根据要实现的功能而设计的，不同功能对应不同的布图设计。从这个意义上说，实现了对布图设计的保护，也就实现了对集成电路的保护。

集成电路作为一种工业产品，应当受到专利法的保护。但是，人们在实践中发现，由于集成电路本身的特性，大部分集成电路产品无法达到专利法所要求的创造性高度因而得不到专利法的保护。1979年美国众议院议员爱德华（Edward）首次提出了以著作权法来保护集成电路的议案。但由于依照著作权法将禁止以任何方式复制他人作品，这样实施"反向工程"也将成为非法，这一议案在当时被议会否决。该议案提出的以保护布图设计的方式来保护集成电路的思想，对后来集成电路保护的立法仍然有着重要意义。美国1984年颁布了《半导体芯片保护法》。世界知识产权组织曾多次召集专家会议和政府间外交会议研究集成电路保护问题，逐渐形成了以保护布图设计方式实现对集成电路保护的一致观点，终于在1989年缔结了《关于集成电路知识产权的华盛顿条约》。

### （一）布图设计的特点

（1）无形性。布图设计作为一种元件的"三维配置"，其配置方式本身是无形的、抽象的，是人类智慧的体现，但它可以通过有形的载体表现出来而为人所感知。

（2）可复制性。布图设计具有可复制性，但与一般著作权客体的可复制性不同。当布图设计的载体为掩膜版时，它以图形方式存在，这时只要对全套掩膜版加以翻拍，即可复制出全部的布图设计。当布图设计以磁盘为载体时，同样可用通常的复制方法复制。当布图设计的载体为集成电路芯片时，它同样可以被复制，只是复制过程相对要复杂一些。复制者可以通过"反向工程"了解其布图设计。

（3）表现形式的非任意性。布图设计是与集成电路的功能相对应的。布图设计的表现形式要受到电路参数、实物产品尺寸、工艺技术水平、半导体材料结构和杂质分布等技术因素和物理规律的限制，因此开发新的功能相同或相似的集成电路，其布图设计不得不遵循共同的技术原则和设计原则，有时还要采用相同的线宽，甚至采用相同的电路单元。这就造成了对布图设计侵权认定难度的加大。

（4）布图设计具有创造性和实用性。已颁布布图设计保护法的国家，一般均在其法律中兼采著作权法的创作性（原创性）和专利法的创造性和新颖性的要求，又依据布图设计自身的特点而加以变化，确定布图设计的创造性要求。受法律保护的布图设计，要求必须是设计人自己创作的，有自身独特之处。

由以上特点可以看出，布图设计的无形性是知识产权客体的共性，可复制性是著作权客体的一个必要特征，表现形式的非任意性则是工业产权客体的特性，因此，布图设计成为了一种兼有著作权和工业产权客体双重属性的特殊知识产权客体，很难在传统的知识产权法律保护体系中得到完善的保护。针对布图设计自身的特征制定出专门的单行法律加以保护，是多数国家的共识。中国也正是采用了此种立法方式。

### （二）布图设计专有权的主体、客体和内容

#### 1. 布图设计专有权的主体

布图设计专有权的主体，即布图设计权利人，是指依照集成电路布图设计保护法的规

定,对布图设计享有专有权的自然人、法人或其他组织。布图设计专有权的主体主要包括:布图设计创作者或合作创作者;主持创作布图设计的法人或组织;经约定可以享有权利的委托人;以上主体的权利继受人。

**2. 布图设计专有权的客体**

《关于集成电路知识产权的华盛顿条约》规定布图设计专有权的客体是具有独创性的布图设计。独创性是指该布图设计是创作者自己的智力劳动成果,并且在其创作时该布图设计在布图设计创作者和集成电路制造者中不是公认的常规设计。但如由常规设计组成的布图设计,其组合作为整体符合前述条件的,也构成受保护的客体。这是为保护集成电路进一步发展而做的特别规定。

**3. 布图设计专有权的内容**

布图设计专有权的内容即布图设计专有权的具体权能,主要包括:

(1)复制权。权利人有权通过光学的、电子学的方式或其他方式来复制其受保护的布图设计或者含有该布图设计的集成电路。

(2)商业利用权。布图设计权利人享有将受保护布图设计,以及含有该受保护的布图设计的集成电路,或含此种集成电路的产品进行商业利用的权利。各国立法对此权利内容的规定不完全相同,但一般都包括出售权、出租权、展览陈列权以及为商业目的或其他方式的利用而进口的权利等。

### (三)保护的例外

法律对集成电路布图设计专有权的限制,主要有以下几个方面:

(1)反向工程。反向工程又称还原工程,是指对他人的布图设计进行分析、评价,然后根据这种分析评价的结果创作出新的布图设计。

(2)合理使用。合理使用即"为个人目的或者单纯为评价、分析、研究、教学等目的而复制受保护的布图设计",合理使用可以不经布图设计权利人的许可,不向其支付报酬。

(3)权利穷竭。权利穷竭也称权利用尽或首次销售原则,是指布图设计专有权人或经其授权的人,将布图设计或含有该布图设计的集成电路产品投放市场后,对与该布图设计有关的商业利用行为不再享有控制权。

(4)无知侵权。无知侵权是指如购买人不知情购买了含有非法复制的受保护的布图设计的集成电路产品,而将该产品进口、销售或从事其他商业利用,在其知情之前不追究其侵权责任。但是,购买人一旦知情,则应当向布图设计专有权人支付其原本应当支付的费用,才能继续先前的商业利用行为。

(5)强制许可。强制许可是指依据法律的规定,在国家出现紧急状态或者非常情况时,或者为了公共利益的目的,或者经法院、不正当竞争行为监督检查部门依法认定布图设计权利人有不正当竞争行为而需要给予补救时,知识产权行政部门可以给予使用其布图设计的非自愿许可。

(6)他人的独立创作。与所有其他作品一样,布图设计专有权人不能排斥他人对其独立创作的、相同的布图设计进行复制或将其投入商业利用的权利。当然,该他人必须完成对自己"独立创作"的证明。

### 五、计算机软件的法律保护

法律上所保护的计算机软件,国际上一般注解为程序(即控制计算机运行的指令)、程序描述（指确定构成计算机程序指令的过程表示）和辅助材料（主要是指便于理解程序而附属的资料）。世界知识产权组织 1978 年公布的《保护计算机软件示范条款》，将计算机程序定义为："送入机器可读媒体时，能导致一台具有信息处理能力的机器指导一特定功能、执行一特定任务或达到一特定结果的一组指令。"为适应软件产品研发和软件产业发展需要，世界各国尝试了多种制度安排和选择。各国基本上并未采用保护集成电路布图设计的做法，即通过专门立法建立计算机软件保护制度，而是试图将计算机软件纳入已有知识产权保护框架之中。多数国家将包括程序和文档的软件作为一种作品，采用著作权法予以保护。由于软件保护客体多元且随技术动态发展，还可通过专利法、反不正当竞争法、民商法、商标法等进行保护。

（一）专利法保护

软件专利通常限定为具有算法特征和技术特征的源代码和目标代码程序，并非软件的全部。各国大多通过修改专利审查指南、法律规范解释和司法判例，将软件等新技术纳入专利客体之中。软件专利制度法律问题主要涉及：软件的技术思想及其表达；软件的抽象算法与具体算法技术；软件的专利性判断规则和标准；软件的程序算法属性与方法发明类型等。

美国专利与商标局 1995 年制定的《计算机软件专利审查标准草案》中规定：①被程序或其他形式软件所控制的计算机或其他可程序控制性装置，视为一种专利"机器"。②在计算机上或在计算机协助下实施的一系列特殊的操作步骤，视为一个专利过程。③当在计算机上运行时，能用来控制计算机以某种特殊方式动作的计算机可读内存，视为一种专利的作品。除上述三项标准外，其余的任何软件不能被给予专利法的保护。

中国以《专利法》第 2 条（可专利主题条款）和第 25 条（专利排除条款）规定为基础，加之专利审查规则和司法裁判规则，构成计算机软件的专利保护制度。根据中国《计算机软件保护条例》第 2 条，计算机软件是指计算机程序及其有关文档。2023 年修订的中国《专利审查指南》实质审查部分第九章"关于涉及计算机程序的发明专利申请审查的若干规定"显示：

（1）计算机程序本身是指为了能够得到某种结果而可以由计算机等具有信息处理能力的装置执行的代码化指令序列，或者可被自动转换成代码化指令序列的符号化指令序列或者符号化语句序列。计算机程序本身包括源程序和目标程序。

（2）涉及计算机程序的发明是指为解决发明提出的问题，全部或部分以计算机程序处理流程为基础，通过计算机执行按上述流程编制的计算机程序，对计算机外部对象或者内部对象进行控制或处理的解决方案。对外部对象的控制或处理包括对某种外部运行过程或外部运行装置进行控制，对外部数据进行处理或者交换等；对内部对象的控制或处理包括对计算机系统内部性能的改进，对计算机系统内部资源的管理，对数据传输的改进等。《专利审查指南》强调"涉及计算机程序的解决方案并不必须包含对计算机硬件的改变"。

（3）根据《专利法》第 2 条第 2 款，涉及计算机程序的发明专利申请只有构成技术方案才是专利保护的客体。根据《专利法》第 25 条第 1 款第（2）项，仅仅涉及汉字编码方法不属于专利保护的客体，但是如果把汉字编码方法与该编码方法可使用的特定键盘相结合，构成计算机系统处理汉字的一种计算机汉字输入方法或者计算机汉字信息处理方法，使计算机系统能够以汉字信息为指令，运行程序，从而控制或处理外部对象或者内部对象，则这种计算机汉字输入方法或者计算机汉字信息处理方法构成《专利法》第 2 条第 2 款所说的技术方案，不再属于智力活动的规则和方法，而属于专利保护的客体。

（4）人工智能、"互联网+"、大数据以及区块链等如果涉及抽象的算法或单纯的商业规则和方法，且不包含任何技术特征，根据《专利法》第25条第1款第（2）项不应当被授予专利权。如果除了算法特征或商业规则和方法特征还包含技术特征，就整体而言并不是一种智力活动的规则和方法，则不应当依据《专利法》第25条第1款第（2）项排除获得专利权的可能性。如果权利要求记载了对要解决的技术问题采用了利用自然规律的技术手段，并且由此获得符合自然规律的技术效果，则该权利要求限定的解决方案属于《专利法》第2条第2款所述的技术方案。对包含算法特征或商业规则和方法特征的发明专利申请的新颖性审查，应当考虑权利要求记载的包括技术特征、算法特征或商业规则和方法特征在内的全部特征。对既包含技术特征又包含算法特征或商业规则和方法特征的发明专利申请的创造性审查，应将与技术特征功能上彼此相互支持、存在相互作用关系（算法特征或商业规则和方法特征与技术特征紧密结合、共同构成了解决某一技术问题的技术手段，并且能够获得相应的技术效果）的算法特征或商业规则和方法特征与所述技术特征作为一个整体考虑。

根据中国《专利审查指南》，除以发明专利保护计算机软件外，对图形用户界面可予以外观设计专利保护。图形用户界面（Graphical User Interface，GUI）是指采用图形方式显示的计算机操作用户界面，是一种人机交互的界面显示格式。

计算机软件专利申请的原则有四：书面原则；申请单一性原则；先申请原则；优先权原则。

计算机软件专利保护的困难在于：①专利审查需要较长的时间；②专利采用完全公开的制度，和通常的发明相比，程序公开所带来的损害较大；③在计算机软件中，通常的情况是根本没有已经完善的程序，总是需要不断改进，对每一次改进都去申请一次专利并不容易，而且后申请因自身先申请被驳回的事例也常有发生；④审查有一定的困难性；⑤有创造性的软件是很少的。

### （二）著作权法保护

计算机软件包括程序文件和文档材料，前者涉及的源代码和目标代码具有字母、数字和符号等文字形式，后者是指用以描述程序的文字资料和图表，这些表达因素与文字作品具有同构性，以著作权法保护软件已成为国际通用做法。1972年，菲律宾率先将软件纳入著作权客体范畴。1976年，美国《版权法》对软件保护做了原则规定。根据美国国会下设版权作品新技术应用国家委员会的报告，该法于1980年再次修订，增加计算机程序的定义条款，形成软件版权保护及其限制的基本规则。欧共体在1991年5月14日颁布的《欧共体计算机程序法律保护指令》中明确要求各成员国要将计算机程序视为《伯尔尼公约》所规定的文学作品，给予其著作权法的保护。《伯尔尼公约》和《世界知识产权组织版权公约》在全世界范围内建立了完整的著作权保护框架，计算机软件可以在该公约的成员国境内自动得到保护，而无须注册登记。1994年生效的TRIPs明确要求各缔约方将计算机程序作为文字作品给予保护。此后，世界知识产权组织致力于专利法的国际协调，促成了程序规则即《专利法条约》的缔结。

中国《著作权法》规定，计算机软件是受法律保护的作品形式之一。1991年中国颁布了《计算机软件保护条例》，对软件实施著作权法律保护做了具体规定。2001年12月20日国务院修改了《计算机软件保护条例》，以使其与TRIPs更协调。

### 1. 软件著作权的主体和客体

软件著作权人分为两类：原始著作权人和后继著作权人。原始著作权人是软件开发完成时的权利享有者，后继著作权人是从原始著作权人处依法继承或受让软件著作权的单位或公民。计算机软件著作权的客体是指计算机软件，包括程序及其文档。

### 2. 软件著作权人的权利及对软件著作权的限制

中国《计算机软件保护条例》第8条规定，软件著作权人享有下列权利：发表权；署名权；修改权；复制权；发行权；出租权；信息网络传播权；翻译权；许可他人行使其著作权并收取报酬的权利；部分或全部转让软件著作权并获取报酬的权利；应当享有的其他权利。

中国对软件著作权的限制是：

（1）时间限制。财产权保护期为25年，可以延长25年，不超过50年；身份权不受限制。

（2）在保护期内，因课堂教学、科学研究、国家机关执行公务等非商业性目的的需要对软件进行少量复制，可以不经软件著作权人同意，不向其支付报酬。

（3）软件著作权人不得损害公众利益，违反其他法律。

（4）软件复制品合法持有人，在不经该软件著作权人同意的情况下，可以根据使用的需要把该软件装入计算机内，制作备份复制品，进行必要的修改等。

### 3. 软件著作权保护的问题

（1）著作权法规定的著作权所有人具有多种专有权利（包括修改权），而且按照《世界知识产权组织版权公约》的规定，著作权跨越国界，这对软件发达国家有利，但不利于软件不发达国家消化吸收先进国家的软件，并在此基础上提高和创新。

（2）著作权保护期限过长。软件的保护期限最少为25年，且可以在保护期满之前申请续展25年，保护期限过长，一方面限制了软件的开发创新；另一方面与信息技术的快速发展同步，软件迭代、创新周期短、频率高，保护期过长的必要性值得商榷。

（3）大部分国家的著作权法中并没有规定登记制度，因此很难对抗第三者的软件侵权，在诉讼活动中的举证和救济也很困难。

（4）著作权法是保护软件的"表达形式"，而不保护"创作思想"。这虽然有利于软件的开发创新，但软件本身是一种极容易复制和改编的作品。因此著作权法对软件的保护并不十分有利于著作权人的权益，这种法律保护手段也无法有效控制大量出现的盗版现象。

#### （三）商业秘密保护

根据中国《反不正当竞争法》，具有竞争关系的软件企业不得违背公平诚信原则和法律、商业道德进行不正当竞争。根据中国《最高人民法院关于审理侵犯商业秘密民事案件适用法律若干问题的规定》（简称《商业秘密规定》）第1条，与技术有关的结构、原料、组分、配方、材料、样品、样式、植物新品种繁殖材料、工艺、方法或其步骤、算法、数据、计算机程序及其有关文档等信息，人民法院可以认定构成《反不正当竞争法》第9条第4款所称的技术信息。反不正当竞争法并不保护计算机软件源程序和相关文档本身，保护的是源程序和相关文档中存在的技术信息。《商业秘密规定》第3条规定，权利人请求保护的信息在被诉侵权行为发生时不为所属领域的相关人员普遍知悉和容易获得的，人民法院应当认定为反不正当竞争法第9条第4款所称的不为公众所知悉。《商业秘密规定》第6条规定,权利人采取了相应措施,在正常情况下足以防止商业秘密泄露的,人民法院应当认定权利人采取了相应保密措施;对能够接触、获取商业秘密的计算机设备、电子设备、网络设备、存储设备、软件等,采取禁止或者限制使用、访问、存储、复制等措施的。《商业秘密规定》第7条规定,权利人请求保护的信息因不为公众所知悉而具有现实的或者潜在的商业价值的,人民法院经审查可以认定为《反不正当竞争法》第9条第4款所称的具有商业价值。

尽管计算机软件迭代更新很快,只要技术信息符合商业秘密构成要件且处于保密状态,权利人即可获得无限期保护。

计算机软件的商业秘密保护一方面无法制止反向工程,这就需要通过专利保护加以限制;另一方面不能防止他人对于软件的大量复制,这可通过版权保护予以克服。

**(四) 计算机开源软件的合同保护**

开源软件通常是指授权人根据相应开源协议,将其源代码向公众公开,并允许用户在开源协议约定的条件内自由使用、修改和分发。开源软件已成为各行业信息系统的重要组成,尽管在理念上反对垄断,倡导自由、共享,但伴随商业化发展计算机开源软件逐渐转为与知识产权制度相兼容。计算机开源软件通过许可合同约定使用相关软件应遵循的条款与条件,可以实现向公众开放源代码,使源代码在一个合理适合的环境下交流、再发布。开源协议已经成为业内共同认可和遵守的契约文本,是有效平衡软件专有权与公众使用权的重要依据,履行相关协议义务也是诚信原则的体现。

开源协议具有双务特征,行使权利的同时应当承担相应义务,否则会导致权利终止。开源软件及其衍生软件或修改版本的著作权人在享有著作权(复制权、发表权、修改权、署名权、保护作品完整权、获得报酬权等)的情况下,通过许可方式将其著作财产权和部分人格权(如复制权、修改权等)授予不特定公众用户,其将权利有条件让渡的目的是创设一种自由开发、使用或传播的环境,推动软件开发创新和产业蓬勃发展。软件使用人若违反开源协议,其行为构成违约的同时亦构成著作权侵权。

中国法院在涉开源软件侵权案件的司法实践中,开源并非不侵权的必然抗辩理由,被告的抗辩能否成立的关键在于原告主张权利的软件是否受开源协议的约束,开源软件使用者不应当违反开源规则。

**(五) 计算机软件的合同保护**

计算机软件合同保护涉及的主要问题包括:

(1) 开发成果验收是否合格。通常涉及开发成果是否验收、交付的成果是否符合验收标准等。

(2) 合同目的是否实现。这是认定委托方是否享有法定解除权、开发方是否有权要求合同继续履行的关键,需要考察软件主体功能是否开发完成、开发方是否完成合同附随义务等。

(3) 合同解除后的处理。技术合同解除后已履行的部分并非当然恢复原状,需要根据履行情况和合同性质加以权衡。例如,若软件开发合同解除的原因不应归责于开发方,则开发方在开发过程相应阶段收取的款项并不失去继续保有的正当性。

此外,计算机软件企业还可以申请注册商标。

## 六、对生物技术的适当保护

### （一）对生物技术的国际法保护

1992年联合国环境与发展大会签署了《联合国气候变化框架公约》（UNFCCC）与《生物多样性公约》。前者涉及的是工业化过程中的温室气体排放问题；后者则是涉及生物资源保护与可持续利用的第一个有约束力的全球性国际协议。

《生物多样性公约》获得了全球各国广泛的关注与认同，缔约方已经达到196个，而且其中的大多数，包括中国在内，都在缔约当年即正式批准了公约。《生物多样性公约》第1条规定的目标是：保护生物多样性，促成对多样性生物资源的可持续利用，以及按照公平、合理的原则，分享生物资源的商业性利用或其他方式的利用所带来的利益。《生物多样性公约》共有42条及两个附件，其中《生物多样性公约》本体的第6~21条被视为"实质性条款"，即关于生物资源的保护与利用及利益分享的具体规则。这些规则主要涉及以下几个方面：①保护及可持续利用生物资源的措施与鼓励办法。②公众教育与关注。③影响评估。④遗传资源的有序获取。⑤技术的获取与转让。⑥信息交换与科技合作。⑦利益分配与财政资源的提供。

### （二）对生物技术的国内法保护

对生物技术的国内法保护主要依据专利法、著作权法和商业秘密保护法。

**1. 专利法保护**

一些国家的国内法规定对一般生物技术研发成果，如新药、基因、微生物新品种、抗体、检验套组等产品、制法、改良方法以及已知产品的新用途等，都可以作为发明专利予以保护。中国《专利法》第25条第1款第4项规定，对"动物和植物品种"不授予专利权，在中国均不给予专利保护。对于符合条件的植物新品种，以《植物新品种保护条例实施细则》进行保护。

**2. 著作权法保护**

研发人员针对研发成果进行的任何形式的发表、撰写的技术说明或绘制的技术图样等可依著作权法获得保护。

**3. 商业秘密保护**

许多生物技术不宜公开，如技术诀窍、配方、方法流程和实验结果或数据等不适宜采用专利等保护形式的，可适用对商业秘密的保护方式。

# 案例讨论题

1. 意大利某机械股份公司诉山东某工程机械公司侵害发明专利权纠纷案——电商平台展示内容与制造行为的认定（入库编号2024-13-2-160-017）

【基本案情】

意大利某机械股份公司系专利号为02829511.0、名称为"用于破碎并筛分石头的铲斗"的发明专利的权利人，其发现山东某工程机械公司在"爱采购""搜了网""材料网"上发布的产品照片内容与专利产品相同，除标注数量、售价等信息外，还标注了山东某工程机械公司的商标，产地显示为山东济宁，同时还标注有产品的工作原理。意大利某机械股份公司比对后发现上述电商平台上许诺销售的山东某工程机械公司产品的工作原理与涉案专利权利要求1相同，部分照片所显示的产品上还标注有意大利某机械股份公司的商标，遂起诉要求山东某工程机械公司停止制造、销售、许诺销售侵权产品的行为，并赔偿经济损失及维权合理开支。山东某工程机械公司确认电商平台上的照片系专利产品照片，并称照片来源于互联网；工作原理来源于该公司购买两台专利产品时获得的产品说明书内容；电商平台上关于山东某工程机械公司产品的商标、产地、数量的信息都是该公司为了销售产品杜撰而来，均不真实，该公司实际上并无制造、销售所展示产品的行为。

山东省济南市中级人民法院一审认为，仅凭山东某工程机械公司在电商平台上发布的信息不足以认定该公司存在制造、销售行为；虽有许诺销售行为，但因山东某工程机械公司曾购买过两台专利产品，则网页上发布的工作原理并不一定是指被诉侵权产品的工作原理，而有可能是指专利产品的工作原理，所以无法认定山东某工程机械公司在电商平台上许诺销售的产品的技术方案落入涉案专利权的保护范围。故于2022年4月28日做出（2021）鲁01知民初931号民事判决：驳回了意大利某机械股份公司的全部诉讼请求。意大利某机械股份公司不服，提出上诉。

最高人民法院认为山东某工程机械公司制造、许诺销售的破碎斗的技术方案落入涉案专利权利要求1的保护范围，该公司的制造、许诺销售行为构成对涉案专利权的侵害，其虽因涉案专利权的保护期限届满而无须承担停止侵权的民事法律责任，但仍应根据意大利某机械股份公司的请求赔偿经济损失及维权合理开支，故于2023年8月31日做出（2022）最高法知民终2021号民事判决：一、撤销山东省济南市中级人民法院（2021）鲁01知民初931号民事判决；二、山东某工程机械公司于本判决生效之日起10日内，赔偿意大利某机械股份公司经济损失90万元；三、山东某工程机械公司于本判决生效之日起10日内，支付意大利某机械股份公司合理维权开支2000元；四、驳回意大利某机械股份公司的其他诉讼请求。

【裁判理由】

法院生效裁判认为，山东某工程机械公司在电商平台上许诺销售的破碎斗中，有五款产品各自在"爱采购""材料网""搜了网"上的销售链接旁均展示有产品图片，山东某工程机械公司确认图片中的产品即为专利产品。同时，上述五款被诉侵权产品的销售网页中亦大量使用了山东某工程机械公司所确认的专利产品图片。再结合销售网页上显示的品牌、产地、价格、型号、数量等信息，足以认定山东某工程机械公司做出了销售网页图片所展示产品的意思表示，构成对该产品的许诺销售行为，因此可以认定山东某工程机械公司在"爱采购""材料网""搜了网"许诺销售的该五款被诉侵权产品的技术方案落入涉案专利权的保护范围。

此外，上述五款被诉侵权产品销售网页中标注的产品信息，包括品牌"金耀"、产地"山东济宁"、型号系山东某工程机械公司自编、数量上百台等，均与山东某工程机械公司仅采购两台"100%意大利进口""MB"牌破碎斗的情况相矛盾；且与山东某工程机械公司关于其所购两台专利产品已于2020年售出的陈述冲突，山东某工程机械公司上述主张与事实不符，不能成立。

同理，综合考虑山东某工程机械公司在多个电商平台上许诺销售上述五款被诉侵权产品，以及销售网页中关于产地、数量的记载，网页图片显示陈列有数台被诉侵权产品等因素，再结合网页中标注的"厂家直销""电联定制"等内容，以及山东某工程机械公司未能举证说明其许诺销售的被诉侵权产品来源情况等事实，可以合理推定山东某工程机械公司存在制造上述五款被诉侵权产品的行为。至于销售行为，因意大利某机械股份公司未举证证明山东某工程机械公司实际销售有被诉侵权产品，故对意大利某机械股份公司的相应主张不予支持。

需要说明的是，山东某工程机械公司关于其在"爱采购""材料网""搜了网"上就被诉侵权产品所标注的信息虚假，仅是出于宣传产品目的而编造的主张，明显违反《中华人民共和国电子商务法》第17条关于"电子商务经营者应当全面、真实、准确、及时地披露商品或者服务信息，保障消费者的知情权和选择权。电子商务经营者不得以虚构交易、编造用户评价等方式进行虚假或者引人误解的商业宣传，欺骗、误导消费者"的规定，有害于电子商务诚信体系的建设，更不能在面临意大利某机械股份公司的专利侵权主张时成为其逃避法律责任的借口，对山东某工程机械公司的这一抗辩主张不应予以支持。山东某工程机械公司制造并在"爱采购""材料网""搜了网"上许诺销售的五款被诉侵权产品的技术方案落入涉案专利权利要求1的保护范围，山东某工程机械公司实施的制造、许诺销售上述被诉侵权产品行为构成对涉案专利权的侵害。

【裁判要旨】

人民法院可以综合考虑被诉侵权人在电商平台上展示的产品销售链接中关于产品型号、产地、数量的标注以及"厂家直销"等描述，合理推定被诉侵权产品由其制造。

【关联索引】

1.《中华人民共和国专利法》第11条（本案适用的是2009年10月1日施行的《中华人民共和国专利法》第11条）

2.《中华人民共和国电子商务法》第17条

一审：山东省济南市中级人民法院（2021）鲁01知民初931号民事判决（2022年4月28日）

二审：最高人民法院（2022）最高法知民终2021号民事判决（2023年8月31日）

（资料来源：2024-02-28，人民法院案例库：https：//rmfyalk.court.gov.cn/dist/view/content.html? id=%252B%252B0MjpyMUbN5fe1yWWdZKzXSTsuU3avkp3WTsyMs6tw%253D&lib=ck&undefined=01&undefined=%E4%BE%B5%E5%AE%B3%E5%8F%91%E6%98%8E%E4%B8%93%E5%88%A9%E6%9D%83&undefined=2023）

2. 某苹果协会诉鲤城区远某水果商行商标权权属、侵权纠纷案——地理标志案件中对地名正当使用的认定（入库编号2023-09-2-159-048）

【基本案情】

某苹果协会系涉案地理标志证明商标权利人，该商标被注册于第31类"苹果"。鲤城区远某水果商行（以下简称远某商行）未经许可销售外包装上突出使用"APPLE 新疆阿克苏"字样且在包装纸上使用了"冰糖心 新疆 阿克苏"字样以及苹果图形的苹果。某苹果协会认为远某商行销售该类苹果的行为侵犯其证明商标权，依此向法院提出商标权侵权诉讼。

福建省泉州市中级人民法院一审认为被控侵权商品上使用"阿克苏"字样不构成商标性使用，与涉案商标不构成近似，于2020年7月20日做出（2020）闽05民初678号民事判决，判决驳回某苹果协会的诉讼请求。某苹果协会不服一审判决，提起上诉。福建省高级人民法院二审认为远某商行销售侵害涉案注册商标商品的行为构成商标侵权且不属于对地名的正当使用，于2020年12月29日做出（2020）闽民终1993号民事判决，判决撤销一审判决，改判远某商行停止侵权并赔偿损失。远某商行不服，向最高人民法院提出再审申请。最高人民法院于 2021 年 8 月 16 日做出（2021）最高法民申 3902 号民事裁定，驳回远某商行的再审申请。

【裁判理由】

最高人民法院审查认为，某苹果协会系第 591899X 号地理标志（见附图）证明商标权利人，该商标核定使用商品为第 31 类"苹果"。被诉侵权商品的外包装上突出使用了"APPLE 新疆阿克苏"字样，在直接包装商品的包装纸上使用了"冰糖心新疆阿克苏"字样以及苹果图形，构成商标意义上的使用。且被诉侵权商品与涉案地理标志的商品种类相同，均为苹果，故构成近似商标。被诉侵权行为足以使相关公众误认为被诉侵权商品的原产地为新疆阿克苏地区且具有该产区特有的品质，或者误认为其与涉案地理标志证明商标具有关联，引起相关公众对产地和品质的混淆误认，侵犯了阿克苏苹果协会的注册商标专用权。对地名的正当使用应当以产地相符为必要条件，远某商行应对其销售的产品来自证明商标所标识的特定产地承担举证责任，本案中远某商行未提供充分证据证明被诉侵权商品来源于新疆阿克苏地区，其主张正当使用的理由不能成立。

【裁判要旨】

在同种商品上使用与地理标志证明商标相似的商标，足以使相关公众误认为被诉侵权商品的原产地为该地理标志指向的地区且具有该产区特有的品质，或者误认为其与该地理标志证明商标具有关联，引起相关公众对产地和品质的混淆误认，构成侵犯该地理标志证明商标的商标专用权。对地名的正当使用应当以产地相符为必要条件，若被告无法提供充分证据证明被诉侵权商品来源于涉案地理标志指向的地区且使用方式符合商业惯例的不属于对地名的正当使用。

【关联索引】

《中华人民共和国商标法》第 3 条第 3 款、第 16 条第 2 款

一审：福建省泉州市中级人民法院（2020）闽 05 民初 678 号民事判决（2020 年 7 月 20 日）

二审：福建省高级人民法院（2020）闽民终 1993 号民事判决（2020 年 12 月 29 日）

再审审查：最高人民法院（2021）最高法民申 3902 号民事裁定（2021 年 8 月 16 日）

（资料来源：2024-02-28，人民法院案例库：https://rmfyalk.court.gov.cn/dist/view/content.html?id=HqHsYuaXzqefPEzo5thq71xkMVhOTqmyI%252FvkeC%252FNAik%253D&lib=ck&undefined=01&undefined=%E4%BE%B5%E5%AE%B3%E5%95%86%E6%A0%87%E6%9D%83&undefined=2021）

3. 某娱乐传媒公司诉某软件公司侵害作品信息网络传播权纠纷案——未经授权提供回看功能的问题（入库编号 2023-09-2-158-028）

【基本案情】

再审申请人某娱乐传媒公司与被申请人某软件公司侵害作品信息网络传播权纠纷中，某娱乐传媒公司主张某软件公司通过"影音先锋"安卓手机客户端提供电视作品《新闻大求真》第 20180828 期的在线播放服务侵犯了其享有的著作权。

湖南省长沙市中级人民法院一审认为：某软件公司在其运营的"影音先锋"手机软件客户端提供针对某卫视的电视节目（包括涉案节目）的回看功能，使得该软件用户在一定

期间内可依据个人选定的地点和时间观看涉案节目，侵犯了某娱乐传媒公司享有的信息网络传播权。故于2019年12月27日做出（2020）湘01民初2205号民事判决，判决某软件公司停止侵权并赔偿某娱乐传媒公司的经济损失。某软件公司不服一审判决，提起上诉。

湖南省高级人民法院于2020年10月29日做出（2020）湘知民终703号民事判决，驳回上诉，维持原判。某软件公司不服二审判决申请再审。最高人民法院于2021年6月8日做出（2021）最高法民申3826号民事裁定，驳回某软件公司的再审申请。

【裁判理由】

法院生效裁判认为，本案的争议焦点是：①某软件公司是否应承担侵权责任；②一审、二审法院是否遗漏必须参加诉讼的当事人；③一审、二审判决判赔额是否适当。

（一）关于某软件公司是否应承担侵权责任的问题

一审、二审法院查明，某软件公司在其运营的"影音先锋"手机软件客户端提供某卫视的电视节目（包括涉案节目）的回看功能，使得该软件用户在一定期间内可依据个人选定的地点和时间观看涉案节目，某软件公司提供涉案节目回看服务的行为是一种提供作品内容的行为。某软件公司主张某公司提供了涉案侵权作品，其仅是网络服务提供者，但是某软件公司并无证据证明某公司就涉案节目的信息网络传播取得某娱乐传媒公司的合法授权，并且某软件公司与某公司签订的《CIBN手机电视直播业务合作协议》明确约定双方展开合作针对的是视频直播服务，而本案被诉侵权行为是视频回看服务。因此，一审、二审法院认定某软件公司侵害了某娱乐传媒公司享有的信息网络传播权并无不当，某软件公司的相关再审申请理由不能成立，最高人民法院不予支持。

（二）一审、二审法院是否遗漏必须参加诉讼的当事人

根据一审、二审查明的事实，被诉侵权的回看内容并没有某公司的标记，某公司并非必须参加本案诉讼的当事人，一审、二审法院不存在程序违法，某软件公司该项再审申请理由不能成立，最高人民法院不予支持。

（三）关于一审、二审判决判赔额是否适当的问题

本案中，某娱乐传媒公司并未提交某软件公司在侵权期间因侵权所获得的利益或者其在被侵权期间因侵权所受到损失的相关证据，而是请求法院适用法定赔偿。一审、二审法院综合考虑涉案作品类型、收视率、关注度、某软件公司侵权性质、情节等因素，酌情确定赔偿数额为6000元，符合法律规定，并无不当。

（资料来源：2024-02-28，人民法院案例库：https://rmfyalk.court.gov.cn/dist/view/content.html?id=6NMKlHNyOl1VZN%252BIfJ2necEh2fO8vfO69ZOocpXjskA%253D&lib=ck&undefined=01&undefined=%E8%91%97%E4%BD%9C%E6%9D%83%E6%9D%83%E5%B1%9E%E3%80%81%E4%BE%B5%E6%9D%83&undefined=2021）

4. 重庆××文化传媒有限公司诉游××、××（重庆）文化传媒有限公司不正当竞争纠纷案-直播账号的归属和构成不正当竞争行为的认定（入库编号2023-09-2-488-017）

【基本案情】

重庆××文化传媒有限公司（以下简称××传媒公司）诉称：××传媒公司于2018年2月7日成立以来，游××一直担任法定代表人、执行董事兼总经理职务，属于公司董事、高级管理人员，并实际控制公司旗下签约艺人李××用以发布短视频的抖音账号、快手账号。李××（艺名"××仙"）在抖音平台名为"××仙"抖音号为"**xianyx"

的抖音账户积累粉丝数 3946.3 万名，获赞总数超 4.8 亿个，在快手平台名为"××仙"快手号为"88xian"的快手账户共有粉丝数 2947.5 万名，在短视频相关领域具有一定知名度和影响力。现××传媒公司发现，游××利用其担任公司法人期间掌握旗下艺人李××抖音、快手工作账号的职务便利，与××（重庆）文化传媒有限公司（以下简称××（重庆）文化传媒公司）合作，提供与××传媒公司相同的短视频服务，构成不正当竞争行为；此外，××（重庆）文化传媒公司明知李××艺名为"××仙大胃王"且系××传媒公司签约艺人的情况下，仍使用"××仙"作为企业名称在与××传媒公司相同的业务领域提供服务，足以使相关公众产生××（重庆）文化传媒公司与××传媒公司具有特定联系的联想或混淆，对公司的商誉造成了不利影响，并造成了巨大经济损失，构成不正当竞争。庭审中，××传媒公司进一步明确，其指控××（重庆）文化传媒公司实施的不当竞争行为在于：××（重庆）文化传媒公司明知××传媒公司艺人李××的艺名为"××仙大胃王"，且明知享有"××仙"商标，仍使用"××仙"作为其企业名称，更利用××传媒公司所有的案涉抖音号、快手号以及前述商标标识向公众提供与××传媒公司相同的网络视频服务，引人误认为其与××传媒公司存在特定联系。综上，××传媒公司起诉请求：①确认抖音名为"××仙"、抖音号为"＊＊xianyx"的抖音账号和快手名为"××仙"、快手号为"＊＊xian"的快手账号归属××传媒公司所有，判令游××、××（重庆）文化传媒公司将该抖音账户和快手账户及密码交付给××传媒公司；②游××、××（重庆）文化传媒公司立即停止不正当竞争行为；③游××、××（重庆）文化传媒公司连带共同赔偿××传媒公司经济损失 618 万元；④本案诉讼费用、保全费用由游××、××（重庆）文化传媒公司承担。

游××辩称：①游××与××传媒公司的合作关系、劳动关系均已因××传媒公司及其股东大会违法撤销游××执行董事及法人代表，并事实上终止劳动关系的行为于 2020 年 7 月解除，游××与××传媒公司已无任何法律关系，游××在此后使用自有账号与他人合作并不构成不正当竞争；②××传媒公司并无证据证明游××实施了不正当竞争行为，亦无证据证明游××对其造成了任何损失，不具有要求游××对其赔偿的事实及法律基础。

××（重庆）文化传媒公司辩称：①"××仙"是李××艺名，并非××传媒公司的企业名称，××传媒公司也未取得"××仙"注册商标。××传媒公司与李××的艺人经济合同已于 2020 年 7 月 23 日解除，××（重庆）文化传媒公司使用李××艺名"××仙"作为企业名称无须经过××传媒公司同意，不构成不正当竞争。②××传媒公司与李××合作期间拍摄的短视频无任何包含××传媒公司的内容，相关公众从视频中无从知晓××传媒公司的存在，故××（重庆）文化传媒公司经营短视频不会使公众产生混淆。③××（重庆）文化传媒公司在与李××合作前，向李××核实了其与××传媒公司合作终止的情况，已经尽到了善意第三人的合理注意义务，不存在不正当竞争的主观故意。④××传媒公司举示的证据不足以证明其已产生了 618 万元的损失，该损失金额明显过高，不应得到支持，请求法院予以驳回。

法院经审理查明：2018 年 7 月，××传媒公司与李××（艺名为"××仙大胃王"）签订《艺人独家经纪合同》（复印件），约定××传媒公司全权代理李××涉及不限于网络平台主播、摄影模特、出版等与演艺有关的商业或非商业活动，与公众形象有关的活动等，合同期限为三年等内容。2020 年 7 月 14 日，××传媒公司股东会决定免去游××执行董事和经理职务。此前，游××为××传媒公司的股东、执行董事和法定代表人。

2020年7月23日，李××向××传媒公司发出《关于不再延长艺人经纪合同的函告》，宣称双方签订的艺人经纪合同期限将至，李××决定不再延长续签艺人经纪合同，即合同到期后双方之间的合作关系终止。同年8月21日，李××向××传媒公司邮寄了《告知函》，告知××传媒公司合作终止，结清款项，立即停止缴纳社会保险等相关费用，并不得以其名义对外承接商业活动、招揽艺人等。

2020年7月23日和2021年11月26日，××传媒公司先后委托公证机构对抖音、快手账号以及微信中以"××仙"为名称的短视频进行了公证保全。

××传媒公司为证明案涉"××仙"抖音、快手账号为公司资产，向法院提交了游××等人的微信聊天记录；为证明其损失，向法院申请了律师调查令，举示了其损失巨大的相关账册。游××和××（重庆）文化传媒公司对相关证据的真实性、合法性、关联性均不认可。

重庆市第一中级人民法院于2022年6月29日作出（2020）渝01民初1035号民事判决：①确认抖音名为"××仙"、抖音号为"**xianyx"的抖音账号以及快手名为"××仙"、快手号为"**xian"的快手账号归属××传媒公司，游××在判决生效后3日内将前述抖音账户及密码、快手账户及密码交付给××传媒公司；②驳回××传媒公司的其他诉讼请求。

××传媒公司、游××均不服上述判决，提起上诉。

重庆市高级人民法院于2022年12月26日做出（2022）渝民终859号民事判决：驳回上诉，维持原判。

【裁判理由】

法院生效裁判认为：根据现有证据，能够确认游××对案涉账号的注册、使用、管理，均属于其履行××传媒公司经营业务的职务行为，故案涉账号应属于××传媒公司的虚拟财产，但××传媒公司主张××（重庆）文化传媒公司构成不正当竞争行为的依据不足，法院不予支持。××传媒公司基于此而要求××（重庆）文化传媒公司承担赔偿责任的请求亦不成立，法院不予支持。游××在××传媒公司任职期间，明知案涉账号系××传媒公司在运营，案涉账号聚集的商业价值亦是××传媒公司运营的结果，却利用掌控案涉账号之便利，将案涉账号提供给他人使用或自己使用，损害了公司利益，其行为已构成对公司利益的侵犯，故一审法院认为该行为"不宜认定为不正当竞争行为"并无不当。××传媒公司若要求游××承担赔偿损失的责任，应另行解决。综上，重庆市高级人民法院判决，驳回××传媒公司、游××的上诉，维持原判。

【裁判要旨】

具有大量粉丝的网络直播账号之权属纠纷，本质上是账号所代表市场经济价值的归属之争。在确定网络直播账号归属时，除考虑网络直播账号名义上的注册人外，还应考虑账号注册、使用、管理和收益的实际情况，按照诚信原则和公平原则，合理确定账号的归属。对于按照公司意志，以个人名义注册而由公司使用、管理和收益的网络直播账号，双方未对账号权属有明确约定时，可以认定该账号归属于公司。

【关联索引】

1.《中华人民共和国民法典》第126条、第127条

2. 《中华人民共和国反不正当竞争法》第 2 条、第 6 条

一审：重庆市第一中级人民法院（2020）渝 01 民初 1035 号民事判决（2022 年 6 月 29 日）

二审：重庆市高级人民法院（2022）渝民终 859 号民事判决（2022 年 12 月 26 日）

（资料来源：2024-02-28，人民法院案例库：https：//rmfyalk. court. gov. cn/dist/view/content. html？id=G2c3KosKePfZavKMZ7AueKBETKAHQykqnqnoWoeejQo%253D&lib=ck&undefined=01&undefined=%E4%B8%8D%E6%AD%A3%E5%BD%93%E7%AB%9E%E4%BA%89&undefined=2022）

## 复习思考题

### 一、名词术语

专利申请优先权　　服务商标　　防御商标　　商号权　　原产地标记

### 二、问答题

1. 什么是知识产权？它有哪些特征？
2. 简述著作权、商标权、专利权的异同。
3. 简述专利权人的权利和义务。
4. 简述在哪些情况下可以实行专利的强制许可。
5. 发明、实用新型、外观设计三种专利各自保护的侧重点是什么？
6. 盗版行为侵犯的是哪个主体的合法权益？为什么？
7. 为什么要对驰名商标进行特殊的保护？
8. 为什么在国际申请注册商标要实行"优先权原则"？
9. 简述商标与商号的区别。
10. 简述对计算机软件的保护。
11. 简述生物技术的国际保护。

## 本章参考文献

［1］陈红. 中国计算机软件法律保护之我见［J］. 政治与法律，2002（2）.

［2］陈专，刘瑜. 论商号的法律保护［J］. 知识产权，2004（增刊）.

［3］哈特，法赞民. 知识产权法［M］. 2 版. 北京：法律出版社，2003.

［4］丁国威，等. 计算机软件的版权与保护——计算机软件保护条例应用［M］. 上海：复旦大学出版社，1996.

［5］高霄. 计算机软件法律保护问题评析［J］. 宁夏社会科学，2002（3）.

［6］桂菊平. 竞业禁止若干法律问题研究［J］. 法商研究，2001（1）.

［7］郭世栈. 论商业秘密权及其法律特征［J］. 知识产权，2001（3）.

［8］胡志强. 中德知识产权请求权比较［J］. 科技与法律季刊，2000（3）.

［9］黄勤南. 知识产权法［M］. 北京：中国政法大学出版社，2001.

［10］孔祥俊. 商业秘密保护法原理［M］. 北京：中国法制出版社，1999.

［11］李明德. 美国知识产权法［M］. 北京：法律出版社，2003.

［12］刘春田. 知识产权法［M］. 北京：中国人民大学出版社，2014.

［13］南振兴. 知识经济时代计算机软件的法律保护模式［J］. 河北经贸大学学报，2000（2）.

［14］汤宗舜. 专利法教程［M］. 北京：法律出版社，2003.

［15］王明锁. 知识产权法学［M］. 郑州：河南人民出版社，1994.
［16］吴汉东，胡开忠. 无形财产权制度研究［M］. 修订版. 北京：法律出版社，2005.
［17］杨一平. 商标权与企业名称权冲突辨析［J］. 中国工商管理研究，1998（7）.
［18］张鸿. 竞业禁止与企业商业秘密保护［J］. 南方经济，2001（2）.
［19］张丽霞. 论商号与商号权［J］. 法律科学，1996（4）.
［20］张晓军. 论竞业禁止［J］. 中国人民大学学报，1997（1）.
［21］张玉瑞. 商业秘密法学［M］. 北京：中国法制出版社，2000.
［22］郑成思. 知识产权法——新世纪的若干研究重点［M］. 北京：法律出版社，2004.
［23］赵德淳. 论竞业禁止合同［J］. 财经问题研究，2002（12）.
［24］郑成思. 知识产权法［M］. 2版. 北京：法律出版社，2004.
［25］朱雪忠. 知识产权协调保护战略［J］. 知识产权，2005（1）.
［26］吴汉东. 知识产权法［M］. 3版. 北京：北京大学出版社，2011.
［27］冯晓青. 知识产权法［M］. 2版. 北京：中国政法大学出版社，2010.
［28］王迁. 知识产权法教程［M］. 5版. 北京：中国人民大学出版社，2016.
［29］吴汉东. 计算机软件专利保护问题研究［J］. 当代法学，2022（3）.
［30］江苏省高级人民法院知识产权庭课题组. 计算机软件案件知识产权法律问题研究［J］. 人民司法，2023（34）.

# 第五篇

# 国际商事救济法

# 第十一章
# 国际商事争端解决机制

**本章提要**

- 协商与调解
- 仲裁
- 国际商事诉讼

在国际商事活动中，发生争端和纠纷是难免的。采取什么方式来解决国际商事争端，历来是商业界和法律界重要的研究课题。根据国际惯例，解决国际商事争端的方式可以分为诉讼性争端解决方法和非诉讼性争端解决方法两类。诉讼性争端解决方法是通过国际民事诉讼的方法解决当事人之间的国际商事争端；非诉讼性争端解决方法也称作"替代性纠纷解决方法"（Alternative Dispute Resolution，ADR），通常是指诉讼以外的各种争端解决方式，主要是指协商、调解、仲裁等非诉讼方式，而作为 ADR 典型代表形式的商事仲裁与调解更是得到了世界性的发展。①本章重点讨论国际商事争端解决过程的上述不同机制以及基本制度。

## 第一节 替代性争端解决机制之一：协商与调解

### 一、协商与调解的概念、特点

#### （一）协商与调解的概念

协商与调解是当事人之间自愿做出的解决其争端的安排，这种安排可以有第三者参与，也可以没有第三者的参与而由争端双方自行解决。

协商（Settlement by Agreement）是指争端发生后，由当事人进行磋商并讨价还价，在彼此都认为可以接受的基础上达成和解协议，消灭纠纷。这是当事人自行解决他们之间争端的最为常见的方法。其特点是没有第三方介入，由当事双方通过友好协商方式自行解决他们之间的争端。在国际商事交易合同的争端解决条款中，一般首先规定的是"由本合同产生的争端，当事人双方应当通过友好协商的方式解决"。事实上多数争端都是由当事人双方自行解决的。

在协商谈判解决争端时，当事人双方一般应具有解决问题的诚意，当事人在谈判中查明或基本查明争执事实后，本着互谅互让的原则，通过友好协商的方式使争端得到及时解决。

---

① 部分学者认为仲裁已经成为独立于诉讼和 ADR 的专门方法，把仲裁排除在 ADR 之外。仲裁与 ADR 争端解决的主要区别在于仲裁是解决争端的最终方法，而 ADR 不是解决争端的最终方法。——赵秀文，《国际商事仲裁法》，中国人民大学出版社，2004 年版。

实践证明，只要双方当事人能够在解决争端的问题上密切合作，并怀有解决问题的诚意，这就是一种行之有效的方法。

调解（Mediation or Conciliation）是由与争端双方无利害关系的第三者参与争端解决，即在双方当事人同意的前提下，透过第三者的介入和调停，自愿进行妥协达成和解。通常由争端双方当事人订立通过调解方式解决其争端的书面或口头协议，并共同参与对调解员的选择。

对于调解员提出的解决方案，当事人可以接受，也可以拒绝。若当事人接受了调解员提出的解决方案或者自行达成了调解协议，调解即告成功。若调解失败，当事人可继续寻求其他解决方法，或诉讼，或仲裁。调解固然有其优势，可以使当事人在友好的气氛中商讨争端的解决。然而，调解并非最终解决当事人之间争端的手段，如果当事人未能通过调解解决争端，他们只能将争端提交仲裁或者诉讼。

### （二）协商与调解的本质与特点

从本质上看，协商与调解是当事人之间自愿做出的解决其争端的安排，这决定它是一种非诉讼性争端解决方法。但协商与调解程序则主要通过当事人之间的"合意"解决他们之间的争端，无论是当事人之间自行达成的解决争端的方案，还是第三方提出的解决方案，都不具有法律上的拘束力，不能得到法院的强制执行。在协商与调解的情况下，争端的解决有赖于争端各方自动执行他们之间业已达成的解决争端的方案。双方也可以选择一个中立的第三方协助他们解决争端，但该第三方的作用不同于仲裁员，后者有权做出对双方当事人有拘束力的决定。因此，协商与调解不能保证有一个终局性的、对双方当事人均有拘束力的决定。但仲裁可对当事人之间的争端做出有法律拘束力的裁决。虽然同属于非诉讼性争端解决方法，协商与调解和仲裁在性质上也存在着重大的不同。

与诉讼及仲裁相比，协商与调解具有简便易行和节省费用的优势，其适用范围要广于诉讼和仲裁。但在采用该方法时，需要当事双方具有解决争端的诚意，并在每一个环节上密切合作。否则，其优势就难以发挥。这是由协商与调解本身所固有的法律特征决定的。

**1. 当事人之间达成的自愿解决争端的方法**

通过协商与调解解决争端的前提是当事人之间就通过此项方法作为解决争端的方式达成了协议。如无此项协议，当然就不能通过此方法解决争端。

**2. 通过协商与调解达成的解决争端的方案没有法律上强制执行的效力**

这是协商、调解与诉讼和仲裁之间的最重要的区别。协商与调解无论是当事人之间自行达成的和解协议，或者由第三者提出的解决争端的方案，都不具有法律上的拘束力，而只能由当事人自动履行，进而使争端得到解决。如果任何一方当事人拒绝履行他们之间已经达成的协议或者由第三者提出的解决争端的方案，对方当事人则不能请求法院强制执行上述协议或者方案。

**3. 协商与调解不是解决争端的最终方法**

协商与调解不是解决争端的最终方法，不影响当事人将争端提交法院解决，或者依据当事人之间的仲裁协议，将未能解决的纠纷继续提交仲裁。

**4. 协商与调解既可单独适用，也可适用于诉讼程序和仲裁程序中**

在诉讼程序和仲裁程序中适用协商与调解的情况下，一般也应当以争端双方的自愿为前提，而由法官或仲裁员作为调解员，促成当事人达成和解协议。这里必须指出的是：在诉讼或仲裁程序中达成的和解协议与在这两种程序之外达成的和解协议的效力有所不同。协商与调解在单独适用的情况下，本身并没有法律上的拘束力。然而，协商与调解如果在诉讼或仲裁程序中适用，在法官或仲裁员的主持下达成的和解协议，由法官或仲裁员据此做成调解书后，即与法院判决和仲裁裁决具有相同的效力。

**5. 协商与调解具有较大的灵活性**

协商与调解以解决当事人的争端为目的，通常不需要遵守严格的程序和特定的规则，无论在时间、地点、程序还是规则上都极其灵活。

作为非诉讼解决方式，协商与调解的优势不容置疑：和解性、更大的经济性和灵活性、非对抗性、时间短、费用低、保密性较好、适用范围广泛，尤其适合商事纠纷的解决。正因如此，实践中越来越多的当事人以协商与调解作为未来及现时解决争端的方式。当然，协商和调解强调当事人的自愿性和自助性，调解并非完美，其缺憾为：不适用某些争端的解决；稳定性有时较差；和解协议效力较低。协商与调解一般适用于争端涉及的数额不大、事实较明确、双方的责任较容易评定的纠纷。

## 二、协商与调解在解决国际商事争端中的应用

联合国大会在其1980年12月4日通过的第35/52号决议中推荐，在国际商事关系中发生争端而且当事人寻求通过调解方式友好解决其争端时，使用联合国国际贸易法委员会的调解规则。《联合国国际贸易法委员会调解规则》第1条规定本规则的适用范围是："当事人间因合同关系或关于合同关系，或者因其他法律关系或关于其他法律关系而发生争端，为寻求友好地解决其争端，双方同意按照联合国国际贸易法委员会调解规则进行调解时，适用本规则。"2021年12月9日，《联合国国际贸易法委员会调解规则》做出了修正，修正后的规则适用范围为："凡各方当事人约定，相互之间的争议应根据《联合国国际贸易法委员会调解规则》提交调解的，本规则应予适用。不论是否以合同为依据进行调解，本规则均可适用。"联合国国际贸易法委员会的上述调解规则为进行调解程序提供了一套国际协调统一的程序规则，并建议当事人在解决国际商业关系中产生的争议时采用。

2002年6月21日联合国国际贸易法委员会通过《联合国国际贸易法委员会国际商事调解示范法》（UNCITRAL Model Law on International Commercial Conciliation），简称《国际商事调解示范法》。2002年11月19日，该示范法经联合国第57届大会第52次全体会议通过，并于2003年1月23日生效。该示范法的宗旨是在协助各国利用中立的第三方进行调解或调停，以便以友好方式解决国际商业往来过程中可能出现的纠纷，订立新的法规或改进现行法规。通过鼓励使用调解办法来提高国际贸易的效率，以此有效地解决国际商事纠纷。按照该示范法的规定，不同国家的当事人之间的商事纠纷可以提请调解人予以调解，达成一致协议。该示范法是联合国首次以条文的形式对仲裁中调解的认可，为此《国际商事调解示范法》又被称为"准国际仲裁法"。2018年12月20日，联合国第73届会议第62次全体会议通过了《联合国国际贸易法委员会国际商事调解和调解所产生的国际和解协议示范法》，对《国际商事调解示范法》做了修正，新增了关于国际和解协议及其执行的一节。目前《国际商事调解示范法》已更名为《联合国国际贸易法委员会国际商业调解和调解所产生的国际和解协议示范法》。该示范法建议所有国家根据国际商事调解实践的具体需要，在修订或通过本国与调解相关的法律时对示范法给予积极考虑，这将大大有助于各国建立公平和高效地解决

国际商事争议的统一法律框架。同时，2018年12月20日联合国大会还通过了《联合国关于调解所产生的国际和解协议公约》（UN Convention on International Settlement Agreements Resulting from Mediation），又称《新加坡调解公约》。该公约2019年8月7日在新加坡开放签署，并于2020年9月12日正式生效。该公约适用于调解所产生的、当事人为解决商事争议而以书面形式订立的国际和解协议，确立了关于援用和解协议的权利以及执行和解协议的统一法律框架。《新加坡调解公约》作为一项具有约束力的国际文书，将为国际调解框架带来确定性和稳定性。

1987年，中国在中国国际贸易促进委员会（CCPIT）内设立了中国国际贸易促进委员会/中国国际商会北京调解中心，2000年正式更名为中国国际贸易促进委员会/中国国际商会调解中心。调解中心是以调解方式，独立、公正地帮助中外当事人解决商事、海事等争端的常设调解机构[⊖]。调解中心根据当事人之间的调解协议受理案件，如没有调解协议，经一方当事人申请在征得他方当事人同意后也可受理。自成立以来，调解中心先后产生了多个《中国国际贸易促进委员会中国国际商会调解规则》版本，即1987年版、1992年版、2000年版和2005年版等，2011年对《中国国际贸易促进委员会中国国际商会调解规则》又进行了修改与完善，2012年5月1日正式生效、实施。新的《中国国际贸易促进委员会中国国际商会调解规则》共三章34条，内容包括规则的适用范围、调解组织、案件的受理、调解员的选（指）定、调解方式以及调解的结果等。调解中心自成立至今，积极开展与其他国家调解机构的交流与合作，已先后与德国、美国、阿根廷、英国、瑞典、韩国、加拿大、日本等多个国家的相关机构签署了合作协议，建立了一些联合调解机构，例如北京—汉堡调解中心，中美联合商事调解中心等。

## 第二节　替代性争端解决机制之二：仲裁

### 一、国际商事仲裁的概念及特点

#### （一）国际商事仲裁的概念

仲裁（Arbitration）一词来自拉丁文，是指争端当事人通过协议方式，自愿将争端提交第三方（仲裁机构），由其做出裁决的方式。国际商事仲裁是指国际商事活动的各方当事人自愿将其具有国际性或涉外性的商事争端提交第三者进行审理并做出仲裁裁决的方式。

《国际商事仲裁示范法》对"商事"的注释是："'商事'一词应给予广义的解释，以便包括产生于所有具有商业性质的关系的事项，不论这种关系是否为契约关系。具有商事关系的关系包括但不限于下列交易：任何提供或交换商品或劳务的贸易交易；销售协议；商事代表或代理；保付代理；租赁；咨询；设计；许可；投资；融资；银行业；保险；开采协议或特许权；合营企业或其他形式的工业或商业合作；客货的航空、海洋、铁路或公路运输。"中国在加入1958年《承认和执行外国仲裁裁决公约》（简称《纽约公约》）时做出的

---

⊖　调解中心自成立以来，顺应中国的改革开放和完善社会主义市场经济的需要，不断发展壮大。截至2023年6月，已在全国各省、市、自治区及一些重要城市设立分会调解中心共66家，形成了庞大的调解网络。各调解中心使用统一的调解规则，在业务上受总会调解中心的指导。

保留声明中规定:"契约性和非契约性商事法律关系是指,由于合同、侵权或者根据有关法律规定而产生的经济上的权利义务关系,例如货物买卖、财产租赁、工程承包、加工承揽、技术转让、合资经营、合作经营、勘探开发自然资源、保险、信贷、劳务、代理、咨询服务和海上、民用航空、铁路、公路的客货运输以及产品责任、环境污染、海上事故和所有权等,但不包括外国投资者与东道国政府之间的争端。"《国际商事仲裁示范法》第1条第3款将"国际"定义为:"一项争端是国际性的,如果 1. 仲裁协议双方当事人在签订该协议的时候,他们的营业地位于不同的国家;或者 2. 下列地点之一位于双方当事人营业地共同所在的国家之外:(1) 仲裁协议中或根据仲裁协议确定的仲裁地;(2) 商事关系义务的主要部分将在要履行的任何地点或与争端的客体具有最密切联系的地点;或者 3. 双方当事人已明示约定仲裁协议的客体与一个以上的国家有联系。"对一国而言,以下情形均可视为国际商事仲裁:凡是仲裁协议的一方或双方为外国人、无国籍人或其他外国企业或实体,或者仲裁协议订立时双方当事人的住所或营业地位于不同的国家;或者即使仲裁协议双方当事人的住所或营业地位于相同的国家,但如果仲裁地点位于该国境外,或者仲裁协议中所涉及的商事关系的设立、变更或终止的法律事实发生在国外;或者争端标的位于该国境外者。

(二) 国际商事仲裁的特点

**1. 是一种自愿解决争端的方法**

当事人之间约定的通过仲裁方式解决他们之间已经发生或将来可能发生的争端的仲裁协议,是通过仲裁解决争端的基本前提。如无此项协议,就不可能有仲裁的发生。

**2. 具有较大的自治性和灵活性**

当事人之间可以就仲裁机构或仲裁的组织形式、审理案件的仲裁员、仲裁适用的规则和法律、进行仲裁的程序、仲裁地点、仲裁所使用的语言及仲裁费用的承担等做出约定。除非当事双方另有约定,仲裁一般均采用不公开审理的方法,从而使当事人的商业信誉和商业秘密有可能得到较好的保护。

**3. 仲裁裁决具有与法院判决相同的法律效力**

虽然国际商事仲裁具有民间性,国际商事仲裁机构是一种民间性质的组织,不是国家司法机关,但各国的立法和司法都明确承认仲裁裁决的法律效力,并赋予仲裁裁决和法院判决同等的强制执行效力。如果一方当事人不按照事先的约定自觉地履行仲裁裁决,另一方当事人可以依照有关的国际公约、协议或执行地国家的法律规定申请强制执行仲裁裁决。

**4. 具有广泛的国际性和很强的权威性**

当仲裁裁决需要在外国执行时,与法院判决相比,它甚至具有更大的优势。由于世界上有170多个国家是1958年《纽约公约》的缔约国,据此公约,缔约国有义务承认与执行在另一国境内做出的仲裁裁决。另外,由于仲裁员是由各行各业的专家或具有丰富实践经验的人员担任,许多仲裁案件都是由有关问题的专家来审理,因此仲裁庭做出的裁决也有很强的权威性。

仲裁既不同于协商与调解,也有别于诉讼,但与这两者又有某些相同之处,是介于两者之间的争端解决的方法。它既具有协商与调解自愿解决争端的特点,又与之不同,因为协商与调解达成的解决争端的方案本身不具有法律上可强制执行的效力。仲裁裁决具有与法院判决相同的可强制执行的效力,但仲裁又与诉讼有着重要区别:仲裁在程序上比诉讼更具有灵活性,当事人可以选择仲裁所适用的法律和规则以及审理案件的仲裁员,而当事人在诉讼中一般不得对这些事项做出选择。仲裁机构是民间组织，没有法定的管辖权。仲裁机构根据双方当事人的仲裁协议受理有关案件。在争端双方当事人同意的情况下，仲裁普遍适用于各种国际商事争端。因此，仲裁成为解决国际商事争端最主要的方式。

## 二、国际商事仲裁协议

### （一）国际商事仲裁协议的概念和种类

#### 1. 国际商事仲裁协议的概念

国际商事仲裁协议是指当事各方同意将他们之间已经发生的或将来可能发生的争端提交仲裁解决的协议。它具有三方面的法律特征。第一，它是特定的法律关系的当事人同意将他们之间的争端提交仲裁解决的共同的意思表示，而不是一方当事人的意思表示。这种特定的法律关系，既包括国际货物买卖、运输、保险等方面的契约性法律关系，也包括海上船舶碰撞、产品责任等侵权行为的非契约性的法律关系。第二，仲裁协议是使某一特定的仲裁机构取得对协议项下的案件的管辖权的依据，同时也是排除法院对该特定案件实施管辖的主要的抗辩理由。第三，一项有效的仲裁协议是仲裁裁决得以承认与执行的基本前提。对于仲裁庭做出的仲裁裁决，如果败诉一方未能自动执行，另一方当事人可请求法院强制执行此项裁决。

#### 2. 国际商事仲裁协议的种类

国际商事仲裁协议主要有两种类型：仲裁条款与仲裁协议书。

（1）仲裁条款。仲裁条款是指双方当事人在订立合同时，在合同的某一条款中，将合同执行过程中可能发生的争端提交仲裁解决的协议。其特点是：第一，它是当事人之间在争端发生前所达成的将争端提交仲裁解决的约定；第二，它不是一个独立的文件，而是主合同中的一个条款。

（2）仲裁协议书。仲裁协议书是双方当事人为把有关争端提交仲裁解决而专门单独订立的协议书。其特点是：第一，它是当事人之间在争端发生之后所达成的将争端提交仲裁解决的约定；第二，它是一个独立的文件，其内容是将特定的争端提交仲裁解决的一项单独的协议。

### （二）仲裁协议的内容

无论是合同中的仲裁条款，还是当事人之间的仲裁协议书，都必须包括如下三项内容。第一，将争端提交仲裁解决的意思表示，即双方当事人同意将争端通过仲裁的方式而不是通过司法诉讼的方式解决的约定，这是仲裁协议最重要的内容。如无此项约定，便不可能有仲裁的发生。第二，提交仲裁的事项，即将什么样的争端提交仲裁解决，这是对仲裁庭的管辖权做出界定的依据。如果仲裁庭裁决的事项超出了该项协议的范围，则超出协议规定的范围的事项所做的裁决就不能得到法院的承认与执行。第三，仲裁庭的组成或仲裁机构。这即选择哪一个仲裁机构及哪些仲裁庭组成人员。此外，当事人还可以就其他与仲裁有关的事项做出约定，如仲裁地点、仲裁应当适用的规则等。

### （三）仲裁协议的法律效力

#### 1. 对当事人的法律效力

仲裁协议的依法成立对当事人直接产生法律效力，当事人因此丧失了就仲裁协议约定的争端事项向法院提起诉讼的权利，承担了不得向法院起诉的义务。如果仲裁协议的一方当事人违背了这一义务而就仲裁协议约定范围内的争端事项向法院提起诉讼，另一方当事人则有权依据仲裁协议要求法院终止司法诉讼程序，把争端发还仲裁机构或仲裁庭审理。这样，就从法律上保证了当事人之间约定的仲裁事项在发生争端时只能通过仲裁方式解决，使得当事人不诉诸法院解决争端的本来愿望得以实现。除此之外，由于当事人在仲裁协议中已同意将有关争端提交仲裁解决，就有承认并执行仲裁裁决的义务，除非该裁决经有关国内法院判定无效。

**2. 对仲裁庭或仲裁机构的法律效力**

有效的仲裁协议是仲裁庭或机构受理争端案件的依据。如果不存在仲裁协议，或仲裁协议无效，则仲裁庭或仲裁机构无权审理该争端。任何一方当事人都可以基于不存在一项有效的仲裁协议的理由对有关仲裁庭或仲裁机构的管辖权提出抗辩。当事人之间的仲裁协议是仲裁庭对特定争端事项取得管辖权的最主要的依据。

仲裁协议对仲裁庭或仲裁机构的法律效力还表现在仲裁庭或仲裁机构的受案范围受到仲裁协议的严格限制。仲裁庭或仲裁机构只能受理当事人按仲裁协议中的约定所提出的争端事项。对于超出仲裁协议范围的事项，仲裁庭或仲裁机构无权过问。如果仲裁庭对当事人提出的超出仲裁协议范围的事项做出裁决，另一方当事人有权申请拒绝执行，而被申请承认和执行裁决地国内法院也可能以仲裁庭越权为由，拒绝承认和执行对超范围事项做出的裁决。

**3. 对法院的法律效力**

仲裁协议必须能够依法得到承认和执行才有意义，否则仲裁协议只是一项无法律约束力的意向书。假如一方当事人不依仲裁协议做出的约定，拒不参加仲裁，而是向法院提起诉讼，在这种情况下，如不能强制该当事人履行以仲裁方式解决争端的义务，所订立的仲裁协议将如同虚设。因此，仲裁协议对法院是否具有排除其司法管辖权的效力有着重要意义。

各国的仲裁立法都承认仲裁协议具有排除法院司法管辖的效力。如果当事人已就特定争端事项订有仲裁协议，法院则不应该受理。中国《仲裁法》第5条规定："当事人达成仲裁协议，一方向人民法院起诉的，人民法院不予受理，但仲裁协议无效的除外。"另外，中国《仲裁法》第26条也规定："当事人达成仲裁协议，一方向人民法院起诉未声明有仲裁协议，人民法院受理后，另一方在首次开庭前提交仲裁协议的，人民法院应当驳回起诉，但仲裁协议无效的除外；另一方在首次开庭前未对人民法院受理该案提出异议的，视为放弃仲裁协议，人民法院应当继续审理。"

各国的仲裁立法都承认仲裁协议是强制执行仲裁裁决的依据。有关的国际条约和各国国内立法均规定，如果一方当事人拒不履行仲裁裁决，他方当事人可向有关国家法院提交有效的协议和裁决书，申请强制执行该裁决。

**（四）有效仲裁协议的确定**

尽管各国法律对仲裁协议的效力应当具备的条件规定各异，但一般而言，一项有效的仲裁协议，至少应当具备以下条件：第一，仲裁协议必须是双方当事人真实的意思表示，而不是一方当事人通过欺诈的方式强使另一方当事人接受此项协议的产物。第二，依照应当适用的法律，订立协议的双方当事人必须具有合法的资格和能力，即双方当事人在订立仲裁协议时必须具有完全民事行为能力。如果当事人为无行为能力者，则将导致仲裁协议无效。第三，仲裁协议的内容应当合法，即当事人约定的仲裁事项必须是按照有关国家的法律可以通过仲裁方式解决的事项。这些法律一般为裁决地法或裁决执行地国的法律。此外，协议的内容也不得违反仲裁地国或裁决执行地国的法律中有关强制性的规定，不得与这些国家的公共政策相抵触。中国《仲裁法》第18条规定："仲裁协议对仲裁事项或者仲裁委员会没有约定或者约定不明确的，当事人可以补充协议；达不成补充协议的，仲裁协议无效。"该规定即是对仲裁协议内容要求的一个强制性的规定。第四，仲裁协议的形式必须合法，按照《纽约公约》第2条、《国际商事仲裁示范法》第7条第2款，仲裁协议必须采用书面形式。国际商事仲裁协议必须采用书面形式，已作为一项统一性的要求为现代国际仲裁法所接受。绝大多数国家的仲裁法都规定仲裁协议必须以书面形式做成。

#### （五）仲裁条款的独立性

在仲裁条款与主合同的关系问题上，传统观点认为，仲裁条款是与主合同不可分割的一部分，主合同无效，合同中的仲裁条款也无效。但现代观点认为，仲裁条款与主合同是可分的，仲裁条款虽然附属于合同，但与主合同形成了两项可分离的契约。主合同主要规定当事人之间在商事交易方面的权利与义务，仲裁条款具有保障当事人通过寻求某种救济而实现当事人商事权利的特殊性质，它具有相对独立性，其有效性不受主合同有效性的影响，即使主合同无效，仲裁条款也不一定无效。这种观点在法国、美国、德国、意大利、比利时、日本、荷兰等国的立法和司法实践中以及《国际商事仲裁示范法》中得到了支持。中国《仲裁法》19条规定："仲裁协议独立存在，合同的变更、解除、终止或无效，不影响仲裁协议的效力。"

### 三、国际商事仲裁规则及程序

#### （一）调整国际商事仲裁的法律规则

**1. 国际公约**

在世界范围内最有影响的关于仲裁的国际公约是《承认和执行外国仲裁裁决公约》，此外，还有一个影响较大的国际公约，即《解决国家与他国国民投资争端公约》（简称《华盛顿公约》）。除了上述两个普遍性的国际公约外，还有一些地区性的国际公约，如1961年由欧洲各国签署的《欧洲国际商事仲裁公约》，由美洲国家组织主持制定、1975年在巴拿马城召开的国际私法特别会议上通过的《美洲国家商事仲裁公约》（《巴拿马公约》）等。

**2. 国内仲裁立法**

各国有关仲裁的立法均调整国际商事仲裁，有些国家在其民事诉讼法中含有关于仲裁的规定，另有些国家则制定了专门的仲裁法，这些仲裁法既调整国内仲裁也调整国际仲裁。还有一些国家专门制定了调整国际商事仲裁的法律或法规，有的则根据《国际商事仲裁示范法》制定了本国的国际商事仲裁法。所有这些有关仲裁的法律或法规，均就有关仲裁涉及的各种事项作了规定。中国调整国际仲裁的国内立法主要表现在1994年颁布的《中华人民共和国仲裁法》（2009年第1次修正，2017年第2次修正）和1991年颁布的《中华人民共和民事诉讼法》（2007年第一次修正，2012年第二次修正，2017年第三次修正，2021年第四次修正，2023年第五次修正），其中《仲裁法》第七章就中国的涉外仲裁，包括涉外仲裁机构的组成、仲裁员的聘任、保全措施、涉外仲裁裁决的撤销和承认与执行问题等，做了专门规定。中国《民事诉讼法》第二十六章（第288～292条）的规定也是专门针对国际经济贸易、运输和海事争端的仲裁的。其主要内容包括：当事人之间订有将其争端提交仲裁解决的仲裁协议时，不得向法院起诉以及申请强制执行涉外仲裁裁决及不予执行此项仲裁裁决的条件等。除此之外，还有相关的司法解释，如 2017 年《关于审理仲裁司法审查案件若干问题的规定》，2018 年《关于人民法院办理仲裁裁决执行案件若干问题的规定》等。

**3. 国际商事仲裁案件应当适用的仲裁规则**

在国际商事交易中的当事人之间订立的仲裁协议中所约定的通过仲裁方式解决争端应当适用的仲裁规则，在如何通过仲裁方式解决争端方面发挥着重要的作用。在国际商事仲裁中，常设仲裁机构一般均有自己的仲裁规则。当事人在将争端提交他们在仲裁协议中约定的仲裁机构时，如无相反的约定，就意味着适用该机构的仲裁规则。

为解决临时仲裁机构无专门仲裁规则的情况，联合国国际贸易法委员会于 1976 年制定了一套仲裁规则，后于 2010 年、2021 年分别进行了修订，以适应国际商事仲裁的发展需求。多年实践证明，此项规则不仅被广泛地应用于临时仲裁，世界上许多常设仲裁机构的仲裁规则也是参照此规则制定的。此外，包括中国国际经济贸易仲裁委员会在内的绝大多数仲裁机构，均允许当事人选择适用联合国国际贸易法委员会的仲裁规则，并应当事人的请求对依此规则进行的仲裁程序实施管理。

**（二）国际商事仲裁程序**

仲裁程序是指仲裁机构在进行仲裁审理过程中，仲裁机构、各方当事人以及其他参与人从事仲裁活动必须遵守的程序，主要包括仲裁申请的提出、仲裁庭的组成、仲裁审理以及仲裁裁决的做出和执行。下面依据中国现行的《中国国际经济贸易仲裁委员会仲裁规则》《中国海事仲裁委员会仲裁规则》和《仲裁法》《民事诉讼法》的规定加以说明。

**1. 仲裁申请、答辩和反请求**

一方当事人根据仲裁协议，将争端提交仲裁机构解决，首先应当提交仲裁申请书和有关证明文件，并交纳费用。仲裁机构收到仲裁申请后，经审查认为申请仲裁手续完备的，即向被申请人发出仲裁通知，同时将仲裁申请书等有关文件发送给被申请人。申请人和被申请人在收到仲裁通知后规定的期限内，在仲裁员名册中指定一名仲裁员，或者委托仲裁机构指定。被申请人还要在规定的期限内提交答辩书和有关文件。

被申请人提出反请求的，应当在规定的期限内以书面形式提出。反请求书中要写明具体的反请求、反请求的原因及所依据的事实和证据，并附有关文件，交纳费用。

当事人可以委托代理人办理有关仲裁事项，代理人应当向仲裁机构提出授权委托书。

**2. 仲裁庭的组成**

仲裁庭可以由三名仲裁员组成，也可以由一名仲裁员担任独任仲裁员。

（1）合议仲裁庭。三名仲裁员组成合议仲裁庭的程序是：双方当事人各自在仲裁机构的仲裁员名册中指定或者委托仲裁机构指定一名仲裁员，第三名仲裁员由双方共同指定或共同委托仲裁机构指定。首席仲裁员由第三名仲裁员担任，和另两名仲裁员组成仲裁庭共同审理案件。如果申请人和被申请人未在规定的期限内指定仲裁员，则由仲裁机构指定。

（2）独任仲裁庭。如果是独任仲裁员，由双方当事人在仲裁员名册中共同指定或者委托仲裁机构指定一名仲裁员为独任仲裁员，单独审理。

（3）回避。仲裁中也建立了回避制度。被指定的仲裁员如果与案件有利害关系，当事人可以在第一次开庭前，书面向仲裁机构提出回避的申请。如果要求回避的原因发生和得知在第一次开庭后，当事人可以在第一次开庭后、最后一次开庭审理闭庭前提出申请。仲裁员是否回避，由仲裁机构的领导人决定。仲裁员回避或因其他原因不能履行职责的，应当按照仲裁员选定的程序，重新选定仲裁员。

**3. 仲裁审理**

仲裁审理过程包括开庭、搜集调查证据、调解、采取保全措施及做出裁决等几个步骤。

仲裁案件应当开庭审理，但经双方当事人申请或同意，可以书面审理。仲裁开庭审理案件不公开进行，如果双方当事人要求公开审理，由仲裁庭决定。仲裁庭在仲裁审理过程中，有权搜集证据，调查事实。双方当事人为了支持自己的主张，也应当对其请求、答辩和反请求所依据的事实提出证据。

当事人可以在仲裁庭之外自行和解，当事人自行和解后，可以请求仲裁庭依据其和解协议的内容做出裁决书，也可以申请撤销案件。双方当事人也可以由仲裁庭进行调解，仲裁庭在双方自愿的基础上，在仲裁程序的进行过程中，按照其认为适当的方式调解。在调解过程中，如果一方当事人提出终止调解或仲裁庭认为调解已无成功的可能，应停止调解，继续仲裁程序。经仲裁庭调解达成和解的，仲裁庭依据当事人的书面和解协议做出裁决书。

当事人申请财产保全措施时，仲裁机构应将当事人的申请提交被申请人所在地或财产所在地的中级人民法院做出裁定。

仲裁裁决应当在规定的期限内做出。以合议方式审理案件时，仲裁裁决依大多数仲裁员的意见决定，少数仲裁员的意见做成记录附卷。如果形不成多数意见时，按首席仲裁员的意见做出裁决。仲裁裁决是终局性的，对双方当事人都有约束力，任何一方当事人都不得向法院起诉，也不得向其他机构提出变更仲裁裁决的请求。做出仲裁裁决书的日期即为仲裁裁决生效的日期，当事人应依据仲裁裁决书自动履行。一方当事人不履行的，另一方当事人可以根据有关规定申请执行。

## 四、仲裁机构

### （一）临时仲裁机构

临时仲裁机构是指发生争端后，根据双方当事人的仲裁协议，临时推举仲裁员组成的审理争端并做出裁决的临时仲裁庭。对案件处理完毕后，仲裁庭即行解散。由于它没有固定的组织、规则和人员，凡与仲裁有关的事项，都由当事人制定或选择。临时仲裁的优点是：具有较大的任意性、灵活性、费用低、手续简便。

### （二）常设仲裁机构

常设仲裁机构是指在某社会团体或社会组织之下设立的，具有固定的组织形式、固定的仲裁地点，有自己的仲裁规则的仲裁机构。这种仲裁机构具有比较严密的组织程序和完备的辅助设备，能够为双方当事人提供许多方便，有利于迅速解决争端，办案质量和效率较高。

当前，全世界有100多家常设的仲裁机构，依其性质和管辖范围可分为四类：一是国际性仲裁机构，它是根据国际性民间商会章程和国际公约设立的仲裁机构，著名的有设在巴黎的国际商会仲裁院；二是地区性仲裁机构，它是依一定地域内各个国家之间订立的多边条约或决议而设立的，主要有美洲国家商事仲裁委员会、亚洲及远东经济委员会商事仲裁中心等；三是国家性仲裁机构，是各国根据本国法律设立的仲裁机构，瑞典斯德哥尔摩商会仲裁院、中国国际经济贸易仲裁委员会均属于此类；四是专业性仲裁机构，是由各个行业、公会或协会为解决本行业中发生的经济纠纷而设立的常设仲裁机构，如英国伦敦橡胶交易所的仲裁机构。现将世界上主要的仲裁机构做一简要介绍。

**1. 国际商会仲裁院**

在国际商事仲裁领域，国际商会仲裁院（The International Court of Arbitration of International Chamber of Commerce，ICC 仲裁院）是最具影响的仲裁机构，它成立于 1923 年，属于国际商会的一部分。国际商会本身于 1919 年成立于法国巴黎，目的是为了促进国际商事活动的进行，是一个国家间的商会，现有国家委员会 130 余个。其仲裁院的成立也是延续其促进和维护国际商事活动的目的。国际商会仲裁院总部和其秘书局设在法国巴黎，国际商会仲裁院的委员来自 40 多个国家，都具有法律背景和国际商事法律及争端解决的专业经验。国际商会的仲裁员来自世界各个国家，其仲裁的一个主要特点是可以在世界的任何一个地方进行仲裁程序。国际商会仲裁院执行董事会 2020 年第三次工作会议上审议通过了 2021 版《仲裁规则》，对 2017 版《仲裁规则》进行了修订。本次修订旨在推动国际商会仲裁院效率、灵活性及透明度的提高，修订内容包括：扩大仲裁庭关于追加当事人和合并仲裁的权力，赋予国际商会仲裁院在特殊情况下的裁量权，推进书面函件转向电子化，就网络开庭等事宜进一步规定等。

**2. 美国仲裁协会**

美国仲裁协会（American Arbitration Association，AAA）成立于 1926 年，是一个非营利性的为公众服务的机构。美国仲裁协会的目的在于，在法律许可的范围内，通过仲裁、调解、协商、民主选择等方式解决商事争端。美国仲裁协会的受案范围很广泛，从国际经贸纠纷，到劳动争端、消费者争端、证券纠纷，无所不包。美国仲裁协会有许多类型的仲裁规则，分别适用于不同类型的纠纷。美国仲裁协会的总部设在纽约，在美国一些主要州设有分部。20 世纪 90 年代，为开拓亚太业务，美国仲裁协会成立亚太争端中心。前些年，美国仲裁协会又把目光投向欧洲，并在欧洲设立了分部。美国仲裁协会的仲裁员也来自很多国家，且数量达数千人之多。当事人也可以在其仲裁员名册之外指定仲裁员。在没有约定的情况下，所有案件只有一名仲裁员，即独任仲裁员。

**3. 中国国际经济贸易仲裁委员会**

中国国际经济贸易仲裁委员会（China International Economic and Trade Arbitration Commission，CIETAC）是以仲裁的方式，独立、公正地解决契约性或非契约性的经济贸易等争端的常设商事仲裁机构。仲裁委员会于 1956 年 4 月设立，当时名称为对外贸易仲裁委员会。1980 年改名为对外经济贸易仲裁委员会，又于 1988 年改名为中国国际经济贸易仲裁委员会。㊀仲裁委员会总会设在北京，并在上海、深圳、天津、重庆等地设有分会。总会和分会是一个仲裁委员会，使用相同的仲裁规则和仲裁员名册，在整体上享有一个仲裁管辖权。现行的《中国国际经济贸易仲裁委员会仲裁规则》（2024 版）于 2023 年 9 月 2 日经中国国际贸易促进委员会/中国国际商会修订并通过，自 2024 年 1 月 1 日起施行。现行的仲裁规则分为"总则""仲裁程序""裁决""简易程序""国内仲裁的特别规定""香港仲裁的特别规定""附则"共七章88条。其中第四条"关于规则的适用"规定："（一）本规则统一适用于仲裁委员会及其分会/仲裁中心。（二）当事人约定将争议提交仲裁委员会仲裁的，视为同意按照本规则进行仲裁。（三）当事人约定将争议提交仲裁委员会仲裁但对本规则有

---

㊀ 自 2000 年 10 月 1 日起，"中国国际经济贸易仲裁委员会"在继续使用原名的同时，启用"中国国际商会仲裁院"（The Court of Arbitration of China Chamber of International Commerce）的名称。

关内容进行变更或约定适用其他仲裁规则的，从其约定，但其约定无法实施或与仲裁程序适用法强制性规定相抵触者除外。当事人约定适用其他仲裁规则的，由仲裁委员会履行相应的管理职责。（四）当事人约定按照本规则进行仲裁但未约定仲裁机构的，视为同意将争议提交仲裁委员会仲裁。（五）当事人约定适用仲裁委员会专业仲裁规则的，从其约定，但其争议不属于该专业仲裁规则适用范围的，适用本规则。"

#### 4. 伦敦国际仲裁院

伦敦国际仲裁院（The London Court of International Arbitration, LCIA）是世界上最古老的仲裁机构，成立于1892年。原名为London Chamber of Arbitration，1981年起使用现名。1986年起，伦敦国际仲裁院改组成为非营利性的有限责任公司，其董事会管理其活动。伦敦国际仲裁院设在伦敦，在仲裁案件中其主要作用是指定仲裁员和对案件进行一些辅助性的管理。它也设有仲裁员名册，仲裁员的成分也是多种多样，可以适应各种类型案件的需要。

#### 5. 解决国际投资争端中心

解决国际投资争端中心（The International Center for the Settlement of Investment Disputes, ICSID）于1965年根据《解决国家与他国国民投资争端公约》成立，总部设在华盛顿特区，是一个国际性法人组织。解决国际投资争端中心设立的目的在于增加发达国家投资者向发展中国家进行投资的信心，并通过仲裁和调解方式来解决投资争端。它要求争端的双方须为《解决国家与他国国民投资争端公约》的成员国，争端主体为国家或国家机构或代理机构。其解决的争端性质必须为直接由投资引起的法律争端。中心有其自己的仲裁规则，并且仲裁时必须使用其规则。审理案件的仲裁员、调解时的调解员须从其仲裁员名册和调解员名册中选定。其裁决为终局性的，争端方必须接受。

#### 6. 斯德哥尔摩商会仲裁院

斯德哥尔摩商会仲裁院（The Arbitration Institute of the Stockholm Chamber of Commerce, SCC仲裁院）设立于1917年。设立的目的在于解决工业、贸易和运输领域的争端。SCC仲裁院的总部设在瑞典的斯德哥尔摩，下设理事会和秘书处，秘书处主要负责案件管理，理事会的职能是根据SCC仲裁规则做出决定。SCC仲裁院解决国际争端的优势在于其国家的中立地位，特别以解决涉及远东或中国的争端而著称。新的SCC仲裁规则于2023年1月1日生效实施，除非当事人另有约定，凡仲裁协议指明适用斯德哥尔摩商会仲裁院仲裁规则，则均视为当事人同意适用仲裁开始之日或指定应急仲裁员申请提交之日开始生效的本规则或其修订本。

### 五、仲裁裁决的执行

仲裁机构本身没有强制执行仲裁裁决的权力。一旦一方当事人不自觉执行裁决，另一方就需申请有关法院强制执行。由于仲裁裁决经常涉及外国的当事人或外国的财产，因此不仅有在本国境内执行的问题，而且有承认和执行外国裁决的问题。

#### （一）关于承认和执行外国仲裁裁决的公约

为了解决各国承认与执行外国仲裁裁决的问题，国际上先后缔结了三个有关承认和执行外国仲裁裁决的国际公约。第一个是1923年在国际联盟主持下制定的《1923年日内瓦仲裁条款议定书》，第二个是1927年在国际联盟主持下制定的《关于执行外国仲裁裁决的公约》，第三个是在1958年在联合国主持下订立的《承认和执行外国仲裁裁决公约》(《纽约公约》)。第三个公约实际已取代了前面两个公约，成为国际上最主要的关于承认和执行外国仲裁裁决的公约。该公约规定，各缔约国互相承认仲裁裁决具有约束力，并且依照执行地的程序规则予以执行。

### (二) 中国关于承认和执行仲裁裁决的规定

#### 1. 中国涉外仲裁机构的仲裁裁决在中国的执行

中国涉外仲裁机构的裁决是终局性的，一方不履行，另一方当事人依照中国法律规定向中国法院申请执行。中国《民事诉讼法》对此做了详细规定。

(1) 一方当事人不履行仲裁裁决的，对方当事人可以向被申请人住所地或财产所在地的中级人民法院申请执行。

(2) 拒绝执行的条件有：第一，当事人合同中没有订有仲裁条款或者事后没有达成仲裁协议的；第二，被申请人没有得到指定仲裁员或者进行仲裁程序的通知，或者由于其他不属于被申请人负责的原因未能陈述意见的；第三，仲裁庭的组成或者仲裁程序与仲裁规则不符的；第四，裁决的事项不属于仲裁协议的范围或者仲裁机构无权仲裁的。另外，人民法院认定执行该裁决违背社会公共利益的不予执行。

(3) 仲裁裁决被人民法院裁定不予执行的，当事人可以根据双方达成的书面仲裁协议重新申请仲裁，也可以向人民法院起诉。

#### 2. 外国仲裁裁决在中国的承认和执行

(1)《纽约公约》的缔约国所做出的仲裁裁决在中国的承认和执行。中国参加《纽约公约》时做了两项保留，即互惠保留和商事保留。根据互惠保留条款，中国只在互惠的基础上对在另一缔约国领域内做出的仲裁裁决的承认和执行适用该公约。根据商事保留条款，中国只对根据中国法律认为属于契约性和非契约性商事法律关系所引起的争端适用该公约。符合上述两个条件的外国仲裁裁决，申请人方可依照《纽约公约》规定直接向中国下列地点的中级人民法院提出：被执行人是自然人的，为其户籍所在地或居住地；被执行人是法人的，为其主要办事机构所在地；被执行人在中国无住所、居所或主要办事机构，但有财产在中国境内的，为其财产所在地。中国有管辖权的人民法院受理申请后，经审查，如果认为不具备《纽约公约》规定的不予承认和执行的外国仲裁裁决的条件，应当裁定承认其效力，并依照中国《民事诉讼法》规定的程序执行。

(2) 与中国订有双边条约的国家做出的仲裁裁决在中国的承认与执行。中国还与一些国家订有双边贸易和司法协助的条约或协定，其中有相互承认和执行对方国家的仲裁裁决条款。对于在这些国家做出的仲裁裁决，可以按双边条约的规定予以承认和执行。

(3) 在其他国家做出的仲裁裁决在中国的承认和执行。对于在上述两类国家以外的其他国家做出的仲裁裁决，需要在中国承认和执行的，应当由当事人向中国法院申请，中国法院按照互惠原则办理。如果做出仲裁裁决的国家与中国有相互承认和执行仲裁裁决的互惠关系，并且裁决在形式上符合我国法律的规定，裁决的执行不违反中国法律的基本原则及国家主权、安全和社会公共利益的，法院裁定承认其效力，依照中国《民事诉讼法》规定执行。

#### 3. 中国涉外仲裁机构做出的仲裁裁决在外国的承认和执行

(1) 中国涉外仲裁机构做出的仲裁裁决在《纽约公约》缔约国内的承认和执行，按《纽约公约》的规定办理。

（2）中国涉外仲裁机构的仲裁裁决在与中国有双边条约协定的国家的承认与执行，依照双边条约的规定办理。

（3）中国涉外仲裁机构的仲裁裁决在非《纽约公约》缔约国，并且与中国也没有订立双边条约和协定的国家内的承认和执行，按以下规定办理：根据中国《仲裁法》和《民事诉讼法》的规定，我国涉外仲裁机构做出的发生法律效力的仲裁裁决，当事人请求执行的，如果被执行人或者其财产不在中国境内，应当由当事人直接向有管辖权的外国法院申请承认和执行。

## 第三节　国际商事诉讼

国际商事争端发生后，如果不存在有效的仲裁协议，任何一方当事人都可以向有管辖权的法院起诉，请求司法解决。这就是国际商事诉讼，其实质是国际民事诉讼或称涉外民事诉讼程序，即含有国际因素，或者从某个主权国家的角度来说，含有涉外因素的民事诉讼。

### 一、国际商事诉讼的特点

国际商事诉讼作为一种解决国际商事争端的司法方法，与非司法方法的协商、调解、仲裁等非诉讼方式一起，构筑了国际商事争端解决的主要渠道，为纠纷解决提供了良好的法律机制。但与非诉讼方法相比，特别是与仲裁相比，国际商事诉讼具有自己的特点。

#### （一）性质不同

诉讼（litigation）是国家司法行为，而仲裁则具民间性。国际民事诉讼由一国法院主持，当事人和其他诉讼参与人参加，在诉讼过程中，法院居于主导地位，代表国家行使审判权，是解决案件的主持者和裁判者。而仲裁是一种非司法方法，是指争端当事人通过协议方式，自愿将争端提交第三方（仲裁机构），由其做出裁决的方式。仲裁机构也是解决争端的民间机构，并不代表国家行使审判权。

#### （二）管辖权的基础不同

诉讼为法定管辖，法院通常具有法定的强制管辖权；仲裁则在仲裁协议的基础上进行，仲裁机构不具有强制管辖权，只能受理双方当事人根据其订立的仲裁协议提交解决的争端。法官是国家任命的，当事人没有选择或指定审理争端的法官的权利；而仲裁员是由当事人指定的，当事人可以选择仲裁庭、仲裁员及仲裁适用的规则和法律。法院的受案范围是由法律规定的，而仲裁的事项和范围是由双方当事人事先约定的。

#### （三）遵循的原则不同

诉讼一般为二审终审，可上诉、申诉；而仲裁则一裁终局，一般不可上诉、申诉。诉讼以公开为原则，而仲裁以不公开为常态，以保护当事人的秘密。

此外，诉讼判决书和仲裁裁决书的强制执行方式有异。诉讼判决的效力直接，而仲裁裁决则需要接受司法监督，并由获胜方申请法院执行。

### 二、管辖权及受诉法院的选择

#### （一）管辖权的概念和意义

国际商事案件的管辖权（jurisdiction）是指一国法院受理国际商事案件的权限范围和法

律依据。它要解决按照哪些标准或原则来确定某国法院是否有权受理某一国际商事案件的问题。管辖权问题是国际民事诉讼中的首要问题，具有十分重要的意义。

第一，确定管辖权是一国法院受理国际商事案件的前提，只有确定了一国法院对某一国际商事案件有管辖权，该法院才有权受理这一案件，才会产生诉讼中的其他问题。第二，管辖权的确定直接关系到案件的审理结果，因为案件由哪一国法院管辖，该国法院就会依据其本国冲突规范来确定准据法，而准据法的选择对当事人权利义务的重要作用是不言而喻的。而且诉讼程序一般适用法院地法。因此各国政府和当事人对此都极为重视，当事人总是力争案件由对自己有利的国家的法院审理。

### （二）各国解决国际商事案件管辖权问题的主要原则

关于国际商事案件的管辖权，各国法律的规定不一，大都针对不同类型的案件适用不同标准和原则进行确定。确定国际商事案件管辖权的一般原则有属地管辖原则、属人管辖原则、专属管辖原则、协议管辖原则。

**1. 属地管辖原则**

属地管辖原则亦称地域管辖原则，主张以案件的事实和当事人双方与有关国家的地域联系作为确定国际管辖权的标准。在有关的国际商事案件中，属地管辖原则强调有关当事人特别是被告的住所地、惯常居所地、居所地甚至所在地，有关诉讼标的物所在地，被告财产所在地，有关的法律事实发生地，如合同履行地、侵权行为发生地等有关地方所属国家的法院具有管辖权。英国、美国、德国、奥地利及北欧各国都是以该原则作为确定国际商事案件管辖权的基本原则。

**2. 属人管辖原则**

属人管辖原则强调一国法院对本国国民具有管辖权限，它侧重于诉讼当事人的国籍。法国和其他仿效法国法的国家主要以属人管辖原则作为确定国际商事案件管辖权的基本原则。

**3. 专属管辖原则**

专属管辖原则强调一国法院对与其本国国家和国民的根本利益具有密切联系的国际商事案件具有专属管辖权限。

**4. 协议管辖原则**

协议管辖原则是指案件当事人达成协议将其争端提交某国法院管辖，以确定法院管辖权；或者对原来就某一案件有管辖权的法院排除其管辖。它强调"当事人意思自治"，对于那些与有关国家和国民的根本利益影响不大的国际商事案件，可以基于双方当事人的合意确定管辖法院。

另外，各国法律一般都认为，被告不抗辩受理案件法院的管辖权而对案件进行答辩，就使该法院获得了对案件的管辖权。

### （三）中国关于国际商事案件管辖权的规定

中国《民事诉讼法》第四编"涉外民事诉讼程序的特别规定"中有关管辖的规定和第一编第二章"管辖"的规定，是人民法院确定国际商事案件管辖权的最基本依据。

**1. 一般管辖**

国际商事案件的被告在中国领域内有住所的，根据"原告就被告"原则，由被告住所地法院管辖。在中国，国际民事案件的一般管辖权的确定以地域管辖为原则；而且以被告所在地作为确定管辖权的标准。被告为自然人时，只要他在中国有住所或经常居所，不管其国籍如何，其住所地或经常居住地的人民法院就具有管辖权。被告为法人时，法人住所地的人民法院有管辖权。

**2. 特殊管辖**

在被告不在中国境内的情况下，中国诉讼立法还根据国际民事案件的不同性质规定了一些特殊的管辖原则。如果被告在中国境内没有住所，但合同与中国有实际联系的，如在中国境内签订或履行，或诉讼标的物在中国境内，或被告在中国境内有可供扣押的财产，或被告在中国境内设有代表机构，则由合同签订地、合同履行地、诉讼标的物所在地、可供扣押财产所在地、侵权行为地或代表机构住所地人民法院管辖。

**3. 协议管辖**

国际商事案件的当事人可以用书面协议选择与争端有实际联系的地点的法院管辖。

**4. 专属管辖**

中国《民事诉讼法》规定的专属管辖案件有以下几种：①因不动产纠纷提起的诉讼，应由不动产所在地人民法院专属管辖。②因港口作业发生纠纷提起的诉讼，应由港口所在地的人民法院专属管辖。③因继承遗产纠纷提起的诉讼，应由被继承人死亡时住所地或者主要遗产所在地的人民法院专属管辖。④因在中国履行的中外合资经营企业合同、中外合作经营企业合同、中外合作勘探开发自然资源合同发生纠纷提起的诉讼，应由中国人民法院专属管辖。⑤因在中华人民共和国领域内设立的法人或者其他组织的设立、解散、清算，以及该法人或者其他组织做出的决议的效力等纠纷提起的诉讼，由人民法院专属管辖。⑥因与在中华人民共和国领域内审查授予的知识产权的有效性有关的纠纷提起的诉讼，由人民法院专属管辖。

## 三、国际商事诉讼的法律适用

### （一）国际商事诉讼的程序法适用

国际商事诉讼是具有涉外因素的民事诉讼，不同于一般民事案件。根据中国《民事诉讼法》第四编的规定，中国立法上将涉外民事诉讼程序作为单独一编规定在《民事诉讼法》中，审理涉外民事案件在适用程序方面，按照国际上公认的属地主义原则，应当适用法院所在地国家的程序法。中国《民事诉讼法》第270条明确规定："在中华人民共和国领域内进行涉外民事诉讼，适用本编规定。本编没有规定的，适用本法其他有关规定。"所以人民法院审理涉外民事案件时，涉外民事诉讼程序有特别规定的，适用特别规定；没有特别规定的，适用《民事诉讼法》的一般规定。在具体的司法实践中，应当包括以下三项基本要求：第一，外国人、无国籍人、外国企业和组织在中国起诉、应诉，适用中国《民事诉讼法》；第二，依照中国《民事诉讼法》的规定，凡属中国人民法院管辖的案件，人民法院均享有司法管辖权；第三，任何外国法院的裁判和外国仲裁机构的裁决，必须经中国人民法院审查并承认后，才能在我国发生法律效力。

在委托律师或者其他人代理诉讼方面，中国《民事诉讼法》第274条规定："外国人、无国籍人、外国企业和组织在人民法院起诉、应诉，需要委托律师代理诉讼的，必须委托中华人民共和国的律师。"外国当事人委托中国律师或者其他人代理诉讼的，必须根据中国法律规定，办理有关授权委托手续。中国《民事诉讼法》第275条规定："在中华人民共和国领域内没有住所的外国人、无国籍人、外国企业和组织委托中华人民共和国律师或者其他人代理诉讼，从中华人民共和国领域外寄交或者托交的授权委托书，应当经所在国公证机关证明，并经中华人民共和国驻该国使领馆认证，或者履行中华人民共和国与该所在国订立的有关条约中规定的证明手续后，才具有效力。"

另外，中国《民事诉讼法》第271条规定："中华人民共和国缔结或者参加的国际条约同本法有不同规定的，适用该国际条约的规定，但中华人民共和国声明保留的条款除外。"

### (二) 国际商事诉讼的实体法适用

由于各国民事立法的差异，对同一涉外民事案件适用不同国家的法律，往往导致不同的结果，此即国际私法上的法律冲突问题。法院审理涉外民事案件时，需要运用冲突规范来确定各类涉外民事关系应适用的法律，从而达到解决法律冲突的目的。中国《民法典》《涉外民事关系法律适用法》等法律就此做了相应的规定。

**1. 关于人的行为能力的法律适用**

自然人的行为能力，适用经常居住地法律。自然人从事民事活动，依照经常居住地法律为无民事行为能力、依据行为地法律为有民事行为能力的，适用行为地法律，但涉及婚姻家庭、继承的除外。法人及其分支机构的民事行为能力，适用登记地法律。法人的主营业地与登记地不一致的，可以适用主营业地法律。

**2. 关于合同关系的法律适用**

关于合同关系，适用当事人协议选择的法律；如果没有选择，则适用履行义务最能体现该合同特征的一方当事人经常居住地法或者其他与合同有最密切联系的国家的法律。但是，在我国境内履行中外合资经营企业合同、中外合作经营企业合同和中外合作勘探开发自然资源合同，应适用中国法律。

**3. 关于侵权行为的法律适用**

关于侵权行为的损害赔偿，适用侵权行为地法。但当事人有共同经常居住地的，适用共同经常居住地法律。侵权行为发生后，当事人协议选择适用法律的，按照其协议。不过，对于发生在中国境外的行为，如依中国法律不属于侵权行为，则人民法院不以侵权行为处理。

**4. 关于不动产关系的法律适用**

关于不动产关系，适用不动产所在地法。

根据"信守国际条约"的国际法原则，如果中国缔结或者参加的国际条约与中国法律有不同规定，则应适用国际条约的规定，但中国声明保留的条款除外。如果中国法律和中国缔结或者参加的国际条约都没有规定，则可以适用国际惯例。根据国际私法上的"公共秩序保留制度"，在应适用的法律为外国法时，如果适用该外国法违反中国法律的基本原则和社会公共利益，则不予适用，而应当适用中国相应的法律。

## 四、外国法院判决的承认与执行

### (一) 外国法院判决的承认与执行的概念与意义

由于一国法院的判决只在其境内有效，因而，如果对其境外的人或财产产生效力，需取得他国的承认，若要执行则需得到他国的执行许可。承认与执行外国法院判决是指一国法院依据其内国立法或有关的国际条约承认有关外国法院的民商事判决在内国的域外效力，使其在本国境内发生效力，并在必要时依法予以强制执行。

外国法院判决的承认与执行包括承认和执行两方面内容，承认和执行既有联系又相互独立，承认是执行的前提。但承认外国法院的判决不等于执行外国法院的判决，承认外国法院判决的效果是使外国判决的效力延及本国境内，不等于该判决得到执行。因为执行外国法院判决还需要满足另外的一些条件。一般来说，除给予判决以外，对其他判决只需承认，不需执行。国际社会曾尝试过制定有关内国法院判决在全球承认和执行的公约。1971年，海牙国际私法会议通过《关于承认和执行外国民商事判决公约》，但该公约至今未达法定生效条件。与仲裁裁决可依照《纽约公约》在他国申请承认和执行不同，由于目前国际上尚未有生效的关于承认和执行法院判决的公约，因此，内国法院做出的生效判决，只能依据双边司法协助条约或互惠原则在外国申请承认和执行。

国际民事诉讼中法院判决的承认与执行是国际民事诉讼程序的最后阶段，同时也是国际民事诉讼程序中最关键的阶段，是整个国际民事诉讼程序的归宿，是有关司法程序的实质所在。如果某一外国法院判决得不到内国法院的承认与执行，不仅诉讼各方当事人以前的民商事法律争端没有获得最终解决，有关当事人的合法权益得不到切实保护，还给各方当事人带来了诉讼费用方面的损失。如果某一法院在有关国际民事诉讼中所依法做出的判决得不到承认与执行，其有关的诉讼程序也就失去了实际的意义，故承认与执行外国法院判决在国际民事诉讼法中具有极为重要的意义。

（二）承认与执行外国法院判决的方式

各国承认与执行外国法院判决的方式各不相同，主要有3种方式。

（1）审查制度。通过法院审查后签发执行令状来承认与执行外国法院的判决。

（2）登记制度。外国法院的判决在本国登记后，即可予以执行。

（3）重新判决制度。由申请执行外国法院判决的人，向本国法院重新起诉，本国法院以该外国法院判决为证据，重新进行审理并做出判决，予以执行。

中国《民事诉讼法》第298条对承认与执行外国法院判决规定了两种情况。一是由当事人直接向中华人民共和国有管辖权的中级人民法院申请承认和执行。二是由外国法院依照该国与中华人民共和国缔结或者参加的国际条约的规定，或者按照互惠原则，请求人民法院承认和执行。

（三）承认与执行外国法院判决的条件

各国对于承认与执行外国法院判决都持谨慎态度，除在国内立法中规定承认和执行外国法院判决的条件和程序外，一般都以存在国际条约或互惠关系为前提。从国际条约和各国立法来看，承认和执行外国法院的判决的条件，主要有以下几项：

（1）按照承认和执行国的法律，做出判决的外国法院对该案件有管辖权。原判决国法院必须具有合格的管辖权，是国际社会普遍公认的条件。但应依什么标准来判定原判决国法院是否有管辖权，大多数国家的立法都严格规定应该依承认与执行地国家的法律来确定。

（2）有关的诉讼程序具有必要的公正性。有关的诉讼程序具有必要的公正性主要是指对败诉一方当事人进行了合法传唤，使其有机会适当地行使辩护权。如果败诉一方当事人基于本身失误而未能适当地行使辩护权，则不能主张诉讼程序缺乏必要的公正性。

（3）该判决是确定的判决。"确定的判决"是指已经发生法律效力的判决或裁定。并且应该依原判决国法院所属的法律来确定有关判决是否已发生法律效力。

（4）判决不是通过欺骗取得的。大多数国家的立法和司法实践都强调，运用欺诈手段获得的外国法院判决不能在内国境内得到承认与执行。大多数国家的实践是依据内国法对是否存在欺诈进行识别的。

（5）外国法院判决不与其他有关的法院判决相抵触。这一条件强调，承认和执行国未就同一案件做出生效判决，或未承认第三国的生效判决。只有在有关的外国法院判决不与内国法院就相同当事人之间的同一争端所做的判决相冲突，或不与内国法院已经承认的第三国法院就相同当事人之间的同一争端所做判决相冲突时，内国法院才可以承认与执行该外国法院的判决。

（6）两国有条约关系或互惠关系。这一条件强调在不存在国际条约关系的情况下，内国法院可以基于互惠原则承认与执行有关的外国法院判决。

（7）外国法院判决的承认与执行不违反内国的公共秩序和善良风俗。

### （四）中国关于承认与执行外国法院判决的条件和程序

中国《民事诉讼法》第299条规定："人民法院对申请或者请求承认和执行的外国法院做出的发生法律效力的判决、裁定，依照中华人民共和国缔结或者参加的国际条约，或者按照互惠原则进行审查后，认为不违反中华人民共和国法律的基本原则且不损害国家主权、安全、社会公共利益的，裁定承认其效力；需要执行的，发出执行令，依照本法的有关规定执行。"根据这一规定，外国法院的判决要得到中国的承认和执行，必须符合下列条件：

（1）做出判决的法院所在国家与中国存在条约关系或互惠关系。这又分3种情况：①中国与该国都是某一多边公约的缔约国或参加国。②中国与该国签订了双边条约，该国法院的判决在中国承认和执行，应按司法协助条约规定的条件和程序办理。③中国与该国虽然没有参加同一公约，或没有签订双边条约，但存在互惠关系。

（2）申请或请求中国法院承认和执行的外国法院判决必须是已经发生法律效力的判决。

（3）申请或请求中国法院承认和执行的外国法院判决不得违背中国法律的基本原则，并且不得损害中国的国家主权、安全和社会公共利益。

根据中国《民事诉讼法》，对申请或者请求承认和执行的外国法院做出的发生法律效力的判决、裁定，人民法院经审查，有下列情形之一的，裁定不予承认和执行：①外国法院对案件无管辖权。有下列情形之一的，人民法院应当认定该外国法院对案件无管辖权：外国法院依照其法律对案件没有管辖权，或者虽然依照其法律有管辖权但与案件所涉纠纷无适当联系；违反本法对专属管辖的规定；违反当事人排他性选择法院管辖的协议。②被申请人未得到合法传唤或者虽经合法传唤但未获得合理的陈述、辩论机会，或者无诉讼行为能力的当事人未得到适当代理。③判决、裁定是通过欺诈方式取得。④人民法院已对同一纠纷做出判决、裁定，或者已经承认第三国法院对同一纠纷做出的判决、裁定。⑤违反中华人民共和国法律的基本原则或者损害国家主权、安全、社会公共利益。此外，中国与有关国家签订的司法协助条约中，对相互承认和执行法院判决的条件和程序也做了具体的规定。

承认与执行外国法院判决的程序有3种：①承认和执行与中国缔结或参加了国际条约的国家的判决，按照国际条约的规定，由外国法院向中国法院请求。②如果请求承认和执行的判决的国家与中国有互惠关系，按照互惠原则，由外国法院向中国法院提出请求。③由当事人直接向中国有管辖权的中级人民法院申请承认和执行。

关于中国法院的判决在国外的承认与执行，根据《民事诉讼法》第297条的规定："人民法院做出的发生法律效力的判决、裁定，如果被执行人或其财产不在中华人民共和国领域内，当事人请求执行的，可以由当事人直接向有管辖权的外国法院申请承认和执行，也可以由人民法院依照中华人民共和国缔结或者参加的国际条约的规定，或者按照互惠原则，请求外国法院承认和执行。"可见，中国法院的判决在国外的承认和执行，与中国承认和执行外国法院判决的制度基本相同。

## 案例讨论题

1. 乌兹别克斯坦艺术马赛克有限责任公司申请承认和执行乌兹别克斯坦工商会国际商事仲裁院仲裁裁决案

某年9月，艺术马赛克公司与宏冠公司通过互联网订立国际货物买卖合同，约定因宏冠公司未按合同约定交付货物，艺术马赛克公司可根据仲裁协议向该公司所在地仲裁机构乌兹别克斯坦工商会国际商事仲裁院提起仲裁申请。艺术马赛克公司申请仲裁后，乌兹别克斯坦工商会国际商事仲裁院依法做出仲裁裁决，裁令由宏冠公司向艺术马赛克公司返还相应货款、承担赔偿金及仲裁费。艺术马赛克公司向广东省佛山市中级人民法院提出承认案涉仲裁裁决的申请。宏冠公司抗辩称签署合同的人员刘某并非其公司员工，无权代表其对外订立买卖合同，故其与艺术马赛克公司不存在仲裁协议，案涉仲裁裁决不应被承认。

广东省佛山市中级人民法院认为，中国和乌兹别克斯坦共和国均为《承认和执行外国仲裁裁决公约》缔约国，本案应适用《承认和执行外国仲裁裁决公约》相关规定进行审查。根据《承认和执行外国仲裁裁决公约》第二条、第四条之规定，判断案涉仲裁裁决是否符合《承认和执行外国仲裁裁决公约》第五条不予承认和执行条件的前提是当事人之间是否存在合法有效的仲裁协议。结合案涉买卖合同的磋商情况、合同加盖宏冠公司业务章已经具备一定的外观形式、合同约定了宏冠公司联系地址、宏冠公司银行账户收取付款等事实，该院认定艺术马赛克公司有理由相信刘某有权代表宏冠公司与其订立案涉合同，合同中约定的仲裁协议成立，且效力及于宏冠公司，宏冠公司关于双方不存在仲裁协议以及不应承认本案仲裁裁决的主张不能成立。该院据此裁定承认案涉外国仲裁裁决。

（案例来源：广东省佛山市中级人民法院（2021）粤06协外认1号）

问题：

（1）中国法院承认和执行外国仲裁裁决的法律依据是什么？

（2）该案有何典型意义？

2. 双林建筑有限公司申请承认与执行新加坡国家法院民事判决案

某年5月15日，在新加坡注册成立的双林公司（Shuang Lin Construction Pte. Ltd.）向新加坡国家法院（Singapore State Courts）起诉中国公民潘某臣民间借贷纠纷。在新加坡国家法院发出盖有法院印章的传票令状和索偿书后，由双林公司的律师向潘某臣送达。在两次送达失效后，该律师根据法院做出的命令，将文件张贴在潘某臣住所的门上。新加坡国家法院的命令内容为：送达附有索偿书的传票令状连同法院此间签发的一份庭令副本可以有效地通过张贴在新加坡某地址前门上（该地址为潘某臣最后可知的地址），以及通过AR挂号邮寄该地址。上述方式送达的传票令状、索偿书及法庭向潘某臣发出的庭令可视为适当和充分的送达。因潘某臣未出庭，新加坡国家法院于某年8月23日做出判决，内容为：潘某臣支付双林公司118225.8新元及利息。双林公司遂向潘某臣住所地法院即浙江省温州市中级人民法院提出申请承认和执行上述民事判决。浙江省温州市中级人民法院审查期间，潘某臣确认新加坡国家法院做出的命令中所列地址为其在新加坡的住址，并对新加坡国家法院做出的上述判决不持异议。双林公司确认潘某臣已履行部分判决内容。

浙江省温州市中级人民法院经审查认为，中国与新加坡之间虽未缔结或者共同参加关于互相承认和执行生效裁判文书的国际条约，但由于新加坡高等法院曾对中国法院的民事判决予以执行，根据互惠原则，中国法院可以依据《中华人民共和国民事诉讼法》的规定，对符合条件的新加坡法院的民事判决予以承认和执行。该案虽系缺席判决，但潘某臣已经得到合法传唤；该判决已经生效且不存在违反中华人民共和国法律的基本原则或者国家主权、安全、社会公共利益的情形，遂裁定对案涉判决的法律效力予以承认。

（案例来源：浙江省温州市中级人民法院（2022）浙03协外认4号）

问题：

（1）中国法院承认和执行外国法院判决、裁定的法律依据是什么？

（2）该案有何典型意义？

## 复习思考题

### 一、名词术语

国际商事调解　　国际商事仲裁　　属人管辖权　　属地管辖权　　协议管辖

### 二、问答题

1. 简述国际商事仲裁的特点与优势。
2. 简述《承认和执行外国仲裁裁决公约》。
3. 简述中国法律对承认和执行外国仲裁裁决的法律规定。
4. 简述中国法律对承认和执行外国法院判决、裁定的法律规定。
5. 简述中国法律对涉外合同关系法律适用的规定。

## 本章参考文献

[1] 沈四宝，王军. 国际商法 [M]. 3版. 北京：对外经济贸易大学出版社，2016.

[2] 陈安. 国际经济法学 [M]. 北京：北京大学出版社，2013.

[3] 赵秀文. 国际商事仲裁法 [M]. 2版. 北京：中国人民大学出版社，2014.

[4] 冯大同. 国际贸易法 [M]. 北京：北京大学出版社，2004.

[5] 李双元，欧福永. 国际私法 [M]. 5版. 北京：北京大学出版社，2018.

[6] 中国国际经济贸易仲裁委员会. 中国国际商事仲裁年度报告（2022—2023）[M]. 北京：法律出版社，2023.

[7] 薛源. 国际商事仲裁法教程 [M]. 北京：法律出版社，2023.

[8]《国际私法学》编写组. 国际私法学 [M]. 北京：高等教育出版社，2023.